何宗泽　主编

实用
法律基础知识

SHIYONG FALÜ JICHU ZHISHI

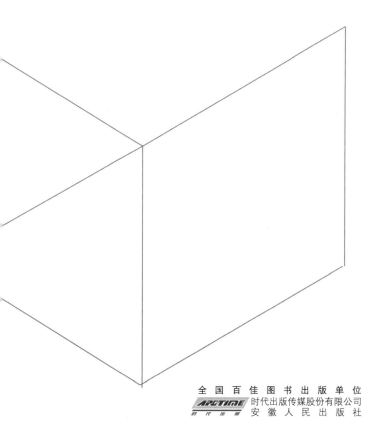

全国百佳图书出版单位

时代出版传媒股份有限公司
安徽人民出版社

图书在版编目(ＣＩＰ)数据

实用法律基础知识/何宗泽主编. —合肥:安徽人民出版社,2014.12
ISBN 978－7－212－07808－9

Ⅰ. ①实… Ⅱ. ①何… Ⅲ. ①法律—中国—高等学校—教材 Ⅳ. ①D92

中国版本图书馆 CIP 数据核字(2014)第 312480 号

实用法律基础知识

何宗泽 主编

责任编辑:张 旻　　　　　　　　　　责任印制:董 亮
装帧设计:宋文岚

出版发行:安徽人民出版社 http://www.ahpeople.com

地　　址:合肥市政务文化新区翡翠路 1118 号出版传媒广场八楼
邮　　编:230071
电　　话:0551-63533259
印　　制:合肥创新印务有限公司
(如发现印装质量问题,影响阅读,请与印刷厂商联系调换)

开本:710mm×1010mm　　1/16　　印张:18　　字数:350 千
版次:2016 年 8 月第 1 版　　2024 年 8 月第 7 次印刷

ISBN 978－7－212－07808－9　　定价:41.50 元

前　　言

为了增强大学生的法治观念、提高公民法律素养,为推进法治中国建设添砖加瓦,我们编写了《实用法律基础知识》这本书。

为了真正区别法学专业学生和非法学专业学生的不同教学目标,本书以通俗易懂、简明扼要、案例穿插方式阐述常用基础法律知识,让学生直观感受法律现象、轻松理解法律常识,因此,本书在编写内容上突出实用性、生动性、知识性和思考性的特点。全书根据法学基本理论、实体法和程序法共分八章,内容安排如下:第一章法理学,主要内容有法的基本概念的认识与理解,我国立法、执法和司法环节的基本制度,党的二十大报告有关法治中国建设的重要论述。第二章宪法,主要内容有宪法的地位认识,我国宪法的主要规定;第三章刑法,主要内容为犯罪概述,刑罚知识,常见罪名分析;第四章民法,主要内容为《中华人民共和国民法典》中有关民法基本原理与制度、物权编、合同编、侵权责任中重要法律规定等;第五章行政法,主要内容有行政法律关系的认识,行政处罚法、行政复议法等;第六章经济法,主要内容有经济法概述,企业法、税法、劳动法、消费者权益保护法等;第七章国际法,主要内容是国际公法的基本原理;第八章诉讼法,主要内容有民事诉讼、刑事诉讼和行政诉讼基本法律规定。

本书主要面向大学非法学专业学生,包括普通高校、高职院校、国家开放大学本专科学生。

本书主编为何宗泽,参加编写人员有:

第一章　姚远　　　　　　　安徽开放大学
第二章　何宗泽　　　　　　安徽开放大学
第三章　朱传斌　　　　　　宣城职业技术学院
第四章　何宗泽　陈忠琼　　安徽开放大学　福建开放大学

第五章　徐和平　　　安徽开放大学

第六章　叶林　　　　安徽开放大学

第七章　黄姗　　　　福建开放大学

第八章　朱五星　　　安徽治邦律师事务所

目　　录

第 一 章
法 理 学

导　语

　　法理学是法学体系中的一个分支学科,属于理论学科、基础学科。它和刑法学、民法学、诉讼法学等学科是不同的,它是从宏观上、整体上以法和法律现象的基本问题为研究对象的学科。学习法理学可为学习部门法学乃至整个法律科学奠定必要的专业理论基础,对学习和深入研究部门法学及法学其他分支学科有普遍的指导意义,同时有助于法律思维能力的训练以及法律见识和境界的培养。

　　本章内容分为四节,第一节介绍法是什么,第二节介绍法有何用以及法是如何创制的,第三节介绍法是怎样实现的,第四节介绍了法治与法治国家的建立。学习过程中,应从整体上了解全书的结构体系及其各节之间的逻辑联系,再把具体的原理、知识放到如上的逻辑框架中去理解和把握,这样才能收到良好的学习效果。

第一节　法的概念和本质

引入问题和思考

"电车难题"是西方学者虚构的一个案例,案情如下:

一辆失控的电车向前行驶。不料,有五个人卡在轨道上。这时,你恰巧在不远处,身旁有一个岔道扳手。如果你挪动扳手,电车将被切换到侧道。然而,也有一个人正巧卡在侧道上。面对这个情景,你会怎样做? 是不管不问,任凭电车径直开去,让五个人惨遭横祸,还是选择挪动扳手,以一个人的牺牲,挽救五个人的生命?

面对这个情景,琼斯女士选择了后者。她挪动扳手,将电车引向侧道,以法利先生一人的死亡,换来了其余五人的幸免于难。由于"非凡的机智和勇气",琼斯女士获得了市长特别颁发的"见义勇为奖"。然而,伴随着夸奖与荣誉,一项刑事指控却突然袭来。这位见义勇为的英雄,成了检方公诉的对象。究竟如何看待琼斯女士的行为? 她是挽救五个生命的"英雄",还是杀死法利先生的"罪犯"? 在面对道德与法律相冲突的情境我们该如何取舍? 如果你是负责审理此案的法官,你将作出何种裁决?

一、法的概念

(一)法、法律的词义

在汉语中,"法"的古体是"灋",其成字的年代难以确定。作为法的用语并影响语义的词主要有刑、辟、律、法律等。根据我国历史上第一部字书即东汉时期许慎的《说文解字》解释:"灋,刑也,平之如水,从水;廌所以触不直者去之,从去。"[1] 这一解释有三点需要注意:

其一,在商周时代,法和刑是通用的。表明法包含着惩罚的含义。

其二,"法"以水作偏旁,比喻"平之如水",代表公平,是衡量人们行为是否符合"公平"的准绳,法从古代起就有公平的象征意义。

其三,"法"字中的"廌",传说是一种头长独角,秉性公正的奇兽(亦作"豸""獬豸"),它"性知有罪,有罪触,无罪则不触",故而"古者决讼,令触不直"。在审判时被这种性中正、辨是非的神兽触者即被认为败诉或有罪,所以"击之,从去"。显然,这是一种神兽裁判的传说,即借助"神意"来判断某人是否有罪。

"律"字,据《说文解字》注释:"律,均布也。"[2]清段玉裁所著《说文解字注》进一步解释说:"律者,所以范天下之不一而归于一,故曰均布也。""均布"是古代调音律的工具,把律解释为均布,说明律有规范人们行为的作用,是普遍的、人人遵守的规范。至春秋战国时期,商鞅变法,改法为律,此后历代封建王朝一般把刑典称为律,如"秦律""汉律""唐律""大清律"等,只有宋、元例外,宋"刑统",元"典章"。

这里我们要注意,在我国历史上,"法"和"律"尽管可解释为同义,但是,二者也是有区别的。"法"总是指的一种判断平、正、直的标准,而"律"则主要强调的是人人必须遵守的东西。或者说,法的范围比较大,往往指整个制度,而律则指具体准则。在古代,二者一般是分开来用的,把"法"和"律"连用,早在秦汉时期就有,

---

[1]　许慎:《说文解字》,中华书局 1963 年影印本,第 202 页。
[2]　同上,第 43 页。

但总的说来,一般是分开的。"法律"一词在清末民初受日本影响,由日本输入我国。

在我国当代法学理论上,法律有广义和狭义两层含义:

广义的法律是指法的整体,包括法律、有法律效力的解释及其行政机关为执行法律而制定的规范性文件以及国家认可的判例、习惯等。就我国现在的法律来说,主要指作为根本法的宪法、全国人民代表大会及其常务委员会制定的法律、国务院制定的行政法规、某些地方国家机关制定的地方性法规等一切规范性法律文件。

狭义的法律是从特定或具体的意义上而言的,仅指拥有立法权的国家机关依照立法程序制定的规范性文件。在我国,狭义的法律仅指全国人大制定的基本法律以及常委会制定的除基本法律以外的法律。如全国人大制定的《刑法》《民法典》《刑事诉讼法》《民事诉讼法》等;全国人大常委会制定的《仲裁法》《劳动合同法》《反不正当竞争法》等。

"法"与"法律"在多数情况下可以通用,但是含义不完全相同,在有的情况下应当严格区别,不宜混淆。为了避免上述两种意义混淆,我国多数学者习惯于把广义的法律称为法,而狭义的法律仍称为法律。

(二)法的特征

从哲学上讲,一个事物的特征就是指事物区别于其他近似事物的征象和标志。众所周知,法是作为一种社会规范而存在的,因此,所谓法的特征,或称为法的现象,就是指法区别于其他社会规范(包括道德规范、宗教教规、政党的政策等)的显著特点。法的特征是法的本质的外化,是法的本质属性在现象上的体现。了解法的特征是为了更好地把握法的性能、作用,把握法的自身规律,以便在运用法律时能够得心应手。

习近平总书记指出,"法律是什么? 最形象的说法就是准绳。用法律的准绳去衡量、规范、引导社会生活,这就是法治。""守法律、重程序,这是法治的第一位要求。"

由于法的特征是法律所固有的确定的东西,人们无法主观想象,任意编造,只能科学地予以认识和分析。在对法律特征进行探索和认识的基础上,我们把法的一般特征归纳为以下几个方面:

1. 法律是调整人的外在行为或社会关系的社会规范,具有规范性

人类生活秩序之所以有条不紊地进行,主要是由于一些规范在发挥作用,调整社会生活的方方面面。人们在社会生活中,应当遵循两大类规范:即技术规范和社会规范。其中,技术规范是调整人与自然之间的关系的,它反映的是自然科学的成就,即人们通常所说的技术标准和操作规程等;而社会规范是调整人与人之间关系的行为规则。我们通常所说的道德规范、法律规范、社会团体规范都属于社会规范。

法律规范规定人们的行为可以怎样做、应该怎样做或禁止怎样做,它是评价人

们行为是否合法的标准,是指引人们的行为、预测未来行为及其后果的尺度,同时也是制裁违法行为的依据。法律规范通过对人们的行为提出模式化要求,进而实现调整社会关系的目的。

2. 法律是由国家制定或认可的社会规范,具有国家创制性

法出自国家,国家是法律的唯一来源。一切法律都是以国家名义创制的,法律与国家权力密不可分。国家创制法律规范的基本形式是制定或认可。制定就是创制新的规范;认可是承认已有的规范有法律效力。制定或认可都是国家创制法律规范的方式。

3. 法律是以权利和义务为主要内容的社会规范,具有利导性

法律对人们行为的调整主要是通过权利义务的设定和运行来实现的,法律通过规定社会关系参加者的权利和义务来确认、保护和发展一定的社会关系,因而法律的内容主要表现为权利和义务。

与此同时,法律通过规定人们的权利和义务来分配利益,影响人们的动机和行为,进而影响社会关系,法律具有利益导向性(或称利导性)。法律的利导性取决于法律上的权利和义务的规定是双向的,没有无权利的义务,也没有无义务的权利。法律上只要规定了权利就必须规定或意味着相应的义务,权利和义务一个表征利益,一个表征负担,一个是主动的,一个是被动的。权利以其特有的利益导向和激励机制作用于人的行为,而义务也具有利导性,因为许多义务本质上意味着利益负担以及责任后果,所以它能促进人们不做法律禁止并且最终不利于自己的事,履行法律规定的积极义务。

4. 法律是通过国家强制力保障实施的社会规范,具有国家强制性

法律的实施是由国家强制力作保证,如果没有国家强制力作后盾,那么法律在许多方面就变得毫无意义,违反法律的行为得不到惩罚,法律所体现的意志也就得不到贯彻和保障。国家强制力是指国家的军队、警察、法庭、监狱等有组织的国家暴力。尽管许多社会规范也有强制力,但是其他社会规范的强制力不具有国家性。国家强制力是法律与其他社会规范的重要区别。比如道德规范就不具有国家强制力,国家不能强制推行一种道德,或者一种风俗习惯。

当然,国家强制力不是法律实施的唯一保证力量,法律的实施还依靠诸如道德、人性、经济、文化等方面的因素。法律的权威除了要靠国家强制力来建立和维护,也有赖于法自身的优良品质,诸如公平、正义、民主、效率等。

二、法的本质

前面我们介绍了法的外部特征,法的特征是人们通过感官直接或间接就感知到的。而法的本质隐藏于法的现象的背后,是法的内在的、深刻的、稳定的属性。所谓法的本质指法的内部联系,是法区别于其他一切事物的根本属性。

法的本质是法理学领域一个最为根本性的问题,人类对于法的本质的认识过程相当漫长,不同时代、不同阶级立场的思想家和法学家都试图回答法是什么。如有的把法的本质归结为某种精神力量,把法说成是"神的意志""民族精神""人类理性""社会公意"等,有的则把法视为单纯的规则体系,把法说成是"主权者的命令""纯粹的规范"等。虽然有些论述中包含了一定合理的因素,但是在法的本质这一根本问题上,并没有做出科学的回答。而只有马克思法理学以辩证唯物主义和历史唯物主义为指导,第一次科学地揭示了法的真正本质。按照马克思主义法律观,我们可以把法的本质概括为三个层级的属性,即国家意志性、阶级意志性和物质制约性。

(一)法的初级本质:国家意志性

通过对法的外部特征的分析,我们了解到法是来源于国家的一种特殊行为规范,它在一国范围内普遍适用并由国家强制力保证实施,法与国家政权密切相连,没有国家政权作为依托,法就无从产生,无从实施。国家之所以要执行并颁布施行法律,在于法律是国家意志的凝结,它维护了以国家为代表的公共利益。

按照马克思主义的基本观点,在阶级对立社会,统治阶级一旦掌握国家政权,即把本阶级的意志宣布为国家意志,把本阶级的意志美化为"社会公意",从而就可以名正言顺地以国家的名义制定法律来推行这种意志,并运用国家强制力迫使人们服从它。

(二)法的二级本质:阶级意志性

法是一种社会现象,与自然现象不同。它不是自发地形成和实施的,而是人们有意识、有目的采取的一种行为措施,是某种意志的体现。法既不是反映超然于社会之外的神的意志,也不反映全体社会成员的意志,而是反映社会中居于统治地位的掌握国家政权的阶级的意志,它具有鲜明的阶级性。

法所体现的统治阶级意志,并不是个别统治者的个人意志,也不是统治阶级内部各个党派、集团及每个成员的意志的简单相加,而是统治阶级作为一个整体在根本利益一致基础上所形成的共同意志,是统治阶级内部各个成员的意志相互融合而形成的一个总的"合力意志",它对每个成员的意志都有所吸收又有所舍弃。统治阶级为了维护本阶级的共同利益,不仅迫使被统治阶级服从法律规定,而且也要求本阶级成员遵守法律规定。

(三)法的终极本质:物质制约性

从终极本质上看,法有物质制约性,即法所体现的统治阶级意志的内容是由社会的物质生活条件所决定的,这是法的最深层的本质所在。法是历史发展到一定阶段产生的社会上层建筑,它的性质、内容取决于一定社会物质生活条件的客观需要,其中特别是一定经济关系和所有制关系发展的需要。

社会物质生活条件的含义比较广泛,概而言之,包括地理环境、自然条件、人口和社会生产方式等方面,其中有决定意义的是生产方式,尤其是同生产力的一定发展阶段相适应的生产关系,即社会的经济基础。例如:奴隶制法确认奴隶主对奴隶的人身占有;封建制的法确认农民对地主的人身依附;资产阶级法确认法律面前人人平等,这些都不是凭借人们的主观好恶所决定的,而是统治阶级赖以生存的物质生活条件的客观要求。

法的物质制约性是否意味着社会物质生活条件以外的因素对法就没有影响呢? 回答是否定的。具体的法,除了受社会经济基础的决定外,还会受政治制度、民族传统、伦理观念、科学文化发展水平等因素的影响,因此,建立在同样经济基础上的法,也可以显现出各种变异和差别。比如资产阶级的两大法系,即大陆法系和英美法系,二者同是建立在资本主义经济基础之上,但二者的法律在形式上却各有特色。同样,由于上述因素的影响,即使建立在不同经济基础之上的法,也可能有不少共同之处。

综上所述,什么是法? 法,是由国家制定或认可,并由国家强制力保证其实施的,反映着统治阶级意志的规范体系。这一意志的内容是由统治阶级的物质生活条件决定的,它通过规定人们的相互关系中的权利和义务,确认、保护和发展对统治阶级有利的生活关系和生活秩序。

三、法的产生与发展

法的产生是人类社会历史上一个重大的事件,其产生经历了一个复杂而漫长的过程。

法不是从来就有的,是人类社会发展到一定阶段的产物,是伴随着国家的产生而同时产生的,是随着社会生产力的发展和生产关系的变化,私有制、阶级的产生而产生的。人类在进入阶级社会前,处于原始公社制度下。原始社会没有国家和法,当时,调整人们行为的规则主要是原始氏族习惯。这种习惯是氏族成员在长期的共同生活中自发形成并世代相传的,其内容非常广泛,包括共同的劳动规则、分配制度、宗教仪式、生活习俗等,反映了原始社会各氏族成员的共同意志和利益,靠当事人的自觉、舆论和氏族首领的威望来保障实施。原始社会后期,生产力有了较大的发展,产品有了剩余,剩余的劳动产品为进行交换和剥削他人劳动提供了可能,因而也促进了社会分工的发展,出现了贫富两极分化,随之产生了奴隶主和奴隶这两个利益根本对立的阶级,氏族社会开始解体,私有制和阶级形成,原来的氏族习惯无法适应和解决新产生的阶级矛盾,占有生产资料和奴隶的奴隶主阶级为了维护、扩大自己的既得利益,镇压奴隶的反抗,保护新的社会关系逐步建立了自己的暴力机关——国家,来实现对整个社会的统治。奴隶主通过国家机关认可那些有利于自己的习惯,把自己的意志上升为国家的意志,制定了一系列反映奴隶主阶级意志的规则,并以国家强制力加以保证实施。这就是人类社会上最早的法——奴隶制的法。

法自产生后,经历了四种不同历史类型的发展,奴隶制的法、封建制的法、资本主义的法以及社会主义的法,各种类型的法都不是永恒存在的,总是遵循着一定的规律。在人类社会的文明史中,法的历史类型呈现出一个从低级到高级的更替趋势,从奴隶制的法发展到封建制的法,继而发展到资本主义的法和社会主义的法。当然,并不是每一个国家、民族的法都经过法的四种历史类型。这仅是法的历史发展的一般规律。

综上,法不是从来就有的,它是一定历史阶段的产物,是阶级矛盾不可调和的产物;法也不是永远存在的,法也有发生、发展和消亡的问题。当社会发展到法赖以存在的社会条件不复存在的历史时代,即随着私有制、阶级的消灭,国家的消亡,法也就随之消亡而退出历史舞台。

四、法与其他社会现象的关系

法是一种复杂的社会现象,它和其他许许多多社会现象错综复杂地交织在一起,法与经济、政治、文化、科学技术等社会现象都存在密切的联系,它们相互影响、相互制约。因此,要深刻把握法的概念和本质,还需要对某些与法有密切联系的社会现象作一番考察。与法有密切联系的社会现象有很多,这里着重分析一下法与道德的关系。

道德是关于人们思想和行为的善与恶、正义与非正义、荣誉和耻辱、公正与偏私等观念、原则、规范和标准。法与道德都是社会规范最主要的存在形式,都是上层建筑的组成部分,其内容都来源于社会的物质生活条件,都受社会经济基础的制约。但是,这两种社会规范形式有着重要差别,它们属于上层建筑的不同范畴,法属于政治法律制度上层建筑,道德属于思想上层建筑。

首先,法与道德形成和表现形式不同。法随着私有制、阶级和国家的产生而产生,表现为国家制定或认可的规范体系,这些规范体系以确定主体在法律上的权利和义务为内容;而道德在原始社会就存在了,道德没有特定的表现形式,其内容一般是存在于人们的社会意识之中,并通过人们的言论和行为表现出来。

其次,从调整范围来看,一般而言,道德调整的范围要比法律调整的范围要广泛得多。法律只调整那些对建立正常社会秩序具有比较重要意义的社会关系;而道德几乎涉及社会关系的各个领域和各个方面。例如:友谊、爱情等私人生活方面的许多关系,法律都不调整。

最后,二者实施所凭借的强制力不同。法律对违反义务的不利后果有明确的规定,对违法行为的制裁以国家强制力为后盾,具有国家强制性;道德则主要靠社会舆论、内心信念和传统习惯的力量来维持。

尽管二者存在一定的区别,但是在任何社会中,法律与该社会占主导地位的道德之间都有着十分密切的联系、它们在内容上相互渗透,在功能上相辅相成,共同发挥着调整社会关系和维护社会秩序的作用。

1. 道德对法的作用

(1)道德对法的创制具有指导作用。任何社会的法律都必须顺应社会流行的道德观念的要求,否则,它就难以有效地发挥作用。因此,立法者在创制法律时,必须以道德的基本原则和基本精神为指导,努力反映道德的基本要求。(2)道德对法律的实施具有保障作用。道德是法律正常运转的社会心理基础,是法律实施的有力保障。(3)道德对法律的漏洞具有弥补作用。由于立法技术所限和法律所固有的局限性,任何社会的法律都存在着一定程度的漏洞。在这种情况下,就可以运用道德手段对上述行为进行评价、引导或调控,通过建立良好的道德秩序来弥补法律的空缺。

2. 法对道德的作用

(1)通过立法,赋予道德的基本原则和基本要求以法律强制力。通过立法手段对道德的基本原则和基本要求予以确认,就能将人们最基本的道德义务转化为法律义务,这种义务的履行就有了道德强制力和法律强制力双重保障。

(2)通过法律实施活动可以弘扬一定的道德原则和道德观念。在法律实施过程中,人们的合法行为得到保护甚至奖励,违法行为则受到处理甚至制裁,这就从正反两方面促使人们认同符合法律价值取向的道德原则和道德观念。从这一角度看,法律实施的过程同时也是一个弘扬道德原则和道德观念的过程。

第二节　法的作用与法的创制

 引入问题和思考

新中国成立以来,立法机关先后组织了五次民法典的编纂,前四次均因不同的原因而搁浅,2020年,我们终于等来了民法典的正式通过。2020年5月28日,十三届全国人大三次会议审议通过了《中华人民共和国民法典》,民法典于2021年1月1日起施行。

我们可以看出法的创立是一个非常严谨和长期的过程,与其他社会规范制度相比,法律的创制必须严格依照法定的程序。通过本节内容的学习,你将会了解到有关法的创制的相关知识,明确谁有权来创制法律?具体的立法程序又如何?什么是法律规范、法律部门、法律体系？我国目前法律体系是由哪些法律部门所组成？我国法律的具体表现形式有哪些？

一、法的作用

法的作用泛指法对人们的行为及社会关系和社会生活发生的影响。从法在社会生活中发挥作用的形式和内容的角度出发,可以把法的作用分为规范作用和社会作用两类。

（一）法的规范作用

或称为法本身的作用或法的专门作用,法作为国家制定的社会规范,它具有对人们行为的评价、指引、预测、教育和强制的作用。可以说,任何社会的法都有着这几种作用,当然,在不同社会制度下和不同历史时期,这几种作用的性质、目的和作用的范围、方式等方面,都有很大的差别。

1. 评价作用

法律作为一种行为标准和尺度,具有判断、衡量人们行为的作用。比如:可以以法律的规定为标准,一个人对他人行为的合法性进行评价,律师对当事人行为的有效性进行评价,警察对相对人行为的违警性进行处理,法官对刑事被告人的被控行为进行判决等等。法律不仅具有判断行为合法与否的作用,而且由于法律是建立在道德、理性的基础上的,所以也能衡量人们的行为是善良的、正确的,还是邪恶的、错误的;或者说是明智的、还是愚蠢的。通过这种评价,影响人们的价值观念和是非标准,从而达到指引人们行为的效果。

2. 指引作用

指引作用指的是法能够为人们的行为提供一个既定的模式,对人们行为起到导向、引路的作用。法通过规定人们在法律上的权利和义务以及违反法律规定应承担的责任来调整人们的行为,从而指导人们什么是该做的,哪些行为是不该做的。法律上的权利是法律允许做的、能够做的行为。法律上的义务是法律要求做、必须做的行为,或者是不作为。所以我们说法律通过权利义务的规定对人们的行为起到规范、指引的作用。

现在我们讲市场经济是法治经济,在一个方面就是指在市场经济条件下,法律的调整具有规范指引的作用。

3. 预测作用

是指根据法律规定,人们可以预先知晓或估计到人们相互间将如何行为以及行为的后果等,从而对自己的行为做出合理的安排。

人们在社会生活中,每个人的行为都可能对他人的行为发生影响,同时也可能受到他人行为的影响。在这种复杂的互动关系中,如果没有一定的公认的规则,去据以预测自己行为和后果,社会生活就会陷入无序状态。法的预测作用可以减少行动的偶然性和盲目性,提高行动的实际效果。

例如,由于合同法律规范的存在,经济活动的主体可以预见到什么样的合同是有效的或无效的,违反合同将会承担什么样的法律后果等。总之,由于法律具有预测作用,人们就可以根据法律来合理地作出安排,以便用最小的代价和风险取得最有效的结果。

4. 强制作用

法的强制作用是指法可以通过制裁违法犯罪来强制人们遵守法律。

法律具有强制性,对任何社会的法律来说,由国家的强制力保证其执行,对违法犯罪者以国家的名义加以制裁,这是法律区别于其他社会规范的重要特点。法的强制作用通过对违法犯罪行为的惩罚和制裁体现出来,其强制作用目的不仅在于制裁违法犯罪行为,保护人们的合法权益,还在于树立法律的权威、预防违法犯罪、维护良好的社会秩序、增进社会成员的安全感。法的制裁的形式是多样的,不同的法规定的强制形式不同,就刑法而言,其强制形式有管制、拘役、有期徒刑、无期徒刑、死刑等。

5. 教育作用

作为一种社会规范,法律还具有某种教育作用。法的教育作用是指通过法的实施对一般人的行为产生影响,从而督促、引导和教育人们依法办事。

(二)法的社会作用

法的社会作用是指法律对一定的社会关系和社会生活产生的影响。它是从法的本质和目的出发的。法的这种作用是同国家的作用相吻合的。在阶级对立的社会,法的社会作用大体可归纳为以下两大方面:阶级统治职能和管理社会公共事务职能。

1. 维护阶级统治

在阶级社会中,法的一种重要社会职能必然就是确认和维护统治阶级的统治。法从本质上讲,是统治阶级意志的体现,法具有阶级性,因此,法的各种规定都直接或者间接地服从统治阶级的根本利益,维护其阶级统治。阶级统治的含义极为广泛,包括经济、政治和思想等领域。因而,维护阶级统治就是维护统治阶级对社会生产资料的占有以及在组织生产、分配和消费方面的优越地位;维护统治阶级在政治上的支配地位;保障统治阶级在意识形态领域的垄断地位或优势。以法作为工具,将阶级关系纳入法律秩序的范围,从而达到建立和维护统治阶级统治秩序的预期目的。

2. 管理社会公共事务

统治阶级为了保证社会生产与生活在其统治下正常有序进行,就必须执行一切社会都有的社会公共职能,即具有全社会意义的、对人人都有益的公共事务。在社会发展的不同历史阶段,社会公共事务的内容和范围不尽相同。在现代社会,随着社会生产的发展,社会分工越来越细,法律执行公共事务的范围也在不断扩大,法律的社会管理作用明显增强,主要包括以下几个方面:

(1)维护人类社会基本生活条件。这方面的法律主要是有关自然资源、医疗条件、环境保护、交通通信以及基本社会秩序的法律。如通过森林法、草原法、环境保护法等保护自然资源,合理开发和利用自然资源,使人们的行为符合生态平衡的规律;通过交通法规,维护交通秩序,保障人们的生命安全,减少国家、社会、个人的经济损失。

(2)维护生产和交换的秩序。这方面的法律是为了减少生产和交换过程中偶然性和任意性,提高确定性和连续性,增加交易安全,减少交易风险,降低交易成本。例如:《公司法》《保险法》《证券法》等法律的作用均在于此。

(3)推进教育、科学、文化的发展。它们的发展状况对于一个社会来说,具有长期稳定的意义,以至决定着一个民族的生死存亡。所以,自古以来,特别是近代以来,各国都通过立法来保障和推进教育、科学和文化事业,诸如义务教育法、专利、商标、著作权等知识产权立法。

(三)法的作用的局限性

法在保障和促进社会发展的作用是巨大的,但另一方面,像任何事物一样,法的作用也有局限性。中国古代思想家孟子在强调法的道德教化作用时提出这样一句话"徒善不足以为政,徒法不足以自行",法在发挥社会调整作用的过程中,也有许多局限性,在各种规范性调整方法中,法律有时不是成本最低的方法,在某些社会关系和社会生活领域里,法也不是主要的方法。法的局限性主要表现在以下几个方面:

1. 法的作用只涵盖社会生活的一部分而不是全部。现实生活中的问题永远是多变的、具体的、法律不可能包罗万象。

2. 法只是众多调整方法中的一种而不是唯一。除法律外还有经济、政治、行政、思想道德、传统、舆论等手段。

3. 法的作用范围不是无限的而是有限的。涉及人们思想、认识信仰或一般私人生活方面的问题,就不宜采用法律手段。

4. 法的作用在实施过程中,在所需的人员条件、精神条件和物质条件不具备的情况下,法的作用是不能启动的。

而且法律的实现必须有相应的社会、经济、政治、文化条件的配合,要有一支素质良好的执法司法队伍。这些方面的因素都制约着法的作用的发挥。所以我们对法的作用,要辩证地看待,认为法律无用,可有可无或法律万能,都是错误的。

(四)法的作用与法的价值

1. 法的价值的概念

所谓价值,就是客体能够满足主体的需要和利益的积极意义。法的价值就是指法这个客体对满足个人、群体、社会或国家需要的积极意义。换而言之,是法律的存在给人类社会带来的美好的、正面的、积极的意义。法的价值的探究实际上是法的意义的探究。

2. 法的基本价值

由于法的价值介于主体和客体之间,是一个多元的、动态的概念。因此,人们关于法的价值的分类也是多种多样的。法的价值中,首先包含着法所中介的经济、政治、社会制度的价值,也包含着人们所追求的并且也是法可以中介的其他一些价值,如:自由、正义、秩序、效益等,这些价值通过法律的制定、运行得以表达和实现。

秩序:秩序是法律所要实现的最基本的价值和首要价值,它构成法律调整的出发点,也是法律所要保护和实现的其他价值的基础,没有秩序价值的存在,就没有法律的其他价值;

自由:法律应以自由为目的,自由不是无限制的,自由需要通过法在法律的范围内实现,法律通过对权利义务的规定来保障自由;

平等:追求平等源于人的本性,保障人与人的平等是现代法律的基本价值,法律把对平等的确认、维护、实现作为自己的重要任务,平等指导着法律对权利、义务的公正分配,而法律则是平等的重要保障;

正义:正义是法的基本标准、法的评价体系、法的推动力量,也是衡量法律优劣的尺度,正义只有通过良好的法律才能实现,法是实现正义的手段,法的价值之一就在于实现正义。

效益:法的效益价值是指法能够使社会或人们以较少或者较小的投入以获得较大的产出,以满足人们对于效益的需要的意义。

法的价值是一个多元化的庞大体系,其中包含着不同的价值准则,每一种价值又都有自身相对的独特性。法律所追求的多重价值之间经常会发生冲突,这种冲突即为法的价值冲突,此时就需要我们根据价值主体的需要,做出正确的价值判断。

3. 法的作用与法的价值的关系

法的作用与法的价值是两个不同的概念。法的作用是法客观上对社会产生的影响,而法的价值则是对这种影响进行评价。法的作用与法的价值关系密切,法的价值指导着法的作用,法的作用实现着法的价值。没有法的价值作为指导,法的作用将无法得到很好的发挥,没有法的作用,法的价值就无法成为现实。

二、法的创制

(一)法的创制

1. 法的创制的含义

法的创制,又称立法、法的制定、法的创立。从字面上理解,就是订立法律之义。它是指一定的国家机关依照法定职权和法定程序制定、修改或废止法律和其他规范性法律文件的一种专门性活动,简称为法律的立、改、废活动。

法的创制具有以下特征:

(1)法的创制是国家的专有活动。

法的创制从性质上讲是国家的专有活动,是国家或国家机关运用国家权力创制法律规范的活动。

法与国家在历史上是相伴而生紧密相连的,法离不开国家,国家也离不开法。国家是凌驾于社会之上的公共权力机关,统治阶级的意志要上升为法律,必须通过国家意志的形式表现出来,并依靠国家强制力的维持才得以实施。任何国家的统治阶级,为了维护本阶级的利益,巩固其在经济上和政治上的统治,对社会关系进行规范性调整,都要在夺取政权以后,通过法的创制,把自己的意志、自己的法权要求上升为国家的意志,取得人人必须遵守的形态,以此来维护统治。

(2)法的创制是国家或国家机关依照法定职权和法定程序进行的活动。

这是从法创制的方式上来讲,首先,法的创制的主体是国家机关,而且是法定的国家机关。法的创制这项活动,只能由有权制定法律或经授权的国家机关来行使,其他任何机关、社会团体、个人和组织都不能行使这项职权和进行这项活动。其次,要依照法的职权来进行。法的创制具有很强的程序性,必须按照宪法和法律规定的程序进行。国家或国家机关在创制法的活动中必须遵守法的程序,使法的创制法律化、程序化、制度化,以防止立法者在法的创制活动中的主观性和随意性,确保法的权威。

(3)法的创制是国家或国家机关制定、修改、废止、认可法律规范的活动,其目的在于产生具有普遍约束力的一般规范。

从法的创制的内容上分析,包括制定法律、修改、废止以及认可法律,通过这一系列活动,从而产生具有普遍约束力的法律规范,这是法的创制活动的直接目的。这一点区别于其他国家活动,如日常的行政活动、司法活动、监督管理活动等都不产生法律规范。虽然这些活动也具有法律效力,但是它们不产生具有普遍约束力的法律规范。

2. 法的创制形式

法的创制主要采取两种方式:

(1)制定法律规范。

所谓制定,即一定的国家机关根据社会的需要,以国家的名义运用立法技术,依法创制、修改和废止规范性法律文件的活动。“制定”这种立法方式在立法中占有重要的地位,制定的结果是创制、修改、废止了某一成文法。“创制”一般说是不存在某法律规范,而通过立法者的行为形成新的法律规范;“修改”就是指由于情势的变化等原因,立法者对原来法律规范的改变;而“废止”则是指立法者终止某法律规范效力的活动。

(2)认可法律规范。

所谓认可,即一定的国家机关根据社会的需要,以国家的名义赋予社会上已经存在的某些社会规范以法律的效力。如:奴隶制社会早期的立法,大多以认可的形式,将一些适宜的氏族习惯由一般社会规范转化为法律规范。

法律规范的认可通常有两种情况:①国家机关对某些行为规则在事实上赋予其法律上的效力,即国家机关在其活动中,对习惯、习俗、礼仪、道德等一般社会规则的遵循和认可。②国家机关对某些行为规则在法律文件中明确认可具有法律上的效力。

综上所述,法的创制是一个系统化的综合性的法律活动,它不仅主要指对新的法律规范的创立活动,同时也包括对已有的法律规范进行补充、修改,甚至废止的活动;还应包括对某些属于其他类型的社会规范进行法律认可,赋予其法的效力的活动。这样,才能构成一个完整的法的创制的概念和结构。

3. 立法程序

立法程序也即法的制定过程,是指国家机关从准备制定法律开始到法律公布实施为止的全过程,也即有关国家机关制定、修改和废止规范性法律文件的法定步骤和方式。完善的立法程序对于立法活动的民主化、科学化、规范化和合法化具有重要的保障作用,能够有效地避免立法的随意性,保持法律的连续性、稳定性和权威性,促进法的效用的提高,是一个国家民主与法治建设水平和国家文明程度的标志之一。

立法的过程是一个比较严肃而复杂的过程,世界各国由于国情不同,立法的步骤和环节也不尽相同,但立法的基本步骤和环节是大体近似的,我们称之为立法的基本程序。主要包括:提出立法议案,审议法律草案,表决和通过法律草案,公布法律这四个步骤。这四个步骤紧密联系,环环相扣,缺一不可,其中,法律议案的通过是立法程序中最重要和最具有决定意义的阶段。根据宪法和法律的规定,我国最高国家权力机关的立法程序与上述立法的基本程序是一致的。

(二)法的渊源

1. 法的渊源的概念

法的渊源,又称为"法源"或"法律渊源",指的是法的各种具体表现形式,主要是由不同国家机关制定或认可的,具有不同法律效力和不同形式的各种规范性法律文件的总称。从这个意义上讲,法的渊源又可称为法的形式。

2. 中国社会主义法的渊源

我国社会主义法的渊源可以分为以下几类:

(1)宪法。

在当代我国社会主义法的渊源中,宪法是规定国家的根本制度和根本任务的,具有最高的法律地位和法律效力,是制定一切法律、法规的依据。所以,它在法的渊源中居于最高的、核心的地位,是根本大法。

（2）法律。

在当代中国法的渊源中,法律是仅次于宪法的主要的法的渊源。它是由全国人民代表大会和全国人大常务委员会制定颁布的。根据宪法的规定,法律分为基本法律和基本法律以外的法律。基本法律是指由全国人民代表大会制定的,调整国家和社会生活中某一方面社会关系的法律。如《刑法》《诉讼法》《劳动法》等。基本法律以外的法律是指由全国人大常委会制定的,调整国家和社会生活中某种具体社会关系的法律。其调整范围较前者窄,内容也较具体,如《商标法》《专利法》《药品管理法》等。

此外,全国人大及其常委会作出的规范性决议、决定、规定、办法也属于法律的范畴,与法律具有同等效力。

（3）行政法规和部门规章。

国务院制定的规范性法律文件我们称为行政法规。这也是我国法的渊源的重要组成部分,其法律地位和法律效力仅次于宪法和法律。国务院有权发布的决定和命令,也是法的渊源,其法律地位与行政法规相同。

另外,国务院所属的各部委有权在本部门的权限内发布规范性的命令、指示和规章。其法律地位和法律效力低于国务院的行政法规和其他规范性法律文件。

（4）地方性法规和地方政府规章。

地方性法规指的是省、自治区、直辖市的人民代表大会及其常委会制定或批准的适用于本地区的规范性法律文件。另外,省、自治区人民政府所在地的市和国务院批准的较大的市的人民代表大会及其常委会,也可以制定地方性法规。地方性法规通常采用条例、办法、规则、决定、实施细则等名称。地方性法规只在本辖区内有效。

另外,省、自治区、直辖市的人民政府也可以制定规章,这种规章被称为"地方规章"或"地方政府规章",也是我国法的渊源之一。

（5）民族自治地方的自治条例、单行条例。

在当代中国法的渊源中,民族自治地方的自治条例和单行条例也是一种重要的法的渊源,它与地方性法规具有同等的法律地位和法律效力。

（6）特别行政区的法。

特别行政区的法是我国法的渊源的一种特殊形式。特别行政区享有其他省市自治区所没有的某些权力,享有高度的自治权。特别行政区的法指的是由全国人民代表大会制定的和特别行政区依法制定的并报全国人大常委会备案的法律、法规,以及保留的、在特别行政区内有效的法律、法规。包括特别行政区基本法以及根据我国宪法和基本法制定的其他法律。

（7）国际条约和国际惯例。

能作为我国法渊源的国际条约主要是指经我国政府签订、加入、承认后的国际条约。随着中国对外开放的发展，与别国交往日益频繁，与别国缔结的条约和加入的条约也日益增多。这些条约也是我国一种法的表现形式和重要的司法依据。国际惯例是国际条约的重要补充，同样是法的正式渊源。

上述情况表明，我国法的渊源与多数国家一样，是以宪法为统帅的，以制定法为主干的成文法体系。

第三节　法的实现

一、法的实现

（一）法的实现的概念

考察一个国家的法制，不应仅仅看它规定了什么，更重要的是还应看到这些规定在实际生活中是否得到实现。

所谓法的实现是指法律规范在人们的行为中的具体落实，即权利被享用，义务被履行，禁令被遵守。简单地说，就是法的要求在社会生活中被转化为现实。

法只有实现，才能起到建立和维护社会秩序、促进社会公正和发展的作用，不能实现的法律，等于一纸空文，没有任何意义。

（二）法的实现的基本形式

法的实现的形式就是法的要求转化为社会现实的具体方式。由于法律调整的复杂多样，法的实现形式也是多种多样的，可以从不同角度分类：以法的实现是否通过具体的法律关系为标准，法的实现可以分为通过具体法律关系的法的实现和不通过具体法律关系的法的实现；按照法律规范所规定的行为模式的不同，法的实现可以分为权利的行使和义务的履行；按照法的实现过程中国家干预的程度和方式的不同，法的实现可以分为法的遵守、法的执行、法的适用。其中，法的遵守，简称为"守法"，指的是公民和其他社会关系的主体自觉按照法律规范的要求从事各种事务和行为的活动；法的执行，简称为"执法"，是指国家行政机关通过制定、实施行政法规以及将法律的一般规定适用于行政相对人或事件的贯彻宪法和法律的活动；法的适用，简称为"司法"，是指国家机关依照法定职权和程序适用法律处理案件的活动。

二、法的效力

（一）法的效力的概念

法的效力是指法律规范的生效范围，即法律规范在什么时间、什么地点、对什么人、对什么事具有法律上的约束力。任何法律规范都是在一定的时间和空间内，对一定的人有效的。法的效力包括时间效力、空间效力、对人效力。

1. 时间效力

是指法律规范在什么时间开始生效，在什么时间终止生效以及对其生效前的行为和事件是否具有溯及力等问题。

(1)法律开始生效的时间。我国法律开始生效的时间有以下几种情况：①自法律公布之日起开始生效。②由法律明文规定该法律开始生效的时间。③规定法律公布后到达一定期限或满足一定条件后开始生效。

(2)法律终止生效的时间。

法律终止生效是指法律被废止，于是其效力消灭。法律终止生效实际上有以下几种情况：①新的法律公布实行后，原有的法律即自动丧失效力；②新法律取代原有法律，同时在新法中明文规定旧法作废；③由有关机关颁布专门的决议、决定，宣布废除某些法律，从宣布废除之日起，该法即停止生效；④法律本身自行规定有效时期，至时限届满又无延期规定的即自行停止生效；⑤有些法律由于已经完成历史任务而不再适用。

(3)法律的溯及力问题。

法律的溯及力是指法律溯及既往的效力。法的溯及力问题则是指新法颁布以后对其生效以前所发生的事件和行为是否适用的问题。如果适用，该法就有溯及力；如果不适用，该法就不具有溯及力。

在一般情况下，法律不溯及既往，即法律一般只适用于生效后发生的事件和行为，而不适用于生效前的事件和行为。因为人们只能根据现行的法律来规范自己的行为，而难以预见自己的行为是否符合尚未颁布施行的法律的要求。所以，为了维护社会关系的稳定，法律不溯及既往是各国通行的普遍采用的原则。但这也不是绝对的，各国在法律上也有一些例外的规定，如：在刑法的适用上，现代各国通常采用"从旧兼从轻"原则。也就是说，新刑法原则上不溯及既往，但是如果新刑法不认为是犯罪，或者虽然认为是犯罪但处罚较轻，则适用新刑法。我国刑法的适用与国际通行做法一致，采用"从旧兼从轻"原则。

2. 空间效力

是指法律规范在哪些地方、区域有效。根据国家主权原则，一国的法律在其主权管辖的全部领域有效，包括陆地、水域及其底土和领空。此外，还包括延伸意义上的领土，即本国驻外大使馆、领事馆，以及停泊在境外的本国的船舶和航空器。

对于各个具体的法来说，由于制定的机关和法的内容的不同，其空间效力有所不同。我国法律规范的空间效力大致有以下几种情况：

(1)在全国范围内生效。如宪法、法律以及国务院制定的行政法规等，在全国范围内有效力。

（2）在局部区域生效。如地方性法规、民族自治条例、单行条例以及地方国家机关制定的其他规范性法律文件等，都只在制定这些法规、条例的国家机关所管辖的区域内生效。

（3）某些法律、法规不仅在我国领域内有效，而且还可以有域外效力。这一般体现在民事、婚姻家庭、贸易等方面的法律、法规中。

3. 法的对人效力

法的对人效力是指法对哪些人适用或有效，包括对哪些自然人和法人适用。现今世界各国法对人的效力不同，主要是由于他们采用不同的原则确认法对人的效力。

（1）法对人的效力的一般原则。

法对人的效力的一般原则主要有以下几种：①属人主义，又名国民主义，即法对具有本国国籍的公民和在本国登记注册的法人适用，而不论他们在本国领域内或在本国领域外。外国人在本国境内犯法，不适用本国法。②属地主义，又称领土主义。即凡在本国领域内的所有人都适用本国法，而不论是本国人还是外国人，本国人如不在本国领域内不受本国法的约束。③保护主义，即以保护本国利益为基础，任何人只要损害了本国利益，不论损害者的国籍和所在地域在哪里，均受该国法的追究。④以属地主义为主、以属人主义和保护主义为补充的折中主义原则。这是近代大多数国家所采用的原则。我国法对人的效力也采用这一原则。

（2）当代中国法律对人的效力的规定。

我国法对人的效力大体包括两个方面：

①对我国公民的效力。

我国公民在我国领域内一律适用中国法律，并且法律面前一律平等。我国公民在我国领域以外原则上仍适用我国法律。但是，与此同时，还要受到居住国法律的约束。

②对外国人的效力。我国法对外国人的效力分两种情况：

首先，对于在我国领域内的外国人和无国籍人，除法律另有规定外，一律适用我国法。我国法既保护其合法权益，又追究其违法责任。其次，在我国领域外的外国人，如果侵害了我国国家或公民的权益，或者与我国公民发生法律交往，也可适用我国法律规范。例如刑法规定，外国人在中国领域外对中国国家或中国公民的犯罪，最低刑为 3 年以上有期徒刑的，可以适用中国刑法，但按照犯罪地的法律不受处罚的除外。

三、法律关系

(一)法律关系的概念和特征

法律关系是根据法律规范产生的，以主体之间的权利与义务关系的形式表现出来的一种特殊的社会关系。法律关系具有如下特征：

1. 法律关系是根据法律规范建立的一种社会关系

法律关系是根据法律规范建立的一种社会关系,这是它与其他社会关系的根本区别。法律规范是法律关系产生的前提,如果没有相应的法律规范的存在,就不可能产生法律关系了。如同事关系、友谊关系、爱情关系等等,这些社会关系都是客观存在的,但是,由于它们一般不由法律调整,不存在相应的法律规范了,所以也就不具有法律关系的性质。

2. 法律关系是体现意志性的特种社会关系

各种法律关系无论如何产生,它的实现都要通过参加者的有意识、有目的的活动。法律关系是人有意识、有目的建立的一种社会关系。同时,在法律关系的产生和实现过程中,国家意志和法律关系参加者的意志是相互作用的。

3. 法律关系是主体之间以法律上的权利、义务为纽带而形成的社会关系

任何法律规范直接、间接都是关于社会关系参加者权利与义务的规范。可以说,这种权利与义务形成条纽带,将法律关系的参加者联系在一起。通过法律关系参加者享受权利、履行义务,从而实现对社会关系的调整。

(二)法律关系的构成要素

法律关系由三个要素组成,即法律关系的主体、法律关系的内容和法律关系的客体。这三个要素相互联系,相互制约,缺一不可。

1. 法律关系的主体

法律关系主体,是指法律关系的参加者,即法律关系中权利的享有者和义务的承担者。

在现实生活中,法律关系主体是多种多样的。如:民事合同中的债权人和债务人,行政法律关系中的行政机关与公民或法人、司法诉讼中的原告和被告等等。根据我国法律的规定,法律关系的主体主要有以下几种:

①公民,包括我国公民以及居住在我国的外国公民和无国籍人。

②国家机关、企事业单位、社会团体和其他社会组织。

③国家。

2. 法律关系的内容

法律关系内容就是法律关系主体相互之间在法律上的一种权利和义务关系。每个法律关系的参加者都是一定的权利和义务的承担者。法律权利是指国家通过法律规定的,由国家强制力保障其实现的,一定的主体可以自主决定做出某种行为的资格和能力。法律义务则是指国家通过法律规定,由国家强制力保证其实现的,对法律关系主体的行为的一种约束手段。它表现为要求人们必须做出一定行为或者不得做出一定行为。

权利和义务是法律关系内容不可分离的两个方面,没有权利,就没有义务;没有义务,也谈不到享有权利,权利主体在享受权利的同时必须承担相应的义务,而义务

主体在履行义务的同时也享有相应的权利。二者相互依存、不可分割,具有统一性。

3. 法律关系的客体

法律关系的客体是指法律关系主体的权利和义务所指向的对象。法律关系的客体也是非常广泛的,主要包括:

①物。即法律关系主体支配的,在生产和生活上所需的各种物质资料。包括自然物、生产物、有形物、无形物、静态物、动态物等各种形式,例如,森林、矿产、水流、房屋、电力、债券等等。

②非物质财富。也称为智力成果,即法律所确认和保护的,人们从事智力活动或脑力劳动所取得的成果。它是知识产权所指向的对象,如:科学发明、学术著作、商标等等。

③人身。人身是由各个生理器官组成的有机体。

④行为。在一些法律关系中,其主体权利义务所指向的对象既不是物,也不是非物质财富,而是行为,包括作为和不作为。

(三)法律关系的产生、变更和消灭

法律关系不是一成不变的,而是处在不断生成、变更和消灭的运动过程中,它的形成、变更和消灭,需要具备一定的条件。其中,最主要的条件有两个:一是法律规范,二是法律事实。

法律规范是法律关系形成、变更和消灭的法律依据,没有一定的法律规范就不会有相应的法律关系。但是只有法律规范没有法律事实的出现,也不会产生任何法律关系,法律事实是法律产生、变更和消灭的直接原因。法律事实是法律规范与法律关系相连的中间环节。所谓法律事实是指法律规范所规定的能够引起法律关系产生、变化和消灭的现象。

法律事实是多种多样的,按照是否以当事人的意志为转移,法律事实可以分为法律事件和法律行为。

1. 法律事件

法律事件指不以当事人的意志为转移的客观事实或现象。事件可以分为自然事件和人为事件。前者如:人的出生、死亡、自然灾害、一定期间的经过等,人的出生产生父母与子女之间的抚养关系,而人的死亡将会导致继承关系的开始。后者如:自杀、战争、人为事故等,自杀会导致户口关系的注销、导致婚姻关系的终止。这些事件虽然是人为的,但是,在法律关系的变更中,法律不考虑当事人的意志。

2. 法律行为

法律行为指法律规定的,以当事人意志为转移的,能够引起法律关系产生、变更和消灭的行为。例如买卖行为、依法登记结婚的行为,或者一些犯罪行为如抢劫、杀人等。

法律行为依其性质不同,可以分为合法行为和不合法行为。

四、法律责任

(一)法律责任的概念和特征

法律责任是指违法者对自己实施的违法行为所必须承担的不利的法律后果。法律责任不同于其他社会责任,如政治责任、道义责任等,其特点在于:

第一,法律责任与违法有不可分的联系。法律责任与违法之间是一种因果关系。没有违法就没有法律责任。违法是承担法律责任的根据。

第二,法律责任是由法律规定的。法律责任的有无、大小、性质、范围、期限等,都在法律上有明确的规定。

第三,法律责任的认定和追究,必须由国家专门机关通过法定程序来进行的。

第四,法律责任以国家强制力作为实现的保证。

(二)法律责任的分类

根据违法的性质,法律责任主要包括以下几种:

1. 民事责任

民事责任是指由民事违法行为引起的否定性法律后果。民事责任主要是一种财产责任,主要在于补偿当事人的损失,但也包含某些惩罚性因素。民事责任主要有两种基本形式:违约责任和侵权责任。其承担方式有停止侵害、排除妨碍、消除危险、返还财产、恢复原状等。

2. 刑事责任

刑事责任是指行为人因其犯罪行为所必须承受的否定性法律后果。该责任是所有法律责任中最严厉的一种,体现国家、社会对一定行为及相应行为人人格的最强烈谴责。实现刑事责任的方式是惩罚,我国刑法规定的刑罚分为主刑和附加刑两类:主刑包括管制、拘役、有期徒刑、无期徒刑和死刑;附加刑包括罚金、剥夺政治权利、没收财产。

3. 行政责任

行政责任是指因行政违法行为所引起的否定性的法律后果。主要是一种管理或职务上的责任。包括社会成员不履行行政管理方面的法定义务而应当受到的行政处罚等法律责任,如警告、罚款、没收违法所得、没收非法财物、行政拘留等;也包括国家工作人员违法行使职权的渎职行为所引起的行政处分等法律责任,如警告、记过、记大过、降级等。

第四节　坚持全面依法治国，推进法治中国建设

一、法治的含义

法治，通常的理解就是法律之治，即通过法律治理国家，是与人治相对的一种治国的理论、制度和原则。纵观法的历史，古今中外，人们对法治的理解多种多样，从不同的层面和角度赋予了法治不同的社会内涵和意义。我们认为法治一词就其基本含义而言，至少包括以下几个方面的内容：

（一）法治是指一种宏观的治国方略或社会调控方式

法治思想源远流长，中国先秦时期法家论著中即提出"任法而治""治民无常，唯以法治"等法治主张，古希腊思想家亚里士多德在《政治学》中明确主张"法治优于一人之治"。他们都把"法治"视为与"人治"相对立的一种治国的方略，一种社会控制的方式，在多种社会控制手段面前选择以法律为主的手段进行控制，强调法律至上，法律具有最高的地位，强调的是"法律的统治"。

（二）法治是指一种理性的依法办事原则

所谓依法办事，指的是在制定法律之后，任何人和组织的社会性活动均受既定法律规则的约束。只要法律已经规定，任何组织或政党不得以任何不正当的理由去违背法律规则，而只能遵照执行。在现代法治社会，依法办事的要求已经成为社会关系参加者的普遍原则，不仅普通社会成员要依法办事，就是国家机关及工作人员也不能例外。现代法治的精髓是公职人员依法办事，只有公职人员依法办事，接受法律的约束，才有法治可言。

（三）法治是指一种良好的法律秩序

无论是作为治国方略，还是作为依法办事的原则，法治最终要表现为一种良好的法律秩序。达成法律秩序既是法治的目标和结果，也是检验是否厉行法治的一个重要指标。

法律秩序表现为社会生活的基本方面已经法律化和制度化，社会成员和社会组织都有明确的权利和义务，每个法律主体都忠实履行法定义务，积极而正确地行使和维护法定权利，社会秩序有条不紊，充满生机。

（四）法治还代表某种具有价值规定的社会生活方式

有国家以来就有法律秩序，但是不是任何一种有良好法律秩序的社会都称得上是法治状态呢？我们认为，法治不是单纯的法律秩序，而是有特定价值基础和价值目标的法律秩序，即法治还代表某种具有价值规定的社会生活方式。这种生活

方式通过法治的方式、原则和制度的实施能够体现出一定的价值、法律精神和理想。就现代社会而言,这种价值基础和取向至少包括:(1)法律必须体现人民主权原则;(2)法律必须承认、尊重和保护人民的权利和自由;(3)法律面前人人平等;(4)法律对一切正当的利益予以无差别的保护。

二、坚持全面依法治国,推进法治中国建设

党的二十大报告指出,全面依法治国是国家治理的一场深刻革命,关系党执政兴国,关系人民幸福安康,关系党和国家长治久安。必须更好发挥法治固根本、稳预期、利长远的保障作用,在法治轨道上全面建设社会主义现代化国家。

我们要坚持走中国特色社会主义法治道路,建设中国特色社会主义法治体系、建设社会主义法治国家,围绕保障和促进社会公平正义,坚持依法治国、依法执政、依法行政共同推进,坚持法治国家、法治政府、法治社会一体建设,全面推进科学立法、严格执法、公正司法、全民守法,全面推进国家各方面工作法治化。

(一)完善以宪法为核心的中国特色社会主义法律体系。坚持依法治国首先要坚持依宪治国,坚持依法执政首先要坚持依宪执政,坚持宪法确定的中国共产党领导地位不动摇,坚持宪法确定的人民民主专政的国体和人民代表大会制度的政体不动摇。加强宪法实施和监督,健全保证宪法全面实施的制度体系,更好发挥宪法在治国理政中的重要作用,维护宪法权威。加强重点领域、新兴领域、涉外领域立法,统筹推进国内法治和涉外法治,以良法促进发展、保障善治。推进科学立法、民主立法、依法立法,统筹立改废释纂,增强立法系统性、整体性、协同性、时效性。完善和加强备案审查制度。坚持科学决策、民主决策、依法决策,全面落实重大决策程序制度。

(二)扎实推进依法行政。法治政府建设是全面依法治国的重点任务和主体工程。转变政府职能,优化政府职责体系和组织结构,推进机构、职能、权限、程序、责任法定化,提高行政效率和公信力。深化事业单位改革。深化行政执法体制改革,全面推进严格规范公正文明执法,加大关系群众切身利益的重点领域执法力度,完善行政执法程序,健全行政裁量基准。强化行政执法监督机制和能力建设,严格落实行政执法责任制和责任追究制度。完善基层综合执法体制机制。

(三)严格公正司法。公正司法是维护社会公平正义的最后一道防线。深化司法体制综合配套改革,全面准确落实司法责任制,加快建设公正高效权威的社会主义司法制度,努力让人民群众在每一个司法案件中感受到公平正义。规范司法权力运行,健全公安机关、检察机关、审判机关、司法行政机关各司其职、相互配合、相互制约的体制机制。强化对司法活动的制约监督,促进司法公正。加强检察机关法律监督工作。完善公益诉讼制度。

(四)加快建设法治社会。法治社会是构筑法治国家的基础。弘扬社会主义

法治精神,传承中华优秀传统法律文化,引导全体人民做社会主义法治的忠实崇尚者、自觉遵守者、坚定捍卫者。建设覆盖城乡的现代公共法律服务体系,深入开展法治宣传教育,增强全民法治观念。推进多层次多领域依法治理,提升社会治理法治化水平。发挥领导干部示范带头作用,努力使尊法学法守法用法在全社会蔚然成风。

 思考与练习

一、单项选择题(每题 1 分,共 10 分)

1. 法的实施有( )作保证。

A. 习惯力量   B. 法律传统   C. 社会舆论   D. 国家强制力

2. 从法的起源看,法( )。

A. 是从来就有的

B. 原始社会调整人们行为的规则主要是法

C. 法不是从来就有的,是人类社会发展到一定阶段的产物,是伴随着国家的产生而同时产生的

D. 在人类历史上,先有国家后有法律

3. 法最终决定因素是( )。

A. 统治阶级意志   B. 阶级斗争状况

C. 社会物质生活条件   D. 政治局面

4.《中华人民共和国宪法》第 33 条规定:"中华人民共和国公民在法律面前一律平等",这里的"法律"一词应作( )理解。

A. 字面   B. 限制   C. 狭义   D. 广义

5. 下列选项中不属于法的价值的是( )。

A. 正义   B. 秩序   C. 自由   D. 幸福

6. 既是违反道德,又是违法的行为有( )。

A. 撒泼骂街   B. 结伙打架   C. 铺张浪费   D. 经常撒谎

7. 1993 年 10 月 31 日第八届全国人民代表大会常务委员会第四次会议通过《消费者权益保护法》,这是一种法的( )。

A. 认可   B. 修改   C. 制定   D. 废止

8. 立法程序中最重要,最有决定意义的阶段是( )阶段

A. 法律案的提出   B. 法律案的审议

C. 法律案的通过   D. 法律案的公布

9. 下列属于授权性法律规范的是( )。

A. 宪法第 49 条第 3 款规定:父母有抚养教育未成年子女的义务,成年子女有

赡养扶助父母的义务。

B. 宪法第 41 条规定:中华人民共和国公民对于任何国家机关和国家工作人员,有提出批评和建议的权利。

C. 婚姻法第 3 条规定:禁止包办、买卖婚姻和其他干涉婚姻自由的行为。

D. 刑法第 57 条规定:对于被判处死刑,无期徒刑的犯罪分子,应当剥夺政治权利终身。

10. 下列关于法的效力的表述正确的是?(   )

A. 如果法律不经过公布,就不具有效力

B. 一切法律的效力级别高低和范围大小是由刑法、民法、行政法等基本法律所规定的

C. "法律仅仅适用于将来,没有溯及力",这项规定在法学上被称为"从新原则"

D. 法律生效后,应该使一国之内的所有公民知晓,不然对那些不知道法律的公民就没有效力,即所谓"不知法者得免其罪"

二、多项选择题(每题 3 分,共 30 分)

1. 下面关于法、律、法律表述正确的是(   )。

A. 法从古代就有公平的象征意义。

B. 律在古代是指调音律的工具,强调对行为的普遍规范与约束。

C. 古代,"法"与"律"一直是连用的。

D. "法"与"法律"二者含义完全相同,可通用。

2. 下列属于法的基本特征的有(   )。

A. 规范性　　　　B. 国家创制性　　　C. 利导性　　　　D. 国家强制性

3. 何某与孙某签订了一份买卖合同,在履行合同过程中发生纠纷。何某向律师许某咨询,许某认为根据合同法,孙某的行为构成违约,如提起诉讼,有较大的把握胜诉。许某的分析体现了法的(   )。

A. 评价作用　　　B. 教育作用　　　　C. 强制作用　　　D. 预测作用

4. 国家创制法律规范的基本形式是(   )。

A. 修改　　　　　B. 制定　　　　　　C. 颁布　　　　　D. 认可

5. 划分法律部门的标准主要有(   )。

A. 法律调整的不同社会关系　　　　　B. 法律原则

C. 法律数量　　　　　　　　　　　　D. 法律调整方法

6. 下列属于我国社会主义法的渊源的是(   )。

A. 宪法　　　　　B. 行政法规　　　C. 地方政府规章　　D. 国际条约

7. 关于法律规范的对人效力,历史上各国法律规定大致有(   )。

A. 属地主义原则　　　　　　　　　　B. 属人主义原则

C. 保护主义原则 D. 折中主义

8. 法律关系的构成要素包括(   )。

A. 主体 B. 客体 C. 内容 D. 形式

9. 法律事件包括有(   )。

A. 人的出生 B. 签订合同 C. 发生地震 D. 人的死亡

10. 下列选项中,属于社会主义法治理念的基本内涵是哪几项?(   )

A. 服务大局 B. 权力本位 C. 公平正义 D. 依法治国

三、简答题(每题 8 分,共 48 分)

1. 什么是法?简述法的特征与本质?

2. 如何正确地认识法的作用?

3. 简述法律规范的逻辑构成,并举例说明?

4. 法律规范、法律部门和法律体系是什么关系?我国当代法律体系的部门法结构如何?

5. 试述法律责任的认定?

6. 你对法治国家是如何理解的?中国建设社会法治国家需要哪些基本条件?

四、材料分析题(12 分)

孙某早年与妻子吕某离婚,儿子小强随吕某生活。小强 15 岁时,其祖父去世,孙某让小强参加葬礼。但因小强与祖父没有感情,加上吕某阻拦,未参加葬礼。从此,孙某就不再支付小强的抚养费用。吕某和小强向当地法院提起诉讼,请求责令孙某承担抚养费。在法庭上,孙某提出不承担抚养费的理由是,小强不参加祖父葬礼属不孝之举,天理难容。法院没有采纳孙某的理由,而根据我国相关法律判决吕某和小强胜诉。根据这个事例,谈谈你如何看待其中的法律和道德的关系?

(附:参考答案)

一、单项选择题(每题 1 分,共 10 分)

1. D 2. C 3. C 4. D 5. D 6. B 7. C 8. C 9. B 10. A

二、多项选择题(每题 3 分,共 30 分)

1. AB 2. ABCD 3. AD 4. BD 5. AD 6. ABCD 7. ABCD 8. ABC
9. ACD 10. ACD

三、简答题(每题 9 分,共 45 分)

略,参见教材

四、案例分析题(15 分)

略,参见教材第一节中"法与道德"内容。

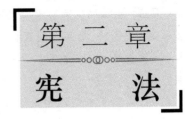

❧ 导 语 ❧

　　宪法,根本法,宪章或称宪制文件,是一个国家,或地区、自治地区①、联邦制国家的州的最基本法律。宪法规定国家的根本任务和根本制度,即社会制度、国家制度的原则和国家政权的组织以及公民的基本权利义务等内容。国家内部政治力量的对比关系的变化对宪法的发展变化起着直接作用,同时国际关系也对宪法发展趋势有所影响。

　　本章学习内容主要有:宪法的概念与特征;我国公民的基本权利和义务;我国国家机构的产生与职权。学习宪法,我们重点需要认识宪法的最高法律地位和宪法赋予公民哪些神圣不能恣意被剥夺的基本权利。

 引入问题和思考

谢某某出版作品遭刑事拘留案

　　2010 年 8 月 19 日,55 岁的谢某某被陕西省渭南警方以涉嫌"非法经营罪"从北京家中带走。"非法经营"是因为谢某某自费在《火花》杂志出版了增刊 1 万本纪实文学《大迁徙》,其中记录了三门峡移民的一些历史遗留问题,揭露了真实的情况和腐败的问题,渭南地区的移民是作品主角。2010 年 9 月 17 日,陕西渭南检

---

　　① 有自己的宪制性文件的自治地区,例如《香港特别行政区基本法》是香港的一份宪制性文件。

察机关对谢某某做出不予批准逮捕决定,谢被取保候审。

宪法聚焦:公民出版自由的保护以及公民出版自由的合理限制。

法条链接:1.《宪法》第三十五条　中华人民共和国公民有言论、出版、集会、结社、游行、示威的自由。

2.《宪法》第五十一条　中华人民共和国公民在行使自由和权利的时候,不得损害国家的、社会的、集体的利益和其他公民的合法的自由和权利。

3.《出版管理条例》第二十四条　公民可以依照本条例规定,在出版物上自由表达自己对国家事务、经济和文化事业、社会事务的见解和意愿,自由发表自己从事科学研究、文学艺术创作和其他文化活动的成果。

合法出版物受法律保护,任何组织和个人不得非法干扰、阻止、破坏出版物的出版。

通过这一事件,我们思考:

1. 谢某某的宪法赋予的哪些权利被侵犯?

2. 公民的知情权和政府维护社会稳定行政权力的冲突如何协调?

3. 如果杂志社没有经过审批手续就增刊,与作者是否有关? 如果处罚应该是什么性质的处罚?

第一节　宪法概述

一、宪法的概念和特征

(一)宪法的概念

宪法是确立国家制度和社会制度的基本原则与政策,调整公民权利与国家权力之间的基本关系的国家根本法。宪法在国家统一的法律体系中处于核心的地位,是依法治国的基础和前提,是国家的根本大法。

法国《人权宣言》所说的"凡权利无保障和分权未确立的社会就没有宪法"中,不管分权与否或分权的形式是什么样的,政治权力要受到控制则是民主社会的必然要求。在民主的社会中,国家是人民主权的,宪法作为主权者意志的反映,必须保护人民的权利;同时,人民并不直接管理国家,而要通过政府,但政府有可能侵犯人民的权利,为防止可能的侵犯,一是要保障人权,一是要控权。所以,我们可以将宪法进一步理解为:为实现人民主权而规定公民基本权利保障及确定政府组织原则的法典。

"宪法"一词无论是在中国还是在西方国家均古已有之,但它们的含义却与近代的"宪法"迥然不同。

在中国古代的典籍中,曾出现过"宪""宪法""宪令""宪章"等词语。虽然在运用过程中它们之间的含义也存在差别,但大致说来主要有三种情况:一是指一般的法律法度。如《尚书·说命》中的"监于先王成宪",《国语·晋书》中的"赏善罚奸,国之宪法",《管子·七法》中的"有一体之治,故能出号令,明宪法矣"等等。二是指优于刑法等一般法律的基本法。如《管子·立政》中的"正月之朔,百吏在朝,君乃出令布宪于国。宪既布,有不行宪者,谓之不从令,罪死不赦",《韩非子·宪法》中的"法者,宪令著于官府,刑罚必于民心",等等。三是指颁布法律,实施法律。如《周礼·秋官·小司寇》中的"宪,刑禁"。汉郑玄注曰:"宪表也,谓悬之也",《中庸》中的"祖述尧舜,宪章文武"等等。然而这些都与近现代宪法的含义完全不同。在中国,将"宪法"一词作为国家根本法的名称始于19世纪80年代,当时的近代改良主义思想家基于国内外形势,明确提出了"伸民权""争民主""立宪法""开议院"的政治主张,从而揭开了中国近代宪政运动的序幕。在古代西方,"宪法"一词也是在多重意义上使用:一是指有关规定城邦组织与权限方面的法律。古希腊思想家亚里士多德曾将城邦的法律分为宪法和普通法律。他指出,政体(宪法)为城邦一切组织的依据,其中尤其着重于政治所由以决定的"最高治权"组织。二是指皇帝的诏书、谕旨,以区别于市民会议制定的普通法规。在古罗马的立法和法学著作中,经常出现宪法或宪令的词语,如古罗马皇帝查士丁尼的《法学总论》一书,仅在序言中就多处使用"宪令"一词。三是指有关确认教会、封建主以及城市行会势力的特权以及他们与国王等的相互关系的法律。如1164年,英王亨利二世颁布的规定英王与教士关系的《克拉伦登宪法》。

由此可见,尽管古代中国与西方在运用"宪法"一词时既有相同之处,如都具有法律的意义,都有优于普通法律的某种倾向又有不同之处,如古代西方的宪法往往侧重于组织法方面的意义,而古代中国宪法却没有此意义,等等。然而都与近现代宪法的含义根本不同。

(二)宪法的特征

第一,内容上,宪法规定的是国家制度和社会制度的最基本的原则,公民的基本权利和义务,国家机构的组织和活动原则等根本问题。

第二,法律地位和法律效力上,宪法具有最高的法律地位或法律效力。

第三,制定和修改的程序上,宪法的制定和修改比其他法律更为严格。

二、宪法的作用

(一)确认和巩固作用

宪法是规定国家最根本、最重要问题的国家根本法,它将国家的政治、经济、文化和社会生活等各方面的基本制度确认下来,将统治阶级在各方面的意志集中表现为国家意志,从而巩固统治阶级的地位。

就政治方面而言,宪法的作用主要是确认和巩固国家政权以及相应的政治制度和法律制度;从经济方面来讲,宪法作为上层建筑的有机组成部分,对经济基础产生反作用;就文化社会生活而言,宪法通过确认符合统治阶级利益的社会政治思想和伦理道德意识,为统治阶级实现统治职能提供思想文化基础。

(二)限制和规范作用

宪法对国家权力的限制作用,是由宪法为公民权利的保障书决定的。当国家权力不受限制、无限扩张的时候,其直接侵害的对象就是公民权利。宪法通过规定国家机构如何组成、这些机构有哪些职权、这些职权如何行使等内容,把国家机构的活动限制在一定的范围和程度上。

宪法对国家权力的规范作用是指宪法通过规定国家权力运行的范围、方式和程序,使国家权力在宪法设定的轨道上有效地运行。宪法通过规定国家机构的组织活动原则,不仅能防止国家权力的滥用,避免或减少冲突和内耗,而且使各国家机关权责分明,运行有序。

(三)指引和协调作用

宪法作为法律规范具有指引作用,但有自身的特点:就指引的主体而言,包括国家机关、社会组织,也包括公民个人;就指引范围而言,它涉及政治、经济、文化和社会生活各个方面;就指引的效力而言,宪法作为国家的根本法,具有至高无上的法律效力;就指引的思想基础来讲,宪法对机关、组织和个人行为的指引,实际上贯穿着民主的基本精神,或者说通过对人们行为的正确指引,促进民主的真正实现。

协调作用是宪法对于整体社会的作用,宪法通过调整各种社会行为,不仅使社会生活的各个方面有章可循,而且也使各个方面相互之间形成良性和谐的互动关系。

(四)评价和宣传作用

宪法作为国家的根本大法具有评价作用。宪法的评价具有广泛性,国家和社会生活的各主要方面,都能在宪法中找到评价的依据和标准,而其他法律则不可能。宪法的评价具有集中性,宪法集中体现统治阶级意志,是统治阶级管理国家和社会的最基本的依据,那么宪法的评价实质上是统治阶级的综合评价。宪法的评价具有最高性,一切国家机关、组织和公民个人都必须以它为根本的活动准则。

宪法还具有宣传作用,它对于提高公民的思想意识,特别是公民意识和法律意识具有极为重要的影响。

三、宪法的发展

(一)近代意义宪法的产生

宪法是到了资本主义社会 17、18 世纪资产阶级革命的时候产生的。英国宪法是不成文宪法,美国是成文宪法制定最早的国家,但不是产生宪法最早的国家,产生宪法最早的国家是英国。1971年的法国宪法是第一部在欧洲大陆产生的成文宪法。最早的社会主义宪法是1918年的《苏俄宪法》。

(二)新中国宪法的历史发展

1954年9月,全国人大一届一次会议通过了《中华人民共和国宪法》,它继承和发展了《中国人民政治协商会议共同纲领》(简称《共同纲领》),各项规定都体现了社会主义原则和民主原则,是我国第一部正式宪法。继1954年宪法后,又经过三次大的修改,分别是1975年、1978年、1982年。我国现行宪法是1982年宪法,1982年宪法在1988年、1993年、1999年、2004年、2018年做过部分修正。而1982年宪法的修改,是以修正案的方式修改的。

首先是1988年的宪法修正案。1988年宪法修正案是修改最少的,有两个方面的修改:一是私营经济进入宪法法,二是明确土地可以出租,土地使用权可以依法转让。

1993年对宪法也做了修改。主要有:对我国所处的历史时期认识在宪法中做了规定,规定我国正处于社会主义初级阶段,在这个阶段要走建设具有中国特色社会主义的道路,以马列主义毛泽东思想为指导;我们的共产党领导的多党合作和政治协商制度列入了宪法;市场经济制度列入了宪法;规定"农村集体经济组织实行家庭承包经营为基础"。

1999年对现行宪法进行了第三次修正。主要内容包括:(1)明确把"我国将长期处于社会主义初级阶段""在邓小平理论指导下""发展社会主义市场经济"写进宪法。(2)明确规定"中华人民共和国实行依法治国,建设社会主义法治国家"。(3)规定"国家在社会主义初级阶段,坚持公有制为主体,多种所有制经济共同发展的基本经济制度,坚持按劳分配为主体、多种分配方式并存的分配制度"。(4)规定"农村集体经济组织实行家庭承包经营为基础、统分结合的双层经营体制"。(5)将国家对个体经济和私营经济的基本政策合并修改为"在法律规定范围内的个体经济、私营经济等非公有制经济,是社会主义市场经济的重要组成部分"。"国家保护个体经济、私营经济的合法的权利和利益。国家对个体经济、私营经济实行引导、监督和管理"。(6)将镇压"反革命的活动"修改为打击"危害国家安全的犯罪活动"。

2004年对宪法进行第四次修正。主要有:

(1)将国家的土地征用制度修改为:"国家为了公共利益的需要,可以依照法律规定对土地实行征收或者征用并给予补偿。"

(2)将国家对非公有制经济的规定修改为:"国家保护个体经济、私营经济等非公有制经济的合法的权利和利益。国家鼓励、支持和引导非公有制经济的发展,并对非公有制经济依法实行监督和管理。"

(3)将国家对公民私人财产的规定修改为:"公民的合法的私有财产不受侵

犯。国家依照法律规定保护公民的私有财产权和继承权。国家为了公共利益的需要,可以依照法律规定对公民的私有财产实行征收或者征用并给予补偿。"

(4)增加规定:"国家尊重和保障人权。"

2018年,对宪法进行了第五次修正。主要内容为:将科学发展观、习近平新时代中国特色社会主义思想载入宪法;明确中国共产党领导是中国特色社会主义最本质的特征;将"健全社会主义法制"修改为"健全社会主义法治";调整充实中国特色社会主义总体布局和第二个百年奋斗目标的内容;专门就监察委员会作出规定,以宪法的形式明确国家监察委员会和地方各级监察委员会的性质、地位、名称、人员组成、任期任届、监督方式、领导体制等。

第二节　公民的基本权利和义务

一、我国公民的基本权利

(一)公民的概念

通常是指具有一国国籍,并根据该国宪法和法律规定享有权利并承担义务的自然人。

请大家思考一个问题——公民与人民在概念上有什么不同。

提示:公民与人民是两个不同的概念,其概念的属性、概念所指的范围等都是不同的。

(二)公民的基本权利

公民依照宪法规定享有人身、政治、经济、文化等方面的基本权利。根据我国宪法的规定,我国公民享有以下基本权利和自由包括:(1)平等权;(2)人身自由;(3)政治权利和自由;(4)宗教信仰自由;(5)监督权和取得赔偿权;(6)社会经济权利;(7)教育、科学、文化权利和自由;(8)妇女、婚姻、家庭、母亲、儿童和老人受国家保护。

下面分别来看:

1. 平等权

我国宪法规定:"中华人民共和国公民在法律面前一律平等。"这是我国公民的一项基本权利,也是社会主义法制的一个基本原则。其基本精神是:凡我国公民都平等地享有宪法和法律规定的各项权利,也都平等地履行宪法和法律规定的各项义务;任何公民的合法行为,都平等地受到法律保护,违法犯罪行为也都平等地受到法律的制裁;任何公民都不得有超越宪法和法律的特权。

【案例】

2001 年 12 月 23 日,中国人民银行成都分行在成都市某报上刊登招录启示,规定招录对象为:男性身高 1.68 米、女性身高 1.55 米以上。四川大学 2002 届毕业生蒋某,因身高未达到规定的高度,被排除在报名范围之外。蒋某一气之下,将招工方中国人民银行成都分行告上法庭。那蒋某的理由到底是什么?

我国宪法规定,中华人民共和国公民在法律面前人人平等。这是我国公民的一项基本权利,称为平等权。它包含了以下基本含义:法律面前人人平等;禁止差别对待。而中国人民银行成都分行的做法,反映了一种身高歧视。除非保安岗位,身高与银行一般工作人员的职能要求没有必然联系,所以,这样的做法是对宪法赋予公民的平等权的侵犯。蒋某完全可以依据宪法的规定,来维护自己的合法权益,以获得平等的招工录用的权利。这是宪法赋予公民的基本劳动权利,任何人无权剥夺。

2. 人身自由权

(1)公民人身自由的含义。

公民的人身自由是公民参加各种社会活动和享有其他权利的先决条件,它包括生存权和自由权。

(2)公民人身自由的主要内容:人身自由;人格尊严;住宅不受侵犯;通信自由和通信秘密。

第一,人身自由权。

即公民的人身自由不受侵犯,非经人民检察院批准或者决定或者人民法院决定,并由公安机关执行,不受逮捕;禁止非法拘禁和以其他方法非法剥夺或者限制公民的人身自由,禁止非法搜查公民的身体。

第二,人格尊严。

即公民的人格尊严不受侵犯,禁止用任何方法对公民进行侮辱、诽谤和诬告陷害。

第三,住宅不受侵犯。

禁止非法搜查或者非法侵入公民住宅。

第四,通信自由和通信秘密。

即公民的通信自由和通信秘密受法律保护。除因国家安全或追查刑事犯罪的需要,由国家安全部门、公安机关或者检察机关依照法律规定的程序对通信进行检查外,任何组织和个人不得以任何理由侵犯公民的通信自由和通信秘密。侵犯公民的上述人身自由权利构成犯罪的,应当受到刑事制裁。

3. 政治权利和自由

政治自由和权利包括两部分内容:

一是政治权利,含选举权和被选举权;二是政治自由,含言论出版自由、集会结社自由和游行示威自由。

（1）选举权和被选举权。

这是公民参加管理国家事务的一项最基本的政治权利,体现了我国人民当家作主、管理国家事务的主人翁地位。我国法律规定,凡年满18周岁的公民,不分民族、种族、性别、职业、家庭出身、宗教信仰、教育程度、财产状况、居住期限,都有选举权和被选举权,但依法被剥夺政治权利的人除外。

（2）政治自由。

这是公民表达个人见解和意愿,进行正常社会活动,参加国家管理的一项基本权利。但公民的这些政治权利和自由必须依法行使,不得损害国家的、社会的、集体的利益和其他公民的合法权利和自由,否则不仅得不到法律的保护,反而要受到法律的制裁。

4. 宗教信仰自由

希望大家能搞清楚宗教信仰自由的基本含义。宗教信仰自由是人们内心保有宗教观和进行宗教活动的自由。

5. 监督权和取得赔偿权

（1）监督权。公民对国家机关及其工作人员进行批评、建议、申诉、控告或者检举的权利。

（2）取得赔偿权。由于国家机关及其工作人员侵犯公民权利而受到损失的人,有依法取得国家赔偿的权利。

6. 社会经济权利

社会经济权利的内容包括以下方面:

（1）劳动权。即有劳动能力的公民有获得工作并取得相应报酬的权利。劳动是一切有劳动能力的公民的权利和义务。国家采取各种措施和途径,创造劳动就业的条件,加强劳动保护,改善劳动条件,提高劳动报酬和福利待遇,保障劳动权利的实现。

（2）休息权。即劳动者为保护身体健康和提高劳动效率而休养生息的权利。国家发展劳动者休息和休养设施,规定职工的工作时间和休假制度,保障劳动者休息权利的实现。

（3）退休人员的生活保障权。国家依照法律规定实行企业事业组织的职工和国家机关工作人员的退休制度,并保障退休人员的生活水平不降低。

（4）物质帮助权。即公民在年老、疾病或者丧失劳动能力的情况下,有从国家和社会获得物质帮助的权利。国家建立待业保险、养老保险、社会救济、医疗卫生等社会保障制度,以保障公民享有和行使这一权利。

7. 教育、科学、文化权利和自由

我国宪法规定,公民有受教育的权利和义务,国家培养青少年和儿童在品德、智力、体质等方面全面发展;公民有进行科学研究、文学艺术创作和其他文化活动的自由,国家对于从事教育、科学、技术、文化、艺术和其他文化事业的公民的有益于人民的创造性工作,给以鼓励和帮助,并保障公民享有和行使这些权利和自由。

8. 妇女、婚姻、家庭、母亲、儿童和老人受国家保护

我国宪法规定,妇女在政治、经济、文化、社会和家庭生活各方面享有同男子平等的权利。国家依法保护妇女的合法权益,实行男女同工同酬,培养和选拔妇女干部的政策。同时宪法还规定,婚姻、家庭、母亲、儿童和老人受国家保护;实行计划生育是男女双方的义务;父母有抚养教育未成年子女的义务;成年子女有赡养扶助父母的义务;禁止破坏婚姻自由,禁止虐待儿童和老人;对虐待儿童和老人,以及拐卖妇女和儿童的犯罪,依法严厉惩处。

二、我国公民的基本义务

(一)维护国家统一和全国各民族团结

这是我国公民必须履行的基本义务之一。国家的统一和全国各民族的团结,是建设有中国特色社会主义事业取得胜利的基本保证,也是实现公民基本权利的保证。全体公民必须自觉履行这一义务,坚决反对任何分裂国家和破坏民族团结的行为。

(二)遵守宪法和法律,尊重社会公德

我国宪法和法律是工人阶级领导的广大人民群众共同意志和利益的集中体现和反映,遵守宪法和法律就是尊重人民的意志,维护人民的利益;尊重社会公德,是社会主义精神文明的重要内容,是维护社会安定团结的需要。所以,每个公民都应自觉遵守宪法、法律和社会公德,与一切违反宪法和法律、破坏社会公德的行为作斗争。

(三)维护祖国安全、荣誉和利益

这是保障社会主义现代化建设和改革开放顺利进行的需要,任何公民不得为一己私利或小集团的利益而有损国家的安全、荣誉和利益。如果危害国家安全,给国家利益造成损害,要依法追究其刑事责任。

(四)保卫祖国,抵抗侵略,依法服兵役和参加民兵组织

保卫祖国,抵抗侵略是每一个公民应尽的职责,也是维护国家独立和安全的需要,是保卫社会主义现代化建设、保卫人民的幸福生活的需要。所以,每一个公民都必须自觉地依法履行这一光荣义务和神圣职责。

(五)依法纳税

税收是国家财政收入的重要来源之一。它"取之于民,用之于民"。公民依法纳税,对于增加国家财政收入,保证国家经济建设资金的需要,改善和提高人民生活都具有重要意义。每个公民应自觉遵守和执行国家税收法规和政策,与偷税、漏税、抗税的违法行为作斗争,以维护国家的利益。

第三节　中国的基本制度

一、国家性质

（一）我国是人民民主专政的社会主义国家

1. 国家性质的含义

国家性质又称为国体，主要表明在国家中，哪些阶级处于统治地位，哪些阶级处于被统治地位。也就是说，这个国家对哪些阶级实行民主，对哪些阶级实行专政。因此，它是国家制度的核心内容。

2. 我国宪法对国家性质的规定

我国《宪法》第1条明确规定："中华人民共和国是工人阶级领导的，以工农联盟为基础的人民民主专政的社会主义国家。"

马克思主义在国家问题上一个最重要的思想是"无产阶级专政"。而"人民民主专政"，是无产阶级专政在我国的一种具体模式。我国宪法在序言中明确指出："工人阶级领导的，以工农联盟为基础的人民民主专政，实质上即无产阶级专政。"

（二）中国共产党领导的多党合作和政治协商制度

我国宪法规定："中国共产党领导的多党合作和政治协商制度将长期存在和发展。"这表明我国的政党制度是共产党领导的多党合作制。

政党制度是民主宪政的一个部分。所谓政党制度，是指一个国家的政党干预政治的方式、方法、程序以及政党与国家政权之间、政党与政党之间的相互关系的总称。根据实际情况的不同，各国形成了一党制、两党制和多党制等三种政党制度的形式。我国的政党制度是在长期革命与建设中形成和发展起来的，共产党领导的多党合作和政治协商制度是我国的基本政治制度，是我国国家制度的一个特点。

1. 中国共产党是执政党

我国是人民民主专政的社会主义国家，中国共产党是社会主义事业的领导核心，是执政党，其地位是稳定的，不可替代的。中国共产党通过法定程序将其路线、方针、政策等上升为法，获得最普遍的遵守；通过推荐干部、进行思想教育等方式实现对国家机关的政治领导。同时，各民主党派在政治上须接受共产党的领导。

2. 各民主党派是参政党

中国现有八个民主党派，它们是：中国国民党革命委员会（民革）、中国民主同盟（民盟）、中国民主建国会（民建）、中国民主促进会（民进）、中国农工民主党（农工党）、中国致公党（致公党）、九三学社（九三）、台湾民主自治同盟（台盟）。各民主党派都是各自所联系的一部分社会主义劳动者和一部分拥护社会主义的爱国者的政治联盟,是接受中国共产党领导的,同中国共产党通力合作、共同致力于社会主义事业的亲密友党,是参政党。

(三)爱国统一战线

1. 统一战线是在中国共产党领导下的政治联盟

新时期的爱国统一战线是在中国共产党领导下,由各民主党派和各人民团体参加的,包括全体社会主义劳动者,拥护社会主义的爱国者和拥护祖国统一的爱国者组成的政治联盟,是我国人民民主专政的重要内容之一。

2. 中国人民政治协商会议是统一战线的组织形式

中国人民政治协商会议简称"人民政协",是我国爱国统一战线组织,也是共产党领导的多党合作和政治协商的一种重要组织形式。

须注意的是,人民政协不是国家机关,不具有国家机关的权限。它的基本职能是政治协商、民主监督,它是中国共产党与各民主党派联系的桥梁和纽带,是民主党派参政议政和进行政治协商的主要场所。因此,它在我国政治体制中具有十分重要的地位。

【知识拓展】

全国人大召开会议时通常邀请政协委员列席会议,这是为了使他们更便于参加国家大政方针的协商和讨论,充分发挥民主监督的作用。

二、政权组织形式

政权组织形式也叫政体,它是指一定的社会中,统治阶级为了行使国家权力,而确立的国家机关的组织体系。

(一)人民代表大会制度是我国的政权组织形式

1. 人民代表大会制度的含义

人民代表大会制,是根据民主集中制的原则,通过选举产生全国人民代表大会和地方各级人民代表大会,并以此为基础,建立全部国家机构,实现人民当家作主的一种根本政治制度。

我国宪法规定:"人民行使权力的机关是全国人民代表大会和地方各级人民代表大会。""全国人民代表大会和地方各级人民代表大会都由民主选举产生,对人民负责,受人民监督。""国家行政机关、审判机关、检察机关都由人民代表大会产生,对它负责,受它监督。"这些规定确认了人民行使国家权力的机关是各级人大,确认了我国的政权组织形式是人民代表大会制度。

2. 人民代表大会制度是我国的根本政治制度

人民代表大会制度,是中国人民革命的创造性产物,是适合中国国情的一种政权组织形式。因此,人民代表大会制度是我国的根本政治制度,具体表现如下:

（1）人民代表大会制度直接反映了我国的阶级本质。

我国是以工人阶级为领导，以工农联盟为基础的人民民主专政的社会主义国家，我国的政权具有广泛的阶级基础。

（2）人民代表大会制是建立其他制度的基础。

人民代表大会制一经成立，即成为其他制度赖以产生和建立的基础。全国人大作为最高权力机关，行使国家立法权，通过立法活动建立起其他制度。

（3）人民代表大会制度反映了我国政治生活的全貌。

我国的政治生活中有许多具体制度，如司法制度、财经制度、婚姻家庭制度等，这些制度只能代表我国政治生活的一个侧面，而人民代表大会制度则全面反映了我国的政治生活，体现了我国政治力量的源泉。

（二）选举制度是我国人民代表大会制度的重要组成部分

选举制度是关于依照法律选举国家代表机关代表的原则、程序和方式方法的总称。选举制度的具体内容一般包括选举的基本原则、选举权确定、选举的组织和程序以及选民和代表的关系，等等。

选举制度是国家制度的重要组成部分，反映国家权力与公民权利之间的平衡关系。选举制度的民主性与科学性，是人民代表大会制度建立与完善的基础。

1. 我国选举制度的基本原则

（1）选举权的普遍性原则。

我国《宪法》第34条规定："中华人民共和国年满18周岁的公民，不分民族、种族、性别、职业、家庭出身、宗教信仰、教育程度、财产状况、居住期限，都有选举权和被选举权；但是依照法律被剥夺政治权利的人除外。"可见，除了对年龄、国籍与政治权利进行了规定，宪法没有对公民获得选举权加以其他限制，这充分体现了选举权的普遍性原则。此外，选举法对各少数民族的选举和对归侨代表的选举作了专门规定，并规定人民解放军单独进行选举。[①]

（2）选举权的平等性原则。

选举权的平等性，是指每个选民在一次选举中只有一个投票权，而且每个选民所投的选票效力都相等。这是"公民在法律面前一律平等"的宪法原则在选举制度中的具体表现，每个选民都在平等的基础上参加选举。

（3）直接选举和间接选举并用的原则。

直接选举，是指代表由选民投票直接选出。

间接选举，是指代表机关的代表不由选民直接选出，而是由下一级代表机关的

---

① 需要指出的是，我国选举法规定："无法行使选举权和被选举权的精神病患者，不列入选民名单。"从法律的角度来看，精神病患者不属于被剥夺选举权之列，他们有选举权和被选举权，只有因为他们实际上已失去了行为能力，所以不列入选民名单而暂不行使选举权。

代表选举上一级代表机关的代表。

我国选举法规定,县、乡两级人民代表大会采用直接选举方式,省和全国两级人民代表大会、自治州、设区的市采用间接选举方式,这比较适合我国国情。

今后随着社会政治、经济的发展,我国将会逐步扩大实行直接选举的范围。

(4)无记名投票原则。

无记名投票也叫秘密投票,是指选举人在投票时不在选票上填写自己姓名,不受任何干涉和影响。

我国选举法规定:"我国和地方各级人民代表大会代表的选举,一律采用无记名投票的方法。"这保障了选举人能真正按照自己的意愿参加选举,无须有任何顾虑,不受任何干涉。

(5)差额选举原则。

差额选举,相对等额选举而言,是指候选人名额多于应选代表名额的选举。

我国选举法明确规定,全国和地方各级人民代表大会代表候选人的名额,应多于应选代表的名额。由选民直接选举的代表候选人名额应多于应选代表名额的1/3 至 1 倍;由地方各级人大选举上一级人大代表的候选人名额应多于应选代表名额的 1/5 至 1/2。

2. 我国选举的民主程序

根据我国选举法的规定,我国的选举机构体系包括:全国人大常委会主持全国人民代表大会代表的选举;省、自治区、直辖市、设区的市、自治州的人大常委会主持本级人民代表大会代表的选举;不设区的市、市辖区、县、自治县、乡、民族乡、镇设立选举委员会,主持本级人大代表的选举。

也就是说,凡实行间接选举的地方由各级权力机关的常设机关主持选举工作;在实行直接选举的地方,设立选举委员会,主持选举工作。除了选举机构的设立,选举程序还包括:选区的划分、选民登记、代表候选人的提出、选举投票等不同的环节。

总之,我国的人民代表大会制度是完全不同于西方的议会制度的。

三、国家结构形式

(一)国家结构形式概述

国家结构形式,是指表现一国的整体与组成部分之间、中央政权与地方政权之间相互关系的一种形式。

国家结构形式所表现的是一种职权划分关系,国家依这种关系确定行政区划,设立行政单位。现代国家结构形式主要有两种:单一制和复合制。

1. 单一制

单一制是由若干不具有独立性的地方行政区域构成的单一主权国家的国家结

构形式。

单一制国家有如下特点:全国只有一部统一的宪法;全国只有一个最高立法机关和中央政府;公民只有一个统一的国籍;在对外关系上只有统一的国家才能作为国际法的主体,只有中央政府享有外交权。

2. 复合制

复合制,是指由若干成员国联合组成国家联盟的国家结构形式。复合制的国家结构形式,又分为:联邦和邦联。联邦制是复合制国家最典型的形式,也是现代最常见的国家结构形式之一。目前,实行联邦制的国家主要有:美国、加拿大、澳大利亚、瑞士等。邦联在国际法上不是国家主体,各成员国自身都拥有主权,邦联议会所做出的决议必须经过各成员国政府的批准才能生效。

(1)联邦。

联邦是由几个成员国联合组成的统一国家。其特点是:全国有统一的宪法和法律,各成员国亦有自己的宪法和法律,但不得同联邦宪法相抵触;全国有一个统一的中央政府,各成员国也有自己相对独立的行政机关、立法机关和司法机关,中央与地方的权限划分由宪法规定,中央不得随意更改;每个公民既有联邦的国籍,同时又有所在成员国的国籍;在对外关系上,联邦是国际法上的主体,但成员国根据联邦宪法的规定,享有部分主权。

(2)邦联。

邦联,是指几个独立的主权国为了共同的目的或共同的利益而结成的一种松散的国家联盟。其特点是:通常由几个独立的主权国家签订共同的协定联合而成,没有一部统一的宪法。也没有最高立法机关和全邦联的中央政府;目前比较典型的邦联制国家只有1982年成立的塞内加尔-冈比亚邦联。一些区域性的国际组织,一般也被看作是邦联形式的国家联盟,如1968年成立的东南亚国家联盟。

(二)我国是单一制的多民族国家

我国《宪法》在"序言"部分指出:"中华人民共和国是全国各族人民共同缔造的统一的多民族国家。"宪法第4条第3款又规定:"各少数民族聚居的地区实行区域自治,设立自治机关,行使自治权。各民族自治地方都是中华人民共和国不可分离的部分。"这些规定表明,我国的国家结构形式是统一的多民族的单一制国家。它具有以下特点:

(1)我国单一制国家结构形式在中央与地方的权限划分上采用在中央统一领导下,充分发挥地方的积极性和主动性原则。凡全国性的事务由中央政府统一管理,地方性的事务由地方依法自行处理。

(2)我国单一制国家结构形式具有包容性,根据地方的特殊情况灵活处理中央与地方的权力关系。

【知识拓展】

在少数民族聚居的地区,国家实行民族区域自治制度,允许民族自治机关依法充分行使自治权,管理本民族内部事务;在香港和澳门,国家设立特别行政区,通过法律赋予其高度自治权。这充分显示了我国国家结构形式的包容性与灵活性。

(3)根据经济建设的需要,中央政府可以在普通行政区域内划定一定的区域,作为经济特区,依法赋予其较大的经济活动自主权。

(三)我国的行政区域划分

行政区域划分,简称"行政区划",是指国家按照一定的原则和程序将全国领土划分成若干不同层次的区域,建立相当的各级国家机关进行行政管理,以实现国家职能的法律制度。

我国《宪法》第 30 条规定,我国的行政区域划分如下:

(1)全国分为省、自治区、直辖市;

(2)省、自治区分为自治州、县、自治县、市;

(3)县、自治县分为乡、民族乡、镇。

直辖市和较大的市分为区、县。自治州分为县、自治县、市。

此外,《宪法》第 31 条还规定:"国家在必要时得设立特别行政区。"

从以上区划可以看出,我国的行政区域基本上是三级建制,即省(自治区、直辖市)、县(自治县、市)、乡(民族乡、镇)。在设立自治州和实行市管县的地方是四级建制。

(四)民族区域自治制度

我国的民族区域自治,是指在国家的统一领导下,在少数民族聚居的地方实行区域自治,设立自治机关,行使自治权,实现少数民族自主管理本民族内部事务的一种政治形式。

根据宪法的规定,我国的民族自治地方分为自治区、自治州、自治县三级。各民族自治地方都是中华人民共和国不可分离的部分。民族区域自治包含了三方面的内容:民族区域自治是在统一的国家前提之下的自治;民族区域自治以少数民族聚居区为基础;民族区域自治是为了实现少数民族当家作主、管理本民族内部地方性事务的权利,这种权利是通过自治机关来实现的。

(五)特别行政区

特别行政区,是指在我国行政区域内,按照宪法和法律的规定而专门设立的具有特殊法律地位、实行特殊的社会政治和经济制度的行政区域。

设立特别行政区是"一国两制"构想的具体化,是解决香港、澳门和台湾等历史遗留下来的领土问题,实现祖国和平统一的妥善方式。所谓"一国两制",就是一个国家两种制度,即在一个中国的前提下,国家的主体坚持社会主义制度,香港、澳门、台湾作为我国的特别行政区,保持原有的资本主义制度长期不变,以此实现国家的统一。

【知识拓展】特别行政区与中央的关系,以香港为例。

A. 中央代表国家对特别行政区行使主权

中央对其行使主权的具体内容,主要包括:中央负责管理与香港特别行政区有关的外交事务;中央负责香港特别行政区的防务;中央任命行政长官和主要官员;决定香港特别行政区进入紧急状态;解释基本法:香港基本法的解释权属于全国人大常委会。全国人大常委会授权香港特别行政区法院在审理案件时对本法关于香港特别行政区自治范围内的条款自行解释。修改基本法:香港基本法的修改权属于全国人大,修改提案权属于全国人大常委会、国务院和香港特别行政区。

B. 特别行政区享有高度的自治权

香港特别行政区是一个享有高度自治权的地方行政区域。依据基本法,香港特别行政区享有以下主要权力:立法权,有权就香港特别行政区高度自治范围内的一切事务立法;行政管理权,有权自行处理香港特区的行政事务,其财政收入不上缴中央政府,中央政府也不在香港征税;独立的司法权和终审权:法院独立进行审判,不受任何干涉;诉讼案件以该区终审法院为最高审级;自行处理有关对外事务的权力。

综上所述,我国的国体、政体和国家结构形式构成了我国国家制度的主要内容,这是国家生活中最根本的问题。

四、我国的国家机构

国家机构,是指统治阶级为行使国家权力而建立的具有国家强制力的国家机关体系。

我国国家机构的组织和活动,遵循的是以下各原则:

1. 民主集中制原则

我国《宪法》第3条规定:"中华人民共和国的国家机构实行民主集中制的原则。"民主集中制是民主和集中的辩证统一,即在民主基础上的集中,在集中指导下的民主,它是我国国家机构一项最基本的组织和活动原则。

2. 社会主义法制原则

我国《宪法》规定,国家维护社会主义法制的统一和尊严,一切国家机关都必须遵守宪法和法律,没有超越宪法和法律的特权。

3. 责任制原则

《宪法》规定,一切国家机关实行工作责任制。具体表现为:

人民代表大会向人民负责,受人民监督;国家行政机关、审判机关和检察机关要向产生它的人民代表大会负责。

国家机关的责任制主要有集体负责制和首长负责制两种形式。根据宪法规定,我国各级人大及其常委会实行集体负责制,国务院及其所属各部委、中央军委、地方各级人民政府都实行首长负责制。

4. 精简和效率原则

宪法规定,一切国家机关实行精简的原则,不断提高工作质量和工作效率,反对官僚主义。

5. 密切联系群众,为人民服务的原则

我国《宪法》规定,一切国家机关和国家机关工作人员必须依靠人民的支持,经常保持同人民的密切联系,倾听人民的意见和建议,接受人民的监督,努力为人民服务。

(一)全国人民代表大会

1. 全国人民代表大会是最高国家权力机关

全国人民代表大会是最高国家权力机关,也是国家的立法机关。全国人民代表大会在整个国家机构体系中居于首要的和最高的地位,而其他国家机关都由全国人民代表大会产生并对它负责,受它监督,因而都不能超越全国人民代表大会,也不能和它并列。全国人民代表大会每届任期 5 年,在任期届满的 2 个月以前,全国人大常委会必须完成下届全国人民代表大会的选举。

根据宪法规定,全国人民代表大会主要行使以下职权:

(1)国家立法权。

全国人大有权修改宪法、监督宪法的实施;有权制定和修改国家基本法律。

(2)国家领导人的任免权。

全国人大有权选举、决定和罢免国家机关的领导人。

(3)国家重大事项的决定权。

全国人大有权决定国家生活中的重大问题。

(4)监督权。

全国人大行使最高监督权,有权监督由它产生的其他国家机关的工作。

(5)应当由最高国家权力机关行使的其他职权。

全国人大开展工作的方式主要是举行全国人大会议,每年一次,在第一季度举行,由全国人大常委会召集。全国人大常委会认为必要,或者有五分之一以上的全国人大代表提议,可以召开全国人民代表大会临时会议,会议有三分之二以上代表出席,始得举行。

2. 全国人民代表大会常务委员会

全国人民代表大会常务委员会是全国人民代表大会的常设机关,是最高国家权力机关的组成部分,也是行使国家立法权的机关。

全国人大常委会隶属于全国人大,受全国人大的领导和监督,向全国人大负责并报告工作。全国人大常委会由委员长 1 人、副委员长若干人、秘书长 1 人和委员若干人组成,由全国人大在每届第一次会议选举产生,全国人大常委会的组成人员必须是全国人大代表,并应当有适当名额的少数民族代表。

全国人大常委会的任期和全国人大每届任期相同,即5年。它行使职权到下届全国人大选出新的常委会为止,其组成人员可连选连任,但委员长和副委员长连续任职不得超过两届。

另外,宪法还规定,全国人大常委会的组成人员不得担任国家行政机关、审判机关和检察机关的职务。

全国人大常委会的职权主要有:立法权、任免权、决定权和监督权。

全国人大常委会也主要是通过举行会议来进行工作的。全国人大常委会全体会议由委员长主持召集,一般每两个月举行一次会议,全体组成人员都参加。另外,全国人大常委会委员长、副委员长和秘书长组成委员长会议,处理常委会的重要日常工作。

3. 全国人民代表大会各专门委员会

宪法规定,全国人民代表大会根据需要,可以设立若干专门委员会,行使全国人大及其常委会的部分职权。

4. 全国人民代表大会代表

全国人大代表每届任期5年,除被选入全国人大常委会的以外,不脱离本职工作。

根据宪法规定,全国人大代表主要有以下权利:提出议案权;质询权,人大代表享有对国家机关提出质问并要求答复的权利;人身特别保护权,全国人大代表非经全国人大主席团许可,在全国人大闭会期间非经全国人大常委会许可,不受逮捕或刑事审判;言论和表决的免责权,全国人大代表在全国人大各种会议的发言和表决,不受法律追究。

【知识拓展】

人大代表具有质询权,质询是人大对"一府两院"实施监督的法定形式。一方面,质询制度是我国人大会议制度优越性的重要体现;另一方面,全国人大代表以及地方各级人大代表来自中国各个阶层,具有最广泛的代表意义,也对基层现状具有最现实的了解和理解。如果能让他们直接面对国务院各部委负责人,对时事热点陈述利弊,提出意见,将使各部委的决策更加符合基层实情,对我国社会健康发展具有重要而现实的意义。

【思考】

甲是全国人大代表,他因没有按期履行合同而被对方当事人乙起诉到法院。请问,甲必须应诉吗?甲若严重触犯刑律也一定不受到制裁吗?

(二)中华人民共和国主席

中华人民共和国主席是国家的象征,属于我国最高国家权力机关的范畴。

中华人民共和国主席同全国人大常委会结合行使国家元首的职权。中华人民共和国主席对外代表国家,在国际事务上国家主席是国家的最高代表。中华人民共和国主席由全国人大选举和罢免,其个人没有超越最高国家权力机关的权力,除接受外国使节、提名总理人选外,国家主席在行使其他职权时,都必须依据全国人大和它的常委会的决定进行。可见,中华人民共和国主席不是指握有一定权力的个人,而是国家机构体系中的一个独立的国家机关。

从宪法的规定来看,中华人民共和国主席不负责国家的行政性工作,不单独决定国家重大事务,处于比较超脱的地位。

(三)国务院

中华人民共和国国务院,是最高国家权力机关的执行机关,是最高国家行政机关,全国地方各级人民政府都是国务院统一领导下的国家行政机关,服从于国务院,执行国务院的决定和命令。

国务院由最高国家权力机关——全国人大及其常委会产生,受它监督,对它负责并报告工作。

宪法规定,国务院实行总理负责制,总理对国务院职权范围内的工作负有处理的全权并承担责任,总理代表国务院对最高国家权力机关负责并报告工作。

(四)中央军事委员会

中央军事委员会是国家的最高军事领导机关,领导和指挥全国武装力量。中央军事委员会由最高国家权力机关产生并向它负责。

中央军委实行主席负责制,中央军委主席对全国人大及其常委会负责。

(五)地方国家机关

1. 地方各级人民代表大会

地方各级人民代表大会是地方国家权力机关,它同全国人大一起构成我国国家权力机关系统。

地方各级人民代表大会由选民或选举单位选出的人民代表组成。

2. 地方各级人民政府

地方各级人民政府是地方各级国家权力机关的执行机关,是地方各级国家行政机关。

地方各级人民政府从属于本级国家权力机关,它由本级国家权力机关产生,对本级人大及其常委会负责并报告工作。同时,作为地方国家行政机关,要接受上级人民政府的领导,并向上一级人民政府负责。

3. 民族自治地方的自治机关

民族自治地方的自治机关是自治区、自治州、自治县的人民代表大会和人民政府。

民族自治地方的自治机关具有双重性质。它首先是一级地方国家机关,同其他地方国家机关,实行同样的组织原则,它的产生、任期和职能也与一般地方国家机关相同。同时,它又是民族自治机关,代表实行自治的民族行使自治权,自主管理本民族的内部事务。

(六)人民法院和人民检察院

1. 人民法院

人民法院是国家的审判机关,行使国家审判权。人民法院依照法律规定独立行使审判权,不受行政机关、社会团体和个人的干涉。

我国设立最高人民法院、地方各级人民法院和军事法院等专门人民法院。

最高人民法院院长由全国人大选举产生,向全国人大负责并报告工作。地方各级人民法院院长由地方各级人大选举产生,向本级人大负责并报告工作。

宪法规定,最高人民法院是最高审判机关,最高人民法院监督地方各级人民法院和专门人民法院的审判工作,上级人民法院监督下级人民法院的审判工作。

2. 人民检察院

人民检察院是国家的法律监督机关。人民检察院依照法律规定独立行使检察权,不受行政机关、社会团体和个人的干涉。

我国设最高人民检察院、地方各级人民检察院和军事检察院等专门人民检察院。

最高人民检察院检察长由全国人大选举产生,向全国人大负责并报告工作。地方各级人民检察院检察长由地方各级人大选举产生,向本级人大负责并报告工作,并对上级人民检察院负责。

宪法规定,最高人民检察院是最高检察机关,最高人民检察院领导地方各级人民检察院和专门人民检察院的工作;上级人民检察院领导下级人民检察院的工作。

综上所述,我国的国家机构由国家权力机关、行政机关、军事机关、审判机关和检察机关共同组成,它们为实现国家权力、履行国家职能而发挥着各自的作用。

 思考与练习

一、判断

1. 在本质上宪法是广大人民群众意志和利益的集中表现。( )

2. 宪法规范是指调整宪法关系、具有宪法效力的法律规范。宪法规范作为法律规范的一种,与其他法律规范在功能上是不一致的,即是对其他类社会关系的调整。( )

3. 许多国家的宪法和选举法都确立了普选制,普选制是指公民不受特别限制地参加选举,因而普选制是就一定程度而言的选举制度。( )

4. 目前我国行政区域的划分等级比较复杂,现行宪法规定的行政区划基本上

是"三级制",即省(自治区、直辖市),县(自治县、市),乡(民族乡、镇)。( )

5. 选举法规定:全国人民代表大会代表主持全国人民代表大会常务委员会的选举。( )

6. 社会主义国家由于实行民主集中制原则,一般都规定最高国家权力机关不仅具有立法职能,并负有监督宪法实施的责任。( )

7.《中华民国临时约法》是辛亥革命的胜利成果,是中国宪法史上仅有的一部资产阶级宪法性质的文件,也是中国近代资产阶级宪政运动的光辉结晶。( )

8. 国家性质是国家本质属性的抽象概括,其核心问题是国家权利的归属。( )

9. 在各国的国籍法中,通常有两种取得国籍的方式:一种是出生国籍,即因出生而取得国籍;另一种是继有国籍,即因加入而取得国籍。( )

10. 现阶段我国爱国统一战线包括两个范围的政治联盟:一个是工人和农民的联盟;另一个是由以工人、农民、知识分子为主体的全体社会主义劳动者和拥护社会主义的爱国者所组成的政治联盟。( )

二、不定项选择题

1. 宪法实施的监督包括以下内容( )。

A. 审查法律、法规和规范性法律文件的合宪性

B. 审查国家机关及其工作人员行为的合宪性

C. 审查公民行为的合宪性

D. 审查政党、社会团体等行为的合宪性

2. 中国历史上颁布的第一部宪法性法律是( )。

A.《钦定宪法大纲》 B.《十九信条》

C.《中华民国临时约法》 D.《中华民国约法》

3. 中国人民政治协商会议的主要职能是( )。

A. 政治协商 B. 立法监督 C. 民主监督 D. 参政议政

4. 法国历史上的第一个宪法性法律是( )。

A.《独立宣言》 B.《人权宣言》

C.《自由大宪章》 D. 1791 年《法国宪法》

5. 按国家权力归属不同,近现代国家主要采取的政权组织形式是( )。

A. 君主立宪制 B. 议会君主立宪制

C. 共和制 D. 总统制

6. ( )属于宪法性文件。

A.《义务教育法》

B.《未成年人保护法》

C.《国籍法》

D.《关于授权国务院在经济体制改革和对外开放方面可以制定暂行的规定或者条例的决定》

7. 我国法律规定,中央对特别行政区行使的主要权利有:(   )。

A. 中央人民政府负责管理特别行政区的防务

B. 全国人大常委会享有对特别行政区基本法的修改、解释权

C. 全国人大常委会有权决定特别区进入紧急状态

D. 最高人民法院享有对特别行政区的司法终审权

8. 某县 A 选区在举行人民代表大会选举时,应参加选举的登记选民为 25000 人,实际参加选举的选民为 12350 人,该选区三位候选人黄某、朱某和王某最后实际获得选票依次为 6250 票、3500 票和 2600 票。依照我国选举法的规定,谁能当选为人民代表大会代表?(   )

A. 黄某   B. 朱某

C. 王某   D. 三人均不得当选

9. 宪法规定,连续任职不得超过两届的有(   )。

A. 国家主席、副主席

B. 中央军委主席、副主席

C. 国务院总理、副总理

D. 全国人大常委会委员长、副委员长

三、简答题

1. 简述我国公民权利和义务的平等性表现在哪些方面?

2. 简述我国人民代表大会制的民主集中制原则表现在哪些方面?

3. 简述我国特别行政区享有哪些高度的自治权?

4. 简述我国选举制度的基本原则有哪些?

第三章
刑 法

 导 语

　　刑法是我国法律体系中一个独立的法律部门,它是规定犯罪、刑事责任和刑罚的法律。我国刑法主要分为总则和分则两个部分。刑法总则主要是关于犯罪、刑事责任和刑罚的一般原则的规范体系,这些规范是认定犯罪、确定刑事责任和适用刑罚都要必须遵守的共同规则。刑法分则是关于具体的犯罪和具体的法定刑罚的规范体系,这些规范主要是具体解决如何定罪和量刑的标准问题。刑法的总则与刑法的分则之间的关系是一般与特殊、抽象与具体的关系。总则指导分则,分则是总则所确定的原理的具体表现,二者相辅相成。因此在学习研究刑法时必须把总则和分则紧密地结合起来,才能正确地认定犯罪、确定刑事责任和适用相应的刑罚。《刑法》在我国是以法典的形式出现的,现行的刑法典是 1997 年 10 月 1 日生效的。

　　通过本章的学习,我们应当掌握的知识点有:刑法的概念、刑法的基本原则、犯罪的构成、刑罚的种类及常见的罪名。

引入问题和思考

　　王某(男,1987 年 6 月 5 日出生),在 2001 年 6 月份之前,王某多次盗窃财物共计 40 000 余元。2001 年 6 月 5 日,王某邀请几个朋友到一酒店吃饭,席间王某等大声喧哗导致邻座几个客人不满(也是年轻人)双方发生争吵,王某一怒之下掏出随身携带的匕首向对方为首的一个小青年猛刺两刀,小青年当场死亡。王某见此,心想杀人偿命这是自古规律,顿生外逃的念头。在准备回家拿取外逃必备之物的途中,王某看一个大款模样的人手提皮包,一边走一边打手机,心想此人肯定有钱,随即掏出匕首将该人刺伤,把皮包和手机抢走,包内有现金 5 000 余元。王某到乡下外婆家躲避一年多。2002 年 10 月份的一天,王某外出闲逛,见路边停放一辆桑塔纳轿车,即设法把车门打开,将车开走。行驶途中,因操作生疏,将路边一摆水果摊的老头撞死,并把买水果的顾客撞伤。王某不仅没有停车,反而加大油门逃走,当日下午,王某将该车以 4 万元的价格低价卖出。2003 年 2 月 27 日,王某被捕,随后向司法机关交代了上述行为,而且还交代了其在半年前即 2002 年 8 月,受好朋友之托,捎带了两包毒品,得劳务费 5 000 元。请根据以上案情分析:

1. 王某上述行为是否构成犯罪? 如果构成犯罪,则构成什么犯罪? 如果不构成犯罪则简要分析并说明理由。

2. 对王某应如何处理?

第一节　刑法概述

一、刑法的概念与分类

刑法是规定犯罪、刑事责任和刑罚的法律。具体而言,刑法是掌握政权的阶级,为了维护本阶级的在政治上的统治和经济上的利益,根据本阶级的意志,规定哪些行为是犯罪以及法律后果的法律规范的总和。

二、刑法的体系

刑法的体系是指刑法的组成和结构。我国的刑法典从总体上可以分为总则、分则和附则三个部分。其中总则、分则各为一编,其编之下,再根据法律规范的性质和内容有次序地划分为章、节、条、款、项等层次。

三、刑法的解释

刑法的解释是指对刑法规范含义的释明。

按照刑法解释的效力,可以分为三种。(1)立法解释,由立法机关对刑法的含义所作的解释。在这里,立法机关是指全国人大及其常委会,这些解释具有与法律同等的效力。通常情况下包括以下三种情况,一是在刑法或者相关法律中所作的解释性规定;二是在"法律的起草说明"中所作的解释;三是在刑法实施过程中对发生歧义的规定所作的解释。(2)司法解释,即最高人民法院和最高人民检察院就审判和检查工作中如何具体运用法律问题所作的解释,具有普遍适用的法律效力。(3)学理解释,即未经国家授权的机关团体、社会组织、学术机构或者专家学者从学理上对刑法的含义所作的解释。如刑法教科书、专著、论文、案例分析等中对刑法规范的含义所作的解释。立法解释和司法解释属于有权解释,其解释具有法律约束力。学理解释在法律上没有约束力,属于无权解释,但是正确的学理解释,有助于理解刑法规范的含义,对于提高公民的法律意识、促进刑法学的发展具有重要的作用,同时对于指导刑法的立法和刑法司法实践也具有重要的指导作用。

四、刑法的基本原则

刑法的基本原则,是指贯穿全部刑法规范,具有指导和制约全部刑事立法和刑事司法意义,体现我国刑事法治基本精神的准则。刑法的基本原则对刑法的制定、补充、修改具有全局性、根本性意义。我国《刑法》明文规定了三个基本原则,即罪刑法定原则、罪责刑相适原则、刑法面前人人平等原则。

(一)罪刑法定原则

罪刑法定原则作为刑法的一项基本原则已经有二百多年的历史了,至今已经成为不同社会制度的世界各国刑法中最普遍,最重要的一项基本制度。我国《刑法》在第三条中规定:"法律明文规定为犯罪行为的,依照法律定罪处刑;法律没有明文规定为犯罪行为的,不得定罪处刑。"这就是罪刑法定原则。罪刑法定原则的经典表述是"法无明文规定不为罪,法无明文规定不处罚",即要求罪和刑都必须是法律的明确规定,而不能仅仅因为造成了什么样的社会危害后果以及社会危害后果是否严重。对某种危害社会的行为是否认定为犯罪行为、是否给予刑罚处罚以及给予什么样的刑罚处罚,必须以法律的明文规定为准则。罪刑法定原则的基本要求可以概括为三个方面:(1)法定化,即犯罪和刑罚必须事先由法律作出明文规定,不允许法官自由擅断。禁止不利于行为人的事后法,禁止不利于行为人的类推解释。(2)实定化,即对于什么是犯罪和犯罪所产生的具体法律后果,都必须做出实体性的规定。(3)明确化,即刑法条文必须文字清晰,意思确切,不得含糊其辞或者模棱两可。

(二)罪责刑相适原则

罪责刑相适原则的基本含义是犯多大的罪,就应当承担多大的刑事责任,法院就应当判处相应轻重的刑罚,做到重罪重判,轻罪轻判,罪行相称,罚当其罪。我国《刑法》在第五条中规定:"刑罚的轻重,应当与犯罪分子所犯罪行和承担的刑事责任相适应。"这就是这一原则的体现。罪责刑相适原则,要求刑罚给予处罚不仅要和犯罪行为的危害程度相适应,而且还要与行为人的刑事责任相适应,及结合行为人的主观恶性和人身危害性的大小,把握罪行和犯罪各个方面的因素,确定刑事责任的程度,适用轻重相应的刑罚。

(三)刑法面前人人平等原则

我国《刑法》在第四条中规定:"对任何人犯罪,在适用法律上一律平等。不允许任何人有超越法律的特权。"这就是刑法面前人人平等原则。适用刑法面前人人平等原则的基本要求：就犯罪人而言，任何人犯罪，都应受到法律的追究，任何人不得享有超越法律规定的特权；对于一切犯罪行为，不论犯罪人的社会地位、家庭出身、民族、宗教信仰、职业、财产等都一律平等地适用刑法，在定罪量刑时不应有所区别，而要一视同仁，依法惩处。就被害人而言，任何人受到犯罪侵害，都应当依法追究犯罪，保护被害人的权益，不得因为被害人的身份、地位、民族、宗教信仰、职业、财产等情况的不同而对犯罪和犯罪人予以不同的刑法适用。当然，适用刑法面前人人平等的原则并不否定因犯罪人或被害人特定的个人情况下而在立法上、司法上有所区别。例如，依照法律规定，对累犯应当从重处罚，对未成年人犯罪、中止犯、自首犯、立功的犯罪分子应当从宽处罚，对奸淫不满 14 周岁的幼女要按照强奸罪从重处罚等。

五、刑法的效力范围

刑法的效力范围，即刑法的适用范围，是指刑法在什么时间、什么空间、对什么人具有效力。刑法的效力范围可以分为空间效力和时间效力。

（一）刑法的空间效力

刑法的空间效力就是要解决一国刑法在什么样的空间，对什么人适用的问题。它所要解决的是国家刑事管辖权的范围问题。世界各国在解决刑事管辖权范围问题上主要采用以下几种原则：1. 属地原则。该原则以一国的地域为标准，凡是在本国领域内犯罪，无论是本国人还是外国人，都适用本国刑法；而在本国外犯罪的，都不适用本国刑法。我国《刑法》在第六条第一款规定："凡在中华人民共和国领域内犯罪的，除法律有特别规定以外，都适用本法。"这是我国刑法关于属地管辖权的基本规定。中华人民共和国领域内是指我国境内的全部空间区域，包括领陆、领水、领空，还包括我国领域的自然延伸，即悬挂我国国旗的船舶和航空器。同时我国驻外使、领馆内发生的犯罪也视为我国领域内犯罪，中华人民共和国具有相应的司法管辖权。2. 属人原则。该原则以人的国籍为标准，凡是本国人犯罪，不论是在本国领域内还是在本国领域外，都适用本国刑法。我国《刑法》第七条规定："中华人民共和国公民在中华人民共和国领域外犯本法规定之罪的，适用本法，但是按本法规定的最高刑为三年以下有期徒刑的，可以不予追究。中华人民共和国国家工作人员和军人在中华人民共和国领域外犯本法规定之罪的，适用本法。"这是我国刑法关于属人管辖权的基本规定。根据以上规定，我国公民在我国领域外犯罪的，无论按照当地法律是否认为是犯罪，或者罪刑轻重，也不论其所犯罪行侵犯的是何国或何国公民的利益，原则上都适用我国刑法。对于在我国领域外犯法定最高刑在三年以下有期徒刑的，可以不予追究，也就是说，保留了追究的可能性。而对于国家工作人员或者军人在国外犯罪，不论罪行轻重，我国司法机关都要追究其刑事责任。3. 保护原则。该原则以保护本国利益为标准,凡是侵害本国国家利益或者本国公民权益的,不论犯罪人是本国人还是外国人,也不论犯罪地在本国领域内还是在本国领域外,都适用本国刑法。我国《刑法》第八条规定:"外国人在中华人民共和国领域外对中华人民共和国国家或者公民犯罪,而按本法规定的最低刑为三年以上有期徒刑的,可以适用本法,但是按照犯罪地的法律不受处罚的除外。"这是我国《刑法》关于保护管辖权的基本规定,保护管辖针对的是外国人在国外犯罪的情形。4. 普遍原则。该原则以保护国际社会的共同利益为标准,凡是侵害国际社会共同利益的犯罪,不论犯罪人是本国人还是外国人,也不论犯罪行为发生在本国领域内还是在本国领域外,都适用本国刑法。我国《刑法》第九条规定:"对于中华人民共和国缔结或者参加的国际条约所规定的罪行,中华人民共和国在所承担条约义务的范围内行使刑事管辖权的,适用本法。"这是我国《刑法》关于普遍管辖的原则规定。普遍管辖原则针对的对象是国际犯罪,例如毒品犯罪、劫持民用航空器犯罪、酷刑、恐怖主义犯罪、战争犯罪等。对这些犯罪,在前面三个管辖原则都不能适用的情况下,才能适用普遍管辖。目前,世界绝大多数国家(包括我国)采用以属地原则为基础,兼采其他原则的立法模式。

（二）刑法的时间效力

刑法的时间效力就是指刑法的生效时间、失效时间以及刑法对其生效前的行为的溯及力问题。关于刑法的生效时间,通常有两种方式,一是从公布之日起生效,二是公布之后经过一段时间再生效。如我国现行刑法典从 1997 年 3 月 14 日修订并公布,1997 年 10 月 1 日起生效。关于刑法的失效时间,通常也有两种方式,一是由国家立法机关明确宣布失效,二是自然失效,通常是新法实施后取代了同类内容的旧法。

（三）刑法的溯及力

刑法的溯及力,是指刑法生效后,对其生效以前未经审判或者判决尚未确定的行为是否适用问题,如果适用,就是有溯及力,如果不适用,就没有溯及力。我国《刑法》第十二条规定:"中华人民共和国成立以后本法实施以前的行为,如果当时的法律不认为是犯罪,适用当时的法律;如果当时的法律认为是犯罪,依照本法总则第四章第八节的规定应当追诉的,按照当时的法律追究刑事责任,但是如果本法不认为是犯罪或者处罚较轻的,适用本法。"这表明我国《刑法》在溯及力问题上采用的是从旧兼从轻原则。我国《刑法》对生效以前的行为采取的原则是从旧,即原则上没有溯及力,但如果新法对被告人有利(包括不认为是犯罪或者处罚较轻),在这种情况下,刑法有溯及力。

【案例】甲男与乙女两青年某周日在公园内公然发生性行为,周围游客极为不满,其中有人电话 110 报警,纷纷要求司法机关给予严惩。部分游客认为甲乙二人的行为应当定性为聚众淫乱罪,部分游客认为应当定性为组织淫秽表演罪,还有部分游客认为应当定性为流氓罪,请谈谈你的看法。

【分析】我国《刑法》对犯罪、量刑及处罚适用罪责刑法定原则,因此对甲乙二人的行为是否构成犯罪以及构成何种犯罪必须有法律的明确规定。首先流氓罪已在 1997 年实施的刑法典中已被取消,因此,甲乙的行为不构成流氓罪。聚众淫乱罪要求必须三人以上,而甲乙二人的行为显然没有"表演"的成分,综上,甲乙二人的行为不构成犯罪。

第二节 犯 罪

一、犯罪的概念和特征

《刑法》第 13 条规定:"一切危害国家主权、领土完整和安全、分裂国家、颠覆人民民主专政的政权和推翻社会主义制度,破坏社会秩序和经济秩序,侵犯国有财产或者劳动群众集体所有的财产,侵犯公民私人所有的财产,侵犯公民的人身权利、民主权利和其他权利,以及其他危害社会的行为,依照法律应当受到刑罚处罚的,都是犯罪,但是情节显著轻微危害不大的,不认为是犯罪。"因此,我国《刑法》中所指的犯罪,是指具有严重的社会危害性,触犯刑法并且应受到刑罚处罚的行为。犯罪具有以下特征:(1)犯罪是严重危害社会的行为,即具有严重的社会危害性。某种行为虽然具有社会危害性,但是对社会的危害不大,情节显著轻微,就不能定为犯罪。例如小偷小摸的行为,高年级学生强拿硬要低年级学生少量财物的行为,就不能定性为盗窃罪和抢劫罪。我国刑法认为构成犯罪还有一个"量"的概念,也就是说,犯罪不仅仅只是一个"定性"问题,而且还涉及一个"定量"的问题,如成立盗窃、抢夺、诈骗、敲诈勒索等罪,都要有一个数额较大的条件,成立侮辱、诽谤、寻衅滋事、虐待等犯罪等都要有一个"情节严重"或"情节恶劣"的限制。(2)犯罪是触犯刑法的行为,具有刑事违法性。行为的社会危害性是刑事违法性的基础,刑事违法性是社会危害性在刑法上的体现,只有当某种行为不仅具有社会危害性,而且违反了刑法的规定,具有刑事违法性,才能被认定为犯罪。例如在拐卖人口犯罪中,如果拐卖的对象为成年男子,由于《刑法》中只有拐卖妇女、儿童罪,所以这时就不能定拐卖妇女、儿童犯罪。(3)犯罪是应受刑罚处罚的行为,即具有应受刑罚处罚性。

二、犯罪构成

(一)犯罪构成

我国刑法中的犯罪构成,是指刑法规定的决定某一具体行为的社会危害性及其程度,而为该行为构成犯罪所必须具备的一切客观要件和主观要件的有机统一的整体。犯罪构成与犯罪的概念既有联系又有区别。犯罪概念从宏观上揭示犯罪的本质与基本特征,而犯罪构成是认定犯罪的具体法律标准,犯罪的概念是犯罪构成的基础,犯罪构成是犯罪概念的具体化。犯罪构成具有以下四个方面的共同要件:犯罪主体、犯罪的主观方面、犯罪客体、犯罪的客观方面。

(二)犯罪主体

1. 犯罪主体

根据我国刑法和有关的刑法理论,我国《刑法》中的犯罪主体,是指实施了危害社会的行为,依法应当承担刑事责任的自然人和单位。在我国《刑法》中,犯罪主体有两类:一是自然人主体即公民。二是法律上拟制的人即单位。其中,自然人作为犯罪主体具有普遍意义,是基础,单位犯罪是例外。单位成为犯罪主体,必须以刑法分则的明确规定为限。少数罪名既可以由自然人作为犯罪主体,也可以由单位作为犯罪主体。关于自然人作为犯罪主体,要求自然人具备两个要件:一是刑事责任年龄,二是刑事责任能力。

2. 刑事责任年龄

刑事责任年龄是指对违法行为负刑事责任的年龄范围。犯罪是具备辨认和控制自己行为的能力人在主观意志和意识的支配下实施的危害社会的行为,而辨认和控制自己行为的能力决定于行为人的智力和社会认识的发展,它必然受到行为人年龄的制约,达到刑事责任年龄,是自然人作为犯罪主体的前提条件。我国《刑法》第 17 条对刑事责任年龄作了明确的规定,把刑事责任年龄分为完全不负刑事责任年龄,相对负刑事责任年龄和完全负刑事责任年龄三个阶段,我们可以理解为12 周岁和 16 周岁这两个界点分成的三个时期。(1)完全不负刑事责任时期,即不满 12 周岁的自然人,对其实施的任何行为都不负刑事责任。(2)相对负刑事责任时期,已满 14 周岁不满 16 周岁的自然人,仅对《刑法》明确规定的八种犯罪负刑事责任。即行为人只对故意杀人、故意伤害致人重伤或死亡、强奸、抢劫、贩卖毒品、放火、爆炸、投放危险物质等 8 种严重危害社会和人身安全的行为承担刑事责任。已满 12 周岁不满 14 周岁的人,犯故意杀人、故意伤害罪,致人死亡或者以特别残忍手段致人重伤造成残疾,情节恶劣,经最高人民检察院核准追诉的,应当负刑事责任。这里要注意的是周岁的计算要以实足年龄为准,自过生日的第二天起才为已满周岁,生日当天不计算在内。因此,本章"引入问题和思考"案例中,王某 2001年 6 月 5 日所为犯罪行为是生日当天行为,依据法律规定,不负刑事责任。已满 14周岁不满 16 周岁的自然人对上述列举的八种行为的犯罪,主观上都是故意。如果主观上是过失,则无论造成如何严重的后果,都不负刑事责任。在相对负刑事责任时期,行为人如果有走私毒品、制造毒品、运输毒品等行为,他要不要承担刑事责任?回答是否定的,因为在已满 14 周岁不满 16 周岁相对负刑事责任时期,行为人只对贩卖毒品承担刑事责任,对走私毒品等是不负刑事责任的。行为人已满14周岁不满16周岁,绑架他人,是否要负刑事责任? 法律没有明确规定,也就是说,这时对行为人是不能定绑架罪的,但是如果已满14周岁不满16周岁的行为人绑架人质后又把人质给杀了,该如何定罪? 最高人民法院对此作出了说明:已满14周岁不满16周岁的人仅仅犯绑架他人罪的,不负刑事责任;如果绑架后杀害人质的,以故意杀人罪追究刑事责任。年满16周岁的行为人,绑架后又杀害人质的,则仍然要定绑架罪。(3)完全负刑事责任时期,即已满16周岁,对其触犯刑法的行为都要承担刑事责任。不过对于已满14周岁不满18周岁的人犯罪,适用刑罚时应当遵循两个原则,一是应当从轻或减轻处罚,二是不能适用死刑(包括死缓)。

3. 刑事责任能力

刑事责任能力是指行为人辨认和控制自己行为的能力,即要求同时具备辨认能力(即对自己的行为在刑法意义上的性质、后果的分辨认识能力)与控制能力(决定自己是否实施某种行为的能力)。辨认能力是控制能力的前提,没有辨认能力就谈不上有控制能力,有控制能力则表明行为人具有辨认能力,但是辨认能力则不一定就必然有控制能力,即控制能力是刑事责任能力的关键。我国《刑法》第十八条专门规定了精神病人的刑事责任问题。《刑法》第十八条第一款:"精神病人在不能辨认或者不能控制自己的行为的时候造成危害结果,经法定程序鉴定确认的,不负刑事责任,但是应当责令他的家属或者监护人严加看管和医治;在必要的时候,由政府强制医治。"根据这一规定,认定精神病人为无刑事责任能力,必须同时具备医学标准和心理学标准。所谓医学标准,就是指实施危害行为人是精神病人。(注意精神病与非精神病精神障碍不同,后者如神经官能症、人格障碍、性变态等。)所谓心理学标准是指患有精神病的行为人实施的危害行为,是由其精神病理机制引起的,在这种病理的作用下,使其丧失了辨认或者控制自己的行为能力。对于间歇性的精神病人在精神正常的时候犯罪,该如何处理? 由于此时行为人的辨认和控制自己的能力是完全具备的,所以应当负刑事责任。《刑法》第十八条第二款明文规定:"间歇性的精神病人在精神正常的情况的时候犯罪,应当负刑事责任。"在无刑事责任的精神病人与完全刑事责任的精神障碍人之间还存在一个限制刑事责任的精神障碍人,患有这种精神病理的行为人,其辨认或控制行为的能力有所减弱,对这类人犯罪如何处罚? 我国《刑法》在第十八条第三款规定:"尚未完全丧失辨认或者控制自己行为能力的精神病人犯罪的,应当负刑事责任,但是可以从轻或者减轻处罚。"

4. 单位犯罪

犯罪主体除了自然人之外,还有一种形式就是单位犯罪。关于单位犯罪,我国《刑法》第三十条规定:"公司、企业、事业单位、机关、团体实施的危害社会的行为,法律规定为单位犯罪的,应当负刑事责任。"单位犯罪具有以下特征:(1)主体特征,除了公司等法人组织以外,还包括非法人组织。(2)主观特征,体现单位的意志,为了单位的利益。如果仅以单位的名义同时又是经过单位的决策,但目的不是为了单位的利益,而是为了谋取个人的私利,那么在这种情况下,就不能作为单位犯罪来处理。如单位的几个领导以单位名义给予国家工作人员以财物,最终得到的某些不正当利益被个人私分,这时就应该以行贿罪来处罚,不能作为单位犯罪来处罚。(3)法定性,单位的某种行为,是否要作为单位犯罪来处理,必须有刑法分则的明确规定。

【案例】某木材加工厂,有一段时间因为该地区用电抽水抗旱,电力比较紧张,加工厂经常处于半停产状态,为了扭转这种情况,经过单位领导集体研究决定,一致同意通过采用偷电的方式解决问题。这个木材加工厂隔壁有一个食品公司,电力比较充足,他们采用挖地道的方式到对方的变压器上搭接电线,时间长达三个月,致使该食品公司损失 20 多万元,问盗窃行为是否构成单位盗窃罪?

【分析】在本案中,从形式上看,木材加工厂的盗窃电力行为是以单位的名义由单位集体研究决定的,同时也是为了单位的利益,但是我国刑法在盗窃犯罪中没有规定单位盗窃犯罪,因此,本案不构成单位盗窃罪,最终处罚按照个人犯罪处理,直接处罚相关负责人。对单位犯罪如何处罚,我国《刑法》第三十一条规定:"单位犯罪的,对单位判处罚金,并对其直接负责的主管人员和其他直接责任人员判处刑罚,本法分则和其他法律另有规定到的,依照规定。"从以上的规定可以看出,我国《刑法》对单位犯罪,采取的是双罚制,即对单位判处罚金的同时还要处罚直接责任人。和双罚制相对应的是单罚制,即只处罚单位或只处罚直接责任人,同样单罚的情况也必须有刑法分则的明确规定。在单位犯罪要注意的是,单位设立后,主要是进行违法犯罪活动的,根据最高人民法院《关于审理单位犯罪案件具体应用法律有关问题的解释》的规定,这种情况下不作为单位犯罪处理,直接定个人犯罪。

(三)犯罪的主观方面

犯罪的主观方面,是指刑法规定成立犯罪必须具备的,犯罪主体对其实施的危害行为及危害结果所持的心理态度。它包括犯罪的故意或者犯罪的过失、犯罪目的和犯罪的动机这些因素。其中犯罪的故意或者过失(即罪过)是一切犯罪构成都必须具备的主观要件。犯罪的目的和犯罪的动机不是犯罪构成的必备要件,所以有时也称选择性主观要件。从某种意义上说,行为人的主观罪过问题只有当事人自己最清楚,外界只能根据该罪过支配下的表现于外在的一些具体客观行为、举动以及当时具体环境来判断推定。行为人主观方面对其实施的犯罪行为以及该行为所引起的后果所持的心态,包括两个方面,一是认识因素,二是意志因素。认识因素就是指对该行为以及该行为的后果有没有认识到以及认识的程度,意志因素是指对该行为所导致的后果,是什么样的态度,其在意志上有没有控制、能不能控制。根据认识因素的内容的不同,可以把认识因素分成三种情形:(1)认识到自己的行为及该行为的结果必然发生;(2)认识到自己的行为及该行为的结果可能会发生;(3)没有认识到自己的行为及该行为结果的发生。根据意志因素的内容的不同,可以把意志因素分成四种情形:(1)希望,就是积极追求;(2)放任,就是无所谓的态度,不管不问,听之任之,结果出现与否都可以接受;(3)轻信,就是凭借一定的主客观条件觉得该结果是不可能发生的,比较大意,轻信结果是不会发生的;(4)大意,就是没有认识到。只有当认识因素和意志因素都同时存在时,才形成一个基本的罪过。根据犯罪的主观方面的不同,把犯罪划分为故意犯罪和过失犯罪。

1. 故意犯罪

我国《刑法》第 14 条规定:"明知自己的行为会发生危害社会的结果,并且希望或者放任这种结果的发生,因而构成犯罪的,是故意犯罪。"该条的规定包含两项内容:一是行为人明知自己的行为会发生危害社会的结果,这种"明知"的心理属于心理学上讲的认识方面的因素,又称意识方面的因素;二是行为人希望或者放任这种危害结果的发生,这种"希望"或"放任"的心理属于心理学上的意志方面的因素。行为人在主观方面必须同时具备这两个方面的因素时,才能认定行为人构成故意犯罪。根据行为人故意犯罪的认识和意志的不同,可以把故意犯罪分为直接故意和间接故意。从认识因素上看,直接故意包括行为人认识到危害结果的必然发生和可能发生,间接故意只能是行为人认识到危害结果的可能发生。从意志因素上看,直接故意是积极追求、希望危害结果的发生,而间接故意则是对危害结果采取听之任之、无所谓的态度,不发生危害结果也不懊悔,发生危害结果也不违背其本意。例如,张三从 10 层的高楼上看到他的仇人李四从大街路过,于是顺手拿起一块大砖头向下砸去,刚好砸到李四的头部,李四当场死亡。对李四的死亡,张三认识因素上是死亡可能会发生,意志因素上希望死亡发生,所以这时,张三的犯罪主观方面是直接故意。如果落下的砖头并没有砸到李四,却砸到与李四并肩而行的王五,造成王五当场死亡。那么对于王五的死亡,张三认识因素也是死亡可能会发生,但在意志因素上看张三为了追求杀死李四,不顾砖头可能会击中王五的危险,对王五的死亡应当就是放任的心态,此时张三的主观罪过形式就是间接故意。间接故意犯罪常常是为了追求一个犯罪目的,而放任另外一个危害结果的发生。

2. 过失犯罪

与故意犯罪相对应的是过失犯罪,我国《刑法》第十五条规定:"应当预见自己的行为可能会发生危害社会的结果,因为疏忽大意而没有预见,或者已经预见而轻信能够避免,以致发生这种结果的,是过失犯罪。过失犯罪,法律有规定的才负刑事责任。"过失犯罪与故意犯罪二者在意志因素方面有着明显区别:故意犯罪对危害结果的是希望或者放任发生,而过失犯罪对危害结果的发生是既不是希望也不是放任,而是反对、排斥的心理状态。过失犯罪的主观恶性明显小于故意犯罪,所以刑法对过失犯罪均要求有危害结果的发生,而对故意犯罪并非一概要求有危害结果的发生。我国《刑法》根据行为人过失心理状态的不同,把过失犯罪划分为疏忽大意的过失和过于自信的过失。二者之间的区别是过于自信的过失在行为当时行为人已经预见到其行为可能导致某种危害结果的发生,但自信凭借一定的条件轻信可以避免,而疏忽大意的过失是因为粗心大意,行为人在行为时根本没有预见到危害结果可能会发生。

【案例】某动物园饲养员王某,一天清晨起来给老虎窝打扫卫生,由于马上要开馆了,时间比较紧,他匆匆忙忙打扫完后就走了,出门时忘了关门,结果老虎窜了出来,将一名游客咬成重伤。对于游客的重伤,饲养员王某是过于自信的过失还是疏忽大意的过失?

【分析】由于王某当时时间比较紧张,一时疏忽,忘记了锁门,导致老虎窜出。根据王某的工作要求和业务能力,他应当预见到门未锁住的话,可能会带来的严重后果,他应当有这个预见能力和预见义务,但是由于疏忽大意而未预见到。因此本案应当定疏忽大意的过失。

在实践中,判断行为人的行为是间接故意还是过于自信的过失,有一定的难度。区别两者的关键在于行为人的意志不同。间接故意对结果的发生是放任、持无所谓的态度,而过于自信的过失对结果的发生是反对的,行为人自认为凭借一定的避免条件和措施等主客观条件能够避免危害结果的发生。例如甲是一个司机,某日深夜驾车赶路,因疲劳驾驶,将一过路人撞成重伤,甲急忙下车查看,看到周围没有其他人,就把被害人驮到路边的一个小树林里,然后驾车逃跑。被害人由于失血过多而死亡。在法庭上,肇事司机辩解说,他把被害人放在离道路不远的小树林里,就考虑到被害人夜晚会醒来,可以呼救,或者有过路人发现,被害人是不会死的,而自己急于赶路没有来得及抢救,所以他对被害人的死亡是过于自信的过失,而非故意。对于肇事司机甲的辩解是否成立?

我们认为,对被害人的重伤,肇事司机甲应认识到如果不及时抢救,就有可能导致被害人死亡,可是事实上,肇事司机甲不但不抢救,反而将被害人转移到难被人发现的小树林里,导致被害人流血过多死亡。因此,肇事司机甲对被害人的死亡应当认定为放任的心态,符合间接故意犯罪的特征,故应以间接故意杀人罪论处。

(四)意外事件

我国《刑法》第16条规定:"行为在客观上虽然造成了损害结果,但不是出于故意或者过失,而是由于不能抗拒或者不能预见的原因所引起的,不是犯罪。"该条的规定就是我国刑法理论上所说的主观上无罪过的意外事件。所谓不能预见的原因,是指行为人对其行为发生危害结果不但未能预见,而且根据其实际认识能力和当时的具体条件,行为时根本不可能预见。行为人虽然在客观上造成了危害社会的结果,但行为人主观上既无故意,又无过失,此时行为人不具备犯罪和负刑事责任的主观根据,因此,不能认定为犯罪。例如,行为人赶马车时,马由于意外受惊后往人行道奔跑,结果导致一行人意外受重伤。对于这种意外事件,不能追究行为人的刑事责任。意外事件与疏忽大意的过失有相似之处。从客观上看,都发生了严重的后果,主观上也都没有预见到结果会发生。但是前者是不能预见、不应当预见;后者是能够预见、应当预见,因为疏忽大意而没有预见。

三、排除犯罪性的行为

排除犯罪性的行为是指外表上似乎构成犯罪而实质上不具备社会危害性和刑事违法性,因而不构成犯罪。这类行为主要有正当防卫行为、紧急避险行为、履行职务的行为、经权利人同意的行为。依据我国《刑法》的规定,正当防卫和紧急避险是两种典型的排除犯罪性的行为,在立法上给予了明确的保护。但是公民在进行正当防卫和紧急避险时,不得超过必要的限度,否则也要承担相应的刑事责任。

(一)正当防卫

我国《刑法》在第20条第1款中规定:"为了使国家、公共利益、本人或者他人的人身、财产和其他权利免受正在进行的不法侵害,而采取的制止不法侵害的行为,对不法侵害人造成损害的,属于正当防卫,不负刑事责任。"正当防卫的成立需要以下条件:起因条件、时间条件、对象条件、主观条件和限度条件。缺乏其中任何一个条件,都不构成正当防卫。(1)起因条件:必须是存在具有社会危害性和侵害紧迫性的不法侵害行为。不法侵害的行为包括非法行为和犯罪行为,同时这些行为具有暴力性、破坏性、紧迫性。对合法行为如执行职务、正当防卫、紧急避险、意外事件等不能进行正当防卫。误以为存在不法侵害而进行的防卫,属于假象的防卫。对于假想的防卫,行为人如果有过失,则要承担过失犯罪的刑事责任;行为人如果没有过失,则不承担刑事责任,属于意外事件。(2)时间条件:不法侵害正在进行尚未结束。正在进行是指不法侵害人已经着手直接实施不法侵害行为已经对法律保护的权益构成了现实的威胁。如果在不法侵害尚未开始或者已经结束后,对侵害人进行的"防卫"属于事前防卫或事后防卫。事前防卫或者事后防卫构成犯罪的,应当承担刑事责任。(3)主观条件:具有正当防卫的意图,防卫人主观上必须出于正当防卫的目的。即为了使国家、公共利益、本人或者他人的人身、财产或其他权益免受不法侵害。在实践中出现的所谓"黑吃黑"、防卫挑拨、相互侵害等由于双方不具有正当防卫的意图,因此不构成正当防卫,构成犯罪的,则要承担刑事责任。(4)对象条件:针对不法侵害本人。对不法侵害的打击通常是针对其人身。当不法侵害把自己的财产作为犯罪工具时,也可以对其财产进行防卫。如果针对第三人进行所谓的"防卫",则要按照故意犯罪来处理。(5)限度条件:正当防卫不能明显超过必要的限度且造成重大损害。防卫过当,如果构成犯罪的,应当承担刑事责任,但是应当减轻或者免除处罚。

(二)无过当防卫权

我国《刑法》第20条第3款规定:"对正在行凶、杀人、抢劫、强奸、绑架以及其他严重危及人身安全的暴力犯罪,采取防卫,造成不法侵害人伤亡的,不属于防卫过当,不负刑事责任。"要特别注意的是并非对所有的行凶、杀人、抢劫等暴力犯罪都可以进行无过当防卫。只有当这些暴力犯罪严重危及人身安全时,才可以适用无过当防卫权。如对于以麻醉手段抢劫他人财物等不以人身杀害或者重伤害相威胁的,不能适用无过当防卫权。

(三)紧急避险

我国《刑法》第21条第1款规定:"为了使国家、公共利益、本人或者他人的人身、财产和其他权利免受正在发生的危险,不得已采取的紧急避险行为,造成损害的,不负刑事责任。"根据以上的规定,紧急避险实际上是以牺牲一个较小的权益达到保全一个较大的合法权益的行为。紧急避险的成立需要以下几个条件:(1)起因条件:紧急避险的前提是有现实的危险存在。这些危险可能来自自然界的地震、海啸、洪水、雷电等,也有可能来自动物的袭击,也有可能来自人的危害或者由于人的生理或疾病的原因等。误认为有危险存在而进行"紧急避险"属于假象的防卫。根据行为人的主观上有无过失按过失犯罪或意外事件来处理。(2)时间条件:紧急避险要求危险正在发生,对合法权益可能造成的严重危害已经出现,危害尚未结束。危险尚未发生或者危险已经结束的情况下实施紧急避险,造成重大损害的,应当承担刑事责任。(3)对象条件:紧急避险的对象是第三者的合法权益。紧急避险只能通过损害第三者的合法权益来达到保护一个较大的权益。如果是针对侵害者本人的话,则构成正当防卫而非紧急避险。(4)主观条件:必须有正当避险意图。避险的意图包括避险的认识和避险的目的。避险的认识主要是对正在发生的危险的认识。避险的目的是指行为人实施避险行为所希望达到的结果。(5)限制条件:只能是出于迫不得已。当危险发生时,除了损害第三者的合法权益之外,不可能用其他的方法来保全另一合法的权益。(6)限度条件:不能超过必要的限度造成不应有的损害。紧急避险所损害的利益,必须小于所保护的利益。如何衡量各个合法权益的大小,没有一个统一的标准。一般来说,人身权益大于财产权益,人身权益中,生命权最高,财产权益中公共利益高于个人的利益。紧急避险过当,构成犯罪的,应当承担相应的刑事责任,但是应当减轻或者免除处罚。

紧急避险和正当防卫两者的最根本的不同是正当防卫是合法权益与不法权益之间的冲突,紧急避险是两个合法权益之间的冲突,是"两害相权取其轻"的问题。正当防卫打击的是非法利益,紧急避险损害的是第三者的合法权益,这是二者的根本区别。

四、故意犯罪的未完成形态

故意犯罪是在犯罪人产生和确定犯意以后,从其开始实施犯罪行为到完成犯罪,有一个纵向的过程。对于无预谋的突发性犯罪而言,在其产生犯意后一般就着手实行犯罪。而对于有预谋的犯罪而言,犯罪人通常先行必要的甚至是充分的犯罪准备活动,继而着手实施犯罪。故意犯罪的停止形态,是指故意犯罪在其发生、发展和完成犯罪的过程中因主客观原因而停止下来的各种犯罪状态。我国《刑法》在第 22 条至 24 条中,明确规定了犯罪的预备、未遂和中止形态。对于间接犯罪而言,犯罪人对于自己的行为可能造成的一定危害结果的发生与否持"放任"的心理态度,谈不上对完成特定犯罪的追求,因此间接故意不存在犯罪的预备、未遂和中止形态。

(一)犯罪预备

我国《刑法》第 22 条第 1 款规定"为了犯罪,准备工具、制造条件的,是犯罪预备"。可以看出犯罪预备是指为了实行犯罪,准备工具,制造条件,但由于行为人意志以外的原因而未能着手实行犯罪的未完成形态。犯罪预备不同于犯意表示,犯意表示是指在实施犯罪活动以前,把自己的犯罪意图通过口头或书面的形式流露出来。犯意表示不可能对社会造成实际的危害,也不具有现实危害性。因此,只有犯意表示而没有为实施犯罪准备工具、制造条件的,则不能构成犯罪。犯罪预备在实践中常常表现为准备犯罪手段,如练习盗窃技术、为实施犯罪进行事先调查、事先排除犯罪妨碍等。

(二)犯罪未遂

我国《刑法》第 23 条第 1 款规定,"已经着手实施犯罪,由于犯罪分子意志以外的原因而未得逞的,是犯罪未遂。"可以看出,犯罪未遂有以下三个特征:一是行为人已经着手实施犯罪。所谓着手实行犯罪,是指行为人已经开始实施刑法分则规范里具体犯罪构成要件中的犯罪行为。例如抢劫犯罪中的行为人当场对被害人实施暴力行为,故意杀人犯罪中的杀害行为。行为人已经着手实行犯罪是犯罪未遂与犯罪预备相区别的主要特征。二是犯罪没有得逞。这是区分犯罪未遂与犯罪既遂的重要区别。所谓没有得逞,是指犯罪行为没有完全符合刑法分则规定的特定的犯罪构成的全部要件。如在结果犯中没有出现法定的危害结果;在危险犯中没有出现法定的危险状态;在行为犯中法定的犯罪行为没有完成。三是犯罪没有得逞是犯罪分子意志以外的原因。这些原因可能是行为人以外的客观原因,如遭遇被害人的强烈反抗,也有可能是行为人自身的原因,也有可能是行为人主观上的认识错误等原因。对于犯罪未遂的处罚,我国《刑法》规定,可以比照既遂犯从轻或减轻处罚。

(三)犯罪中止

我国《刑法》第 24 条第 1 款规定:"在犯罪过程中,自动放弃犯罪或者自动有效地防止犯罪结果发生的,是犯罪中止。"犯罪中止可以分为自动放弃犯罪的犯罪中止和自动有效地防止犯罪结果发生的犯罪中止。自动放弃犯罪是犯罪中止的实质性条件,自动放弃犯罪要求确实是出于行为人本人的意志而自动放弃犯罪,而不是出于行为人意志以外的原因而被迫停止犯罪。一般来说,出于行为人本人的意志可能是出于行为人一时的悔悟,或是基于对被害人一时的怜悯,或是他人的规劝,或是害怕受到刑罚的处罚等等。只要是行为人自认为能将犯罪完成而主动放弃的,即使客观上无法将犯罪进行下去,也构成犯罪中止。自动有效地防止犯罪结果发生的犯罪中止是指在犯罪行为实施完毕,犯罪既遂结果还未出现的过程中,积极有效地防止法定的危害结果的发生。行为人虽然采取了必要的措施,但是危害结果仍然出现,则不成立中止。如甲在其妻子的水杯中放入毒药想杀死其妻,其妻喝下毒药后疼痛难忍,极为可怜。甲顿生怜悯之心,送其妻到医院医治,最后还是抢救无效死亡。对于甲而言,成立故意杀人犯罪的既遂而非故意杀人犯罪的中止。对于犯罪中止如何处罚,我国《刑法》第 24 条第 2 款规定:"对于中止犯,没有造成损害的,应当免除处罚;造成损害的,应当减轻处罚。"由此可见,我国刑法对于中止犯采取的是必减免主义,鼓励行为人中止犯罪。

五、共同犯罪

共同犯罪是相对于单独犯罪而言的,我国《刑法》在第 25 条第 1 款规定,共同犯罪是指二人以上共同故意犯罪。由此可以看出共同犯罪的主体必须是二人以上,具体地说,可以是两个以上的自然人、两个以上的单位或者是自然人与单位的共同犯罪。值得注意的是这两个主体必须都能为该罪负刑事责任的主体。如一个 15 周岁的少年与一个 17 周岁的少年的共同盗窃,不能构成共同犯罪,这是因为 15 周岁的少年不具备刑事责任主体资格。其次是各个犯罪人必须具有共同的犯罪行为。所谓共同的犯罪行为,是指各个犯罪人为追求同一危害社会的后果,为完成同一犯罪而实施的相互联系、彼此配合的犯罪行为。在发生危害的结果时,其行为均与结果之间存在因果关系。注意这里的共同不是"相同"。如在复杂的共同犯罪中,各犯罪人密谋分工,部分犯罪人可能并不参与到具体实施犯罪过程中,但是他们的犯罪仍是一个整体。再次各个犯罪人必须有共同的犯罪故意。所谓共同的犯罪故意,是指共同犯罪人通过意思联络,认识到他们的共同犯罪行为会发生危害社会的结果,并决意参加共同犯罪,希望或者放任这种结果发生的心理状态。由此可以看出,共同犯罪的主观要件要求各犯罪人具有共同的认识因素和共同的意志因素。共同的过失犯罪由于不具备共同的认识因素和意志因素。由此可见,共同的过失犯罪不能构成共同犯罪。在共同犯罪过程中,具体执行犯罪的犯罪人,在犯罪中超出共同犯罪的故意,自己单独实施某种犯罪行为超出了共同犯罪的故意,在这种情况下,其他人对执行犯的过限行为不成立共同犯罪。在刑法理论上,对共同犯罪常有以下几个分类:一是根据共同犯罪是否能够依据法律的规定任意形成把共同犯罪分成任意的共同犯罪和必要的共同犯罪。任意的共同犯罪是指刑法分则规定的由一个人单独实施的犯罪,当二人以上共同实施时,所构成的共同犯罪;必要的共同犯罪是指刑法分则规定的只能由二人以上的共同行为作为犯罪构成要件的犯罪。如刑法分则规定的聚众扰乱社会秩序罪,组织、领导、参加黑社会性质组织罪等。二是根据共同犯罪故意形成的时间把共同犯罪分为事前通谋的共同犯罪和事前无通谋的共同犯罪。三是共同犯罪人之间是否有所分工把共同犯罪分为简单的共同犯罪和复杂的共同犯罪。简单的共同犯罪是指二人以上共同直接实施刑法分则规定的某一具体犯罪的构成要件的行为。在简单的共同犯罪中,只有实行犯,没有教唆犯、组织犯和帮助犯等的区分。复杂的共同犯罪,是指共同犯罪人之间存在犯罪分工的共同犯罪,表现为有人策划、指挥,有人具体实施,有人事后销赃,等等。四是一般共同犯罪和特殊共同犯罪。一般的共同犯罪是指没有特殊组织形式犯罪,表现为共同犯罪人为了实施某种犯罪而临时结合,一旦犯罪完成,这种结合便解散。特殊的共同犯罪是指为了共同实施犯罪而组成的较为固定的犯罪组织,例如黑社会性质的组织犯罪等。对共同犯罪人进行正确的分类,目的就是确定共同犯罪人在共同犯罪中如何承担刑事责任。我国《刑法》根据共同犯罪人在共同犯罪中的地位和作用,适当考虑共同犯罪人的分工,把共同犯罪人分为主犯、从犯、胁从犯和教唆犯。根据我国《刑法》第 26 条第 1 款的规定,主犯是指组织、领导犯罪集团进行犯罪活动或者在共同犯罪中起主要作用的犯罪分子。根据我国《刑法》第 26 条第 3 款和第 4 款的规定,对于组织、领导犯罪集团的首要分子,按照集团所犯的全部罪行处罚;对于其他主犯,应当按照其所参与的或者组织、指挥的全部犯罪处罚。从犯,是指在共同犯罪中起次要或者辅助作用的犯罪分子。根据《刑法》第 27 条第 2 款的规定,对于从犯,应当从轻、减轻或者免除处罚。胁从犯,是指被胁迫参加共同犯罪的犯罪分子。由于胁从犯是在他人胁迫的情况下参加犯罪,但是行为人并没有完全丧失意志自由,因此仍然要对其犯罪行为承担刑事责任。《刑法》第 28 条规定,对于胁从犯,应当按照他的犯罪情节减轻或者免除处罚。教唆犯是指故意唆使他人犯罪的犯罪分子,具体表现为以劝说、利诱、授意、怂恿、收买、威胁以及其他方法,将自己的犯罪意图灌输给本来没有犯意或者虽有犯意,但是意志并不坚定,使其决意实施自己所劝说、授意的犯罪,从而达到犯罪的目的之人。从教唆犯的特点可以看出,教唆犯本人并不亲自实行犯罪,而是故意唆使他人产生犯罪意图并实施犯罪。对于教唆犯,我国《刑法》在第 29 条第一款规定,应当按照他在共同犯罪中的作用处罚。教唆不满 18 周岁的人犯罪的,应当从重处罚。如果被教唆的人没有犯被教唆之罪,对于教唆犯,可以从轻或者减轻处罚。这在刑法理论上称为教唆未遂。教唆不满 14 周岁的人或者精神病人患者犯罪的,对教唆者应当以单独犯论处,这种情况在刑法理论上称为间接正犯或间接实行犯。

六、罪数

在刑事审判活动中,要想做到定罪准确,不仅要认定行为人的行为是否构成犯罪以及构成何种犯罪,判明行为人实施的犯罪是完成形态还是未完成形态,以及是否为共同犯罪之外,还包括对犯罪的罪数的认定。罪数问题主要讨论的就是同一行为人所实施的行为是一罪还是数罪的问题。在我国的刑法理论上通说是以犯罪构成标准说作为区分一罪与数罪的标准。行为人的犯罪事实具备一个犯罪构成的为一罪,行为人的犯罪事实具备数个犯罪构成的为数罪。一罪的类型包括实质的一罪和处断的一罪。

(一)实质的一罪

是指形式上具有数罪的某些特征,但实质上仅构成一罪的犯罪形态,包括继续犯、想象竞合犯和结果加重犯。所谓继续犯,是指犯罪行为自着手实行之时直至其构成犯罪既遂,且通常在既遂之后至犯罪行为终了的一定时间内,该犯罪行为及其所引起的不法状态同时处于持续过程中的犯罪形态。我国《刑法》所规定的非法拘禁罪、窝藏罪、遗弃罪、重婚罪等都是典型的继续犯。想象竞合犯是指行为人实施一个危害行为,而触犯两个以上罪名的犯罪形态,俗称"一石二鸟"。如行为人盗窃正在使用的电动机,既侵害了所有人的合法财产权益,又破坏了电力设备,构成想象竞合犯。对于想象竞合犯的处罚,应当适用"从一重处断"的原则,即对于想象竞合犯无须适用数罪并罚,而应当按照犯罪行为所触犯的数罪中最重的犯罪论处。结果加重犯是指行为人实施了基本犯罪构成要件的行为,由于发生了刑法规定的基本构成要件以外的加重结果,刑法规定对其加重法定刑的犯罪形态。例如,故意伤害案件中出现了致人死亡的严重后果,抢劫财物案件中出现了致人重伤或死亡的严重后果,交通肇事后逃逸致使受害人死亡的严重后果等。对于结果加重犯,只要按照刑法分则条款所规定的加重法定刑来处罚就可以了。

(二)处断的一罪

是指实质上构成数罪,但因其具有某种特征而被司法机关作为一罪来处理的犯罪。处断的一罪包括连续犯、吸收犯和牵连犯。所谓连续犯是指行为人基于同一的犯罪故意,连续多次实施数个性质相同的犯罪行为,触犯同一罪名的犯罪行为。例如行为人持枪连续杀人,连续多次入室盗窃,连续多次贩卖毒品等。所谓吸收犯是指行为人实施数个犯罪行为,因其所符合的犯罪构成之间具有特定的依附与被依附的关系,从而导致其中一个不具有独立性的犯罪被另一个具有独立性的犯罪所吸收,对行为人就仅以吸收之罪论处。例如伪造货币后又出售或者运输伪造的货币的,伪造货币罪吸收出售、运输货币罪。入室抢劫财物的,抢劫罪吸收非法入侵住宅罪。对于吸收犯,仅按照吸收之罪处断,不实行数罪并罚。对于牵连犯,是指行为人为实施某一犯罪为目的,其方法和结果又触犯其他罪名的犯罪形态。例如行为人为了达到冒充国家机关工作人员招摇撞骗的犯罪目的,伪造了国家机关工作人员证件。对于牵连犯,通说认为,凡是《刑法》分则条款对特定犯罪的牵连明确了相应的处断原则的,应当按照相应的规定进行处罚;对于刑法分则没有明确规定处断原则的牵连犯,应当适用从一重罪处断的原则处罚,不适用数罪并罚。

第三节 刑 罚

刑罚,就是《刑法》明文规定的由国家审判机关依法对犯罪人所适用的限制或剥夺其某种权益的最严厉的法律制裁。我国的刑罚制度主要包括刑罚的体系、刑罚的裁量、刑罚的执行、刑罚的消灭等。

刑罚的体系就是各种刑罚种类的综合,我国的刑罚体系包括主刑和附加刑。主刑包括管制、拘役、有期徒刑、无期徒刑和死刑;附加刑包括罚金、剥夺政治权利和没收财产。主刑的特点是只能独立适用,不能附加适用。对于一个犯罪分子,只能适用一个主刑。对于附加刑,它的特点是既能独立适用,又能附加适用。当附加适用时,可以同时适用两个以上的附加刑。

一、主刑

(一)管制

管制是我国主刑中最轻的一种刑罚,属于限制自由刑。对犯罪分子不予关押,但是限制其一定的自由,由公安机关予以执行。我国《刑法》在第 38 条至 41 条对管制予以了规定。管制的期限为 3 个月以上 2 年以下,数罪并罚最高不超过 3 年。判处管制的犯罪分子在判决执行前先行羁押的,羁押一日折抵刑期二日。

(二)拘役

拘役是短期剥夺犯罪分子的自由,就近执行劳动改造的一种刑罚,它属于短期的自由刑。拘役的期限为一个月以上 6 个月以下,数罪并罚不能超过 1 年。拘役的刑期的计算从判决执行之日起计算。判决前先行羁押的,羁押一日折抵刑期一日。

(三)有期徒刑

有期徒刑是剥夺犯罪分子一定期限的人身自由,并强制其进行劳动改造的刑罚方法。有期徒刑的刑期为 6 个月以上 15 年以下,数罪并罚最高不超过 20 年,总和刑期 35 年以上的不超过 25 年,有期徒刑刑期的计算从判决执行之日起计算,判决执行以前先行羁押的,羁押一日折抵刑期一日。有期徒刑的执行机关主要为监狱。此外未成年人犯罪的,执行机关为未成年犯管教所。在被交付执行刑罚前,犯罪分子的刑期如果在一年以下的,则由看守所代为执行。

(四)无期徒刑

无期徒刑是剥夺犯罪分子的终身自由,强制其参加劳动接受教育改造的一种刑罚方法,其严厉程度仅次于死刑。应当注意的是在实际执行中,并不一定一直要把犯罪分子关押到死。按照《刑法》的规定,被判处无期徒刑的犯罪分子,在服刑期间如果符合法定条件,可以减刑或者假释。无期徒刑的犯罪分子除了无劳动能力外,均要在监狱或者其他执行场所参加劳动、接受教育改造。根据《刑法》第57条的规定,被判处无期徒刑的犯罪分子,必须剥夺政治权利终身。

(五)死刑

死刑是剥夺犯罪分子生命的刑罚方法,是最严厉的刑罚方法,死刑只适用罪行极其严重的犯罪分子。罪行极其严重是一个抽象的概念,可以从两个方面来理解。一是从犯罪行为所造成的客观危害性上面来理解,二是从犯罪分子本身的主观恶性上面来理解。适用死刑时要做到主观罪过和客观危害性相统一,全面衡量,慎重考虑。对于犯罪时不满十八周岁和审判时怀孕的妇女,则不能适用死刑。要注意的是审判时怀孕的妇女包括审判前被羁押时已怀孕的妇女。死刑在适用程序上也有比较严格的限制,《刑法》第48条规定,死刑除由最高人民法院判决的以外,都应当报请最高人民法院核准。死刑在执行中也有比较严格的限制,《刑法》第48条规定,对于应当判处死刑的犯罪分子,如果不是必须立即执行的,可以判处死刑的同时宣告缓期2年执行。在死刑缓期执行期间,如果确有重大立功表现,2年期满后,减为25年有期徒刑。如果在缓刑执行期间,故意犯罪的,由最高人民法院核准,执行死刑。死刑缓期执行的期间,从判决确定之日起计算。也就是说死缓判决以前的羁押时间,不计算在死刑缓期执行的2年期限内。死刑缓期执行减为有期徒刑的刑期,从死刑缓期执行期满之日起计算。最高人民法院在2002年11月5日作出的《关于死刑缓期执行的期间如何确定问题的批复》中规定,死刑缓期执行的期间,从判决或者裁定核准死刑缓期二年执行的法律文书宣告或者送达之日起计算。由此可以看出,死缓判决确定以前的羁押时间,不计算在死刑缓期执行的2年期限内,也不能将死刑缓期2年执行的期限,计算在减刑后的有期徒刑的刑期之内。

二、附加刑

附加刑是补充主刑适用的刑罚方法,所以又称从刑。附加刑与主刑不同的是附加刑可以独立适用,又可以附加适用,附加适用时还可以适用两个以上的附加刑。附加刑的种类包括罚金、剥夺政治权利、没收财产。对于不是中国国籍的罪犯,还可以附加驱逐出境。

(一)罚金

罚金是人民法院判处犯罪分子(单位犯罪的可能处罚犯罪单位)向国家缴纳一定的金钱的刑罚方法,属于财产刑。我国刑法分则对罚金的适用方式有四种。第一是选择适用。这种情况下罚金作为一种选择适用的法定性,可以适用也可以不适用,如果适用,就只能单独适用不能附加适用。第二是单处罚金。罚金只能单独适用,不能附加适用。这种情况是对单位犯罪适用。三是并处罚金。罚金只能附加适用而且必须适用,不能单独适用。四是并处或者单处罚金。即罚金可以附加适用,也可以单独适用。对于罚金数额如何确定,我国《刑法》在第 52 条规定,判处刑罚,应根据犯罪情节决定罚金的数额。这里的情节主要是指违法犯罪所得的数额,造成的损失以及犯罪分子缴纳罚金的能力等来考虑。

(二)剥夺政治权利

刑法中的剥夺政治权利是指剥夺犯罪分子参加国家管理与政治活动的权利,属于资格刑。剥夺政治权利的主要内容是剥夺选举权和被选举权,剥夺言论、出版、集会、结社、游行、示威自由的权利,剥夺担任国家机关职务的权利,剥夺担任国有公司、企事业单位及人民团体领导职务的权利。剥夺政治权利可以独立适用,也可以附加适用。单独适用剥夺政治权利或者是被判有期徒刑、拘役附加剥夺政治权利的期限一般为 1 年以上 5 年以下;判处管制附加剥夺政治权利的期限与管制的期限相同;判处死刑、无期徒刑的犯罪分子,应当剥夺政治权利终身;死刑缓期减为有期或者无期减为有期徒刑的犯罪分子,附加剥夺政治权利减为 3 年以上 10 年以下。

(三)没收财产

刑法中的没收财产,是指将犯罪分子个人所有财产的一部或者全部强制无偿地收归国有的刑罚方法,属于财产刑。没收财产有以下三种方法。一是并处没收财产,即在判处主刑时应当附加没收财产。二是可以并处没收财产,即在量刑时可以附加没收财产,也可以不附加没收财产。三是并处罚金或者没收财产,即没收财产和罚金可以择一适用且必须适用。值得注意的是没收财产是没收犯罪分子个人所有的一部或者全部财产。在判处没收财产时,不得没收属于犯罪分子家属所有或者应有的财产。没收犯罪分子全部财产的,还应当对犯罪分子及其扶养的家属成员保留必要的生活费用。

三、量刑

量刑是指人民法院依据刑事法律,在认定行为人构成犯罪的基础上,确定对犯罪分子是否判处刑罚、判处何种刑罚、判处多重的刑罚以及判处的刑罚是否立即执行的刑事司法活动。关于人民法院在量刑中应当遵循哪些原则,我国《刑法》第 61 条规定:"对于犯罪分子决定刑罚的时候,应当根据犯罪的事实、犯罪的性质、情节和对于社会的危害程度,依照本法的有关规定判决。"简单的概括就是量刑必须以犯罪事实为依据,以刑事法律为准绳。人民法院在量刑的过程中,还要考虑到量刑的情节。量刑的情节分为法定的情节和酌定的情节。法定的情节是指在刑法条文中明确规定的在量刑时必须考虑的情节。法定的情节有从重、从轻、减轻和免除处罚等四种情况。酌定的情节是指人民法院从审判实践中总结出来的,在刑罚裁量过程中灵活掌握、酌定适用的情节。在刑事审判实践中,常见的酌定情节有犯罪的动机、犯罪的手段、犯罪的时间地点、犯罪侵害的对象、犯罪造成的损害后果、犯罪后的态度、犯罪分子一贯的表现等。在量刑的过程中,除了要考虑上面法定情节和酌定情节以外,还要考虑到《刑法》中特别规定的累犯、自首、立功、数罪并罚等问题。

（一）累犯

所谓累犯是指因犯罪而受到一定的刑罚处罚,在刑罚处罚执行完毕或者豁免以后,在法定的期限内又犯一定之罪的罪犯。我国刑法把累犯分为一般累犯和特别累犯。一般累犯是指被判处有期徒刑以上的刑罚执行完毕或者豁免以后,在5年内再犯应当判处有期徒刑以上刑罚的犯罪分子。要特别注意的是一般累犯的前罪和后罪都是故意犯罪。特别累犯是相对于一般累犯而言的,根据我国《刑法》第66条规定,对于因危害国家安全而受到刑罚处罚的,在刑罚执行完毕或者豁免以后,在任何时候再犯危害国家安全罪的犯罪分子,构成特别累犯。我国《刑法》对特别累犯的规定体现了对危害国家安全的累犯更加从严处罚的立法精神。由于累犯比初犯有更深的主观恶性、更大的人身危险性和更大的社会危险性,所以,我国《刑法》第65条规定,对于累犯应当从重处罚。应当注意的是对累犯的从重处罚,不是无原则的、无限制的从重处罚。对累犯的处罚应当是比照不构成累犯的初犯或者其他犯罪人从重处罚。同时我国《刑法》还规定,对于累犯不得假释,也不得适用缓刑。

（二）自首

自首是指犯罪分子犯罪以后自动投案,如实交代自己的犯罪;或者被采取强制措施的犯罪嫌疑人、被告人和正在服刑的罪犯,如实供述司法机关还未掌握的本人其他罪行的行为。根据我国《刑法》第67条规定,自首分为一般自首和特殊自首两种。犯罪分子犯罪以后自动投案,如实交代自己的犯罪的,是一般自首;被采取强制措施的犯罪嫌疑人、被告人和正在服刑的罪犯,如实供述司法机关还未掌握的本人其他罪行的行为,是特殊自首。一般自首的成立要满足两个条件,一是自动投案,二是如实供述。对自动投案应做宽泛的理解,既可以是向司法机关报案,也可以是向有关机构和个人报案,也可以委托他人投案,甚至可以是电话报案等。行为人若犯有数罪,只如实交代了部分罪行,对于这部分罪行成立自首;对于未交代的部分,不适用自首。自动投案后一开始避重就轻,在司法机关掌握的大量证据面前才不得不如实供述的,则不能成立自首。在司法实践中,如何区分自首与坦白,通常认为,坦白是指犯罪分子被动归案后,如实交代所指控的犯罪事实,并接受国家司法机关审查和裁判的行为。所以,二者的主要区别是在是否主动投案。实践中,一个形迹可疑的人经盘查后如实交代自己的犯罪行为,是构成自首还是构成坦白？

最高人民法院的司法解释认为这种情况下的交代构成自首。对于自首犯如何处罚,我国《刑法》第 67 条第 1 款规定:"对于自首的犯罪分子,可以从轻或者减轻处罚。其中,犯罪较轻的,可以免除处罚。"

(三)立功

所谓立功,是指犯罪分子揭发他人的犯罪行为,查证属实,或者提供重大线索,从而得以侦破其他案件的行为。根据我国《刑法》第 68 条的规定,立功分为一般立功和重大立功。重大立功是指犯罪分子检举、揭发他人重大犯罪行为,经查证属实;或者提供侦破其他重大案件的重要线索,协助司法机关抓捕其他重大犯罪嫌疑人,应当认定有重大立功表现。这里所讲的"重大犯罪、重大案件、重大犯罪嫌疑人"一般是指犯罪嫌疑人、被告人可能被判处无期徒刑及其以上刑罚或者在本省或者全国有重大影响的案件。

(四)数罪并罚

数罪并罚,简单地说,就是行为人犯数罪,人民法院对数罪分别判刑后,最后这些刑罚之间如何合并执行的问题。纵观古今中外的刑事立法,数罪并罚主要有以下四种原则。一是并罚原则,就是将一人所犯数罪分别定罪量刑后,将各罪所判处的刑罚绝对相加,合并执行。并罚原则在某种程度上实为报应刑罚主义思想的体现。目前单纯采用并科原则的国家很少。并科原则在我国刑法中只有两种情况。第一种情况就是主刑和附加刑简单相加,第二种情况是罚金之间的简单相加。二是吸收原则,是指将一人所犯的数罪分别定罪量刑,然后选择将最重的刑罚作为执行的刑罚,其余的刑罚被最重的刑罚吸收。该原则在我国刑法中主要有两种情况。第一种情况就是在行为人所犯的数罪中有判死刑的,死刑吸收其他主刑,主刑只执行死刑。第二种情况就是行为人所犯的数罪中有判处无期徒刑的,无期徒刑可以吸收除死刑以外的其他主刑,主刑只执行无期徒刑。需要注意的是死刑、无期徒刑只能吸收主刑,不能吸收附加刑,附加刑仍需执行。由于吸收原则与刑法的罪责刑相适原则相违背,有重罪轻罚的嫌疑,因此单纯采用吸收原则的国家比较少。三是限制加重原则,是指将数罪分别定罪量刑后,在数罪中的最高刑罚以上,数罪刑的合并刑期以下,依法酌定决定执行的刑罚。我国刑罚的适用中,除适用并科原则和吸收原则的以外,剩下的全部适用限制加重原则。有期徒刑之间、拘役之间、管制之间都适用限制加重。限制加重原则克服了并科原则和吸收原则的弊端,是一种较为灵活、合理的并罚方式,因此限制加重原则是数罪并罚原则的一大进步。限制加重原则虽然有效地解决了有期徒刑及其以下刑期的合并处罚,但是对于死刑、无期徒刑无法适用,因此限制加重不能适用各种刑罚的并罚原则。四是混合原则,又称折中原则,是指对一人所犯数罪的合并处罚不单纯采用并科原则、吸收原则或限制加重原则,而是根据不同的刑罚采用不同的并罚原则。目前世界上绝大多数国家采用混合原则。我国《刑法》第 69 条规定:"判决宣告以前一人犯数罪的,除判处死刑和无期徒刑的以外,应当在总和刑期以下、数刑中最高刑期以上,酌情决定执行的刑期,但是管制最高不能超过三年,拘役最高不能超过一年,有期徒刑总和刑期不满三十五年的,最高不能超过二十年……"该条确立了我国《刑法》以限制加重原则为主,以吸收原则和并科原则为补充的混合原则。

(五)缓刑

缓刑是指人民法院对于被判处拘役、3年以下有期徒刑的犯罪分子,根据其犯罪情节和悔罪表现,认为暂缓执行原判刑罚,确实不致再危害社会,规定一定的考验期,暂缓其刑罚的执行。若犯罪分子在考验期内没有发生法定的撤销缓刑的情形,原判刑罚就不再执行的制度。值得注意的是缓刑不是一种新的刑种,而是刑罚在具体适用中的一种具体制度。缓刑的基本特征是判处刑罚,同时宣告缓刑,在一定的时期内又保持执行所判处刑罚的可能性,所以缓刑与免予刑事处罚及监外执行有本质的区别。缓刑是附条件的暂缓刑罚的执行制度,因此其适用必须符合一定的条件。我国《刑法》第72条、第74条对一般缓刑(不包括战时缓刑)的适用条件作了如下的规定:一是犯罪分子被判处拘役或者3年以下有期徒刑。对判处3年以上有期徒刑的犯罪分子,因其罪行较重,社会危害性较大,不能适用缓刑。对于罪行相对更轻的被判处管制的犯罪分子,由于管制刑对犯罪分子不予关押,仅仅是限制其一定的人身自由,所以也就没有适用缓刑的必要。二是根据犯罪分子的犯罪情节和悔罪表现,认为适用缓刑不致危害社会,这是适用缓刑的根本条件。有些犯罪分子虽然被判处拘役或者3年以下有期徒刑,但是审判人员根据其犯罪情节和悔罪表现,认为不予关押可能会危害社会,则对犯罪分子不能适用缓刑。三是犯罪分子不是累犯。累犯由于主观恶性较大,屡教不改,适用缓刑难以防止其再犯新罪,因此对于累犯不适用缓刑。在对犯罪分子宣告缓刑的同时,人民法院根据《刑法》的规定,同时还确定一个缓刑的考验期间。我国《刑法》第73条规定:"拘役的缓刑考验期限为原判刑期以上一年以下,但是不能少于二个月。有期徒刑的缓刑考验期限为原判刑期以上五年以下,但是不能少于一年。"缓刑的考验期从判决发生生效之日开始计算,判决以前先行羁押的,不能折抵缓刑考验期。在缓刑考验期内,犯罪分子要遵守法律的相关规定,离开居住的县、区要报考察机关批准。犯罪分子在缓刑考验期内,如果认真遵守相关规定,缓刑考验期满,原判刑罚就不再执行。在被宣告缓刑期间,犯罪分子犯新罪或者发现判决宣告以前还有其他罪没有判决的,则撤销缓刑,执行数罪并罚。在缓刑考验期内,犯罪分子违反相关规定,则撤销缓刑,执行原判刑罚。在被宣告缓刑的犯罪分子,如果被判处附加刑,附加刑仍需执行,亦即缓刑的效力不及于附加刑。

四、刑罚的执行

刑罚的执行是指法定的司法机关将生效的刑事裁判所确定的刑罚付诸实施的

刑事活动。我国《刑法》规定了减刑和假释两项具体的刑罚执行制度。

（一）减刑

减刑是指对于被判处管制、拘役、有期徒刑的犯罪分子,根据其在刑罚执行期间的悔改或者立功的表现,而适当减轻其原判刑罚的制度。根据《刑法》的规定,减刑有两种,一是可以减轻,二是应当减刑。"可以减刑"的实质条件是犯罪分子确有悔改表现或者立功表现。"应当减刑"的实质条件犯罪分子有重大立功表现。关于"重大立功表现",我国《刑法》第78条有明确的规定,同时根据最高人民法院《关于处理自首和立功具体应用法律若干问题的解释》第7条的规定,协助司法机关抓捕其他重大犯罪嫌疑人的,也属于有"重大立功表现"。减刑的目的是鼓励犯罪分子加速改造,但是减刑太多,有损法律的严肃性和法院判决的权威性,因此我国《刑法》第78条对减刑的幅度作了明确的限制,"减刑以后实际执行的刑期,判处管制、拘役、有期徒刑的,不能少于原判刑期的二分之一;判处无期徒刑的,不能少于十三年。"这里"实际执行的刑期"是指判决交付执行后犯罪分子实际服刑改造的时间。对判处管制、拘役、有期徒刑的犯罪分子判决执行前先行羁押的,羁押日期应当折抵刑期。因此,上述犯罪分子判决执行前的被羁押时间应当计入实际服刑的刑期内。根据最高人民法院所作的司法解释,被判处无期徒刑的罪犯减刑后实际执行的刑期不能少于13年的规定,应当自无期徒刑判决确定之日起开始计算。判决确定之前先行羁押的时间,不能计入实际执行的13年刑期之内。对于犯罪分子的减刑,由执行机关向中级以上人民法院提出减刑意见书,人民法院应当组成合议庭进行审理。非经法定程序不得减刑。

（二）假释

假释,是指对于判处有期徒刑、无期徒刑的犯罪分子,在执行一定的刑期后,由于确有悔改表现,不致再危害社会,因而附条件地将其提前释放的一项刑罚制度。假释与减刑一样,都是我国惩办与宽大的刑事政策的体现。通过刑罚的适用,教育改造犯罪分子,使之成为新人。对于被判处管制的犯罪分子,由于管制本身就是对犯罪分子不予关押,仅仅限制部分自由,因此就没有适用假释的必要。对于判处拘役的犯罪分子,由于刑期较短,适用假释没有实际意义。如果犯罪分子确有悔罪表现,可以适用缓刑或减轻,因此也不适用假释。对于判处死刑立即执行的犯罪分子,也不存在适用假释的可能。对于判处死刑缓期2年执行的犯罪分子,2年期满后,减为无期徒刑或者有期徒刑的犯罪分子,如果符合假释条件的,可以适用假释。我国《刑法》第81条规定,被判处有期徒刑的犯罪分子,执行原判刑期二分之一以上,被判处无期徒刑的犯罪分子,实际执行十三年以上。同时根据最高人民法院司法解释的规定,实际执行的刑期应当以原判刑罚为准,而不能以减刑后的刑期为准,以上是我国《刑法》对假释的限制条件。因为只有对犯罪分子已经执行到一定的刑期后,才能根据犯罪分子在服刑期间的表现,准确判断其内心是否确有悔改的本意。对于因杀人、爆炸、抢劫、强奸、绑架等暴力性犯罪被判处10年以上有期徒刑、无期徒刑的犯罪分子,由于其主观恶性深,社会危害性大,不予关押难以防止其重新犯罪。由于累犯也具有类似的特征,因此我国《刑法》第81条规定:"对累犯以及因杀人、爆炸、抢劫、强奸、绑架等暴力性犯罪被判处十年以上有期徒刑、无期徒刑的犯罪分子,不得假释。"假释是对犯罪分子有条件的提前释放,放在社会上进行改造,同时又保留对其继续执行未执行的刑罚的可能性,因此《刑法》对假释的犯罪分子规定了一定的考验期限。《刑法》第83条规定:"有期徒刑的假释考验期限为没有执行完毕的刑期;无期徒刑的假释考验期限为十年。假释考验期限,从假释之日起计算。"被假释的犯罪分子,必须应当遵守相关规定,离开居住的县、区应当报监督机关批准。在假释考验期内,如果没有违反相关的法律、法规及公安部有关假释的监管规定,同时没有《刑法》第86条规定的发现新罪或发现漏罪的,假释考验期满后,就认为原判刑罚已经执行完毕,剩余的刑罚就不再执行。相反,在假释考验期内,犯罪分子违反相关的规定,则撤销假释,收监执行未执行完毕的刑罚。如果发现新罪或者漏罪的,则撤销假释,实行数罪并罚。

(三)刑罚的消灭制度

刑罚的消灭是指由于一定的法定或者事实的原因,使基于具体犯罪而产生的刑罚适用权消灭。刑罚消灭的事由主要有刑罚执行完毕、超过追诉时效、豁免、亲告罪没有告诉或者撤回告诉、犯罪嫌疑人、被告人死亡、其他法定事由等。这里主要介绍时效制度。

《刑法》中的时效,是指经过一定的期限,对刑事犯罪不得再追诉或者对所判刑罚不得再执行的一项法律制度。时效分为追诉时效和行刑时效,我国《刑法》中没有行刑时效,只有追诉时效。所谓追诉时效,是指在法律规定的期限内,司法机关有权追究犯罪人的刑事责任;超过了法定期限,不得再追究犯罪人的刑事责任(法律有特别规定的例外)。按照刑法的罪责刑相适原则,社会危害大的,法定刑重的犯罪,追诉时效期限就应当长,反之,追诉时效就短。我国《刑法》第87条规定了以下四个情况:(1)法定最高刑为不满五年有期徒刑的,经过五年;(2)法定最高刑为五年以上不满十年有期徒刑的,经过十年;(3)法定最高刑为十年以上有期徒刑的,经过十五年;(4)法定最高刑为无期徒刑、死刑的,经过二十年。如果二十年以后认为必须追诉的,须报请最高人民检察院核准。根据司法解释的相关规定,所谓法定最高刑,是指刑法规定的与具体犯罪行为的轻重相适应的条款或相应的量刑幅度的最高刑。由此,应该根据犯罪分子所犯罪行的轻重,分别适用《刑法》规定的不同条款或相应的量刑幅度,按其法定最高刑来计算追诉期限。关于追诉期限的计算分三种情况。一是在通常情况下,追诉期限从犯罪之日起计算。二是犯罪行为有连续或者继续状态的,追诉期限从犯罪行为终了之日起计算。三是在时效中断的情况下,前罪追诉期限从犯后罪之日开始计算。所谓时效中断,是指在追诉期限内,因犯罪分子又犯新罪而使得前罪所经过的时效期间归于无效。我国《刑法》第89条对此进行了明确的规定。为了防止犯罪分子利用时效制度逃避法律制裁,我国《刑法》第88条还规定:"在人民检察院、公安机关、国家安全机关立案侦查或者在人民法院受理案件以后,逃避侦查或者审判的,不受追诉期限的限制。被害人在追诉期限内提出控告,人民法院、人民检察院、公安机关应当立案而不予立案的,不受追诉期限的限制。"这在刑法理论上称时效的延长。

关于豁免制度,我国《刑法》没有作出专门的规定,只是在宪法中给予了规定。豁免制度同其他刑罚制度一样,都是为了实现刑罚目的服务的。

第四节　主要罪名

刑法学体系由刑法总论和刑法分论组成,刑法的总论部分研究刑法的基本原理和刑法中的共性问题,刑法分论研究具体的犯罪和实践中的问题。我国《刑法》按照犯罪侵犯的客体和犯罪的危害程度对形形色色的犯罪具体犯罪进行了分类,共10大类。即危害国家安全罪,危害公共安全罪,破坏社会主义市场经济秩序罪,侵犯公民人身权利、民主权利罪,侵犯财产罪,妨害社会管理秩序罪,危害国防利益罪,贪污贿赂罪,渎职罪,军人违反职责罪。刑法分则规定的具体犯罪条文的结构一般是由罪状、罪名和法定刑三个部分组成。下面介绍几种常见的罪名。

一、投放危险物质罪

投放危险物质罪是指行为人故意投放毒害性、放射性、传染病病原体等物质危害公共安全的行为。本罪是危险犯,只要行为人实施了投放危险物质,对社会不特定多数的人生命健康和重大公私财产安全有现实的危险性,就构成既遂。行为人明知自己的投毒行为会引起不特定多人或者不特定多禽畜中毒伤亡,并且希望或者放任这种结果发生,就应以投放危险物质罪论处。如果投毒行为只是指向特定的个人、特定个人家庭饲养的禽畜、承包的鱼塘等,并有意识地将损害结果限制在这个局部范围内,不足以危害公共安全的,则不应定投放危险物质罪。《刑法》第114条、第115条规定:"犯投放危险物质罪,尚未造成严重后果的,处3年以上10年以下有期徒刑;致人重伤、死亡或者使公私财产遭受重大损失的,处10年以上有期徒刑、无期徒刑或者死刑。"

二、交通肇事罪

交通肇事罪,是指违反道路交通管理法规,发生重大交通事故,致人重伤、死亡或者使公私财产遭受重大损失的行为。根据最高人民法院的司法解释的规定,交通肇事具有下列情形之一的,处三年以下有期徒刑或者拘役:(1)死亡一人或者重伤三人以上,负事故全部或者主要责任的;(2)死亡三人以上,负事故同等责任的;(3)造成公共财产或者他人财产直接损失,负事故全部或者主要责任,无能力赔偿数额在三十万元以上的。交通肇事致一人以上重伤,负事故全部或者主要责任,并具有下列情形之一的,以交通肇事罪定罪处罚:(1)酒后、吸食毒品后驾驶机动车辆的;(2)无驾驶资格驾驶机动车辆的;(3)明知是安全装置不全或者安全机件失灵的机动车辆而驾驶的;(4)明知是无牌证或者已报废的机动车辆而驾驶的;(5)严重超载驾驶的;(6)为逃避法律追究逃离事故现场的。交通事故发生后,肇事人逃逸致使受害人得不到救助而死亡,处七年以上有期徒刑。交通肇事后,单位主管人员、机动车辆所有人、承包人或者乘车人指使肇事人逃逸,致使被害人因得不到救助而死亡的,以交通肇事罪的共犯论处。这是司法解释对行为人之间虽然没有共同的犯罪故意,却仍然以共犯论处的一个特例。行为人在交通肇事后为逃避法律追究,将被害人带离事故现场后隐藏或者遗弃,致使被害人无法得到救助而死亡或者严重残疾的,则以故意杀人罪或故意伤害罪论处。根据《刑法》第 133 条的规定:"违反交通管理法规,因而发生重大事故,致人重伤、死亡或者使公私财产遭受重大损失的,处三年以下有期徒刑或者拘役;交通运输肇事后逃逸或者有其他特别恶劣情节的,处三年以上七年以下有期徒刑;因逃逸致人死亡的,处七年以上有期徒刑。"

三、集资诈骗罪

集资诈骗罪是指以非法占有为目的,违反有关金融法律、法规的规定,使用诈骗方法进行非法集资,扰乱国家正常金融秩序,侵犯公私财产所有权的行为。集资诈骗罪实际上是一种特殊的诈骗罪,因此它既有一般诈骗罪所具有的共性,也具有一般诈骗罪所不具有的特殊性。两者区别主要是:(1)犯罪的对象不同。本罪的对象是不特定多数人的用以集资获利的资金,包括金钱与财物;但后罪即诈骗罪的对象则是特定的,即行为人是针对某一特定的人或单位去实施诈骗行为并获取其钱财。(2)客观行为的表现形式不同。诈骗罪在客观方面表现为用虚构事实或隐瞒真相直接使被骗人交付财物的行为,被骗人交付财物既可以是为了投资营利,亦可以是购买某物。本罪与诈骗罪而言,本罪行为是被包容,属特别法条,因此,对以诈骗方法骗取集资的,应当以集资诈骗定罪。本罪与非法吸收公众存款罪的区别是本罪常以高利息为诱饵,骗取不特定多数人的钱款;非法吸收公众存款是没有经过中国人民银行批准吸收公众存款,行为人没有骗取他人钱款的主观故意。犯本罪的,处 5 年以下有期徒刑或者拘役,并处 2 万元以上 20 万元以下罚金;情节严重的,处 5 年以上 10 年以下有期徒刑,并处 5 万元以上 50 万元以下罚金;情节特别严重的,处 10 年以上有期徒刑、无期徒刑,并处 5 万元以上 50 万以下罚金或者没收财产;数额特别巨大并且给国家和人民利益造成特别重大损失的,处无期徒刑或者死刑,并处没收财产。

四、故意杀人罪

故意杀人罪,是指故意非法剥夺他人生命的行为。首先必须有剥夺他人生命的行为,作为、不作为均可构成本罪。以不作为行为实施的杀人罪,只有那些对防止他人死亡结果发生负有特定义务的人才能构成。杀人的方法多种多样,可以借助一定的凶器,也可以是徒手杀人,但是如果使用放火、爆炸、投毒等危险方法杀害他人,危及不特定多数人的生命、健康或重大公私财产安全的,应以危险方法危害公共安全犯罪论处,定放火罪、爆炸罪或者投放危险物质罪等。对于教唆未达到刑事责任年龄或没有刑事责任能力的人去杀害他人的,对教唆犯应直接以故意杀人罪论处。对相互约定自杀的认定,因行为人均不具有故意剥夺他人生命的行为,所以对其中自杀未遂的,一般不能认为是故意杀人罪;但是,如果行为人受托而将对方杀死,继而自杀未遂的,应构成故意杀人罪,量刑时可考虑从轻处罚;以相约自杀为名,诱骗他人自杀的,则应按故意杀人罪论处。对于教唆、帮助他人自杀的,应当以故意杀人罪论处,但考虑到在教唆、帮助自杀中,自杀者的行为往往起决定作用,因此,应根据案情从宽处罚。如果行为人的行为不很积极,作用不大,主观愿望出于善意,这时可不以犯罪论处。但是,教唆精神病人或未成年人自杀,由于自杀者限于精神状态或年龄因素对于自杀缺乏正确的认识和意志控制能力,对此,不仅要以故意杀人罪论处,而且还不能从轻或减轻处罚。在帮助自杀的情况中,有一种特别的现象就是近年来引起社会广泛关注的"安乐死"问题。所谓"安乐死"就是指当一个人患有不治之症,因不堪忍受极致的痛苦而请求他人使自己无痛苦地死去。西方也有少数国家在立法上承认"安乐死"。我国在立法上还未认可"安乐死",因此为病人实施"安乐死"的,仍应认定故意杀人罪,但是在量刑时可以从宽考虑。对"大义灭亲"的处理。"大义灭亲"是指家庭成员故意非法地杀死自己有犯罪行为的亲属的行为。这种行为表面上看来是为社会除害,实际上是破坏法治并侵犯公民人身权益的行为,因而不能认为是合法的,应按照故意杀人罪追究刑事责任,但量刑时可以适当从轻或者减轻处罚。根据《刑法》第232条的规定,犯故意杀人罪的,处死刑、无期徒刑或者10年以上的有期徒刑;情节较轻的,处3年以上10年以下有期徒刑。

五、故意伤害罪

故意伤害罪,是指故意非法损害他人身体的行为。故意伤害罪与故意杀人罪的界限,就一般情况讲,两罪并不难区分,但在遇故意杀人未遂造成伤害或故意伤害致人死亡两种情况时,很容易混淆。要把握二罪的主要区别在于行为人是否以非法剥夺他人生命为故意内容,如果行为人无非法剥夺他人生命的故意,而只有伤害他人健康的故意,即使客观上行为导致了他人的死亡,也只能以故意伤害罪致死认定;如果行为人有非法剥夺他人生命的故意,即使其行为没有造成他人死亡的结果,也构成故意杀人罪(未遂)。在司法实践中,要认定行为人的故意的内容是伤害还是杀人,应遵循主客观相一致的原则,查明案件的全部事实,从行为人与被害人的关系、案件的起因、过程、结果、作案的手段、使用的工具、打击的部位、强度、作案的时间、地点、环境条件、行为人作案前后的表现等方面入手,进行综合分析、判断。故意伤害与过失致人死亡的界限。在故意伤害致死的情况下,二者相近之处是:在客观上都造成了被害人死亡的结果,在主观上行为人对死亡结果的发生往往都表现为过失的心理态度。二罪根本的区别在于,前罪具有伤害他人的故意,其死亡结果是行为人意志以外的原因造成的;而后罪没有犯罪的故意,是由于过失致人死亡。司法实践中,依据案情查明行为人有无犯罪故意,对划清二罪的界限,至关重要。故意伤害罪与一般殴打的界限。一般殴打行为只是给他人造成暂时性的肉体疼痛,或使他人神经受到轻微刺激,但没有破坏他人人体组织的完整性和人体器官的正常机能,故不构成犯罪。值得注意的是,有些殴打行为表面上给他人身体造成了一定的损害,但是显著轻微的,即按《人体轻伤鉴定标准》不构成轻伤的,不能以故意伤害罪论处。因此,在区分故意伤害与一般殴打时,既要考虑行为是否给人体组织及器官机能造成了损害,又要考察损害的程度。

根据《刑法》第 234 条的规定,犯故意伤害罪的,处 3 年以下有期徒刑、拘役或者管制;致人重伤的,处 3 年以上 10 年以下有期徒刑;致人死亡,或者以特别残忍手段致人重伤造成严重残疾的,处 10 年以上有期徒刑、无期徒刑或者死刑。

六、盗窃罪

盗窃罪,是指以非法占有为目的,秘密窃取公私财物数额较大或者多次盗窃公私财物的行为。对某些具有小偷小摸行为的、因受灾生活困难偶尔偷窃财物的,或者被胁迫参加盗窃活动没有分赃或分赃甚微的,可不作盗窃罪处理,必要时,可由主管机关予以适当处罚。应当把偷窃自己家属或近亲属财物的行为与社会上的盗窃犯罪行为加以区别。司法解释规定,对此类案件,一般可不按犯罪处理;对确有追究刑事责任必要的,在处理时也应同社会上作案的有所区别。

盗窃公私财物,数额较大的,或者多次盗窃、入户盗窃、携带凶器盗窃、扒窃的,处 3 年以下有期徒刑、拘役或者管制,并处或者单处罚金。犯盗窃罪,情节严重的,处 3 年以上 10 年以下有期徒刑,判处罚金。情节特别严重的,处 10 年以上有期徒刑或者无期徒刑,并处没收财产。盗窃金融机构,数额特别巨大的或盗窃珍贵文物,情节严重的,可以判处无期徒刑或死刑。

七、抢劫罪

抢劫罪,是以非法占有为目的,对财物的所有人、保管人当场使用暴力、胁迫或其他方法,强行将公私财物抢走的行为。

抢劫罪是侵犯财产罪中危害性最大、性质最严重的犯罪。在一般情况下,凡是以非法占有为目的,用暴力、胁迫或者其他方法,强行夺取公私财物的行为,就具备了抢劫罪的基本特征,构成了抢劫罪。立法上没有抢劫的数额和情节的限制性规定。但是依照本法第13条的规定,情节显著轻微危害不大的行为,不认为构成了抢劫罪。例如:青少年偶尔进行恶作剧式的抢劫,行为很有节制、数额极其有限,如强索少量财物、抢吃少量食品等,由于情节显著轻微,危害不大,属于一般违法行为,尚不构成抢劫罪。区分抢劫罪的既遂与未遂,应当以抢劫罪的犯罪构成要件是否具备,即法定的犯罪结果是否已经造成为标准。依照本条的规定,抢劫罪的犯罪构成有基本的和加重的两种形态。因而,其既遂未遂标准应分别考察,当犯罪事实属于基本的犯罪构成时,以行为人所实施的行为,是否取得财物为准;当行为人的行为属于本条所定加重情节之一时,已具备加重形态的全部要件,无论行为人是否抢到财物,应是犯罪既遂。

(一)抢劫罪与绑架罪的主要区别是:抢劫罪的客观方面表现为行为人对财物的所有人、经管人当场使用暴力、胁迫或者其他手段迫使其当场交出财物或者当场将其财物劫走;绑架罪的客观方面表现为行为人对财物的所有人、经管人的亲属使用暴力、胁迫或麻醉手段,将其劫持,利用被绑架人的亲属或者其他有关人员对被绑架人安危的忧虑,迫使被绑架人的亲属或者其他人交出一定的财物,换取被绑架人的人身安全,因此财物不是当场取得,而是在以后的特定的时间、地点取得;不是由被绑架人直接交出财物,而是由被绑架人的亲属或者其他有关人交出。

(二)抢劫罪与抢夺罪的主要区别是:客体要件不同。抢劫罪侵犯的是复杂客体,即公私财产所有权和公民的人身权利;抢夺罪侵犯的是单一客体,即公私财产的所有权。犯罪客观方面不同,抢劫罪在客观方面表现为使用暴力胁迫或者其他方法劫取公私财产的行为,劫取公私财物的数额不限;抢夺罪在客观方面表现为公然夺取公私财物数额较大的行为。这些区别为我们区别抢劫罪与抢夺罪的界限提供了客观标准。但由于抢劫罪与抢夺罪同属侵犯财产的犯罪,彼此之间存在紧密的联系,比如:(1)在客体要件上,二者都侵犯了公私财产所有权。(2)在客观方面,虽然抢劫犯罪使用的是暴力、胁迫或者其他方法,往往造成被害人伤亡;抢夺罪使用的是强力夺取的方法,直接作用于被抢夺的财物,但有时也会发生致人重伤死亡的结果。暴力和强力性质不同,但从一定意义上说,暴力也是一种强力。因此,二者在客观方面,不仅行为方式有相似之处,而且危害结果也不相同。(3)在一定条件下,抢劫罪和抢夺罪可以相互转化。刑法第269条的规定,其中包括了犯抢夺罪转化为抢劫罪的情况。另外,在司法实践中,有的犯罪分子为了达到非法占有公私财物的目的,往往作了几手准备,哪种手段能达到目的,就使用哪种手段。有的犯罪分子出于抢劫的故意,身带凶器,准备使用暴力、胁迫手段,到作案现场后,发现不需要实施暴力、胁迫方法,由抢而变为偷。有的犯罪分子出于盗窃的故意,在实施盗窃行为时被人发觉,遇到反抗,继而使用暴力、胁迫方法,则由暗偷转化为明抢。在处理此类案件时应该具体问题具体分析。

根据《刑法》第263条的规定,犯抢劫罪的,处3年以上10年以下有期徒刑,并处罚金。有下列情形之一的,处10年以上有期徒刑、无期徒刑或者死刑,并处罚金或没收财产:(1)入户抢劫的;(2)在公共交通工具上抢劫的;(3)抢劫银行或者其他金融机构的;(4)多次抢劫或抢劫数额巨大的;(5)抢劫致人重伤、死亡的;(6)冒充军警抢劫的;(7)持枪抢劫的;(8)抢劫军用物资或者抢险、救灾、救济物资的。

八、寻衅滋事罪

寻衅滋事罪,是指肆意挑衅,随意殴打、骚扰他人或任意损毁、占用公私财物,或者在公共场所起哄闹事。严重破坏社会秩序的行为。本罪在客观方面表现为寻衅滋事,破坏社会秩序的行为。刑法将寻衅滋事罪的客观表现形式规定为四种:①随意殴打他人,情节恶劣的;②追逐、拦截、辱骂、恐吓他人,情节恶劣的;③强拿硬要或者任意损毁、占用公私财物,情节严重的;④在公共场所起哄闹事,造成公共秩序严重混乱的。寻衅滋事罪的主观方面是直接故意,即明知自己的行为会发生破坏社会秩序的危害结果,并且希望这种结果发生。行为人的犯罪动机是为了满足耍威风、取乐等不正常的精神刺激或其他不健康的心理需要。在寻衅滋事活动中的行凶伤人、抢夺财物、毁坏公物、侮辱人格等,同伤害罪、抢夺罪、毁坏财物罪等,在客观上几乎没有任何区别,要分清寻衅滋事与上述犯罪,关键看主观动机。如果是出于贪利而非法占有公私财物,或者为了泄愤、报复而故意毁坏公私财物数额较大的,就构成抢夺罪、故意毁损公私财物等侵犯财产罪;如果是为了向社会挑战,故意破坏公共秩序而公然抢夺或毁损公私财物情节恶劣的,就构成寻衅滋事罪;如果是为了寻求精神刺激或变态心理的满足随意殴打他人,就构成寻衅滋事罪;如果在公共场所无理取闹,破坏公共秩序,寻求精神刺激,就构成寻衅滋事罪。依照《刑法》第293条的规定,犯寻衅滋事罪,处5年以下有期徒刑、拘役或者管制。

九、贪污罪

贪污罪,是指国家机关工作人员、国有企业、事业单位、人民团体委托管理、经营国有财产的人员,利用职务上的便利,侵吞、窃取、骗取或者以其他手段非法占有公共财物的行为。

(一)贪污罪既遂和未遂的认定

所谓贪污罪的既遂,是指行为人所故意实施的非法占有公共(国有)财物或非国有单位财物行为,已具备了贪污罪构成的全部要件,同时产生了危害结果。因此,认定贪污罪既遂与否,应把握以下两点:

1. 是否符合贪污罪构成要件的特征。其中,衡量非法占有的标准,是行为人是否实际已非法占有了公共(国有)财物或非国有单位的财物。如果已实际非法占有了,即视为既遂。

2. 是否造成了客观的危害结果。其中,衡量造成了客观危害结果的标准:一是贪污数额实际上已达到5000元;二是贪污数额虽然实际上尚未达到5000元,但客观上存在贪污情节较重的事实。对于符合上述两方面的贪污行为,就可以认定为贪污罪既遂。

(二)共同贪污犯罪的认定

所谓共同贪污犯罪,是指二人以上共同实施的贪污犯罪行为。它有以下特点:一是贪污行为人必须是两个人(含二人)以上;二是行为人共同实施了非法占有公共(国有)财物或非国有单位财物的行为;三是行为人之间具有共同贪污的故意;四是各共同贪污犯罪人在共同故意支配下,彼此联系,互为条件;五是共同贪污行为造成了总和犯罪结果。即贪污总额是每个共犯共同故意造成的统一结果。

(三)区分本罪与非罪的界限

贪污罪作为一般贪污行为的特殊形式,除具有一般贪污违法行为的共性外,还具有自身的特性。构成贪污罪的贪污行为,还具有贪污数额和情节上的要求。因此,认定贪污罪与一般贪污违法行为时,要看行为人贪污的数额是否达到30000元,或者达到10000元,同时具有其他较重情节。[①]

根据《刑法》第383条的规定,犯贪污罪的,应当根据情节轻重,分别依照下列规定处罚:

(一)贪污数额较大或者有其他较重情节的,处三年以下有期徒刑或者拘役,并处罚金。(二)贪污数额巨大或者有其他严重情节的,处三年以上十年以下有期徒刑,并处罚金或者没收财产。(三)贪污数额特别巨大或者有其他特别严重情节的,处十年以上有期徒刑或者无期徒刑,并处罚金或者没收财产;数额特别巨大,并使国家和人民利益遭受特别重大损失的,处无期徒刑或者死刑,并处没收财产。对多次贪污未经处理的,按照累计贪污数额处罚。

十、受贿罪

受贿罪是指国家工作人员利用职务上的便利,索取他人财物,或者非法收受他人财物,为他人谋取利益的行为。

[①] 《最高人民法院、最高人民检察院关于办理贪污贿赂刑事案件适用法律若干问题的解释》(2016年3月28日)第一条 贪污或者受贿数额在三万元以上不满二十万元的,应当认定为《刑法》第三百八十三条第一款规定的"数额较大",依法判处三年以下有期徒刑或者拘役,并处罚金。贪污数额在一万元以上不满三万元,具有下列情形之一的,应当认定为《刑法》第三百八十三条第一款规定的"其他较重情节",依法判处三年以下有期徒刑或者拘役,并处罚金:(一)贪污救灾、抢险、防汛、优抚、扶贫、移民、救济、防疫、社会捐助等特定款物的;(二)曾因贪污、受贿、挪用公款受过党纪、行政处分的;(三)曾因故意犯罪受过刑事追究的;(四)赃款赃物用于非法活动的;(五)拒不交待赃款赃物去向或者拒不配合追缴工作,致使无法追缴的;(六)造成恶劣影响或者其他严重后果的。

1. 受贿罪与非罪的界限。在司法实践中,要正确区分受贿罪和以下行为的界限:(1)受贿罪与获取合法报酬的界限。(2)受贿罪与接收馈赠的界限。(3)受贿罪与一般受贿行为的界限。依照刑法典的规定,受贿数额达到 5000 元以上的,均已构成受贿罪。受贿数额不满 5000 元,但情节严重的,也构成受贿罪。

2. 受贿罪与贪污罪的界限。二者的主要区别在于:(1)犯罪的手段方式不同。(2)犯罪的客体和对象不同。

3. 受贿罪和敲诈勒索罪的界限。索贿行为是利用职务上的便利,乘人有求于己时主动索取财物;而敲诈勒索行为表现为使用暴力、胁迫手段,给被害人造成精神上的恐惧,被迫交出财物。

4. 受贿罪与公司、企业人员受贿罪的区别。二者的区别在于:(1)犯罪主体不同。(2)犯罪客体不同。(3)犯罪的客观方面不同。

根据《刑法》第 386 条的规定,犯受贿罪的,根据受贿所得数额及情节,依照刑法典第 383 条关于贪污罪的处罚规定处罚。

 思考与练习

一、单项选择题(每题 1 分,共 10 分)

1. 关于因果关系,下列哪一选项是错误的?(　　　)

A. 甲将被害人衣服点燃,被害人跳河灭火而溺亡。甲行为与被害人死亡具有因果关系

B. 乙在被害人住宅放火,被害人为救婴儿冲入宅内被烧死。乙行为与被害人死亡具有因果关系

C. 丙在高速路将被害人推下车,被害人被后面车辆轧死。丙行为与被害人死亡具有因果关系

D. 丁毁坏被害人面容,被害人感觉无法见人而自杀。丁行为与被害人死亡有因果关系

2. 甲患抑郁症欲自杀,但无自杀勇气。某晚,甲用事前准备的刀猛刺路人乙胸部,致乙当场死亡。随后,甲向司法机关自首,要求司法机关判处其死刑立即执行。对于甲责任能力的认定,下列哪一选项是正确的?(　　　)

A. 抑郁症属于严重精神病,甲没有责任能力,不承担故意杀人罪的责任

B. 抑郁症不是严重精神病,但甲的想法表明其没有责任能力,不承担故意杀人罪的责任

C. 甲虽患有抑郁症,但具有责任能力,应当承担故意杀人罪的责任

D. 甲具有责任能力,但患有抑郁症,应当对其从轻或者减轻处罚

3. 乙基于强奸故意正在对妇女实施暴力,甲出于义愤对乙进行攻击,客观上阻止了乙的强奸行为。

观点:

①正当防卫不需要有防卫认识

②正当防卫只需要防卫认识,即只要求防卫人认识到不法侵害正在进行

③正当防卫只需要防卫意志,即只要求防卫人具有保护合法权益的意图

④正当防卫既需要有防卫认识,也需要有防卫意志

结论:

a. 甲成立正当防卫

b. 甲不成立正当防卫

就上述案情,观点与结论对应正确的是哪一选项?（　　　）

A. 观点①观点②与 a 结论对应;观点③观点④与 b 结论对应

B. 观点①观点③与 a 结论对应;观点②观点④与 b 结论对应

C. 观点②观点③与 a 结论对应;观点①观点④与 b 结论对应

D. 观点①观点④与 a 结论对应;观点②观点③与 b 结论对应

4. 看守所值班武警甲擅离职守,在押的犯罪嫌疑人乙趁机逃走,但刚跑到监狱外的树林即被抓回。关于本案,下列哪一选项是正确的?（　　　）

A. 甲主观上是过失,乙是故意

B. 甲、乙是事前无通谋的共犯

C. 甲构成私放在押人员罪

D. 乙不构成脱逃罪

5. 甲(十五周岁)的下列哪一行为成立犯罪?（　　　）

A. 春节期间放鞭炮,导致邻居失火,造成十多万元财产损失

B. 骗取他人数额巨大财物,为抗拒抓捕,当场使用暴力将他人打成重伤

C. 受意图骗取保险金的张某指使,将张某的汽车推到悬崖下毁坏

D. 因偷拿苹果遭摊主喝骂,遂掏出水果刀将其刺成轻伤

6. 甲与一女子有染,其妻乙生怨。某日,乙将毒药拌入菜中意图杀甲。因久等未归且又惧怕法律制裁,乙遂打消杀人恶念,将菜倒掉。关于乙的行为,下列哪一选项是正确的?（　　　）

A. 犯罪预备

B. 犯罪预备阶段的犯罪中止

C. 犯罪未遂

D. 犯罪实行阶段的犯罪中止

7. 关于犯罪主体,下列哪一选项是正确的?（　　　）

A. 甲(女,43 岁)吸毒后强制猥亵、侮辱孙某(智障女,19 岁),因强制猥亵、侮

辱妇女罪的主体只能是男性,故甲无罪

B. 乙(15岁)携带自制火药枪夺取妇女张某的挎包,因乙未使用该火药枪,故应当构成抢夺罪

C. 丙(15岁)在帮助李某扣押被害人王某索取债务时致王某死亡,丙不应当负刑事责任

D. 丁是司法工作人员,也可构成放纵走私罪

8. 关于正当防卫,下列哪一选项是错误的?（　　）

A. 制服不法侵害人后,又对其实施加害行为,成立故意犯罪

B. 抢劫犯使用暴力取得财物后,对抢劫犯立即进行追击的,由于不法侵害尚未结束,属于合法行为

C. 动物被饲主唆使侵害他人的,其侵害属于不法侵害;但动物对人的自发侵害,不是不法侵害

D. 基于过失而实施的侵害行为,不是不法侵害

9. 甲遭乙追杀,情急之下夺过丙的摩托车骑上就跑,丙被摔骨折。乙开车继续追杀,甲为逃命飞身跳下疾驶的摩托车奔入树林,丙一万元的摩托车被毁。关于甲行为的说法,下列哪一选项是正确的?（　　）

A. 属于正当防卫

B. 属于紧急避险

C. 构成抢夺罪

D. 构成故意伤害罪、故意毁坏财物罪

10. 甲因父仇欲重伤乙,将乙推倒在地举刀便砍,乙慌忙抵挡喊着说:"是丙逼我把你家老汉推下粪池的,不信去问丁。"甲信以为真,遂松开乙,乙趁机逃走。关于本案,下列哪一选项是正确的?（　　）

A. 甲不成立故意伤害罪

B. 甲成立故意伤害罪中止

C. 甲的行为具有正当性

D. 甲成立故意伤害罪未遂(不能犯)

二、多项选择题(每题3分,共30分)

1. 关于不作为犯罪,下列哪些选项是正确的?（　　）

A. 宠物饲养人在宠物撕咬儿童时故意不制止,导致儿童被咬死的,成立不作为的故意杀人罪

B. 一般公民发现他人建筑物发生火灾故意不报警的,成立不作为的放火罪

C. 父母能制止而故意不制止未成年子女侵害行为的,可能成立不作为犯罪

D. 荒山狩猎人发现弃婴后不救助的,不成立不作为犯罪

2. 关于认识错误的判断,下列哪些选项是错误的? ( )

A. 甲为使被害人溺死而将被害人推入井中,但井中没有水,被害人被摔死。这是方法错误,甲行为成立故意杀人既遂

B. 乙准备使被害人吃安眠药熟睡后将其勒死,但未待实施勒杀行为,被害人因吃了乙投放的安眠药死亡。这是构成要件提前实现,乙行为成立故意杀人既遂

C. 丙打算将含有毒药的巧克力寄给王某,但因写错地址而寄给了汪某,汪某吃后死亡。这既不是对象错误,也不是方法错误,丙的行为成立过失致人死亡罪

D. 丁误将生父当作仇人杀害。具体符合说与法定符合说都认为丁的行为成立故意杀人既遂

3. 下列哪些选项不构成犯罪中止? ( )

A. 甲收买 1 名儿童打算日后卖出。次日,看到拐卖儿童犯罪分子被判处死刑的新闻,偷偷将儿童送回家

B. 乙使用暴力绑架被害人后,被害人反复向乙求情,乙释放了被害人

C. 丙加入某恐怖组织并参与了一次恐怖活动,后经家人规劝退出该组织

D. 丁为国家工作人员,挪用公款 3 万元用于孩子学费,4 个月后主动归还

4. 甲欲枪杀仇人乙,但早有防备的乙当天穿着防弹背心,甲的子弹刚好打在防弹背心上,乙毫发无损。甲见状一边逃离现场,一边气呼呼地大声说:"我就不信你天天穿防弹背心,看我改天不收拾你!"关于本案,下列哪些选项是正确的? ( )

A. 甲构成故意杀人中止

B. 甲构成故意杀人未遂

C. 甲的行为具有导致乙死亡的危险,应当成立犯罪

D. 甲不构成犯罪

5. 关于自首中的"如实供述",下列哪些选项是错误的? ( )

A. 甲自动投案后,如实交代自己的杀人行为,但拒绝说明凶器藏匿地点的,不成立自首

B. 乙犯有故意伤害罪、抢夺罪,自动投案后,仅如实供述抢夺行为,对伤害行为一直主张自己是正当防卫的,仍然可以成立自首

C. 丙虽未自动投案,但办案机关所掌握线索针对的贪污事实不成立,在此范围外丙交代贪污罪行的,应当成立自首

D. 丁自动投案并如实供述自己的罪行后又翻供,但在二审判决前又如实供述的,应当认定为自首

6. 甲雇凶手乙杀丙,言明不要造成其他后果。乙几次杀丙均未成功,后来采取爆炸方法,对丙的住宅(周边没有其他人与物)进行爆炸,结果将丙的妻子丁炸死,但丙安然无恙。关于本案,下列哪些说法是错误的? ( )

A. 甲与乙构成共同犯罪

B. 甲成立故意杀人罪(未遂)

C. 乙对丙成立故意杀人未遂,对丁成立过失致人死亡罪

D. 乙对丙成立爆炸罪,对丁成立过失致人死亡罪

7. 下列哪些选项成立不作为犯罪?(　　)

A. 过路人甲看见某公寓发生火灾而不报警,导致公寓全部被烧毁

B. 成年人乙带邻居小孩出去游玩,小孩溺水,乙发现后能够救助而不及时抢救,致使小孩被淹死

C. 丙重男轻女,认为女儿不能延续香火,将年仅1岁的女儿抱到火车站,放在长椅上后匆匆离开。因为天冷,等警察发现女孩将其送到医院时,女孩已经死亡

D. 司机丁意外撞倒负完全责任的行人刘某后,没有立即将刘某送往医院,刘某死亡。事后查明,即使司机丁将刘某送往医院,也不可能挽救刘某的生命

8. 下列哪些情形不能认定为过失致人死亡罪?(　　)

A. 甲在运输放射性物质过程中发生事故,造成4人死亡

B. 乙在工地塌方之后,仍然强令6名工人进入隧道抢救价值2000万元的机械,6名工人由此遇难

C. 丙遭受不法侵害,情急之下失手将不法侵害人打死,法院认为丙防卫过当,应当负刑事责任

D. 聚众斗殴致人死亡

9. 周某为抢劫财物在某昏暗场所将王某打昏。周某的朋友高某正好经过此地,高某得知真相后应周某的要求提供照明,使周某顺利地将王某钱包拿走。关于本案,下列哪些选项是正确的?(　　)

A. 高某与周某构成抢劫罪的共同犯罪

B. 周某构成抢劫罪,高某构成盗窃罪,属于共同犯罪

C. 周某是共同犯罪中的主犯

D. 高某是共同犯罪中的从犯

10. 甲举枪射击乙,但因没有瞄准而击中丙,致丙死亡。关于本案,下列哪些选项是正确的?(　　)

A. 甲的行为属于打击错误

B. 甲的行为属于同一犯罪构成内的事实认识错误

C. 甲构成故意杀人(既遂)罪

D. 甲构成故意杀人(未遂)罪与过失致人死亡罪

三、简答题(每题9分,共45分)

1. 犯罪由哪几个方面构成?

2. 什么是刑事责任能力?

3. 单位犯罪具有哪些特征?

4. 什么是故意犯罪？

5. 什么是刑法上的认识错误？

四、案例分析题（15分）

案情：瓜农王某在自家田地里种了5亩西瓜。因在西瓜成熟季节经常被盗，王某便在全村喊话："西瓜打了农药（其实没有打药），偷吃西瓜出了人命我不负责"，但此后西瓜仍然被盗。于是，王某果真在西瓜上打了农药，并用注射器将农药注入瓜田中较大的5个西瓜内，并在西瓜地里插上写有"瓜内有毒，请勿食用"的白旗。邻村李某路过瓜地，虽然看见了白旗，但以为是吓唬人的，仍然摘了一大一小两个西瓜，其中大的西瓜是注入了农药的。回家后，李某先把小的西瓜吃了，然后出门干活。当天，正好家里来了3位客人，李某的妻子赵某见桌子上放着一个大西瓜，以为是李某买的，就用来招待客人，结果导致2人死亡、1人重伤。

问题：

1. 王某的行为构成犯罪还是属于正当防卫？为什么？

2. 李某的行为触犯了哪些罪名？

3. 李某触犯的数个罪名是否构成数罪？为什么？

4. 李某触犯的数个罪名应当如何处理？

5. 赵某的行为是否构成犯罪？为什么？

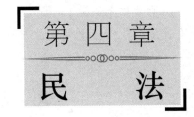

😊 导 语 😊

民法是我国法律体系中一个独立的法律部门,它是调整平等主体间的财产关系和人身关系的最基本的法律规范,适用范围十分广泛,涉及企业、个人的生产、生活的方方面面,民法有广义和狭义之分。广义上的民法,泛指所有民事法律规范,包括物权、合同、婚姻家庭、知识产权等等法律法规。狭义上的民法,专指国家制定颁布的民法典,如2020年5月28日十三届全国人大三次会议审议通过的《中华人民共和国民法典》,2021年1月1日起施行。

通过对本章的学习,我们应该掌握的知识有:民法的概念与基本原则;民事法律关系、民事主体、民事权利的相关知识;民事法律行为和代理制度;民事责任的概念、条件、形式等;具体民事法律规范中常用、重要的法律规定的理解与实用。

 引入问题和思考

某甲今年17周岁,某日他在某健身器材专卖店看中了一套价值10000元跑步机,随即刷卡购买。第二天,专卖店送货上门,他的父母才知道此事,十分生气,不同意付款购买该健身器材。

想一想:

1. 假设甲为某中学高二学生,本案应如何处理?

2. 假设甲为某外企职工,月收入较高,足以维持本人生活消费支出,本案如何处理?

提示:1. 若甲为高二学生,今年 17 周岁,甲为限制民事行为能力人,只能进行与其年龄、智力、精神状况相适应的民事行为,否则该民事行为效力待定,须经其法定代理人追认,不追认则无效。

2.16 周岁以上不满 18 周岁,以自己的劳动收入为主要生活来源的人,视为完全民事行为能力人,其民事活动内容合法、意思表示真实即为有效。

第一节 民法概述

一、民法的概念与基本原则

(一)民法的概念

民法是调整平等主体的自然人之间、法人之间、自然人和法人之间的财产关系和人身关系的法律规范的总称。

我国目前现行的民法主要是指《中华人民共和国民法典》。1987 年 1 月 1 日起施行的《中华人民共和国民法通则》不是一部完备的民法典,但体现了世界各国民法的一般性规定,规定了民法的基本原则、调整对象、民事主体、民事权利能力和民事行为能力,法人制度、代理制度、民事责任和诉讼时效制度,是一部具有鲜明中国特色的社会主义民法。

(二)民法的基本原则

民法的基本原则是民事立法、司法和民事活动具有普遍指导意义和约束功能的基本行为准则,其效力贯穿于整个民事法律制度。它是解释、执行民事法律规范以及处理各类民事纠纷的根本规则,在民法缺乏具体法律规范调整情形下,可以直接作为司法机关审判依据。

我国《民法典》第 4 至 10 条对我国民法的原则做了规定,内容大约可以分为两类:一类是对民法内容有普遍约束力的原则,是指导民事立法、民事审判和民事活动的基本准则,如平等、自愿等原则,还有一些是适用于特定民事法律关系的原则,如公平、诚实信用、禁止权利滥用等。具体阐述如下:

1. 平等原则

平等原则是指民事主体地位平等,互不隶属,无高低贵贱之分,在具体民事活动中,谁都不能要求谁必须做什么,不做什么。该原则是民法的核心原则,是对特权的否定。一位普通的老百姓面对实力强大的销售商,在购买特定商品缔约过程中享有独立的法律人格,充分拥有自主选择商品的权利,店大欺客是违反民法平等原则的,可以依法追究其民事法律责任。

2. 自愿原则

在民事活动中意思自治,比如说你买一件商品是出于你自愿的,不是别人强迫你的。

3. 公平原则

公平原则是指在民事活动中以利益均衡作为价值判断标准,在民事主体之间发生利益关系摩擦时,以权利和义务是否均衡来平衡双方的利益。

并不要求双方权利义务一定要对等,但是当双方发生纠纷的时候,享受权利多的一方显然要承担多的义务。

4. 诚实信用原则

缔约双方要诚实不欺诈,缔约后守信并自觉履行。

5. 绿色原则

民事主体从事民事活动,应当有利于节约资源,保护生态环境。这项原则既传承了天地人和、人与自然和谐相处的传统文化理念,又体现了新的发展思想,有利于缓解我国不断增长的人口与资源生态的矛盾。

6. 公序良俗原则

公序良俗是由"公共秩序"和"善良风俗"两个概念构成的,要求民事主体遵守社会公共秩序,遵循社会主体成员所普遍认可的道德准则。这项原则还有一种含义,凡违反公序良俗的民事法律行为是无效的。

二、民事法律关系

人在社会生活中必然会结成各种各样的社会关系,这些社会关系受各种不同的规范调整。其中由民法调整形成的社会关系就是民事法律关系。因此,民事法律关系是民法调整的社会关系的法律上的表现。民事法律规范调整平等主体之间的财产关系和社会关系也就是规定出现某种法律事实即发生某种法律后果,该法律后果即是在当事人之间产生民事法律关系。

(一)概念

民事法律关系是指民事法律规范所调整的社会关系,即为民法所确认和保护的,符合民事法律规范的,以权利、义务为内容的社会关系。

(二)构成要素

民事法律关系的构成要素,是指构成民事法律关系的必要因素或条件。民事法律关系的主体、客体和内容为民事法律关系的要素,因为缺少其中的任何一个都不能成立民事法律关系,其中任何一个发生变化,民事法律关系也就发生变化。

1. 主体

民事法律关系的主体简称为民事主体,是指参与民事法律关系享受民事权利和承担民事义务的人。凡法律规定可成为民事主体的,不论其为自然人还是组织,都属于民法上的"人"。因此,自然人、法人和其他组织都为民事主体。国家也可以成为民事主体,例如,国家是国家财产的所有人,是国债的债务人。

2. 内容

民事法律关系的内容是民事主体在民事法律关系中享有的权利和承担的义务,亦即当事人之间的民事权利和义务。民事法律关系的内容包括权利和义务两个方面,权利和义务相互对立,又相互联系。权利的内容是通过相应的义务来表现的,义务的内容是由相应的权利来限定的。

3. 客体

民事法律关系的客体是指民事法律关系中的权利和义务共同指向的对象。客体是民事权利和民事义务之所依,是民事主体交往的基石和利益所在。故没有客体,便无从发生民事法律关系。

民事法律关系的客体,依利益的表现形式,可分为物、行为、智力成果、人身利益四类。

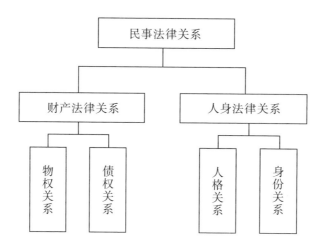

三、民事主体与民事权利

(一)民事主体

民事主体是指参加民事法律关系,享有民事权利和承担民事义务的人,包括自然人、法人和其他组织。其中,自然人和法人是最为主要的两大民事主体。

1. 自然人

自然人是指出生于母体、具有自然生命形式的人,它与"法人"相对,又称公民(但不完全等同。公民是具有一国国籍的自然人)。

（1）自然人的民事权利能力。

自然人的民事权利能力是指自然人依法享受民事权利、承担民事义务的资格。人只有具备了民事权利能力，才有资格进行民事活动，以本人名义参与民事法律关系，直接享受民事权利、承担民事义务。那么自然人取得民事权利能力的条件是什么呢？自然人呱呱落地就具备了民事权利能力，也就是说自然人的民事权利能力始于出生，什么时候丧失呢？死亡时候终止。

根据我国有关法律规定，自然人出生时间以户籍证明为准；没有户籍证明的，以医院出具的出生证明为准；没有医院证明的，参照其他有关证明认定。

大家拓展思考一下，胎儿出生时候没有呱呱落地，而是无声落地，也就是死体是否具备民事权利能力？①

（2）自然人的民事行为能力。

自然人的民事行为能力是指自然人具有通过自己的独立行为进行民事活动，取得民事权利承担民事义务的资格。它是民事权利能力的延伸，民事权利能力是前提，它区别于民事权利能力内容主要在于民事行为能力是通过自然人本人的行为实现民事权利和民事义务。也就是说，民事权利能力是法律赋予自然人的应该享有的权利或承担的义务，但是真正实现之，还必须具有行为能力，即自然人达到一定程度的辨别和控制事务能力，才能实现。

大家回到本章引导案例，为什么这位高中学生甲有权利能力，本案中甲拥有健身器材财产的并使用的权利是法律赋予的，任何人不得干涉，但是该健身器材的财产权目前是商场所有，如何转移到甲，即甲能否本人进行购买活动来取得该财产所有权，就要看甲是否具有民事行为能力了，如有就可以，否则不可以。我国《民法典》根据自然人的年龄和智力状况将自然人的民事行为能力分为三类：完全民事行为能力人、限制民事行为能力人和无民事行为能力人。

①完全民事行为能力人，是指自然人完全具有以自己的独立行为进行民事活动的资格，该自然人可以合法进行任何民事活动。《民法典》规定，具有完全民事行为能力的人有两种：一是普遍意义上的完全民事行为能力人，即年满 18 周岁、智力正常的人；二是可视为完全民事行为能力人，即 16 周岁以上不满 18 周岁、以自己的劳动收入为主要生活来源的人。② 他们在法律上被视为完全民事行为能力人。本章引导案例"想一想"第 2 题即属于可视为完全民事行为能力人情形。

②限制民事行为能力人，是指自然人只具有部分的民事行为能力，不完全具有

---

① 尚未出生的胎儿不具有民事权利能力，不是民事主体，但考虑胎儿出生后成为民事主体的现实性，我国《民法典》第 1155 条规定："遗产分割时，应当保留胎儿的继承份额。胎儿娩出时是死体的，保留的份额按法定继承办理。"即财产保留部分属于夫妻共同财产，按共同财产分割。

② 所谓"以自己的劳动收入为主要生活来源"，是指以自己的劳动取得收入，并能维持当地一般生活水平。

以自己的独立行为进行所有民事活动的资格,即其民事活动的范围是有限制的,部分民事活动可以直接参加,部分民事活动只能通过他的法定代理人,或征得他的法定代理人的同意,或者由其法定代理人事后予以追认,否则行为无效。如一名13岁的未成年人将家中一幅名画质押购买手机,其质押行为需父母认可方为有效。《民法典》规定,限制民事行为能力人有两种,一是8周岁以上的未成年人,二是不能完全辨认自己行为的精神病人,一般指间歇性精神病人,精神状态时好时坏。

③无民事行为能力人,是指不具有独立从事民事活动能力的人。《民法典》规定,无民事行为能力人有两种,一是不满8周岁的未成年人;二是完全不能辨认自己行为的精神病人。无民事行为能力人不能进行民事活动,如买卖大宗物品,签订合同等,但是并非任何民事活动都归于无效,如小学生购买少量文具行为,未成年人接受压岁钱等属于有效行为。那么法律规定哪些行为有效呢?根据我国相关法律规定,无民事行为能力人、限制民事行为能力人接受奖励、赠与、报酬等纯获利益的民事行为合法有效。

(3)监护制度。

无民事行为能力人、限制民事行为能力人没有资格进行的民事活动,如6岁小孩入学接受教育,是否自己到学校报名办理相关手续?大家都知道,需要父母代为进行相关民事活动,在法律上涉及监护制度。

所谓监护,是指对无民事行为能力人或者限制民事行为能力人的人身、财产及其他合法权益进行监督和保护的一种民事法律制度。监护是一种权利,也是一项义务。

①未成年人的监护人。

我国法律规定,未成年人的父母是未成年人的当然法定监护人①,如果父母死亡或者没有监护能力,由未成年人的祖父母、外祖父母、成年兄姐担任监护人,也可以由关系密切的其他亲属、朋友担任,但须经未成年人父母所在单位或者未成年人住所地的居民委员会、村民委员会同意。没有前述监护人的,由未成年人的父、母的所在单位或者未成年人住所地的居民委员会、村民委员会或者民政部门担任监护人。

②精神病人的监护人。

我国法律规定,无民事行为能力或者限制民事行为能力的精神病人,由下列人员担任监护人,按顺序分别是:配偶,父母,成年子女,其他近亲属,关系密切的其他亲属、朋友;但须经精神病人的所在单位或者住所地的居民委员会、村民委员会同意。

---

① 父母离婚以后,父母双方均为监护人,不是指与未成年子女共同生活的一方为监护人,因为监护是一种身份,这种身份不因离婚而改变。

没有前述监护人的,由精神病人的所在单位或者住所地的居民委员会、村民委员会或者民政部门担任监护人。

对担任监护人有争议的,由被监护人的所在单位或者住所地的居民委员会、村民委员会在近亲属中指定。对指定不服提起诉讼的,由人民法院裁决。

(4)宣告失踪和宣告死亡。

宣告失踪,是指自然人下落不明满二年,经利害关系人申请,由人民法院宣告其失踪,并对其财产进行代管的法律制度。自然人被法院宣告为失踪人后,其财产由他的配偶、父母、成年子女或者关系密切的其他亲属、朋友代管。代管有争议的由人民法院指定。失踪人所欠税款、债务、应付的赡养、扶养、抚育费,由代管人从失踪人财产中支付。

宣告失踪的条件和程序:

①自然人下落不明的事实。该事实包括两个方面,一是自然人离开自己的住所或居所没有任何音讯,二是这种无音讯状态持续时间满二年。

②利害关系人的申请。所谓利害关系人,是指与下落不明人存有一定人身关系或财产关系的人,包括配偶、父母、子女、兄弟姐妹、祖父母、外祖父母、孙子女、外孙子女、债权人、债务人、合伙人等。利害关系人申请没有顺序要求。

③人民法院的公告。人民法院受理宣告失踪案件后,应发出寻找下落不明人公告,公告期为三个月,公告期满,失踪人仍未出现,法院可判决宣告其失踪。

如被宣告失踪的人出现或者确知他的下落,经本人或者利害关系人申请,法院应依法撤销对他的失踪宣告。

宣告死亡是指自然人下落不明满一定的期间,经利害关系人申请,由法院宣告其死亡的法律制度。利害关系人的范围与宣告失踪的利害关系人一致。宣告死亡的下落不明的期间分为四年、二年、即期三种情况:期间为四年是指一般自然人离开住所下落不明满四年,其利害关系人可向法院申请宣告死亡。

宣告死亡的条件和程序:除下落不明时间规定不同外,其余与宣告失踪相同。

2. 法人

法人是相对于自然人而言法律上拟制的人。它没有自然人的呼吸等自然属性,但是它具有自然人法律方面具有的很多特征。如它可以进行买卖、服务等各种民事法律活动。

法人的定义是,具有民事权利能力和民事行为能力,依法独立享有民事权利和承担民事义务的组织。

法人是组织,我们所熟悉的公司、企事业单位如国家机关以及学校等基本都是法人,但是并非任何组织都是法人,依据我国《民法典》的规定,成立法人必须具备以下条件:

第一,依法成立。法人若要成立必须经过国家有关机关的批准或者认可。

第二,有必要的财产或经费。法人必须拥有一定数量的财产或者经费,这既是法人从事生产经营等民事活动的基础,也是法人独立承担民事责任的保障;我国一些法律法规对有关法人的财产或者经费要求作了规定。如《商业银行法》第 13 条规定,设立商业银行的注册资本最低限额为 10 亿元人民币;城市合作商业银行的注册资本最低限额为 1 亿元人民币;农村合作商业银行的注册资本最低限额为 5000 万元人民币。

第三,有自己的名称、组织机构和场所。法人应该有自己的名称,通过名称的确定使自己与其他法人相区别。《企业名称登记管理规定》对企业名称的组成、适用等作了规定。根据该规定,企业的名称应依次由字号、行业或者经营特点、组织形式组成,并在企业名称前冠以企业所在地省或者市或者县行政区划名称。企业名称应当使用文字,民族自治地方的企业名称可以同时使用本民族自治地方通用的民族文字。企业使用外文名称的,其外文名称应当与中文名称相一致,并报登记主管机关登记注册。

法人是社会组织,法人的意思表示必须依法由法人组织机构来完成,每一个法人都应该有自己的组织机构,如股份有限公司法人的组织机构依法应由三部分组成:权力机构——股东大会;执行机构——董事会;监督机构——监事会。三个机构有机地构成公司法人的组织机构,代表公司进行相应的活动。如果没有组织机构,就不能够成为法人。

第四,能独立承担民事责任。可否独立承担民事责任,是区别法人组织和其他组织的重要标志。法人有自己能独立支配的财产,它可以自己的名义,用自己的财产独立承担民事责任。对于自己所负担的债务,它可以自己能独立支配的财产负有限清偿责任,而不能由法人的投资者或法人的一般工作人员来承担责任,也不能由国家、上级单位或其他个人承担责任。

【知识拓展】这样的法人承担什么样的责任?

某市一家有限责任公司,主营电脑零售业务;在某市电子城各大卖场都有自己的店面,每个店面都单独纳税,都有自己的老板(法定代表人),店面的老板跟公司老板不是同一个人。问:如果孙某是其中之一店面的老板,需要承担什么责任吗?还需要跟公司老板拟定一个什么协议吗?

分析:根据案件事实,孙某店面与公司之间实际上是子公司与母公司之间的关系,我国《公司法》规定:公司可以设立子公司,子公司具有法人资格,依法独立承担民事责任。

公司与孙某的店面各为独立的法人。孙某的店面以自己的名义进行经营活动,其财产与母公司的财产彼此独立,在财产责任上,应各以自己所有财产为限承担各自的财产责任,互不连带;在法律上独立法人应当独立对外承担民事责任,公司没有义务对每个具有独立法人资格的店面对外所欠债务承担连带责任,具有独立法人资格的店面之间亦不会对外承担相互连带责任。当然,这些还是需要具备一些前提条件的,公司和店面不仅在形式要件上是各自独立的法人单位,在实体部分也应当具备独立法人的条件,如注册资金的实有资本确已实际到位且没有抽逃,等等。

(二)民事权利

民事权利是民事主体依据民事法律取得的可以实施一定行为或获取一定利益的法律资格。民事权利以权利内容为标准,可以划分为财产权和人身权。所谓财产权是指以财产为客体,以财产利益为内容的民事权利,主要有物权、债权等。所谓人身权是指以特定的人身利益为客体,并不体现财产内容的民事权利,主要包括人格权和身份权。有些民事权利既有财产权性质又有人身权性质,如知识产权中的权利人既有署名权又享有一定财产收益。民事权利根据两项相互关联的权利之间的关系,民事权利可分为主权利与从权利。主权利,是指两项有关联的权利中不依赖另一权利可独立存在的权利。从权利,是指两项有关联的权利中其效力受另一权利制约的权利。如抵押权相对于抵押物的所有权就是从权利。

1. 物权

物权是对物的权利,指权利人依法对特定的物享有直接支配和排他的权利。物权是绝对权,物权的权利主体是特定的,义务主体是权利主体之外不特定的其他任何人。换言之,物权权利人以外的任何人都不得侵犯物权人对权利的享有和权利的行使,如你拥有一台电脑,任何人都不得擅自将你的电脑拿走或者查阅你的电脑资料。

2. 债权

和物权不同的是,债权是一种典型的相对权,只在债权人和债务人之间发生效力,原则上债权人和债务人之间的债之关系不能对抗第三人。债权是得请求他人为一定行为(作为或不作为)的民法上权利。债发生的原因主要可分为合同、无因管理、不当得利和侵权行为,债的消灭原因则有清偿、提存、抵销、免除等。

(1)合同。合同是债权产生最主要的原因。

(2)侵权行为。侵权行为可分为一般侵权行为和特殊侵权行为。在一般侵权行为中,当事人一方只有因自己的过错而给他人造成人身和财产损失时,才负赔偿的责任,如果没有过错,就不需负赔偿责任。而在特殊侵权行为中,只要造成了他人的损失,就算你自己不存在过错,你仍要负赔偿责任。

(3)不当得利。不当得利是指既没有法律上的原因,也没有合同上的原因,取得了不当利益,而使他人受到损失的行为。在不当得利的情况下,受到损失的当事人有权要求另一方返还不当利益。

(4)无因管理。无因管理的含义是指,没有法定或者约定的义务,为避免他人的利益受损失而进行管理和服务的,提供管理和服务的一方有权要求他方支付必要的费用。

3. 人格权。人格权是法律赋予民事主体以人格利益为内容的,作为一个独立的法律人格所必须享有且与其主体人身不可分离的权利,如人身自由、人格尊严、人格独立与人格平等这样一些一般人格权,以及生命权等具体人格权。

4. 身份权。身份权是民事主体基于某种特定身份享有的民事权利。它不是每个民事主体都享有的权利,只有当民事主体从事某种行为或因婚姻、家庭关系而取得某种身份时才享有。如亲权、配偶权、亲属权等。

第二节 民事法律行为和代理

一、民事法律行为概念、特征与构成要件

(一)概念

民事法律行为是指公民或法人以设立、变更、终止民事权利和民事义务为目的的具有法律约束力的合法民事行为。

(二)特征

1. 民事法律行为是以发生一定法律后果为目的的民事行为

民法的基本理念是意思自治,它主张人们在民事生活中自己做主,自己负责。民事法律行为所引起的法律后果,一般是与行为人的预期相吻合的。凡不产生法律后果的行为,或者虽然产生一定的法律后果,但是违背行为人的真实内心期望的行为,都不是民事法律行为。例如赵女士自己将衣服洗干净、叠整洁,达到她本人预期效果,但不是民事法律行为,只是一般民事行为,因为没有产生民事法律关系,不是法律后果。如果赵女士将衣服送至干洗店,干洗涤洗得干净、叠得整洁,就属于因干洗服务合同产生的预期法律后果的行为,这一干洗服务就是民事法律行为。再如,王老汉立遗嘱,将自己的财产全部留给女儿,不孝训的儿子分文不得。这一遗嘱将会在王老汉故世后产生与其预期一致的法律后果,遗嘱继承关系将因遗嘱行为而产生,王老汉这一遗嘱行为便是民事法律行为。

2. 民事法律行为是以意思表示为构成要素的行为

所谓意思表示,是当事人想要实现一定效果的内心意思对外表示。如某人站在柜台前说我要买这部手机,这就是民法上的意思表示。这里的实际购买将自己的内心意思(打算买某品牌某价位手机)对外表示了。生活中的买卖、租赁、加工承揽、运送等丰富多彩的交易行为都含有意思表示这一要素。

3. 民事法律行为是合法行为

民事法律行为的内容合法、形式合法。

（三）构成要件

民事法律行为符合了生效条件的,当事人的意思才被法律认可,民事法律行为的生效条件一般包括:

1. 行为人具有相应的民事行为能力

自然人中,完全民事行为能力人可以从事各种民事法律行为;限制民事行为能力人可以从事与其年龄、智力、精神状况相适应的民事法律行为;无民事行为能力人不能独立从事民事法律行为。但限制民事行为能力人、无民事行为能力人实施的纯获利益的行为具有法律效力。如小学一年级同学张某(7 岁)参加作文比赛获奖 1000 元,可以认定其获得的奖金有效,属于其个人财产。对于法人,其所为的民事法律行为一般应该在其经营范围内进行,尤其是不违反法律的禁止性规定,若违反则无效,如经营食品加工企业进行香烟销售为无效行为,因为我国实行烟草专卖制度,该企业不但超越经营范围,而且违反法律禁止性规定。

2. 意思表示真实

意思表示真实,是指行为人的内心效果意思与意思表示一致,如内心有保留、误传、误解、受欺诈或胁迫、显示公平等,表示意思与效果意思不一致,会发生行为无效或者可撤销的法律后果。

3. 不违反法律或者社会公共利益

合法性是民事法律行为的本质属性。民事法律行为不得违反法律,违反法律的行为不可能得到法律的认可和保护,行为人的预期目的也不会得到实现。民事法律行为也不得违反社会公共利益,主要是不得违反公共秩序和善良风俗。

二、民事法律行为的分类与形式

（一）民事法律行为的分类

1. 根据民事法律行为的成立需要一方还是双方或者多方的意思表示,其可分为:单方民事法律行为、双方民事法律行为和多方民事法律行为。

2. 根据其是否必须采取法律规定的形式,民事法律行为可以分为:要式行为和不要式行为。

3. 根据其行为是否需要当事人支付对价(互为对价,但是非为要求等价性),民事法律行为就可以分为:有偿行为和无偿行为。

4. 依据其行为生效是否以标的物的交付为要件,民事法律行为可以分为:诺成性行为和实践性行为。诺成行为自当事人达成合意时成立,当事人交付标的物为履行其义务;而实践性行为自当事人交付标的物时成立,交付标的物为行为成立的要件。如借用行为,如甲乙约定乙借用吉他给甲使用一星期,则乙必须交付甲吉他这一借用物才成立借用民事法律行为。

5. 根据其相互间的关系,民事法律行为可以分为:主行为和从行为。从行为依赖于主行为。

(二)民事法律行为形式

在我国,民事立法确认民事法律行为可采用的形式包括:明示形式和默示形式两大类。

1. 明示形式

所谓明示形式,就是行为人用积极的、直接的、明确的方式表达其内部意思于外部,具体包括用言语进行表达内心意思的口头形式;用文字表达内心意思的书面形式及其他形式,所谓其他形式具体可表现为视听资料形式和须经特定主管机关履行特定手续的特殊书面形式,诸如公证、审核批准、登记等。

(1)口头形式。

口头形式是行为人通过言语表达其内心意思而成立的民事法律行为,诸如当事人之间当面交谈、电话联系等。口头形式是社会公众在社会生活中广泛适用于民事法律行为的形式。其优点是快捷、迅速,但是,因其缺乏客观记载,在发生纠纷时难以取证,所以,口头形式大多用于即时清结的小额交易行为,而金额较大的、非即时清结的民事法律行为,则不宜采用口头形式。

(2)书面形式。

书面形式是行为人以文字符号为表达内心意思而成立的民事法律行为。书面形式的优点是通过文字符号将行为人所实施民事法律行为的内容客观地记载于一定的载体上,成为确定当事人权利和义务的依据,有利于防止民事活动中的异议和便于民事纠纷的处理。根据我国《民法典》合同编的规定,民事法律行为的书面形式包括合同书、信件和各种数据电文——电报、电传、传真、电子数据交换和电子邮件等可以有形地表现民事法律行为内容的形式。

(3)其他形式。

①视听资料,就是行为人通过录音、录像等所反映的声音和形象以及电子计算机所储存的资料表现民事法律行为内容的形式。

②公证就是由公证机关对于民事法律行为的真实性和合法性予以审查并加以证明的方式。公证的作用仅仅是证明民事法律行为上真实的和合法的。当发生争议时,经过公证的民事法律行为具有最强的证据力,当事人不得以其他形式的证据否认公证的效力。应当强调的是,我国法律行为未经公证的,并不影响其法律效力。

③审核批准就是指依法必须经有关主管机关审核批准才能成立的民事法律行为。

④登记形式就是指依法必须向有关主管机关办理登记才能生效的形式。在我

国,基于不动产的公信原则,与不动产(如房屋、土地、交通工具等)相关的民事法律行为一般都依法要办理登记。这是此类民事法律行为的必备形式。

2. 默示形式

默示形式是指不依赖语言或文字等明示形式,而通过某种事实即可推知行为人的意思表示而成立的民事法律行为形式。行为人虽然并没有作出明示的意思表示,但根据法律的规定,可以认定行为人的某种客观事实状态就是表达同意进行民事活动的意思。

法律对民事法律行为的默示形式是有严格限定的。只有在法律明确规定的情况下才能认定行为人以默示的形式表示其意思,例如,《民法典》第 1124 条第一款规定,继承开始后,继承人放弃继承的,应当在遗产处理前,以书面形式作出放弃继承的表示;没有表示的,视为接受继承。

三、无效民事行为、可撤销民事行为与效力待定民事行为

民事法律行为是合法的民事行为,但民事行为不必然合法。因此民事行为可以分为民事法律行为、无效民事行为、可撤销民事行为和效力待定民事行为。

(一)无效民事行为

无效民事行为是指欠缺民事法律行为的有效要件而不发生法律效力的民事行为。无效的民事行为从行为开始起就没有法律约束力。主要包括以下几种情况:

(1)无民事行为能力人实施的民事行为;

(2)限制民事行为能力人依法不能独立实施的民事行为;①

(3)行为人与相对人以虚假的意思表示实施的民事法律行为无效。

(4)违反法律、行政法规的强制性规定的民事法律行为无效。但是,该强制性规定不导致该民事法律行为无效的除外。

(5)违背公序良俗的民事法律行为无效。

(6)行为人与相对人恶意串通,损害他人合法权益的民事法律行为无效。

【案例】小学一年级学生张某(7 周岁),将自己的积蓄 6000 元上网购买一台笔记本电脑行为,便属于无效民事行为,其父母可以要求商家返还 6000 元。

民事行为被确认无效后,会产生下列法律后果:

(1)财产返还。由于民事行为无效,当事人从民事行为中取得的财产就失去了合法根据,所以,当事人应将其从该民事行为中取得的财产返还给对方。财产返还分为单方返还和双方返还,前者是有过错的一方将其从无效民事行为中所得财产返还给对方,而对方所得财产则不予以返还,依法另行处理。后者则是双方各自将其从无效民事行为中所得财产分别返还给对方。

---

① 限制民事行为能力人依法不能独立实施的双务民事行为需要经过其法定、指定代理人的追认,在未追认期间效力待定,详见效力待定民事行为。

(2)赔偿损失。无效民事行为给当事人造成损失的,还相应地产生损失赔偿的后果。该后果的承担是与当事人的过错相联系的。应依据当事人的过错确认其赔偿责任。

(3)追缴财产。在法律规定情况下,执法机关要将当事人因无效民事行为所取得的财产(已经取得和约定取得的财产)予以追缴,收归国家、集体所有或返还给第三人。

(二)可撤销民事行为

可撤销民事行为,又称相对无效的民事行为,是指欠缺民事法律行为的有效要件,但根据法律的规定,一方当事人可以按照自己的意愿并由法院或者仲裁机构确认,使之有效、部分有效或者无效的民事行为。主要包括以下几种情况:

1. 重大误解的民事行为

重大误解的民事行为,是指行为人因自己的过失,导致对行为的性质、对方当事人、标的物的品种、质量、规格和数量等的错误认识,使行为的后果与自己的意思相悖,并造成较大损失的行为。如售货员误将手机模拟机当作真机给顾客,顾客可以要求更换真机。商店将价格标签贴错,本来2000元一件衣服变成20元,而20元的袜子成了200元,若顾客按照标价购买衣服商店可以要求返还衣服或者要求顾客支付剩余款项。

2. 显失公平的民事行为

显失公平的民事行为,是指一方当事人利用优势或者利用对方没有经验,致使双方的权利义务明显违反公平、等价有偿原则的民事行为。显失公平的民事行为中受害一方当事人并没有受到欺诈、胁迫,表面上也是自愿的,然而,在这种自愿的背后,却有急迫、轻率或者无经验的背景。如甲将因还债急需,将自己祖传的一明代瓷器按照5000元出售给乙,后经人提醒并鉴定,该瓷器价值10万元,这一交易便是显示公平的民事行为,甲可以与乙协商提价,或者请求人民法院或者仲裁机构撤销该交易行为,使该民事行为无效,要求乙返还瓷器,若瓷器丢失或者损毁,可要求按照10万元价格赔偿。

3. 乘人之危的民事行为

乘人之危的民事行为,是指一方当事人乘对方处于危难之际,为谋取不正当利益,迫使对方违背自己的真实意愿而作意思表示,严重损害其利益的民事行为。如对方因治病急需医药费用,某人以50%利息借款,利息明显过高,此即乘人之危。

4. 欺诈、胁迫的民事行为

一方当事人故意告知对方虚假情况,或者故意隐瞒真实情况,诱使对方当事人做出错误意思表示的,属于欺诈行为。一方当事人以给另一方当事人生命健康、名誉、荣誉、财产等造成损害为要挟,迫使对方作出违背真实意愿的意思表示的,属于胁迫行为,此两种情形下的民事行为均为可撤销的民事行为。

(三)效力待定的民事行为

效力待定的民事行为,是指民事行为因不完全具备有效要件,其效力发生与否尚不确定,一般须经有权人同意才能生效的民事行为。效力待定民事行为的法律效力处于不确定状态,在确定前既非有效也非无效,究竟是有效还是无效由有权决定的第三人确定。如本章引导案例①中,某甲的购买健身器材行为属于效力待定的民事行为,是否有效取决于有权人(本案即其父母)的态度,如果同意则有效,不同意则无效,鉴于案例给出的事实是父母不同意,所以该买卖行为无效。效力待定的民事行为除了限制民事行为能力人的行为之外,还有以下情形:无权代理人的代理行为,无权处分行为等。

四、代理

代理是指代理人在代理权限内,以被代理人的名义与第三人实施民事法律行为,所产生的法律后果直接由被代理人承担的法律制度。代理的法律特征有:

①代理是一种法律行为;

②代理是代理人以被代理人的名义进行的,即代替被代理人进行的法律行为;

③代理是代理人在授权范围内所为的独立意思表示;

④代理人在代理授权范围内进行代理的法律后果直接归被代理人,代理人与第三人确立的权利义务关系(甚至于代理的不良后果和损失),均由被代理人承受,从而在被代理人和第三人之间确立了法律关系。

(一)代理的类型

代理的种类有:委托代理,法定代理,指定代理。

1. 委托代理,是指代理人的代理权根据被代理人的委托授权行为而产生。因委托代理中,被代理人是以意思表示的方法将代理权授予代理人的,故又称"意定代理"或"任意代理"。

2. 法定代理人,指代理人的代理权直接根据法律规定而产生。无诉讼行为能力的公民进行诉讼活动只能由其监护人为法定代理人代理其进行行政诉讼活动。

3. 指定代理,是指代理人的代理权根据人民法院或其他机关的指定而产生。例如,根据我国《民法典》关于监护的规定,人民法院及村民委员会等有权为未成年人或精神病人指定监护人,也就是指定法定代理人。由于指定代理人的机关及代理权限都是由法律直接规定的,因此,指定代理不过是法定代理的一种特殊类型。

(二)无权代理

无权代理包括三种情况:一是没有代理权的代理,二是超越代理权的代理,三是代理权终止后进行的代理。

---

① 结合本章引导案例思考:某甲今年17周岁购买大额商品的行为是否有效。

（三）表见代理

表见代理制度是基于本人的过失或本人与无权代理人之间存在特殊关系，使相对人有理由相信无权代理人享有代理权而与之为民事法律行为，代理行为的后果由本人承受的一种特殊的无权代理。

我国《民法典》第172条规定："行为人没有代理权、超越代理权或者代理权终止后以被代理人名义订立合同，相对人有理由相信行为人有代理权的，代理行为有效。"其意义在于维护代理制度的诚信基础，保护善意第三人的合法权益，建立正常的民事流转秩序。

（四）法律责任

代理的法律责任由被代理人承担，但如下情况应该注意：

1. 无代理权、超越代理权或代理权已终止仍进行代理的，均为无权代理，均由行为人承担民事责任；如被代理人追认，则由被代理人承担民事责任。本人知道他人以本人名义实施民事行为而不做否认表示的，视为同意。

2. 代理人不履行代理职责而给被代理人造成损害的，应当承担民事责任。

3. 代理人知道被委托事项违法而仍然进行代理活动；或者被代理人知道代理人代理行为违法却不表示反对，有代理人和被代理人负连带责任。

4. 委托代理转托时，应事先取得被代理人同意，或事后及时告知被代理人取得其同意，否则，由代理人负民事责任。但在紧急情况下为保护被代理人的利益而转托的不在此限。

第三节　民事责任

 引入问题和思考

2004年6月15日，四川省成都市某临街小百货店的老板魏某准备回家吃午饭，刚刚迈出店门，突然就有一个东西砸在自己的头上，疼得他大叫起来，赶紧用手捂住头部，鲜血从手中流了出来。他的妻子和儿子急忙上前扶住，发现其头部砸伤。同时发现，"肇事者"原来是从楼上掉下来的一只圆盘大小的乌龟。魏某的小百货店在小区的一楼，上面还有2到7层是居民住宅，乌龟肯定是住在2至7层的居民在阳台上饲养的。魏某儿子拿着乌龟从2楼找到7楼敲门让邻居认领，但是这些邻居均不承认自己饲养乌龟。报警后，魏某表示，希望养龟的住户能够自觉承认,承担责任,如果无人承认,他将向 2 至 7 楼居民集体索赔。请用侵权法的相关原理对本案进行分析。

【分析】本案首先涉及侵权事实是动物致害还是一般物件致害? 即肇事乌龟是饲养动物还是一般物件?

1. 如果属于动物致害,《民法典》侵权责任编第 1245 条规定,饲养的动物造成他人损害的,动物饲养人或者管理人应当承担民事责任;但是,能够证明损害是因被侵权人故意或者重大过失造成的,可以不承担或者减轻责任。总之,饲养动物致害适用无过错责任归责原则,只要乌龟的所有人或者管理人的行为具有违法性、造成了损害、二者之间有因果关系,就构成侵权责任,即使饲养人尽了注意义务采取很好措施防止乌龟爬出,但是仍然要承担责任。

2. 如果属于一般物件致害,《民法典》第 1254 条规定,从建筑物中抛掷物品或者从建筑物上坠落的物品造成他人损害的,由侵权人依法承担侵权责任;经调查,难以确定具体侵权人的,除能够证明自己不是侵权人的外,由可能加害的建筑物使用人给予补偿。可能加害的建筑物使用人补偿后,有权向侵权人追偿。

总之,空中抛物和空中坠物适用过错推定原则,即首先推定加害人有过错,加害人不能证明自己没有过错就要承担责任,从而免除了受害人证明加害人有过错这一义务,这就是过错推定原则。它属于过错责任原则,即加害人证明自己尽了注意义务就可以免责。本案中,2 至 7 楼业主均不能证明自己没有过错,因而应承担连带责任。

综上所述,如果经过警方侦查也无法确定乌龟的所有人或者管理人,那么,这个案件就极类似于建筑物中抛掷物的侵权责任。

一、民事责任的概念与形式

(一)民事责任的概念

民事责任,对民事法律责任的简称,是指民事主体在民事活动中,因实施了民事违法行为,根据民法所承担的对其不利的民事法律后果或者基于法律特别规定而应承担的民事法律责任。民事责任属于法律责任的一种,是保障民事权利和民事义务实现的重要措施,是民事主体因违反民事义务所应承担的民事法律后果。它主要是一种民事救济手段,旨在使受害人被侵犯的权益得以恢复和补救。

民事责任具有以下主要特征:

(1)强制性。民事责任的强制性是其区别于道德责任和其他社会责任的基本标志。民事责任强制性的表现主要有两点:①在民事主体违反合同或者不履行其他义务,或者由于过错侵害国家、集体的财产,侵害他人财产、人身时,法律规定应当承担民事责任。②当民事主体不主动承担民事责任时,通过国家有关权力机构强制其承担责任,履行民事义务。

(2)财产性。民事责任以财产责任为主,非财产责任为辅。一方不履行民事义务的行为,给他方造成财产和精神上的损失,通常通过财产性赔偿的方式予以恢复。但是仅有财产责任不足以弥补受害人的损失,因此,《民法典》也规定了一些辅助性的非财产责任。

(3)补偿性。民事责任以弥补民事主体所受的损失为限。就违约责任而言,旨在使当事人的利益达到合同获得适当履行的状态;侵权责任,旨在使当事人的利益恢复到受损害以前的状态。

(二)民事责任的形式

民事责任的形式,又称为民事责任的承担方式,是指民事主体承担民事责任的具体措施。根据《民法典》第179条规定,承担民事责任的方式主要有:(1)停止侵害;(2)排除妨碍;(3)消除危险;(4)返还财产;(5)恢复原状;(6)修理、重作、更换;(7)继续履行;(8)赔偿损失;(9)支付违约金;(10)消除影响、恢复名誉;(11)赔礼道歉。

停止侵害这种责任方式主要适用于正在进行中的侵害他人合法权利的行为;排除妨碍这种责任方式适用于妨碍他人行使权利的场合,不需要权利人的权利受到实际的侵害;消除危险行为人的侵害行为虽未造成他人财产、人身的实际损害,但是有造成损害的现实危险时,权利人可以要求行为人采取措施排除危险;返还财产是当行为人非法占有他人的财产,他人可以要求行为人返还财产,此时要求该财产尚存在,如果该财产已经灭失,则行为人应当依法承担损害赔偿的责任;恢复原状这种民事责任适用于财产遭到他人的损害,但是尚有恢复到原来状况的可能的情况。一般而言,造成他人财产损害的,应尽量恢复原状,只有难以恢复原状的,才对损失进行赔偿;修理、重作、更换这种责任形式一般适用于一些合同关系。如一方根据买卖合同交付的标的物不符合合同的约定,则对方当事人可以要求修理、重作、更换。赔偿损失是适用范围最广的一种责任形式。它不仅适用于侵犯财产权的场合,也适用于侵犯人身权的场合,如精神损害的赔偿;支付违约金这种责任形式仅适用于合同。如果合同约定或法律规定了违约应当支付的违约金,如一方违约,就应当向另一方支付约定或法定的违约金;消除影响、恢复名誉、赔礼道歉这种责任形式主要适用于姓名权、肖像权、名誉权、荣誉权、隐私权等人身权遭受侵害的情形。

以上11种民事责任形式,既可以单独适用,也可以合并适用。在适用时应当注意区分不同性质的违法行为,根据责任形式的不同适用范围,正确选择责任承担的形式;区分违法行为的不同情节,根据责任形式之间的内在逻辑,正确地合并适用责任形式。

责任人应当主动承担责任;责任人不主动承担责任的,权利人有权请求责任人承担责任;经权利人请求,责任人仍不承担责任的,权利人有权请求法院裁决或者强制责任人承担责任。

因同一行为应当承担刑事责任、行政责任的,不排除承担民事责任。因同一行为应当承担侵权责任和行政责任、刑事责任,侵权人的财产不足以支付的,先承担侵权责任。

另外,具有法律规定的免责事由(如不可抗力等)的,免除民事责任的承担。根据民法的自愿原则,权利人可以放弃追究责任人的责任。

二、民事责任的分类

依据不同的标准,可以对民事责任进行不同的分类。

(一)合同责任、侵权责任与其他责任

根据责任发生根据的不同,民事责任可以分为合同责任、侵权责任与其他责任。合同责任是指因违反合同约定的义务、合同附随义务或违反《民法典》合同编以及其他有关合同法律规范规定的义务而产生的责任。侵权责任是指因侵犯他人的财产权益与人身权益而产生的责任。其他责任就是合同责任与侵权责任之外的其他民事责任,如不当得利、无因管理等产生的责任。

(二)财产责任与非财产责任

根据民事责任是否具有财产内容,民事责任可以分为财产责任与非财产责任。财产责任是指由民事违法行为人承担财产上的不利后果,使受害人得到财产上补偿的民事责任,如损害赔偿责任。非财产责任是指为防止或消除损害后果,使受损害的非财产权利得到恢复的民事责任,如消除影响、赔礼道歉等。

(三)无限责任与有限责任

根据承担民事责任的财产范围,民事责任可以分为无限责任与有限责任。无限责任是指责任人以自己的全部财产承担的责任,如合伙人对合伙债务承担的责任,投资人对个人独资企业债务的责任等。有限责任是指债务人以一定范围内或一定数额的财产承担的民事责任,如有限责任公司股东的有限责任;物的担保,以特定物价值为限的有限责任,等等。

(四)单方责任与双方责任

单方责任是指只有一方对另一方当事人的责任,如合同履行中违约方对非违约方承担的违约责任,侵权中加害方对受害方承担的责任。双方责任是指法律关系双方当事人之间相互承担责任的形态。单方责任和双方责任形态,既可以是直接责任,也可以是替代责任。如果在侵权责任中加害人属于多数人,则可能形成连带责任、补充责任或按份责任。

(五)单独责任与共同责任

根据承担民事责任的主体数量的不同,民事责任可以分为单独责任与共同责任。单独责任是指由一个民事主体独立承担的民事责任,多数责任属于单独责任。

共同责任是指两个以上的人共同实施违法行为并且都有过错,从而共同对损害的发生承担的责任,如加害人为两个以上的人对受害人承担的责任。

(六)按份责任、连带责任

在共同责任中还可以区分为按份责任、连带责任。

1. 按份责任

按份责任是指多数当事人按照法律的规定或者合同的约定,各自承担一定份额的民事责任。在按份责任中,债权人如果请求某一债务人清偿的份额超出了其应承担的份额,该债务人可以予以拒绝。如果法律没有规定或合同没有约定这种份额,则推定为均等的责任份额。

2. 连带责任

连带责任是指多数当事人按照法律的规定或者合同的约定,连带地向权利人承担责任。如因违反连带债务或者共同实施侵权行为而产生的责任,各个责任人之间具有连带关系,应当承担连带责任。在连带责任中,权利人有权要求责任人中的任何一个人承担全部或部分的责任,责任人不得推脱。任何一个连带债务人对于债权人做出部分或全部清偿,都将导致责任的相应部分或全部消灭。民法上的连带责任主要有:(1)合伙人对合伙之债权人的责任;(2)共同侵权人的连带责任;(3)连带保证人之间的连带责任;(4)代理关系中发生的连带责任。

按份责任与连带责任的区别在于多数债务人对于债权人的外部关系而不是内部关系。任何连带责任在债务人内部关系上都是按份责任。同按份责任一样,如果法律没有规定或合同没有约定这种份额,则推定为均等的责任份额,如果哪一个债务人清偿债务超过了自己应承担的份额,有权向其他债务人作相应的追偿,这种权利叫代位求偿权。

(七)过错责任和无过错责任

根据责任的构成是否以当事人的过错为要件,民事责任可以分为过错责任、无过错责任和公平责任。

1. 过错责任

过错责任,是指行为人违反民事义务并致他人损害时,应以过错作为责任的要件和确定责任范围的依据的责任。可见依过错责任,若行为人没有过错,如加害行为因不可抗力而致,则虽有损害发生,行为人也不负责任。此外,在确定责任范围时应当确定受害人是否具有过错,受害人具有过错的事实可能导致加害人责任的减轻和免除。我国一般侵权行为责任即采取过错责任的归责原则。

2. 无过错责任

无过错责任,是指行为人只要给他人造成损失,不问其主观上是否有过错而都应承担的责任。一般认为,我国合同法上的违约责任与侵权法上的特别侵权责任的归责原则即是无过错责任原则。如在违约责任中,在违约责任发生后,非违约方只需证明违约方的行为已经构成违约即可,而不必证明其主观上有无故意或过失。对于违约方而言,通过举证自己无过错来免责是徒劳的,但可以通过证明违约行为是发生在不可抗力和存在特约的免责条件下而获得免责。同理,特别侵权人也只能通过证明法定的免责事由的存在而获免责。

3. 公平责任

公平责任,是指双方当事人对损害的发生均无过错,法律又无特别规定适用无过错责任原则时,由人民法院根据公平的观念,在考虑当事人双方的财产状况及其他情况的基础上,由当事人公平合理地分担责任。公平责任以公平观念作价值判断来确定责任的归属,在双方当事人对损害的发生均无过错,法律又无特别规定适用无过错责任原则的情况下,为平衡当事人之间的财产状况和财产损失,由当事人合理分担损失,从这个意义上讲,公平责任是道德观念和法律意识结合的产物,是以法律来维护社会的公共道德,在更高的水准要求当事人承担互助共济的社会责任。

三、民事责任的构成要件

民事责任的构成要件,即承担民事责任的条件,是指民事主体承担民事责任所必须具备的条件。由于民事责任分为违反合同的民事责任和侵权的民事责任,因此二者的构成要件也有所不同。

(一)承担违反合同民事责任的条件

违反合同的民事责任,又称违约责任。只要合同当事人有违约行为,即不履行合同义务或者履行合同义务不符合约定条件的行为,就应当承担责任。如卖方因运输车辆故障原因延期交货,必须承担违约责任,因为车辆故障本可以运输前排除,不属于不可抗力。违约行为的表现有:预期违约、拒绝履行、履行迟延、不适当履行、不完全履行、受领迟延等。

(二)承担侵权民事责任的条件

1. 损害事实的客观存在。损害是指因一定的行为或事件使民事主体的权利遭受某种不利的影响。权利主体只有在受损害的情况下才能够请求法律上的救济

2. 行为的违法性。指对法律禁止性或命令性规定的违反。除了法律有特别规定之外,行为人只应对自己的违法行为承担法律责任

3. 违法行为与损害事实之间的因果关系。作为构成民事责任要件的因果关系指行为人的行为及其物件与损害事实之间所存在的前因后果的必然联系

4. 行为人的过错。行为人的过错是行为人在实施违法行为时所具备的心理状态,是构成民事责任的主观要件。对于特殊侵权行为[①],不需要主观上有过错,只要有侵权行为、损害事实和因果关系即可。如从事高空、高压、易燃、易爆、剧毒、

[①] 八种情形,如环境污染侵权、产品侵权、高度危险作业侵权等。

放射性、高速运输工具等对周围环境有高度危险的作业造成他人损害的,应当承担民事责任;如果能够证明损害是由受害人故意造成的,不承担民事责任。

民事责任在一定条件下可以免除:①不可抗力。即不能预见、不能避免并不能克服的客观情况,如地震、水灾、战祸等。②正当防卫。即为了保护国家、集体、他人或自己的合法权益免受正在进行的违法行为的侵害,对侵害人进行必要限度的反击行为。① ③紧急避险。即在发生了某种紧急危险时,为了避免造成更大的财产损害和人身伤害而不得不对他人的财产或人身造成一定的损害(见自力救助)。②

四、民事责任的归责原则

民事责任的归责原则是指确定行为人承担民事责任的根据和标准。什么情况下,行为人对造成的损害要承担责任? 一般情况下,行为人只要有过错就要承担责任,这在法律上称为过错责任归责原则。但是,行为人没有过错是否就不承担责任了呢? 答案是否定的,在某些特殊情形下,行为人没有过错,但是法律仍规定其需承担责任,这就是无过错责任。如某制造企业排放废水导致周边河流附近百姓的生活用水水质有害,即使该制造企业排污达到国家排污标准,没有过错,但是其造成百姓生活用水水质有害,仍然要承担赔偿责任,这就是无过错也要承担责任的无过错责任原则。

综上,民事责任的归责原则有三种:过错责任原则、无过错责任原则和公平责任原则。

(一)过错责任原则

过错责任原则是指行为人造成损害并不必然承担责任,必须看行为人主观上是否有过错③,有过错有责任,无过错无责任。《民法典》规定,行为人因过错侵害他人民事权益,应当承担侵权责任。在过错责任原则中,过错是确定行为人是否承担侵权责任的核心要件。

过错责任原则是确定民事责任最基本、最广泛的归责原则。过错责任原则要求受害人承担举证责任,即"谁主张,谁举证",受害人只有能证明加害人有过错才能获得赔偿。

但法律规定,在某些特殊情形下,首先推定加害人有过错,加害人不能证明自

---

① 《民法典》第181条规定:"因正当防卫造成损害的,不承担民事责任。正当防卫超过必要的限度,造成不应有的损害的,正当防卫人应当承担适当的民事责任。"

② 《民法典》第182条规定:"因紧急避险造成损害的,由引起险情发生的人承担民事责任。如果危险是由自然原因引起的,紧急避险人不承担民事责任,可以给予适当补偿。因紧急避险采取措施不当或者超过必要的限度,造成不应有的损害的,紧急避险人应当承担适当的民事责任。"

③ 过错是指故意或过失,民法在追究民事责任时,一般不具体区别行为人主观是故意还是过失,就是过失也要承担责任,这一点与刑法中的故意和过失完全不同。

已没有过错就要承担责任,从而免除了受害人证明加害人有过错这一义务,这就是过错推定原则。它是在过错责任原则基础上产生,主要是在主客观条件受限制难以证明加害人有过错时候,为保障受害人的合法权益而单独明文规定,如建筑物或者其他设施以及建筑物上的搁置物、悬挂物发生倒塌、脱落、坠落造成他人损害的,它的所有人或者管理人应当承担民事责任,但能够证明自己没有过错的除外。《民法典》规定,无民事行为能力人在幼儿园、学校或者其他教育机构学习、生活期间受到人身损害的,幼儿园、学校或者其他教育机构应当承担责任,但能够证明尽到教育、管理职责的,不承担责任。

(二)无过错责任原则

无过错责任原则,是指基于法律的特别规定,致害人对其行为造成的损害没有过错也应当承担民事责任的一种归责原则。无过错责任原则的目的在于补偿受害人所受的损失,至于致害人的主观上有无过错,在所不问。

《民法典》第 1202 条规定:"因产品存在缺陷造成他人损害的,生产者应当承担侵权责任。"这是一个典型的适用无过错责任原则的条款。

(三)公平责任原则

在现实生活中,可能遇到这样的情况:一般侵权行为导致损害,但当事人没有过错,过错责任原则无法适用;特殊侵权行为导致损害,但存在免责事由,无过错责任原则无法适用,这样会导致不公平情况的出现。因此,公平责任原则的产生,满足了解决这些问题的需要。也就是说,虽然公平责任原则是中国民事责任领域的一项独立的归责原则,但其适用具有补充性,即过错责任原则、无过错责任原则、公平责任原则的适用是分层次的,只有在不能适用其他归责原则确定责任或者适用其他归责原则会产生不公平后果的情况下,才能适用公平责任原则。

公平责任原则的适用应当具备三个条件:

(1)当事人双方都没有过错。

(2)有较严重的损害发生。

(3)不由双方当事人分担损失,有违公平的民法理念。

依《民法典》的规定,以下几种情况可以适用公平责任原则:

(1)无民事行为能力人、限制民事行为能力人致人损害,监护人已尽监护责任的。

无民事行为能力人、限制民事行为能力人致人损害的侵权责任,又称法定代理人侵权责任。《民法典》第 1188 条规定:"无民事行为能力人、限制民事行为能力人造成他人损害的,由监护人承担侵权责任。监护人尽到监护职责的,可以减轻其侵权责任。"

实践中往往存在着法定代理人的监护职责在时间上和空间上不确定,以致认定法定代理人的过错十分困难的情形。例如,三名幼女在放学回家途中做"摸瞎子"游戏时,一幼女将另一幼女撞倒,造成其左臂肱骨上端骨折错位,花费医疗费7000多元。本案发生于放学回家途中,学校和家长的责任处于不确定状态,若认定学校一方或三名幼女的家长一方有过错,则可能不利于对损害的公平承担。因此对此类案件也可以适用公平责任原则。

(2)紧急避险造成损害,危险是由自然原因引起,且避险人采取的措施又无不当的。

根据《民法典》规定,因紧急避险造成损害的,由引起险情发生的人承担民事责任。如果危险是由自然原因引起的,紧急避险人不承担民事责任或者承担适当的民事责任。有关司法解释规定,因紧急避险造成他人损失的,如果险情是由自然原因引起,行为人采取的措施又无不当,则行为人不承担民事责任。受害人要求补偿的,可以责令受益人适当补偿。

(3)行为人见义勇为而遭受损害的。

根据《民法典》第183条和第184条的规定:因保护他人民事权益使自己受到损害的,由侵权人承担民事责任,受益人可以给予适当补偿。没有侵权人、侵权人逃逸或者无力承担民事责任,受害人请求补偿的,受益人应当给予适当补偿。因自愿实施紧急救助行为造成受助人损害的,救助人不承担民事责任。

(4)堆放物品倒塌致人损害,当事人均无过错的。

根据《民法典》以及有关司法解释的规定,因堆放物品倒塌造成他人损害的,如果当事人均无过错,应当根据公平原则酌情处理。确定堆放物品倒塌致人损害的民事责任时,应首先适用过错推定原则,推定物品堆放人有过错,如果物品堆放人证明其没有过错,即当事人均无过错,而由受害人承担全部损失又显失公平的,则应适用公平责任原则来分担责任。

(5)当事人对造成损害均无过错,但一方是在为对方的利益或共同利益进行活动的过程中受到损害的。

《民法典》以及有关司法解释规定,当事人对造成损害均无过错,但一方是在为对方的利益或共同利益进行活动的过程中受到损害的,可以责令对方或者受益人给予一定的经济补偿。这体现了公平责任原则的要求。

五、诉讼时效

假如你前年中秋节还朋友2万元,但他说借条不见了,说到时给你补个收条,但一直未补,现在已经过了3年多了,如果你朋友又拿着欠条找你要钱,说你一直就没有还钱,假如借条归还日期就是前年中秋节,你若不理,他到法院告你,能赢官司吗?

我们说不能,就是因为即使你真的没有还钱,但是3年的诉讼时效已过,法院是不支持你朋友的诉讼请求的,也就是说,法律是不支持在权利上睡大觉的人的。

因此,作为权利效果有着应该在合同履行期届满不断主张权利,催促对方履行义务,这个时间间隔,一般不能超过三年。下面我们就学习有关诉讼时效的知识。

（一）概述

诉讼时效是指民事权利受到侵害的权利人在法定的时效期间内不行使权利,当时效期间届满时,人民法院对权利人的权利不再进行保护的制度。在法律规定的诉讼时效期间内,权利人提出请求的,人民法院就强制义务人履行所承担的义务。而在法定的诉讼时效期间届满之后,权利人行使请求权的,人民法院就不再予以保护。值得注意的是,诉讼时效届满后,义务人虽可拒绝履行其义务,权利人请求权的行使仅发生障碍,权利本身及请求权并不消灭。当事人超过诉讼时效后起诉的,人民法院应当受理。受理后查明无中止、中断、延长事由的,判决驳回其诉讼请求。

（二）诉讼时效的种类

1. 普通诉讼时效:又称为一般诉讼时效,指在一般情况下普遍适用的时效,如我国《民法典》第 135 条规定的:"向人民法院请求保护民事权利的诉讼时效期限为三年,法律另有规定的除外。"这表明,我国民事诉讼的一般诉讼时效的期间为三年。

2. 特殊诉讼时效:指针对某些特定的民事法律关系而制定的诉讼时效。特殊时效优于普通时效,也就是说,凡有特殊时效规定的,适用特殊时效,我国《民法典》第 188 条规定:"法律另有规定的,依照其规定。"

（1）3 年与 20 年之间:长期诉讼时效是指诉讼时效在三年以上二十年以下的诉讼时效。

我国《环境保护法》第 42 条规定,因环境污染损害赔偿提起诉讼的时效期间为三年,从当事人知道或者应当知道受到污染损害时起计算。我国《海商法》第 265 条规定,有关船舶发生油污损害的请求权,时效期间为三年,自损害发生之日起计算;但是,在任何情况下时效期间不得超过从造成损害的事故发生之日起六年。

（2）20 年最长诉讼时效:从权利被侵害之日起超过二十年,人民法院不予保护。根据这一规定,最长的诉讼时效的期间是从权利被侵害之日起计算,权利享有人不知道自己的权利被侵害,时效最长也是二十年,超过二十年,人民法院不予保护,有特殊情况的,人民法院可以根据权利人的申请决定延长。

（三）诉讼时效的计算

1. 起算

诉讼时效的起算,也即诉讼时效期间的开始。它是从权利人知道或应当知道其权利受到侵害之日起开始计算,即从权利人能行使请求权之日开始算起。如前面借款案件,借条到期日（前年的中秋节那天）即为诉讼时效开始计算的时间点,过了三年（按照公历计算）,时效结束,这中间你朋友（出借人）也没有催促还款,到法院诉讼也是驳回你朋友的诉讼请求的。《民法典》第 191 条规定,未成年人遭受性侵害的损害赔偿请求权的诉讼时效期间,自受害人年满十八周岁之日起计算。

2. 中止、中断和延长

在诉讼时效进行期间,发生特定情况,可以阻却诉讼时效的继续计算。具体有诉讼时效的中止,即暂停。在诉讼时效进行中,因一定的法定事由产生而使权利人无法行使请求权,暂停计算诉讼时效期间。在诉讼时效期间的最后六个月内,因不可抗拒力或其他障碍不能行使请求权的,诉讼时效中止。诉讼时效的中断,即在诉讼时效期间进行中,因发生一定的法定事由,致使已经经过的时效期间统归无效,待时效中断的事由消除后,诉讼时效期间重新起算。诉讼期间中断的法定事由有:权利人提起诉讼,权利人主张权利,债务人同意履行义务等。① 《民法典》第137条规定:"诉讼时效期间从知道或者应当知道权利被侵害时起计算。但是,从权利被侵害之日起超过二十年的,人民法院不予保护。有特殊情况的,人民法院可以延长诉讼时效期间。"根据《民通意见》第169条的规定,权利人由于客观的障碍在法定诉讼时效期间不能行使请求权的,属于法律规定的"特殊情况"。

第四节 所 有 权

一、所有权的概念和特征

所有权是指所有权人对自己的不动产或者动产,依法享有占有、使用、收益和处分的权利。所有权属于物权,即直接管领一定的物的排他性权利,与同属于民事权利的债权构成财产权的两个分类。与债权相比,所有权具有以下的特征:

1. 所有权是绝对权。所有权与债权不同,债权的实现必须依靠债务人履行债务的行为,主要是作为;所有权不需要他人的积极行为,只要他人不加干预,所有人自己便能实现其权利。

2. 所有权具有排他性。所有权属于物权,具有排他的性质。所有权人有权排除他人对于其行使权利的干涉,并且同一物上只能存在一个所有权,而不能并存两个或两个以上的所有权。

3. 所有权是一种最完全的物权。所有权是所有人对于其所有物进行一般的、

---

① 依《最高人民法院关于审理民事案件适用诉讼时效制度若干问题的规定》规定,下列事项之一,人民法院应当认定与提起诉讼具有同等诉讼时效中断的效力:申请仲裁;申请支付令;申请破产、申请破产债权;为主张权利而申请宣告义务人失踪或死亡;申请诉前财产保全、诉前临时禁令等诉前措施;申请强制执行;申请追加当事人或者被通知参加诉讼;在诉讼中主张抵消等。其次,权利人向人民调解委员会以及其他依法有权解决相关民事纠纷的国家机关、事业单位、社会团体等组织提出保护相应民事权利请求的,导致诉讼时效中断。再次,权利人向公安机关、人民检察院、人民法院报案或者控告,请求保护其民事权利的,导致诉讼时效中断。

全面的支配,内容最全面、最充分的物权,它不仅包括对于物的占有、使用、收益,还包括了对于物的最终处分权。

4. 所有权具有弹性。所有人在其所有的财产上为他人设定地役权、抵押权等权利,虽然占有、使用、收益甚至处分权都能与所有人发生全部或者部分的分离,但只要没有发生使所有权消灭的法律事实(如转让、所有物灭失),所有人仍然保持着对于其财产的支配权。

二、所有权的内容

1. 占有。所谓占有,是民事主体对于标的物实际上的占领、控制。占有首先是一种事实状态。所有人对自己标的物的占有属于有权占有。所有人可自己占有标的物,也可交给他人予以占有。经所有人同意而取得占有的人为有权占有,而若非所有人未经所有人的同意而对标的物进行的占有则为无权占有。

2. 使用。所谓使用是指依照物的性质和用途,并不毁损其物或变更其性质而加以利用。使用权能一般由所有人自己行使,也可以由非所有人行使。

3. 收益。所谓收益是指收取标的物的孳息。孳息分为法院孳息和自然孳息。前者指依法律关系取得的利益,后者指果实、动物的生产物以及其他依物的用法收取的利益。收益权能一般由所有人行使,他人使用所有物时,除法律或合同另有规定外,收益归所有人所有。

4. 处分。所谓处分是决定财产事实上和法律上命运的权能。处分分为事实上的处分和法律上处分。前者是在生产或生活中使物的物质形态发生变更或消灭;后者指改变标的物法律上的命运,也就是改变标的物之权利归属状态。法律上的处分包括:转让标的之所有权,将标的物为他人设定用益物权(包括地上权、典权等),将标的物为他人设定担保物权(包括抵押权、质权)。

三、国家所有权、集体所有权、私人所有权和其他所有权

1. 只能属于国家所有的财产

(1)城市的土地,属于国家所有。

(2)矿藏、水流、海域属于国家所有。

(3)无线电频谱资源属于国家所有。

(4)国防资产属于国家所有。

2. 原则上属于国家所有,但也可以属于集体和个人所有的财产

(1)土地、森林、山岭、草原、荒地、滩涂等自然资源,属于国家所有,但法律规定属于集体所有的除外。

(2)法律规定属于国家所有的野生动植物资源,属于国家所有。

(3)文物法律规定属于国家所有的文物,属于国家所有。

(4)铁路、公路、电力设施、电信设施和油气管道等基础设施,照法律规定为国

家所有的,属于国家所有。

3. 农民集体对于集体所有的财产拥有决策权

由于农民集体所有的不动产和动产属于本集体成员集体所有,所以关于集体所有财产的重大事项的决策应当由农民集体决策,而不是由集体组织来进行决策。依据我国《民法典》第 261 条的规定,下列事项应当依照法定程序经本集体成员决定:(1)土地承包方案以及将土地发包给本集体以外的单位或者个人承包。(2)个别土地承包经营权人之间承包地的调整。(3)土地补偿费等费用的使用、分配办法。(4)集体出资的企业的所有权变动等事项。(5)法律规定的其他事项。

四、业主的建筑物区分所有权

所谓建筑物区分所有,是指民事主体对于建筑物的有独立用途的部分的单独所有和对共用的部分的共同所有。

通说认为,建筑物区分所有权的内容包括区分所有建筑物专有部分的单独所有权、共有部分的共有权,以及因区分所有权人的共同关系所生的管理权。

1. 专有部分的单独所有权

这是指数人区分一建筑物而各有的那一部分。以此专有部分为客体的区分所有权,为各区分所有权人单独所有,在性质上与一般所有权并无不同。但此项专有部分与同一建筑物上其他专有部分有密切的关系,彼此休戚相关,具有共同的利益。因此区分所有人就专有部分的使用、收益、处分,不得违反各区分所有权人的共同利益。

2. 共有部分的共有权

共有部分是指区分所有的建筑物及其附属物的共同部分,即专有部分以外的建筑物的其他部分。对于共有部分的范围,需要注意的是:

(1)共有部分既有由全体业主共同使用的部分,如地基、屋顶等;也有仅为部分业主共有的部分,如各相邻专有部分之间的楼板、隔墙,部分业主共同使用的楼梯、走廊、电梯等。其中,对于建筑区划内的道路、绿地、物业服务用房以及车位之车库的归属,我国物权法作出了明确的规定。

(2)建筑区划内的道路,属于业主共有,但属于城镇公共道路的除外。

(3)建筑区划内的绿地,属于业主共有,但属于城镇公共绿地或者明示属于个人的除外。

(4)建筑区划内的其他公共场所、公用设施和物业服务用房,属于业主共有。

(5)建筑区划内,规划用于停放汽车的车位、车库应当首先满足业主的需要。建筑区划内,规划用于停放汽车的车位、车库的归属,由当事人通过出售、附赠或者出租等方式约定。占用业主共有的道路或者其他场地用于停放汽车的车位,属于业主共有。

另外,《民法典》规定,业主对建筑物专有部分以外的共有部分,享有权利并承担义务,但不得以放弃权利不履行义务。共有部分为相关业主所共有,均不得分割,也不得单独转让。业主转让建筑物内在住宅、经营性用房,其对建筑物共有部分享有的共有权和共同管理的权利一并转让。业主依据法律规范、合同以及业主公约,对共有部分享有使用、收益、处分权,并按照其所有部分的价值,分担共有部分的修缮费以及其他负担。

五、相邻关系

相邻关系是指两个或两个以上相互毗邻不动产的所有人或使用人,在行使其不动产权利的过程中相互给予对方的一种便利或者对自己权利的限制,因而发生的权利义务关系。

不动产相邻关系具有以下特征:

第一,相邻关系发生在两个以上的相邻不动产的所有人或者使用人之间。

第二,相邻关系的客体一般不是不动产和动产本身,而是由行使所有权或者使用权所引起的和邻人有关的经济利益或者其他利益。

第三,相邻关系的发生常与不动产的自然条件有关,即两个以上所有人或者使用人的财产应当是相邻的。

根据《民法典》物权编的规定,不动产的相邻权利人应当按照有利生产、方便生活、团结互助、公平合理的原则,正确处理相邻关系。法律、法规对处理相邻关系有规定的,依照其规定;法律、法规没有规定的,可以按照当地习惯。由于不同地区相邻各方的具体情况不同,差别较大,法律、法规不能作统一的详细的规定。因此,法律、法规没有规定的,可以依照当地习惯。

相邻关系的范围非常广泛,情况也很复杂,常见的相邻关系有:(1)相邻通行关系。(2)相邻安设关系。(3)相邻防险排污关系。(4)相邻用水、流水、截水、排水关系。(5)相邻光照、通风、音响、震动关系。(6)相邻竹木归属关系。

混合,是两个以上不同所有人的动产互相混杂合并,不能识别。混合发生在动产之间,它与附合的不同在于:附合(指动产的附合)的数个动产在形体上可以识别、分割,只是分离后要损害附合物的价值,出于社会利益考虑不许分割;而混合则是数个动产混合于一起,在事实上不能也不易区别。但二者的法律效果却无区别规定的理由,故而各国民法大多规定混合准用附合的规定。

六、共有

共有是两个以上的人(公民或法人)对同一项财产享有所有权。共有的法律特征是:

第一,共有的主体不是单一的,而是两个以上的公民、法人或者公民和法人,它的主体是多数人,而不是单一主体。

第二,共有的客体也是特定的独立物。共有物在共有关系存续期间,不能分割为各个部分由各个共有人分别享有所有权,而是由各个共有人共同享有其所有权,各个共有人的权利及于共有物的全部。

第三,共有人对共有物或者按照各自的份额或者平等地享有权利。但是,共有人对于自己权利的行使,并不是完全独立的,在许多情况下要体现全体共有人的意志,要受其他共有人的利益的制约。

1. 按份共有的概念和性质

按份共有是指两个以上的人对同一项不动产或者动产按照其份额享有所有权。按份共有是最常见的共有关系,它可以发生在公民之间、法人之间,也可以发生在公民和法人之间。

按份共有是共有的一种,具有与共同共有不同的法律特征:

第一,各个共有人对于共有物按照份额享有所有权。各个共有人的份额,称为应有份额,其数额在共有关系产生时,共有人就应当将之明确。按份共有人对共有的不动产或者动产享有的份额,没有约定或者约定不明确的,按照出资额确定;不能确定出资额的,视为等额享有。

第二,各个共有人按照各自的份额对共有物分享权利、分担义务。各个共有人的应有份额是多少,就依该份额享有相应的权利和分担相应的义务。

第三,各个共有人虽然拥有一定的份额;但共有人的权利并不仅限于共有物的某一部分上,而是及于共有物的全部。

2. 共同共有的概念和特征

共同共有是指两个以上的人基于共同关系,共同享有一物的所有权。其法律特征有:

第一,共同共有根据共同关系产生,必须以共同关系的存在为前提。

第二,共同共有没有共有份额。共同共有是不确定份额的共有,只要共同共有关系存在,共有人就不能划分自己对财产的份额。只有在共同共有关系消灭,对共有财产进行分割时,才能确定各个共有人应得的份额。

第三,共同共有的共有人平等地享有权利和承担义务。各个共有人对于共有物,平等地享有占有、使用、收益、处分权,并平等地承担义务。但是,在合伙关系中,依法律的规定或者当事人的特别约定,合伙人可以按一定的份额享有表决权,也可以按照约定的比例分配利润。

《民法典》第308条还特别规定,共有人对共有的不动产或者动产没有约定为按份共有或者共同共有的,或者约定不明确的,除共有人具有家庭关系等外,视为按份共有。

七、用益物权

用益物权是对他人所有的物,在一定范围内进行占有、使用、收益、处分的他物权。

(1)用益物权以对标的物的使用、收益为其主要内容,并以对物的占有为前提。

(2)用益物权是他物权、限制物权和有期限物权。

(3)用益物权是不动产物权。用益物权的标的物仅限于不动产。

1. 土地承包经营权是指自然人、法人或者其他组织因从事耕作、种植或其他农业生产经营项目而基于承包合同对集体所有或集体使用的国家所有的农业用地所享有的占有、使用、收益的权利。

土地承包经营权具有如下特征:

(1)客体是集体所有或者国家所有交给集体使用的农业用地。

(2)权利内容必须是以种植业、养殖业等农业生产为目的。

(3)该种权利虽然作为集体土地使用权但却是可以转让的权利。

(4)权利主体有一定的限制。

农民集体所有的土地由本集体经济组织以外的单位或者个人承包经营的,必须经村民会议 2/3 以上村民代表的同意,并报乡(镇)人民政府批准。

2. 建设用地使用权是因建筑建筑物或其他构筑物而对国家所有的非农业用地进行占有、使用、收益的用益物权。

建设用地使用权具有如下特征:

(1)建设用地使用权是使用他人土地的权利。

(2)建设用地使用权是存在于国家所有之土地之上的物权。

(3)建设用地使用权是以建筑建筑物或其他构筑物为目的的权利。

(4)建设用地使用权的权利人可以对土地进行占有、使用和收益,并且可以将该土地使用权进行转让、抵押等处分行为。

建设用地使用权作为一种用益物权,则用益物权的一般取得原因(如转让、继承等),自然也适用于建设用地使用权。建设用地使用权的产生有如下两种方式:

(1)划拨。土地划拨,是土地使用人只需按照一定程序提出申请,经主管机关批准即可取得土地使用权,而不必向土地所有人交付租金及其他费用。国家严格限制以划拨方式设立建设用地使用权。采取划拨方式的,应当遵守法律、行政法规关于土地用途的规定。依据我国《土地管理法》的规定,可以通过划拨方式取得的建设用地包括:①国家机关用地和军事用地。②城市基础设施用地和公益事业用地。③国家重点扶持的能源、交通、水利等基础设施用地。④法律、行政法规规定的其他用地。

(2)土地使用权出让。土地使用权出让是国家以土地所有人身份将土地使用权在一定期限内让与土地使用者,并由土地使用者向国家支付土地使用权出让金的行为。土地使用权出让主要有三种方式,即协议、招标和拍卖。

依据《民法典》有关物权的法律规定,工业、商业、旅游、娱乐和商品住宅等经营性用地以及同一土地有两个以上意向用地者的,应当采取招标、拍卖等公开竞价的方式出让。采取招标、拍卖、协议等出让方式设立建设用地使用权的,当事人应当采取书面形式订立建设用地使用权出让合同。建设用地使用权从登记时设立,登记是生效要件。每一块土地的实际使用年限,在最高年限内,由出让方和受让方双方商定。

八、担保物权

1. 抵押权

抵押权,是指债权人对于债务人或第三人不转移占有而提供担保的不动产或其他财产,在债权未受清偿时得处分该财产并就其价金优先受偿的权利。

当事人签订的抵押合同一般包括以下内容:

(1)被担保的主债权的种类和数额。

(2)债务人履行债务的期限。

(3)抵押财产的名称、数量、质量、状况、所在地、所有权权属或者使用权权属。

(4)抵押担保的范围。抵押权所担保的范围包括主债权及利息、保管抵押财产和抵押权实现的费用、违约金和损害赔偿金。对于抵押担保的范围,当事人可以有特别约定。

(5)当事人认为需要约定的其他事项。

当事人在订立抵押合同时,不得在合同中约定在债务履行期满抵押权人未受清偿时,抵押物的所有权转移为债权人所有。抵押合同中有上述约定内容的无效,但该内容的无效不影响抵押合同其他部分的效力。

按份共有人以其共有财产中享有的份额设定抵押的,抵押有效。共同共有人以其共有财产设定抵押,未经其他共有人的同意,抵押无效。但是,其他共同共有人知道或者应当知道而未提出异议的视为同意,抵押有效。

债务人有多个普通债权人的,在清偿债务时,债务人与其中一个债权人恶意串通,将其全部或者部分财产抵押给了该债权人,损害其他债权人的合法权益,受损害的其他债权人可以请求法院撤销该抵押行为。

2. 抵押登记

(1)必须办理抵押物登记的财产。根据物权法的规定,下述财产的抵押,应当办理抵押物登记,抵押权自登记时发生效力:建筑物和其他土地附着物。建设用地使用权。以招标、拍卖、公开协商等方式取得的荒山、荒沟、荒丘、荒滩等土地承包经营权。正在建造的建筑物。

(2)自愿办理抵押物登记的财产,抵押权自抵押合同生效时发生效力;未经登记,不得对抗善意第三人。这一类的抵押物种类包括:生产设备、原材料、半成品、产品;交通工具;正在建造的船舶、航空器。

(3)企业、个体工商户、农业生产经营者将现有的以及将来的生产设备、原材料、半成品和产品等动产抵押,应当向抵押人住所地的工商行政管理部门办理登记。抵押权亦自抵押合同生效时发生效力;未经登记,不得对抗善意第三人。但是,办理登记,仍不得对抗正常经营活动中已支付合理价款并取得抵押财产的买受人。

3. 不可作为抵押权标的的财产

(1)土地所有权。耕地、宅基地、自留地、自留山等集体所有的土地的土地使用权,但法律规定可以抵押的除外。

集体所有的土地使用权不可以抵押,但是有如下两种例外情形:①抵押人依法承包并经发包方同意抵押的荒山、荒沟、荒丘、荒滩等荒地的土地使用权,可以抵押;②乡(镇)、村企业的土地使用权不得单独抵押,但是以乡(镇)、村企业的厂房等建筑物抵押的,其占用范围内的土地使用权可同时抵押,但在未来仍不能改为土地使用权的性质。

(2)学校、幼儿园、医院等以公益为目的的事业单位和社会团体的教育设施、医疗卫生设施和其他社会公益设施。但学校、幼儿园、医院等以公益为目的的事业单位、社会团体,以其教育设施和其他社会公益设施以外的财产为自身债务设定抵押的,人民法院可以认定抵押有效。

(3)所有权、使用权不明或有争议的财产。

(4)依法被查封、扣押、监督的财产。

(5)以法定程序确认为违法、违章的建筑物抵押的,抵押无效。

(6)当事人以农作物和与其尚未分离的土地使用权同时抵押的,土地使用权部分的抵押无效,但农作物抵押有效。

第五节 合 同 法

一、合同与合同法概述

(一)合同概述

1. 合同的概念与特征

合同又称契约,是指平等主体的自然人、法人、其他组织之间设立、变更、终止民事权利义务关系的协议。合同是我们日常生活、商业交往中十分重要的一种文书,不论金钱借贷、房屋买卖、国际货物买卖、技术进出口、超市购物,都需要用到合同这一工具。

合同是产生债的最重要最常见的原因之一。它具有以下几个法律特征:

(1)合同是一种民事法律行为。民事法律行为不同于事实行为,它以发生一定的民事法律后果为目的,以当事人的意思表示为基本要素。

(2)合同是一种双方或多方的法律行为。即合同由两个或多个方向相反的意思表示所构成的民事法律行为,当事人双方处于利害关系相对立的地位。

(3)合同是一种旨在产生债权债务关系的双方合意。合同的目的在于产生、变更或消灭某种民事上的权利义务关系。

2. 合同的分类

按不同的标准,可以对合同作出不同的分类。

(1)单务合同与双务合同。这是根据当事人双方是否在合同中均负有相关义务而作的分类。单务合同是指一方当事人负担义务而对方当事人不负担义务的合同,典型的如赠与合同;双务合同是指当事人双方在合同中均负有相应的义务,与单务合同相比,双务合同是实践中最为常见的合同类型。

(2)要式合同与不要式合同。这是指合同的成立是否要求履行一定的形式和手续。法律要求必须具备一定的形式和手续的合同为要式合同,即一般书面形式、口头形式等都是;法律不要求必须具备特定的形式和手续的合同为不要式合同。所谓"特定的形式和手续",主要是指有特别要求的书面形式,如经过国家公证处的公证、工商局的鉴证、外资部门的批准、版权部门的登记等。

(3)有名合同与无名合同。这是以合同类型能否在合同法中找到相应的名称为标准而划分的。有名合同又称"典型合同",是指合同法等法律对这类合同设有明文规定并赋予一定名称的合同。《民法典》就对买卖合同、借款合同、保理合同等有名合同作出了详细的规定。另外,我国《保险法》《商标法》等法律也对保险合同、注册商标使用许可合同等作出了十分详细的规定。无名合同又称"非典型合同",是指法律对这类合同没有特别加以规定也未赋予一定的名称的合同。除有名合同外,均为无名合同。

(二)合同法及其作用与基本原则

1. 合同法的概念与范围

合同法是指调整平等民事主体之间利用合同进行财产流转或交易而产生的社会关系的法律规范的总称。《民法典》实施前,我国合同法主要是指1999年3月15日通过,自1999年10月1日起施行的《中华人民共和国合同法》。该法由总则、分则、附则三部分构成,共23章、428条。在《合同法》施行后,《经济合同法》《涉外经济合同法》《技术合同法》等三部法律已经同时废止,不再适用。为了正确审理合同纠纷案件,最高人民法院至今已出台了多个关于合同法的司法解释。其中,最重要的两个是《关于适用〈中华人民共和国合同法〉若干问题的解释(一)》《最高人民法院关于适用〈中华人民共和国合同法〉若干问题的解释(二)》。《民法典》实施后,以《民法典》合同编及相关司法解释为依据。

2. 合同法的作用

合同法是现代各国民事法律制度的重要组成部分,是调整财产流转关系、规范市场交易行为的基本法。从它是由全国人大而不是全国人大常委会通过的这一特殊立法待遇,就可表明它的重要性。在我国现阶段,作为市场经济领域的基本法,合同法具有保护合同当事人的合法权益、维护社会主义市场经济秩序、促进社会主义现代化建设等作用。

3. 合同法的基本原则

合同法的基本原则是对合同关系的本质和规律进行集中抽象和反映,其效力贯穿于合同法始终的根本规则,是合同法规范的指导思想和根本准则,体现了合同立法的根本精神,是实施法律的根本依据。主要包括:平等原则、合同自由原则、公平原则、诚实信用原则、合法与维护公共利益原则等。

二、合同的订立与效力

(一)合同的订立

如前所述,合同是平等主体之间设立、变更、终止民事权利义务关系的协议。当事人双方就合同的内容经过协商达成一致,合同即告成立。合同是双方民事法律行为,必须有当事人双方的一致意思表示。当事人是否签订合同、与谁签订合同、签订什么样的合同,都由当事人自己决定,别人是不能干涉的。

1. 合同订立的程序

根据合同法的规定,订立合同要经过要约和承诺两个步骤。

(1)要约。也叫发盘,就是向对方发出信息。合同法规定,要约是希望和他人订立合同的意思表示。发出要约的一方当事人叫做要约人,对方当事人叫做受要约人,简称受约人。要约必须由特定的当事人向相对人作出,必须具有订立合同的主观目的,内容必须具体确定。因此,如果一方当事人作出的行为并没有订立合同的目的,就不是要约,但可能是要约邀请。要约邀请是希望他人向自己发出要约的意思表示。例如,寄送的价目表、拍卖公告、招标公告、招股说明书、商业广告等均为要约邀请。但商业广告的内容符合要约规定的,会被视为要约。所以,区分要约与要约邀请,关键在于一方当事人向对方当事人表示出来的意思是不是具有订立合同的目的。

我国《合同法》规定,要约到达受要约人时生效。要约一经到达受要约人,要约人与受要约人即均受该意思表示约束。中国古训有言"一言既出驷马难追",指的就是作出的承诺是要算数的。要约人在作出要约后可以把要约撤回或撤销,就是把自己的意思表示撤回来或撤销掉。撤回要约的通知应当在要约到达受要约人之前或者与要约同时到达受要约人,撤销要约的通知则应当在受要约人发出承诺通知之前到达受要约人。但是出现了下面任何一种情况,要约就无法撤销了:①要约人确定了承诺期限或者以其他形式明示要约不可撤销;②受要约人有理由认为要约是不可撤销的,并已经为履行合同做了准备工作。另外,一旦出现下面任何一种情况,要约就宣告失效,不再具有法律效力:①拒绝要约的通知到达要约人;②要约人依法撤销要约;③承诺期限届满,受要约人未作出承诺;④受要约人对要约的内容作出实质性变更。

(2)承诺。合同法规定,承诺是受要约人同意要约的意思表示。承诺要取得成立合同的法律效力,必须同时具备以下条件:①承诺必须由受要约人作出;②承诺必须由受要约人向要约人作出;③受要约人向要约人发出承诺的内容应当与要约的内容一致;④承诺必须在要约的有效期限内向要约人发出;⑤承诺的方式必须符合要约的规定。

如果受要约人作出承诺时对要约的内容作出了实质性变更,便不再是承诺了,而是一种新的要约。所谓对要约内容的实质性变更,是指对有关合同标的、数量、质量、价款或者报酬、履行期限、履行地点和方式、违约责任和解决争议方法等的变更。我们可以举一个例子说明。张三问:"李四,我有一头牛,现在 1000 元卖给你,要不要?"李四答:"牛我要,但 1000 元太贵了,500 元怎么样? 可以的话,我马上付钱。"在这个例子中,张三的问话是要约,李四的回答不是承诺,而是一种新的要约,因为他对张三的要约内容作了实质性的改变,即把牛的价格从 1000 元砍到了 500元。如果受要约人的承诺对要约的内容作出的是非实质性的变更,该承诺有效,除非要约人及时表示反对或者要约人在要约中明确表明承诺不得对该要约的内容作出任何的变更。此时成立的合同内容,以受要约人承诺的内容为准,即以受要约人的非实质性的变更承诺为准。

承诺通知到达要约人时生效。如果承诺不需要通知的,根据交易习惯或者要约的要求作出承诺的行为时生效。受要约人超过承诺期限发出承诺的,属于一项新要约。除非要约人及时通知受要约人,告知该承诺有效。受要约人在承诺期限内发出承诺,按照通常情形能够及时到达要约人,但因其他原因承诺到达要约人时超过承诺期限的,该承诺仍然有效。除非要约人及时通知受要约人,告知因承诺超过期限而不接受该项承诺。

2. 合同的形式与条款

合同的形式是当事人签订合同的表现形式,通常有口头形式、书面形式和其他形式。口头形式是指当事人通过口头交谈方式相互表示意思而订立合同。一般适用于标的额较小、可以即时结清的合同关系。超市、集市上的买卖大都采用口头形式的合同。书面形式是指采用合同书、信件和数据电文(包括传真和电子邮件)等可以有形地表现所载内容的形式。法律、行政法规规定、当事人约定采用书面形式的,都应当采用书面形式。

合同条款是指合同当事人协商一致的合同内容,具体规定着当事人的权利义务。合同的内容可以由当事人约定,一般应当包括以下条款:①当事人的名称或者姓名和住所;②标的;③数量;④质量;⑤价款或者报酬;⑥履行期限、地点和方式;⑦违约责任;⑧解决争议的方法。当事人可以参照各类合同的示范文本订立合同。

3. 合同的成立

判断一个合同是否成立,要看签订这个合同的当事人是否通过他的真实意思表示设立、变更或终止了某些民事权利义务关系。

(1)合同的成立要件。合同的成立要具备一些基本的要件,分为一般成立要件和特别成立要件。合同的一般成立要件是任何合同成立都必须具备的条件,包括:①具有双方或多方的当事人;②当事人各方的意思表示一致;③当事人各方一致的意思表示所设立、变更或终止的民事权利义务关系可能履行。合同的特别成立要件,是依照法律规定或依交易习惯确定或依当事人特别约定的合同成立要件。

(2)合同成立的时间和地点。合同成立的时间是当事人通过要约、承诺的意思表示方式确立相互之间的债权债务关系的时间。一般情况下,当事人各方对合同条款达成一致的协议,合同就宣告成立。

合同成立的地点是指完成合同订立程序的地点,承诺生效的地点为合同成立的地点。当事人采用合同书形式订立合同的,双方当事人签字或者盖章的地点为合同成立的地点。当事人采用合同书形式订立合同,在签字或者盖章之前,当事人一方已经履行主要义务,对方接受的,该合同成立。例如,房屋买卖合同中的买方向卖方交付了购房款,卖方也予以收取并出具相应的收款凭证,就可以认为合同是成立的。

(二)合同的效力

合同的效力,即合同的法律效力,是指已成立的合同将对合同的当事人乃至第三人产生的法律约束力。这种法律约束力是当事人追求的结果。合同的成立与合同的生效是不同的概念。合同法规定,依法成立的合同,自成立时生效。但并不是任何成立的合同都是有效合同,例如法律、行政法规规定应当办理批准、登记等手续生效的,应当要等批准、登记等手续办理完后才生效。已经成立的合同在法律效力上可能是生效、可撤销或是效力未定。

1. 合同的生效要件

合同的生效要具备一些基本的要件,分为一般生效要件和特别生效要件。(1)合同的一般生效要件是所有合同生效必须具备的基本条件。包括:①当事人在签订合同时具有相应的缔约能力即订立合同的能力;②意思表示真实;③不违反强制性法律规范及公序良俗;④标的的确定和可能。(2)合同的特别生效要件是合同生效除了满足一般生效要件外,还要满足的法律有特别规定或当事人有特别约定的条件。在多数情况下,合同只要具备一般生效要件就会产生当事人所追求的法律后果。但是,当事人可以对合同的生效附加一定的条件或期限。只要该条件或期限符合法律要求,合同的效力就取决于当事人所附加的条件是否成就、期限是否届满。

当事人对合同的效力可以约定附条件。附生效条件的合同,自条件成就时生效。附解除条件的合同,自条件成就时失效。前者称为附生效条件的合同,后者称为附解除条件的合同。例如,一位父亲对儿子承诺,只要儿子当年考上重点大学,就送他一台笔记本电脑。此时,父亲的承诺就是一个附生效条件的合同。当事人所附加的条件必须是将来可能发生的事实,根本不可能发生的事实不能作为附加条件。同时,当事人为自己的利益不正当地阻止条件成就的,视为条件已成就;不正当地促成条件成就的,视为条件不成就。

当事人对合同的效力可以约定附期限。附生效期限的合同,自期限届至时生效。附终止期限的合同,自期限届满时失效。前者称为附生效期限的合同,后者称为附解除期限的合同。如果一位父亲对儿子承诺,在儿子年满十八周岁时,将送他一台笔记本电脑。该父亲的承诺则是一个附生效期限的合同。

2. 合同欠缺生效要件的后果

合同是当事人真实的意思表示,表达了当事人的目的,但该目的只有在不违反法律的要求时才具有法律效力才会受到法律的保护。当合同欠缺生效要件从而存在违反法律要求的因素时,法律就会对合同作出不同的评价,让合同无效,或处于效力待定的状态。合同欠缺不同生效要件的后果分为三种:合同的无效、合同的可撤销、合同的效力待定。

(1)合同的无效是指合同因欠缺一定生效要件导致合同当然不发生效力。导致合同绝对无效的原因有:①无民事行为能力人实施民事行为;②恶意串通,损害国家、集体或者第三人利益;③以合法形式掩盖非法目的;④损害社会公共利益;⑤违反法律、行政法规的强制性规定。

(2)合同的可撤销,又叫可撤销合同,是指合同欠缺一定的生效要件,其有效与否,取决于有撤销权的一方是否行使撤销权的合同。可撤销合同属于相对无效合同。撤销的事由包括欺诈、胁迫、乘人之危、重大误解、显失公平。出现可撤销的情形,当事人一方有权请求人民法院或者仲裁机构变更或者撤销。如果当事人请求变更的,人民法院或者仲裁机构不得撤销。具有撤销权的当事人自知道或者应当知道撤销事由之日起一年内没有行使撤销权,或者具有撤销权的当事人知道撤销事由后明确表示或者以自己的行为放弃撤销权的,撤销权自然消灭。

(3)合同的效力待定。即已经成立的合同因欠缺一定的生效要件,其生效与否需要等待一定条件的出现。包括:①无行为能力人、限制行为能力人订立的合同;②无权代理人订立的合同;③无处分权人订立的合同。

3. 合同被确认无效和被撤销的后果

合同无效或者被撤销后,因该合同取得的财产,应当予以返还;不能返还或者没有必要返还的,应当折价补偿。有过错的一方应当赔偿对方因此所受到的损失,如果双方都有过错的,应当各自承担相应的责任。属于当事人恶意串通,损害国家、集体或者第三人利益情形的,因此取得的财产收归国家所有或者返还集体、第三人。

三、合同的履行和变更

(一)合同的履行

合同的履行,就是债务人按照合同的约定或法律的规定,全面地、正确地履行自己所承担的义务。合同订立后只有履行了,才能实现合同的内容、达到合同订立的目的。

1. 合同履行的规则

合同履行的规则,指的是在合同履行过程中需要遵守的具体准则。合同的当事人应当依法、亲自履行合同,应当按照约定全面履行自己的义务,在履行合同时应当遵循诚实信用原则,根据合同的性质、目的和交易习惯履行通知、协助、保密等义务。在合同履行过程中,应严格依据《民法典》合同编的规定。

2. 合同履行的抗辩

合同签订后,当事人还有一些"不履行"的权利,所谓的"不履行"是有条件的不履行,其实是一种法律赋予他的对抗、抗辩的权利,具体包括:

(1)同时履行抗辩权,是指当事人互负债务且没有先后履行顺序,一方当事人在他方未为对待给付前,拒绝履行自己的合同义务的权利。

(2)不安抗辩权,是指在双务合同中,应当先履行债务的当事人有确切证据证明对方有丧失或可能丧失履行能力的情形时,中止履行自己债务的权利。应当先履行债务的当事人,有确切证据证明对方有下列情形之一的,可以中止履行:①经营状况严重恶化;②转移财产、抽逃资金,以逃避债务;③丧失商业信誉;④有丧失或者可能丧失履行债务能力的其他情形。

(3)先履行抗辩权。当事人互负债务,有先后履行顺序,先履行一方未履行的,后履行一方有权拒绝其履行要求。先履行一方履行债务不符合约定的,后履行一方有权拒绝其相应的履行要求。

3. 合同履行的保全

合同的保全是指债权人为防止债务人的财产不当减少而危害其债权,对合同关系之外的第三人所采取的保护债权的一种法律措施,包括代位权和撤销权。

(1)债权人的代位权。债权人代位权是指当债务人怠于行使其对第三人的到期债权而害及债权人的债权实现时,债权人为了保全自己的债权,得以自己的名义代位行使属于债务人权利的权利。债权人代位权的成立条件包括:①债权人对债务人的债权合法;②债务人怠于行使其到期债权,对债权人造成损害;③债务人的债权已到期;④债务人的债权不是专属于债务人自身的债权。当债务人怠于行使其权利而危及债权人利益时债权人为保障债权,可以自己的名义代位行使债务人权利的权利。

(2)债权人的撤销权。债权人撤销权是指当债务人实施减少其财产的行为而害及债权人的债权实现时,债权人为保全自己的债权,得请求法院予以撤销的权利。债权人撤销权的成立条件包括:①债务人实施了一定的处分其财产或者权利的行为;②债务人实施的处分行为须发生于债成立之时或之后;③债务人的处分行为会对债权人造成损害;④债务人和受让人主观上有恶意或过错。如果是无偿处分行为,则不以受让人主观上是否有恶意或过错为要件。撤销权的行使范围以债权人的债权为限,行使撤销权所产生的必要费用由债务人负担。撤销权自债权人知道或者应当知道撤销事由之日起一年内行使。自债务人的行为发生之日起五年内没有行使撤销权的,该撤销权消灭。

(二)合同的变更和转让

1. 合同的变更

广义的合同变更包括合同主要诸要素的变更,即不论是主体、客体还是内容的变动,都为合同的变更。这里所说的合同变更是就狭义的合同变更而言的,是指合同主体不变,而变更合同的内容。当事人协商一致,可以变更合同。法律、行政法规规定变更合同应当办理批准、登记等手续的,依照其规定。合同变更生效后,变更后的合同内容即取代原合同中的相关内容,当事人应按照合同变更后的内容履行合同,而不能再按原来的合同内容履行。

2. 债权转让

债权的转让,是指不改变合同的内容,合同债权人将其权利转让给第三人享有。合同权利转让可分为合同权利的部分转让和合同权利的全部转让。合同权利转让的有效条件包括:

(1)须转让的合同权利有可让与性。但有下列情形之一的除外:①根据合同性质不得转让;②按照当事人约定不得转让;③依照法律规定不得转让。法律、行政法规规定转让权利应当办理批准、登记等手续的,依照其规定。

(2)须所转让的合同债权为有效债权且让与人享有所转让的合同债权。

(3)须转让当事人的意思表示无瑕疵。债权人转让权利的,应当通知债务人。未经通知,该转让对债务人不发生效力。

3. 债务转移

债务转移又称合同义务的转让,是指在合同内容和标的不变的情形下,债务人将其合同义务转移给第三人承担。合同义务的转让可分为合同义务的部分转让和合同义务的全部转让。合同义务转让的有效条件包括:(1)须经债权人同意;(2)须转让的合同义务有效存在并具有可让与性;(3)法律、行政法规规定转让义务应当办理批准、登记等手续的,应办理批准、登记等手续。合同义务转让后,承受人在受移转的债务范围内承担债务,成为新债务人,原债务人不再承担已移转的债务。同时,新债务人取得原债务人享有的抗辩权,新债务人可以主张原债务人对债权人的抗辩。主债务的从债务一并由新债务人承担,新债务人应当承担与主债务有关的从债务,但该从债务专属于原债务人自身的除外。

4. 债权债务的概括转移

债权债务的概括转移又称合同权利义务的概括转让,是指合同当事人一方将其权利义务一并转让给第三人承受。合同权利义务的概括转让既可因当事人之间的合意发生,也可因法律的直接规定发生。合同权利义务的合意概括转让,即当事人一方经对方同意,可以将自己在合同中的权利和义务一并转让给第三人。权利和义务一并转让的,适用权利转让和义务转移的规定。合同权利义务的法定概括转让主要有两种情形:(1)因继承而发生的;(2)因法人的分立、合并而发生的。当事人订立合同后合并的,由合并后的法人或者其他组织行使合同权利,履行合同义务。当事人订立合同后分立的,除债权人和债务人另有约定的以外,由分立的法人或者其他组织对合同的权利和义务享有连带债权,承担连带债务。

(三)合同权利义务的终止

合同权利义务的终止又称为合同的消灭,是指合同当事人双方间的权利义务于客观上已不复存在。合同终止后产生如下的效力:①合同当事人间的权利义务消灭;②债权的担保及其他从属的权利及义务消灭;③负债字据的返还;④合同终止后的附随义务;⑤合同终止不影响合同中结算和清理条款的效力。

合同终止的原因有不同,可以基于合同目的达到而终止,也可以基于当事人的意思而终止,亦可以基于法律的直接规定而终止。具体而言,合同消灭的原因有清偿、解除、提存、免除、混同等几种。

1. 清偿。清偿是指债务人按照合同的约定向债权人履行义务、实现债权目的的行为。即债务已经按照约定履行。

2. 合同解除。合同的解除是指在合同依法成立后而尚未全部履行前,当事人基于协商或法律规定或者当事人约定而使合同关系归于消灭的一种法律行为。合同的解除包括协议解除、约定解除、法定解除。其中,当事人依法行使解除合同的权利应当具备下列条件之一:①因不可抗力不能实现合同目的。②在履行期限届满前,当事人一方明确表示或者以自己的行为表明不履行主要债务。③当事人一方迟延履行主要债务,经催告后在合理期限内仍未履行。④当事人一方迟延履行债务或者有其他违约行为致使不能实现合同目的。⑤法律规定的其他情形。

3. 抵销。抵销是指当事人双方相互负有给付义务,将两项债务相互充抵,使其相互在对等额内消灭。

4. 提存。提存是指债务人于债务已届履行期时,将无法给付的标的物提交给提存机关,以消灭合同债务的行为。出现债权人无正当理由拒绝受领标的物,债权人下落不明,或是债权人死亡未确定继承人或者丧失行为能力未确定法定代理人等情形,导致债务难以履行债务的,债务人可以依法办理提存。标的物提存后,毁损、灭失的风险由债权人承担。

5. 免除。债务免除是指债权人免除债务人的债务而使合同权利义务部分或全部终止的意思表示。债务免除是债权人的单方行为,是一种无因、无偿行为。债务全部免除的,合同债即全部消灭;债务部分免除的,合同于免除的范围内部分消灭。

6. 混同。混同是指债权与债务同归于一人,而使合同关系消灭的事实。发生混同的原因可分为两种:一是概括承受,即合同关系的一方当事人概括承受他人权利与义务;二是特定承受,即因债权让与或债务承担而承受权利与义务。债权和债务同归于一人的,合同的权利义务终止。

合同的权利义务终止后,当事人应当遵循诚实信用原则,根据交易习惯履行通知、协助、保密等义务。同时,合同的权利义务终止,也不影响合同中有关结算和清理等条款的效力。

四、违约责任及其救济

(一)违约责任的概念、特征和归责原则

1. 违约责任的概念与特征

违约责任是指合同当事人因违反合同义务所应承担的民事责任。当合同的一方当事人不履行合同义务或者履行合同义务不符合约定时,就应承担继续履行、采取补救措施或者赔偿损失等违约责任。

2. 违约责任的归责原则

违约责任的归责原则是确定违约方的违约责任的根据或准则。依据《合同法》,对于不同的违约纠纷应当适用严格责任原则、过错责任原则、特殊过错责任原则三种不同的原则来处理。我国实行以严格责任原则为主导,以过错责任原则为补充的归责原则体系。

(二)违约行为及其表现

违约行为的概念与特征。违约行为又称为违反合同的行为,是指合同当事人没有按照法律的规定和合同的约定履行合同义务的法律现象。违约行为可分为:

1. 预期违约,是指在合同履行期到来之前,合同一方当事人没有正当理由明示或默示表示将不履行合同,包括明示预期违约和默示预期违约。

2. 不履行合同,是指合同当事人根本就没有实施履行合同义务的行为。不履行合同行为又分为拒绝履行和不可能履行。

3. 不适当履行,是指合同债务人虽有履行合同义务的行为,但该履行行为不符合合同的约定。

(三)不构成违约的免责事由

违约责任的免责事由又称为免责条件,是指法律规定的或者当事人约定的免除违约当事人承担违约责任的情况。一是不可抗力,二是免责条款。不可抗力,是指不能预见、不能避免并不能克服的客观情况。当事人一方因不可抗力不能履行合同的,应当及时通知对方,以减轻可能给对方造成的损失,并应当在合理期限内提供证明。因不可抗力不能履行合同的,根据不可抗力的影响,部分或者全部免除责任,但法律另有规定的除外。当事人迟延履行后发生不可抗力的,不能免除责任。另外,当事人还可以在合同中约定免责条款,但免责条款不得违反行政法规的强制性规定。

(四)违约责任的承担方式

1. 继续履行

继续履行是指合同当事人一方不履行合同义务或履行合同义务不符合约定时,违约方应当承担的按合同的约定履行合同的责任。当事人订立合同均基于一定目的,只有合同义务得到全面履行,当事人的订约目的才能最终实现。

2. 支付违约金

违约金是当事人在合同中约定的一方违反合同时应向对方支付的一定数额的款项。要求违约方支付违约金,必须在合同中有关于违约金的约定或者法律中有关于违约金的规定,同时,违约方的违约行为属于应支付违约金的情形。当事人既约定违约金,又约定定金的,一方违约时,对方可以选择适用违约金或者定金条款。例如,2009 年 7 月金女士与葛某签订一份房屋买卖合同,购买位于某小区的房屋。合同明确约定,葛某将房屋以 75 万元出售房屋给金女士,双方应于 2009 年 7 月 31 日前共同向房地产交易中心办理手续;在签订合同以后,如果卖方反悔,除了应将房款全部退还给买方外,还应按总房款的 20% 支付违约金给买方。合同签订后,金女士交付了房款 75 万元。之后,卖方突然无故违约,表示不愿意再出售房屋。金女士无奈与对方解除了合同。2009 年 8 月 16 日,卖房方退还了金女士交付的 75 万元房款。金女士认为,由于卖方的无故毁约行为,导致自己的合同目的无法实现,虽然合同解除了,但作为卖方应就其违约行为向自己承担违约责任。经协商无果,金女士向法院提起诉讼。2010 年 1 月 7 日,区法院作出判决,支持了金女士关于要求被告葛某承担违约金的诉讼主张,被告葛某应向金女士承担房款的 20% 的违约金责任。

3. 赔偿损失

赔偿损失是指违约方赔偿因其违约而给对方造成的损失。赔偿损失具有普遍适用性、并用性、补偿性及确定方式双重性等特点。当合同中的受害人一方受到损害,并且受害人的损害与违约方的违约行为之间有因果关系时,违约方即应承担赔偿损失的责任。

4. 采取补救措施

所谓补救措施,是指矫正合同不适当履行的责任形式,具体包括修理、更换、重作、退货、减少价款或者报酬等违约责任。采取补救措施主要适用于当事人交付的标的物质量不符合约定的情形。

5. 定金制裁

当事人可以依照《民法典》约定一方向对方给付定金作为债权的担保。债务人履行债务后,定金应当抵作价款或者收回。给付定金的一方不履行约定的债务的,无权要求返还定金;收受定金的一方不履行约定的债务的,应当双倍返还定金。

五、几种主要的有名合同

(一)买卖合同

买卖合同是出卖人转移标的物的所有权于买受人,买受人支付价款的合同。买卖合同中的双方当事人,交付财产取得价款的一方称为出卖人,接受财产支付价款的一方称为买受人。买卖合同是市场经济领域最重要最常见的法律行为,对经济发展、企业经营、人民生活有着十分重要的作用。买卖合同具有如下特征:(1)买卖合同是一方转移标的物所有权对方支付价款的合同;(2)买卖合同是双务有偿合同;(3)买卖合同是诺成合同;(4)买卖合同原则上是不要式合同,法律法规有特殊规定的除外。

买卖合同的内容一般应包括:当事人的名称或者姓名和住所,标的,数量,质量,价款或者报酬,履行期限、地点和方式,违约责任,解决争议的方法。在买卖合同中,出卖人与买受人的义务互为对方的权利。

1. 出卖人的义务

出卖人应当向买受人履行交付标的物并转移标的物所有权的义务,同时还应当按照约定或者交易习惯向买受人交付提取标的物单证以外的有关单证和资料。出卖人应当保证出卖的标的物属于出卖人所有或者出卖人有权处分。出卖人应当按照约定的质量要求交付标的物。出卖人提供有关标的物质量说明的,交付的标的物应当符合该说明的质量要求。出卖人应当按照约定的期限交付标的物,标的物的所有权自标的物交付时起转移,但法律另有规定或者当事人另有约定的除外。当事人可以在买卖合同中约定买受人未履行支付价款或者其他义务的,标的物的所有权属于出卖人。

2. 买受人的义务

买受人最为重要的义务是受领标的物和支付价款。买受人应当按照约定的数额支付价款,这是买受人的基本义务。买受人应当按照约定地点、时间支付价款。

(二)借款合同

借款合同是借款人向贷款人借款,到期返还借款并支付利息的合同。其中,向对方借款的一方称为借款人,出借钱款的一方称为贷款人。借款合同是诺成、双务合同,可以是有偿合同,也可以是无偿合同。借款是人们日常生活中常发生的商业行为,对于资金融通、满足生产经营和生活需要有着重要作用。

根据《民法典》和《商业银行法》等有关规定,借款合同采用书面形式,但自然人之间借款另有约定的除外。借款合同的内容应当包括借款种类、币种、用途、数额、利率、期限、还款方式、担保条款及违约责任等。

自然人之间的借款合同,自贷款人提供借款时生效。自然人之间的借款合同对支付利息没有约定或者约定不明确的,视为不支付利息。自然人之间的借款合同约定支付利息的,借款的利率不得违反国家有关限制借款利率的规定。

(三)租赁合同

租赁合同是出租人将租赁物交付承租人使用、收益,承租人支付租金的合同。租赁合同的内容包括租赁物的名称、数量、用途、租赁期限、租金及其支付期限和方式、租赁物维修等条款。租赁期限超过 6 个月的,应当采用书面形式。当事人未采用书面形式订立合同的,或对租赁期限没有约定或者约定不明确,视为不定期租赁。对于不定期租赁合同,当事人可以随时解除合同,但出租人解除合同应当在合理期限之前通知承租人。租赁期限最长不得超过 20 年,如果超过 20 年的,超过部分无效。例如,当事人签订了 30 年期限的租赁合同,视为签订的是 20 年的合同。租赁合同期间届满的,当事人可以续订租赁合同,但约定的租赁期限自续订之日起同样不得超过 20 年。

出租人应当按照约定将租赁物交付承租人,并在租赁期间保持租赁物符合约定的用途。承租人应当按照约定的方法或租赁物的性质使用租赁物。承租人应当按照约定的期限支付租金。承租人逾期不支付的,出租人可以解除合同。

(四)运输合同

运输合同是承运人将旅客或者货物从起运地点运输到约定地点,旅客、托运人或者收货人支付票款或者运输费用的合同。它的特征包括:运输合同标的是承运人的运送行为,为双务有偿合同,多为定式合同。运输合同主要包括客运合同、货运合同以及多式联运。

在承运合同中,承运人应当在约定期间或者合理期间内,按照约定的或者通常的运输路线将旅客、货物安全运输到约定地点。另外,合同法特别规定,从事公共运输的承运人不得拒绝旅客、托运人通常、合理的运输要求。

运输合同常见的是客运合同,又称旅客运送合同,是指承运人将旅客及行李运抵目的地,旅客为此支付票款的合同。客运合同为标准合同,一律采用客票形式订立,客票就是客运合同的书面形式。客运合同自承运人向旅客交付客票时成立,但当事人另有约定或者另有交易习惯的除外。旅客应当持有效客票乘运。旅客无票乘运、超程乘运、越级乘运或者持失效客票乘运的,应当补交票款,承运人可以按照规定加收票款。旅客不交付票款的,承运人可以拒绝运输。旅客因自己的原因不能按照客票记载的时间乘坐的,应当在约定的时间内办理退票或者变更手续。逾期办理的,承运人可以不退票款,并不再承担运输义务。另外,货运合同、多式联运合同等也是运输合同中的重要形式。

(五)委托合同、行纪合同、居间合同

委托合同是委托人和受托人约定,由受托人处理委托人事务的合同。委托人可以特别委托受托人处理一项或者数项事务,也可以概括委托受托人处理一切事务。

行纪合同是行纪人以自己的名义为委托人从事贸易活动,委托人支付报酬的合同。行纪人占有委托物的,负有对委托物的保管义务,应当妥善保管委托物。委托物交付给行纪人时有瑕疵或者容易腐烂、变质的,经委托人同意,行纪人可以处分该物;和委托人不能及时取得联系的,行纪人可以合理处分。

居间合同是居间人向委托人报告订立合同的机会或提供订立合同的媒介服务,委托人支付报酬的合同。居间人负有如实报告的义务,应当就有关订立合同的事项向委托人如实报告。

 思考与练习

一、单项选择题

1. 乘人之危的行为是(　　)。

A. 无效的民事行为　　　　　　　B. 可撤销的民事行为

C. 有效的民事法律行为　　　　　D. 效力待定的民事行为

2. 我国民法的调整对象是(　　)。

A. 所有的财产关系

B. 所有的人身关系

C. 平等主体之间的财产关系和人身关系

D. 全部财产关系和人身关系

3. 下列肯定不属民法所调整的社会关系的是(　　)。

A. 小张与所在单位因劳动权益发生纠纷

B. 李源源小朋友今年4周岁,某日他父亲在一份挂历上意外发现了自己孩子的照片

C. 甲无故将乙打伤,虽伤势不重,但也造成乙医疗费、误工费、营养费等损失共计2000元

D. 李明捏造事实,在单位散布谣言,称王军曾在外地因流氓行为而受过行政处罚

4. 民法的平等原则主要体现在(　　)。

A. 商品交换的等价

B. 民事主体平等的法律地位

C. 民事主体所有权利的相同

D. 民事主体所有义务的相同

5. 下列哪种情形成立民事法律关系?(　　)

A. 甲与乙约定某日商谈合作开发房地产事宜

B. 甲对乙说:如果你考上研究生,我就嫁给你

C. 甲不知乙不胜酒力而极力劝酒,致乙酒精中毒住院治疗

D. 甲应同事乙之邀前往某水库游泳,因抽筋溺水身亡

D. 支配权不存在对应义务

6. 甲被宣告死亡后,其妻乙改嫁于丙,其后丙死亡。1 年后乙确知甲仍然在世,遂向法院申请撤销对甲的死亡宣告。依我国法律,该死亡宣告撤销后,甲与乙原有的婚姻关系(　　)。

A. 自行恢复   B. 不得自行恢复

C. 经乙同意后恢复   D. 经甲同意后恢复

7. 关于企业法人对其法定代表人行为承担民事责任的,(　　)表述是正确的。

A. 仅对其合法的经营行为承担民事责任

B. 仅对其符合法人章程的经营行为承担民事责任

C. 仅对其以法人名义从事的经营行为承担民事责任

D. 仅对其符合法人登记经营范围的经营行为承担民事责任

8. 王先生驾车前往某酒店就餐,将轿车停在酒店停车场内。饭后驾车离去时,停车场工作人员称:"已经给你洗了车,请付洗车费 5 元。"王先生表示"我并未让你们帮我洗车",双方发生争执。本案应如何处理?(　　)

A. 基于不当得利,王先生须返还 5 元

B. 基于无因管理,王先生须支付 5 元

C. 基于合同关系,王先生须支付 5 元

D. 无法律依据,王先生无须支付 5 元

9. 某县政府为鼓励县属酒厂多创税利,县长与酒厂厂长签订合同约定:酒厂如果完成年度税收 100 万元的指标,第二年厂长和全厂职工都可以加两级工资。该合同属于(　　)。

A. 双方民事法律行为   B. 无效民事行为

C. 附条件民事法律行为   D. 不属于民事法律行为

10. 装修公司甲在完成一项工程后,将剩余的木地板、厨卫用具等卖给了物业管理公司乙。但甲营业执照上的核准经营范围并无销售木地板、厨卫用具等业务。甲乙的买卖行为法律效力如何?( )。

    A. 属于有效法律行为   B. 属于无效民事行为

    C. 属于可撤销民事行为   D. 属于效力待定民事行为

11. 某电视演员因儿童电视剧而出名,某公司未经该演员许可将印有其表演形象的宣传海报大量用于玩具、书包、文具等儿童产品的包装和装潢上。对该公司的行为应如何定性?( )。

    A. 侵犯了制片者的发表权   B. 侵犯了该演员的表演者权

    C. 侵犯了该演员的肖像权   D. 侵犯了该演员的复制权

12. 甲为摄影家乙充当模特,双方未对照片的发表和使用作出约定。后乙将甲的裸体照片以人体艺术照的形式出版发行,致使甲受到亲朋好友的指责。对此,下列哪一种说法是正确的?( )。

    A. 乙发表照片侵犯了甲的隐私权

    B. 乙发表照片已取得甲的默示同意,不构成侵权

    C. 甲是照片的合作作者,乙发表照片应向其支付报酬

    D. 乙是照片的著作权人,出版发行该照片是合法行使著作权的行为

13. 甲、乙各以20%与80%的份额共有一间房屋,出租给丙。现甲欲将自己的份额转让,请问下列表述中哪一说法是正确的?( )

    A. 乙有优先购买权,丙没有优先购买权

    B. 丙有优先购买权,乙没有优先购买权

    C. 乙、丙都有优先购买权,两人处于平等地位

    D. 乙、丙都有优先购买权,乙的优先购买权优先于丙的优先购买权

14. 自然人从( )具有民事权利能力。

    A. 出生时起到死亡时止   B. 从十四周岁起到死亡时止

    C. 从十六周岁起到死亡时止   D. 从十八周岁起到死亡时止

15. 王某今年17周岁,为某大学学生,智力超常,生活自理能力很强。根据《民法典》的规定,王某是( )。

    A. 完全民事行为能力人   B. 可视为完全民事行为能力人

    C. 限制民事行为能力人   D. 无民事行为能力人

16. ( ),利害关系人可以向人民法院申请宣告其为失踪人。

    A. 自然人下落不明满半年   B. 自然人下落不明满一年

    C. 自然人下落不明满两年   D. 自然人下落不明满四年

17. 某厂采购员甲外出采购一批水泥,某甲是该厂的( )。

    A. 指定代理人   B. 法定代理人   C. 法定代表人   D. 委托代理人

18. 甲厂向乙厂发一电报称:"尚有 250 克玻璃瓶装的菠萝罐头 2 吨,每吨 2500 元,需否?"乙厂回电:"需 250 克听装的午餐肉罐头 2 吨,以市场价结算。"乙的回电是(   )。

A. 承诺   B. 要约

C. 要约邀请   D. 合同订立阶段的结束

19. 注册商标专用权的保护期限为(   )。

A. 自商标核准注册之日起 10 年   B. 自商标申请日起 10 年

C. 自商标核准注册之日起 20 年   D. 自商标申请日起 20 年

20. 小张因急需用钱,于 2002 年 2 月 3 日向小王提出借款。小王当即将 5000 元现金借给了小张,两人约定,小张应于 2002 年 9 月 1 日前还款。假设,碍于情面,小王从未向小张催款,小张也不再主动与小王联系,那么小王的这一债权自(   )起将不再受法律保护。

A.2004 年 2 月 3 日   B.2004 年 2 月 4 日

C.2004 年 8 月 31 日   D.2004 年 9 月 1 日

二、多项选择题

1. 以下哪些情形属于民法调整的社会关系?(   )。

A. 一般的债权债务纠纷   B. 侵害他人名誉(情节一般)

C. 遗产继承   D. 缴税纳税

2. 以下哪些人可能是法人的法定代表人(   )。

A. 公司董事长   B. 党委书记   C. 工会主席   D. 工厂厂长

3. 某甲今年 15 岁,他用口头协议的方式将家里的钢琴卖给某乙。因某甲身高体健,某乙并不知道某甲尚未成年。该协议(   )。

A. 因主体资格欠缺而效力待定

B. 属重大误解

C. 因内容违法而无效

D. 某乙在某甲的父母表态前(经催告的一个月内),可以撤销该协议。

4. 财产所有权包括四项权能,除了占有,还包括(   )。

A. 优先   B. 使用   C. 收益   D. 处分

5. 以下所列四项中,属于法定孳息的有(   )。

A. 租金   B. 牛奶   C. 利息   D. 鸡蛋

6. 根据我国法律规定,下列亲属不属于法定继承人范围的有(   )。

A. 叔叔、舅舅   B. 外公外婆

C. 孙子孙女   D. 兄弟姐妹

7. 以下哪些人是属于监护人制度所保护的对象?(   )

A. 双目失明的成年残疾人

B. 不能完全辨别自己行为的精神病人

C.10 周岁以下的未成年人

D. 正值 17 周岁的高三学生

8. 关于合同无效,以下说法正确的是(   )。

A. 就是可以撤销的合同

B. 于被确立为无效合同之日起丧失效力的合同

C. 它是当然无效,任何人都可以主张其无效,即使未经法院确认

D. 自始即不具有法律约束力的合同

9. 小王新近在商店购买了一台彩电。在正常使用过程中,该彩电因质量问题而发生爆炸,小王因此而遭受财产损失。小王十分气恼,一定要向商店讨个说法。以下观点正确的是(   )

A. 商店如有过错就应承担责任,没有过错就不承担责任

B. 商店只有在无过错的前提下,才承担责任

C. 商店无论有过错与否,都要承担责任

D. 商店承担责任与否,不以自己有无过错为要件

10. 法人可以享有以下哪些人格权(   )。

A. 名称权   B. 名誉权   C. 荣誉权   D. 肖像权

三、简答题

1. 简述法人的概念及成立条件。

2. 什么是民事法律行为?有哪些特征?

3. 什么是代理?有哪些法律特征?

4. 简述物权的概念和特征。

5. 合同的概念和主要内容。

6. 什么是知识产权?有哪些法律特征?

7. 简述民事责任的概念和特征。

四、案例分析

1. 2002 年 5 月 15 日,吴某到天津火车站接来访的朋友,约好在火车站旁边的巨型广告牌前面见面。吴某等候时突刮大风,广告牌随风倒下,吴某躲闪不及被砸倒在地,被人发现后送至医院抢救,花去了医疗费 4000 元,但仍未能挽救吴某的生命。吴某之妻(某机械厂工人)乔某办理了他的后事,又花去了丧葬费 800 元。乔某了解到该广告牌归某化妆品公司所有,即到法院起诉要求化妆品公司赔偿其以下损失:(1)吴某医疗费 4000 元;(2)吴某的丧葬费 800 元;(3)自己的生活费每月 200 元;(4)其与吴某之子吴宝华(5 岁)的生活费每月 200 元。化妆品公司声称:该广告牌是由某工程队搭建的,我们验收一周的时间内广告牌即倒塌,说明工程队施工质量差,应由工程队负责。

问:谁应承担乔某的损失? 乔某提出的损害赔偿范围合法吗?

2. 某甲在乙商场买一高压锅,回家后使用,过了一个月,甲在做饭时,高压锅因质量问题突然爆炸,将甲眼睛炸伤,花去医药费 10000 元。甲找乙商场,乙称系质量问题让甲找厂家,甲找厂家,厂家称锅已使用一个月,应当找乙商场,厂家不对顾客,过了一个月厂家不负责。

问:甲应当找谁? 此事如何处理? 法律依据是什么?

3. 甲在一天傍晚酒后骑车回家,因当天下雪路比较滑,乙单位在路上施工挖一坑,因下雪收工,见坑口较明显未设标志,准备待雪停后继续施工,甲由于喝酒,精力不集中,骑到坑前才发现,因路滑刹车不灵摔入坑中受伤,花去医药费 500 元。甲找乙赔,乙称是甲原因所致拒赔。甲诉至法院。

问:本案如何处理? 法律依据是什么?

第 五 章
行 政 法

❀ 导 语 ❀

　　行政法是调整国家行政关系,配置并控制行政权,确认和保障公民合法权益的各种法律规范的总和。它是我国法律体系中一个重要的部门法。随着我国社会主义市场经济的确立和发展,国家越来越强调依法行政。而行政法涉及的范围很广,它与我们每个人的生活息息相关。通过对本章的学习,有助于我们树立健康的公民意识,学会在行政管理活动中依法维护自己的权利,并尊重行政机关的活动和决定。本章主要对行政法基本内容进行概述,需要重点掌握的问题有:行政法的概念、行政法的基本原则、行政法律关系主体、行政行为等。

【引导案例】

　　某县公安局交警大队民警王可在下班回家的途中,看到一辆小汽车驶入禁行道,便上前将车拦住并对司机张亮说:"这是禁行道,前面有车辆禁行标志,没有看见吗?"张亮说:"对不起,真没有看见。"在对话中,王可闻到对方有酒气,便问:"你喝酒了吗?"王可回答说:"喝了一点啤酒,没事。再说你也下班了,何必多管事呢,不如大家交个朋友。"说完张亮拿给王可一张名片就开车要走。王可说:"这不行,你酒后驾车又驶入禁行道属于违章,罚款 50 元。"随后拿出行政处罚决定书填好并当场交给了张亮。第二天,张亮不服到县公安局申请复议。

【想一想】

　　王可的行为是个人行为,还是执行公务的行为?

第一节　行政法概述

一、行政法的概念

（一）行政

学习行政法我们首先要了解的概念就是行政。"行政"一词在日常生活中含义较多，一般是指"执行事务""政务的组织和管理"等。在此意义上，行政又可分别表示国家与公共事务的行政和社会组织、企业的行政。行政法上行政是指国家与公共事务的行政，相对于社会组织、企业的"私人行政"而言，通称为"公共行政"，即国家行政机关和其他公共行政组织对国家与公共事务的组织、管理、决策与调控。

（二）行政法

行政法是调整国家行政关系，配置并控制行政权，确认和保障公民合法权益的各种法律规范的总和。它是我国法律体系中一个重要的部门法。它具有以下主要特征：第一，从形式上看，行政法不同于宪法、刑法、民法，它没有统一完整的法典，它是由不同效力层次的法律规范组成的。行政法的这一特征是由社会公共事务的广泛性、复杂性、多变性和技术专业性所决定的。第二，从内容上看，行政法的内容十分广泛，且行政法中实体规范和程序规范没有严格的界限。

行政法按其调整对象的不同，可以分为行政组织法、行政行为法和行政监督法三类：

1. 行政组织法主要规定行政权的设定、行政权的范围、行政组织的规模和结构、行政机关的设置及权限分配、行政机关的对外管理形式以及公务员制度等；

2. 行政行为法主要是调整国家行政机关和行政公务员在行政管理活动中具有法律后果的行为的规范性文件，主要涉及行政行为的方式、行使各类行政权力的条件和程序等；

3. 行政监督法主要规定对行政权的监督及对违法行政行为后果的补救，具体包括国家权力机关的监督、行政自身的监督、群众监督和社会监督等有关的法律规定。

二、行政法律关系

行政法律关系是行政法在调整行政关系的过程中所形成的当事人之间的法律上的权利和义务关系。行政法律关系和其他法律关系一样，也由主体、客体和内容三要素构成。其中，行政法律关系的主体是指参加行政法律关系的各方当事人，包括行政主体、行政公务员、行政相对人以及对行政的监督主体;行政法律关系的内容指行政法律关系主体相互之间的权利和义务;行政法律关系客体是指行政法律关系主体的权利、义务所共同指向的对象或标的,包括物、与人身相联系的非物质财富和行为。

三、行政法的基本原则

行政法的基本原则,是指贯穿于行政法律关系之中,指导和规范行政法的立法、执法以及行政争议的处理的最主要、最具有普遍价值的原则。我国行政法的基本原则主要包括行政合法性原则和行政合理性原则。

(一)行政合法性原则

行政合法性原则是指行政权的存在、行使必须依据法律,符合法律,不得与法律相抵触。行政合法性原则要求行政机关进行行政管理时不仅应遵循宪法、法律,还应遵循行政法规、地方性法规、行政规章、自治条例和单行条例等。合法不仅指合乎实体法,也指合乎程序法。行政合法性原则的具体内容有:

1. 行政职权必须基于法律的设定和授予才能存在。合法性原则要求行政主体在其法定的权限内行使职权,任何没有法律根据的职权都是不应存在的。任何行政行为都必须以法定的行政职权为基础,非合法产生的行政职权不可能构成合法行政。例如,工商机关从事税务管理活动,就是典型的违反行政合法性原则的行为。法定权限不容非法超越,"是否超越职权"是司法审查的一个重要标准。

2. 行政职权必须依据行政法律规范行使。行政主体实施行政行为必须依照行政法律规范,依据行政法律规范行使行政职权是行政合法性原则为行政主体设定的一项义务或职责。而行政职权和行政职责是统一的。行政主体的职权相对于相对人而言是一种权力;而相对于国家而言则是一种义务。不履行或拖延履行法定职责,要承担相应的行政法律责任。

3. 行政授权、行政委托必须有行政法律规范的依据,不得违反行政法律规范的规定。在一般情况下,行政职权由法律明文规定的行政机关行使,但由于行政管理事务的复杂性,行政机关往往无法承担管理工作,而如果由具有一定资质的社会组织代为进行管理,能够更有效地处理一些技术性或者公益性较强的问题。因此,行政法律规范往往规定授权或者委托的形式。行政合法性原则要求行政授权或行政委托都必须有行政法律规范的明文规定,并严格按照法定程序进行,不得违反行政法律规范的规定。

(二)行政合理性原则

行政合理性原则是指行政主体不仅应当按照行政法律规范所规定的条件、种类和幅度范围作出行政行为,而且要求行政行为的内容要符合立法精神和目的,符合公平正义等法律理性。

行政合理性原则和行政合法性原则既有区别又有联系。行政合法性原则适用于行政法的所有领域,主要解决行政合法与非法的问题;行政合理性原则主要适用于自由裁量领域,主要解决行政是否适当的问题。通常一个行为如果触犯了行政合法性原则,就不再追究其是否存在合理性问题;而一个自由裁量行为,即使没有违反行政合法性原则,也可能引起合理性问题。而且随着国家立法进程的推进,原先属于合理性的问题可能被提升为合法性问题。

行政合理性原则作为一个普遍适用的行政法基本原则,具体内容包括:

1. 行政行为的动因应符合立法目的。任何行政法律规范的制定都是基于一定的社会需要,为了达到某种社会目的。而行政法律规范授予行政主体某种行政权力都是为了实现该项立法目的。即使没有成文法的规定,行政主体在运用行政权力时也必须符合立法目的。特别是在行政主体被赋予自由裁量权时,立法目的尤其要进行考虑。凡是有悖于立法目的的行为都是不合理的行为。

2. 行政行为应建立在正当考虑的基础上,不得考虑不相关因素,适用法律规范平等,不得对相同事实给予不同对待。所谓正当考虑,是指行政主体在作出某一行政行为时,在其最初的出发点和动机上,不得违背社会公平观念或法律精神,必须客观、实事求是,而不能主观臆断、脱离实际或存在法律动机以外的目的追求。如行政机关进行罚款的动机不是为了制裁违法行为,而是为了增加财政收入,为了改善工作人员的福利待遇,就属于不正当考虑。正当考虑要求行政主体不能以执行法律的名义,将自己的偏见、歧视、恶意等强加于公民或组织,同时要求其在实施行政活动时必须出于公心,不抱成见、偏见,平等地对待所有行政相对人。相同的事实给予相同的对待,不同的事实给予不同的对待。

3. 行政行为的内容应当符合自然规律和社会道德。

四、行政主体

(一)行政主体的概念和分类

行政主体是指能够以自己的名义实施国家行政管理职能并承受相应法律后果的国家行政机关和社会组织。行政主体具有以下特征:首先,行政主体是享有国家行政权力、实施行政活动的组织。其次,行政主体必须是能以自己的名义实施行政行为的组织。再次,行政主体必须是能依法独立承担其行为所产生的法律责任的组织。最后,行政主体包括行政机关和法律、法规授权的组织。一般来说,行政主体可以分为以下类别:

1. 一般行政机关

在我国,一般行政机关有九个层次:(1)国务院,是我国的最高行政机关。(2)国务院各部门,包括国务院各部、委、直属机构。(3)省级人民政府,包括省人民政府、自治区人民政府和直辖市人民政府。(4)省级人民政府的职能部门,通常称为

"厅""局"。(5)设区的市人民政府。(6)设区的市人民政府的职能部门,通常称为"局"。(7)县级人民政府,包括县人民政府、自治县人民政府和不设区的市人民政府、市辖区人民政府。(8)县级人民政府的职能部门,通常称为"局"。(9)乡级人民政府,包括乡人民政府、镇人民政府和民族乡人民政府。乡级人民政府是我国的基层行政机关。上述一般行政机关都有资格以自己的名义行使行政权力,也都以自己的名义承担相应的法律责任,包括在行政复议中作为被申请人、在行政诉讼中作为被告、在行政赔偿中作为行政赔偿义务机关,即使是在超越职权的情况下,它们也都能够以自己的名义承担法律责任。

2. 内设机构或者内部机构

一般行政机关不可能是空洞的,内部总是由一些机构组成,这些机构有时称"内部机构",有时称"内设机构"。这些内部机构一般不能成为行政主体,既不能以自己的名义行使行政权力,也不能以自己的名义承担相应的法律责任,除非得到法律、法规的特别授权。如教育部内设的司、局,工商局内设的科,就不是行政主体,虽然在实施行政管理时,与相对人直接发生关系的是这些内部机构,但它们不得以自己的名义行使行政权力,也不能以自己的名义承担相应的法律责任。公安机关内设的消防局、消防处、消防科可以成为行政主体,是因为有消防法的特别授权。没有得到法律、法规特别授权的内设机构,以自己的名义行使了行政权力,因此发生了纠纷,那么谁是被告?根据最高人民法院1999年关于行政诉讼法的司法解释的规定,这些内部机构的行为视为其所在的一般行政机关的行为。因此,部委的司、局和工商局的各个科既没有资格以自己的名义行使行政权力,也不能以自己的名义承担法律责任,此时只能以有资格的国务院部委、工商局为被告。

3. 综合执法机关

综合执法机关是由于某种特殊需要,由行政机关临时成立的一种行政组织。综合执法机关的名称非常复杂,如"联合执法队""综合执法局""办公室"等。综合执法机关的最大特点是由一个行政机关行使几个行政机关的权力。它的优点是可以减少行政机构和行政人员,同时执法的力度比较大;它的缺点是综合执法机关的人员比较少,而权力非常大,容易滥用权力,同时承担责任的主体不是很明确。因此,法律上对综合执法机关采取的态度是肯定这种做法,但又对其予以限制。《行政处罚法》规定,经过国务院批准或者国务院授权的省级政府批准成立的综合执法机关,有资格以自己的名义行使行政权。也就是说,它是行政主体。除此之外的其他国家机关批准成立的综合执法机关都不是行政主体,都无权以自己的名义作出行政决定。如果没有经过上述有权机关批准而成立的综合执法机关,无论是否以自己的名义作出行政决定,最后承担责任的都是组建该综合执法机关的行政机关。即无论是以综合执法机关的名义,还是以成立综合执法机关的行政机关的名义作出决定,最后承担法律责任的主体都是成立综合执法机关的行政机关,而不能是该综合执法机关。

4. 地方行政机关的派出机关和派出机构

派出机关和派出机构在法律上都不是具有独立地位的行政机关,因为它们的同级没有人大,都不是由同级人大产生的,而是由上级行政机关设置的。地方人民政府的派出机关有三类:(1)行政公署。由省级人民政府派出,其人员由省级人民政府任命,而不是由人民代表大会任命,因为其同级并不设人民代表大会;其管辖的范围称"地区";其代表省级人民政府对某一地区范围内的事务进行管理。行政公署现在越来越少了,因为大部分地区进行了"地改市",地区的范围变成了市的范围,行政公署改为市政府。设立行政公署的条件有两个:一是"在必要的时候";二是"经国务院批准"。(2)区公所。因县的范围太大,由县政府直接进行管理有所不便。因此,由县政府设立若干个区公所,代表县政府管辖若干个乡镇。设立区公所的条件有两个:一是"在必要的时候";二是"经省、自治区、直辖市的人民政府批准"。(3)街道办事处。在城市,由不设区的市、市辖区政府派出,代表不设区的市的政府或者区政府管辖若干个居民委员会,设立的条件是"经上一级人民政府批准"。

之所以称其为"派出机关",是因为它们不是一级政府组织。比如行政公署受省政府的委托,管理若干个县或县级市。行政公署最高的官员叫"专员",由省政府任命。在行政公署这一级,没有人大,没有人大常委会。区公所,是受县政府的委派,管理若干个乡镇。街道办事处也不是一级独立的政权组织。

而由政府的职能部门设立的、代表自己进行管理的称为"派出机构",主要有:(1)公安派出所,由公安局派出。(2)税务所,由税务局派出。(3)工商所,由工商局派出,等等。

"派出机关"和"派出机构"的名称不同,并不说明它们在法律地位上存在差异,而是便于区分派出它们的主体。实际上,他们的法律地位基本是相同的。派出机关和派出机构的法律地位包括三种:(1)由法律、法规授权。在授权范围之内有行政主体资格。(2)被行政机关委托。此时不是行政主体,没有资格以自己的名义行使权力。(3)最高人民法院的司法解释将派出机关和派出机构越权的情形分为幅度上越权和种类上越权,并分别确定责任主体。如果是在幅度上越权,从理论上讲,它是没有资格的。但是在幅度上有没有越权,只有经过审理之后才能知道,所以应由越权者自己承担责任。比如公安派出所,根据《治安管理处罚法》的规定,只能进行 500 元以下的罚款或者警告。如果罚了 501 元,该派出所即为被告。如果是在种类上越权,由决定成立派出机关或者派出机构的机关承担责任,因为种类越权一眼就可以看出来。如派出所作出行政拘留的处罚,就以设立派出所的公安局或者公安分局为被告。此外,在法理上两者也有区别,幅度上的越权是典型意义上的越权,而种类上的越权属于"无权限"。

（二）行政主体的职责

行政职权是国家行政权的转化形式，是行政主体实施国家行政管理活动的资格及其权能。行政职权一般可分为固有职权和授予职权两大类。行政职权的内容包括：行政立法权、行政决定权、行政处罚权、行政强制执行权、行政司法权。

行政优益权是国家为确保行政主体有效地行使职权和履行职责，而赋予其享有各种职务上或物质上优益条件的资格。行政优益权由行政优先权和行政受益权构成。行政优先权，是指行政主体在行使行政职权时依法所享有的种种优惠条件，只适用于行政主体依法履行公务期间。其内容主要包括：先行处置权、获得社会协助权、推定有效权。

行政职责，即行政主体行使国家赋予的行政职权，实施国家行政管理活动的过程中，所必须承担的法定义务。其具体内容主要包括：依法履行职务，遵守权限规定；符合法定目的，不滥用职权；遵守法定程序，不主观随意。

（三）公务员

《公务员法》第 2 条规定，公务员是指"依法履行公职、纳入国家行政编制、由国家财政负担工资福利的工作人员"。公务员不仅包括各级国家行政机关中除工勤人员以外的工作人员，而且包括各级党委机关、社会团体使用国家行政编制、由国家财政负担工资福利的机关以及立法、审判、检察机关中除工勤人员以外的工作人员。按公务员法的界定，列入我国公务员范围的机关工作人员大致是：中国共产党机关的工作人员、人大机关的工作人员、行政机关的工作人员、政协机关的工作人员、民主党派机关的工作人员。

五、行政行为

（一）行政行为的概念和分类

行政行为又称行政法律行为，是指行政主体行使行政职权，在行政管理过程中能够产生法律效果的行为。

行政行为的主要特征是：第一，法律性。行政行为是执行法律的行为，任何行政行为必须有法律依据，立法行为是创制法律规范，而行政行为是执行法律规范。第二，裁量性。行政行为具有自由裁量的余地。第三，单方意志性。行政主体可以自行决定和直接实施行政行为，而无需与行政相对方协商或征得其同意。第四，效力先定性。行政行为一经作出，就事先假定其符合法律规定。第五，强制性。以国家强制力作为实施的保障。

根据不同的标准，可以对行政行为作如下分类：

（1）行政行为以其对象是否特定为标准，可以分为抽象行政行为和具体行政行为。前者是针对普遍的、不特定的对象而作出的可以反复适用的行政行为，如行政立法；后者是针对特定的人或特定的事而作出的行为，如行政许可。

(2)行政行为以其管理的对象是否为社会事务为标准,可以分为外部行政行为和内部行政行为。前者是指行政主体依管理范围对社会上的行政事务所实施的行政行为;后者是指行政主体对内部的行政事务进行管理所实施的行政行为。外部行政行为对社会上的公民、法人或其他组织产生法律效果,而内部行政行为只对行政主体的内部机构和人员产生法律效果。

(3)行政行为以其受法律约束的程度为标准,可分为羁束的行政行为和自由裁量的行政行为。前者是指行为的范围、方式、手段等均由法律明确规定,行政主体必须严格依法执行的行为;后者是指法律对行为只规定了原则和幅度,行政主体可以斟酌、选择,将自己的意志参与其中的行为。

(4)行政行为以其是否需要具备法定形式为标准,可以分为要式行政行为和非要式行政行为。前者是指必须具备特定形式才能产生法律效果的行政行为,如行政处罚需要行政处罚决定书这种形式;后者是指不要求有特定形式,只要表达了意思就能产生法律效果的行政行为。

(5)行政行为以其直接动因为标准,可以分为依职权的行政行为和依申请的行政行为。前者是指行政主体根据法律赋予的职权,不需要公民、法人和其他组织请求而主动进行的行政行为,如公安机关维持社会治安的行为;后者是指行政主体应公民、法人或其他组织的申请而进行的行政行为,如颁发许可证的行为。

(二)行政行为的内容

行政行为作为行政主体行使行政职权的一种活动形式,其主要内容包括:

1. 赋予或剥夺权利、权能。赋予权利、权能是指行政主体依据法律规定,在相对人具备法定条件的情况下,通过行政行为使其获得以前所没有的某种权利、权能。如颁发证照、授予律师资格、授予专利权等。剥夺权利、权能则正好相反,是行政主体剥夺相对人某种既得的权利或权能,如撤销商标专用权、吊销证照等。无论是赋予权利、权能,还是剥夺权利、权能,都必须有法律根据并符合法律规定。

2. 设定或免除义务。设定义务是指行政主体通过行政行为命令相对人为一定的行为或不为一定的行为;免除义务是指行政主体解除相对人原来所负有的作为或不作为义务。设定义务同免除义务一样,均必须遵照法律规定。

3. 确认法律事实或法律地位。确认法律事实是行政主体通过行政行为对与某种法律关系有关联的事实作出认定;确认法律地位是指行政主体通过行政行为对某种法律关系是否存在加以认定。

(三)抽象行政行为

抽象行政行为是指行政主体非针对特定人、事与物所作出的具有普遍约束力的行政行为。它包括有关政府组织和机构制定的行政法规、行政规章、行政措施、作出具有普遍约束力的决定和命令。如抽象行政行为:政府向全市发布《某某市居民养犬规定》,规定城市不能养烈性狗,凡是养烈性狗的罚5000元。具体行政行为:你养烈性狗了,被抓住了,罚了你5000元。抽象行政行为的法律特征是:第一,抽象行政行为具有普遍约束力。它是针对一类事或一类人,而不是针对特定人或特定事作出的,如《某某市居民养犬规定》,因而具有普遍约束力。抽象行政行为是约束相对一群公民和组织的行为。第二,抽象行政行为具有间接的法律效果,它不能对行政相对人(如某某市居民)发生直接的权利义务的变化,而是使有关行政相对人拥有产生权利义务变化的依据。第三,抽象行政行为具有往后效力。它针对往后的事件作出,并只适用行政规则制定以后的行为和事件。它不仅对所有的公民和组织有效,而且在公布以后的所有时间内有效,直到被废止。这种往后效力,还表现在对同类行为在制定行政规则以后的时空里可以反复适用。

(四)具体行政行为

具体行政行为是指行政主体在国家行政管理活动中行使职权,针对特定的行政相对人,就特定的事项作出有关该行政相对人权利义务的单方行为。

具体行政行为的法律特征是:第一,具体行政行为体现了国家行政权的运作,其目的在于实现国家的行政目标,因而与立法行为和司法行为相区别。具体行政行为是行政主体的法律行为,是以它所拥有的行政职权为前提的。如违反交通规则被处罚,是由国家的交通管理机关作出处罚决定。第二,具体行政行为只对特定对象有效,不具有普遍约束力,所谓特定对象可以是某一相对人,也可以是特定的物,还可以是特定的行为。如违反交通规则被处罚,处罚的对象是特定的人——违反交通规则者。第三,具体行政行为能直接产生有关权利义务的法律效果,使行政相对人的权利义务发生变化、增加或者减少。但是,这种法律效果只对业已发生的特定的人和事件有拘束力,对以后发生的同类事件没有效力,只是一次性处理。如违反交通规则被罚款,就一次违规而言,行政机关的处罚只对这一次违规有效。下次再违规,交通管理机关需要再次作出处罚决定。第四,具体行政行为是一种单方行为。它由行政主体单方作出,其行政行为的成立不以行政相对人的同意为前提。如交通管理机关作出处罚决定,不必得到违反交通规则的人的同意。

具体行政行为具有公定力、确定力、拘束力、执行力。具体行政行为的一般合法要件包括:有确凿的事实证据、正确地适用法律法规、遵守法定行政程序、不得滥用职权。

第二节　行政处罚

一、行政处罚的概念与特征

行政处罚是指具有行政处罚权的行政主体为维护公共利益和社会秩序,保护

公民、法人或其他组织的合法权益,依法对行政相对人违反行政法律规范尚未构成犯罪的行为所实施的法律制裁。它具有以下特征:

1. 行政处罚的主体是具有行政处罚权的行政机关和法律法规授权的组织。实施行政处罚的主体主要是行政机关,但又不局限于行政机关。依照行政处罚法的规定,法律法规授权的组织在授权范围内也可以实施行政处罚,具有行政处罚的主体资格。

2. 行政处罚是针对行政相对人违反行政法律规范行为(违反行政管理秩序的行为)的制裁。行政处罚是对违反行政法律规范的行政相对人的人身自由、财产、名誉或其他权益的限制和剥夺,或者对其科以新的义务,体现了强烈的制裁性或惩戒性。

3. 行政处罚的目的是保障和监督行政机关有效实施行政管理,维护公共利益和社会秩序,保护公民、法人或者其他组织的合法权益;同时也是惩戒和教育违法者,使其以后不再触犯法律。

4. 行政处罚是对违反行政法律规范尚未构成犯罪的行政相对人的制裁。

二、行政处罚的种类

根据《行政处罚法》和现行法律、法规的规定,目前我国对行政处罚的分类有以下七种:

1. 警告。行政处罚的警告,是指行政机关或法律法规授权的组织,对违反行政法律规范的公民、法人或者其他组织所实施的一种书面形式的谴责和告诫。警告只具有精神惩戒作用,一般对实施轻微行政违法行为的相对人进行这种处罚。警告必须以书面形式作出,指明行为人的违法错误,并具有令其改正、纠正违法的性质,具有国家强制性。

2. 罚款。罚款,是指行政机关依法强制实施对行政违法行为的相对人在一定期限内缴纳一定数量货币的处罚行为。罚款是一种财产处罚,通过处罚使当事人在经济上受到损失,警示其今后不再发生违法行为。罚款是一种适用范围比较广泛的行政处罚,因而也是行政机关适用最经常、最普遍的行政处罚形式之一。罚款通常由法律、法规和规章规定一定的数额或者幅度。

3. 没收违法所得、没收非法财物。没收是行政机关将生产、保管、加工、运输、销售违禁物品或者实施其他营利性违法行为的相对人与违法行为相关的财物收归国有的制裁。没收范围包括违法所得和非法财物。违法所得是指公民、法人及其他组织在形式上有法律依据的前提下,因行为不符合法律所规定的要求而得到的收入。非法财物是指公民、法人或者其他组织在没有经行政管理机关允许的前提下,即进行了应当经行政管理机关批准的行为,因进行这些非法行为而得到的收入,应当属于没收的范围。如文化管理机关没收黄色书刊、工商行政管理机关没收假冒伪劣产品及其违法所得等。

4. 责令停产停业。责令停产停业是行政处罚的一种,是对工商企业和个体工商户适用的一种处罚方式。它是行政机关强令违法从事生产、经营者停止生产或经营的处罚。

5. 暂扣或者吊销许可证。吊销许可证或者执照是对违法者从事某种活动的权利或享有的某种资格的取消;而暂扣许可证或者执照,则是中止行为人从事某项活动的资格,待行为人改正以后或经过一定期限以后,再发还许可证、有关证书或执照。

6. 行政拘留。行政拘留又称治安拘留,是公安机关对违反治安管理的人在短期内剥夺其人身自由的一种强制性惩罚措施。行政拘留是行政处罚中最严厉的一种。

7. 法律、行政法规规定的其他行政处罚。

三、行政处罚适用的原则

行政处罚除适用处罚法定、公正、公开、处罚与教育相结合等行政处罚的基本原则外,还应适用"首先纠正违法行为"原则和"一事不再罚"原则。

1. "首先纠正违法行为"原则。《行政处罚法》第 23 条规定:"行政机关实施行政处罚时,应当责令当事人改正或者限期改正违法行为。"行政机关在处理违法案件时,无论对违法行为人处以何种行政处罚,都应当要求违法行为人及时纠正违法行为。这是现代法治原则的基本要求。

2. "一事不再罚"原则。《行政处罚法》第 24 条规定:"对当事人的同一个违法行为,不得给予两次以上罚款的行政处罚。"根据这一规定,在行政处罚中,一事不再罚原则的含义是:一是对同一违法行为,一个行政机关已经给予罚款处罚的,其他行政机关不得再次给予罚款处罚。二是如果一个机关已经给予罚款以外的其他种类处罚,如暂扣许可证或者暂扣执照等,其他机关不应再次给予相同的处罚。三是一个机关给予的处罚已经足以纠正违法行为的,其他机关不应再给予其他处罚。如果一个机关给予的处罚还不足以纠正违法行为时,则其他机关可以再给予其他处罚。

四、行政处罚程序

行政处罚程序是整个行政处罚的关键环节,是保障正确实施行政处罚的前提条件。它可分为简易程序、一般程序和听证程序三类。

1. 简易程序。行政处罚的简易程序又叫当场处罚程序,是指行政主体对符合法定条件的行政处罚事项,当场作出行政处罚决定的程序。《行政处罚法》第 33 条规定:"违法事实确凿并有法定依据,对公民处以五十元以下、对法人或者其他组织处以一千元以下罚款或者警告的行政处罚的,可以当场作出行政处罚决定。"根据该条规定,行政机关对行政违法行为适用简易程序,必须同时具备以下三个条件:第一,违法事实确凿;第二,有法定依据;第三,对公民处以 50 元以下、对法人或者其他组织处以 1000 元以下的罚款或者警告的行政处罚。

2. 一般程序。行政处罚的一般程序又称普通程序,是行政机关进行行政处罚所遵循的最基本的程序。与一般程序相比较,简易程序和听证程序均属于作出行政处罚决定的特殊程序。关于一般程序的适用范围,根据《行政处罚法》第 36 条的规定,一般程序适用于除依据简易程序作出的行政处罚以外的其他行政案件。一般程序适用的具体过程应包括以下几个阶段:立案、调查取证、告知当事人、听取当事人的陈述和申辩或举行听证、作出行政处罚决定、制作行政处罚决定书、行政处罚决定书的送达。

3. 听证程序。行政处罚的听证程序是一般程序中的特别程序,是指行政机关为了查明案件事实,公正合理地实施行政处罚,在作出责令停产停业、吊销许可证或者执照、较大数额罚款等行政处罚决定之前,应当事人要求,通过公开举行由有关各方利害关系人参加的听证会,广泛听取意见的方式、方法和制度。《行政处罚法》第 42 条、第 43 条对听证程序作出了规定。根据《行政处罚法》第 42 条的规定,听证的范围限于行政机关给予责令停产停业、吊销许可证或者执照、较大数额罚款等三种行政处罚案件。

行政机关举行听证必须同时具备以下两个条件:第一,案件在听证适用范围之内;第二,当事人要求听证。行政机关在正式作出上述三类行政处罚决定之前,应当告知当事人有要求举行听证的权利。如果当事人要求听证,行政机关应当组织听证,组织听证的费用由行政机关承担。

第三节　行政复议

一、行政复议的概念和特征

行政复议,是指行政管理相对人认为行政主体的具体行政行为侵犯其合法权益,依法向有权的行政复议机关提出复议申请,受理申请的复议机关依照法定程序,对引起争议的具体行政行为进行审查并作出裁决的活动。它具有以下几个主要特征:

1. 行政复议的申请人和被申请人必须是行政法律关系的主体。其中申请人在发生争议的行政法律关系中处于行政管理相对方地位;被申请人则是行政管理主体。

2. 行政复议机关必须是依法有权对具体行政行为进行审查并作出裁决的行

政机关。根据我国行政复议法规定,行政复议机关原则上由作出具体行政行为的行政机关的上一级行政机关担任,包括上一级主管部门、上一级人民政府。但是对省、自治区、直辖市人民政府以及国务院各部、委作出的具体行政行为不服而申请的复议,仍由原部门充当复议机关。

3. 行政复议以行政相对人在法定期限内向复议机关提出申请为前提条件。行政复议是一种"依申请行为",而不是"依职权行为",只有行政相对人在法定期限内向复议机关提出申请,复议机关才能进行复议。

4. 行政复议原则上不适用调解。行政复议的被申请人作为行政主体是代表国家行使行政管理职权,它所享有的行政职权是法律赋予的,这就决定了行政主体无权处分国家所赋予的职权。因而也就决定了复议机关原则上不适用调解的方法处理行政复议案件。但有下列情形之一的,行政复议机关可以按照自愿、合法的原则进行调解:一是公民、法人或者其他组织对行政机关行使法律、法规规定的自由裁量权作出的具体行政行为不服申请行政复议的。二是当事人之间的行政赔偿或者行政补偿纠纷。当事人经调解达成协议的,行政复议机关应当制作加盖行政复议机关印章的行政复议调解书。行政复议调解书经双方当事人签字,即具有法律效力。调解未达成协议或者调解书生效前一方反悔的,行政复议机关应当及时作出行政复议决定。

二、行政复议的受案范围

根据我国行政复议法的规定,可以申请行政复议的具体行政行为主要有:

1. 对行政处罚不服,可以申请复议。行政处罚是行政主体对违反行政法律、法规的公民、法人或其他组织的惩戒性制裁。行政处罚主要有没收违法所得、罚款、责令停止营业或吊销营业执照、拘留等。

2. 对行政强制不服,可以申请复议。行政强制是指行政主体依照有关法律、法规的规定,为限制公民人身自由和公民、组织的财产权而采取的强制性措施,以及为实现某种目的而采取的强制执行措施。行政强制分为三类:一类是限制人身自由的,如强制隔离等;另一类是限制财产权行使的,如查封、扣押、冻结等;还有一类是强制执行,如责令退还所收费用等。

3. 对行政不作为不服的,可以申请复议。行政不作为是指行政主体依职责应为一定行为而不为。这是一种失职、渎职的行为。行政不作为主要包括以下三种情况:一是行政相对人认为符合法定条件向行政主体申请颁发许可证或执照,而行政主体拒绝颁发或不予答复的;二是行政相对人申请行政主体履行保护人身权、财产权的法定职责,行政主体拒绝履行或者不予答复的;三是行政相对人认为行政主体没有依法发给其抚恤金的。

4. 对行政侵权行为,可以申请复议。行政侵权是指行政主体在进行行政管理的过程中,侵犯了行政相对人的合法权益的行为,如违法要求行政相对人履行义务。

但是,对于行政立法行为,行政主体内部行政行为以及行政主体关于民事纠纷的仲裁、调解或者处理不服的,不能申请行政复议。

三、行政复议程序

根据行政复议法的规定,行政复议程序包括以下几个阶段:

1. 行政复议的申请及受理。行政复议的申请,是指行政相对人认为行政主体的具体行政行为侵犯其合法权益,在法定期限内向复议机关提出请求复议的行为。复议机关在收到复议申请后,根据复议申请的不同情况作出以下处理:对于符合申请复议条件的,依法作出予以受理的处理;对于不符合申请复议条件的,依法作出不予受理的处理,并告知理由;对于复议申请书不符合法定要求的,依法发还申请人,并通知申请人补正,补正通知中应当载明需要补正的事项和合理的补正期限,无正当理由过期不补正的,视为申请人放弃行政复议申请。如果复议申请人提出复议申请后,复议机关无正当理由拒绝受理复议申请或对复议申请不予答复,复议申请人可以向复议机关的上一级行政机关或法律、法规规定的行政机关、权力机关反映,上述机关应当责令复议机关受理或答复。申请人对复议机关不予受理的裁决不服的,也可以依法向人民法院提起诉讼。

2. 行政复议案件的审理和决定。行政复议案件的审理是指复议机关对复议案件的事实是否清楚,适用法律是否明确,程序是否合法进行审查的过程。行政复议决定是复议机关审理复议案件后,对有争议的具体行政行为作出的具有法律效力的处理结论。根据法律规定,行政复议机关在申请人的行政复议请求范围内,不得作出对申请人更为不利的行政复议决定。复议机关对复议案件经过审理,依法可以作出以下复议决定:具体行政行为是合法、适当的,则决定维持;具体行政行为合法、适当,但在法定程序上有不足的,决定由被申请人弥补程序上的不足之处;认为被申请人不履行法定职责的,责令其在一定期限内履行;认为具体行政行为违法或不当的,则决定撤销、变更、确认违法或重新作出具体行政行为。

行政复议决定应当在收到复议申请书之日起 60 日内作出,法律规定少于 60 日的,从其规定。

第四节　行政许可

一、行政许可的概念与特点

根据《行政许可法》的规定,行政许可是指行政机关根据公民、法人或者其他

组织的申请,经依法审查,准予其从事特定活动的行为。行政许可有以下几点特点:

1. 行政许可是行政主体对管理相对人所为的具体行政行为。行政许可作为行政主体对管理相对人的解禁行为,它是对被许可人这一特定对象,就被许可事项这一特定事实而作出的产生直接法律效果的行为。这是行政许可的基本特点。

2. 行政许可是依申请的行政行为。行政许可一般都依相对方的申请,行政主体并不因管理相对人准备从事某项活动就主动地颁发行政许可证,这与行政主体的依职权行为有明显区别。因此,管理相对人的申请是行政许可的前提条件。

3. 行政许可是承认被许可人某种能力或资格的行为。行政许可不同于行政处罚、行政强制措施等对管理相对人科以义务的行为,而是免除被许可人某种不作为义务,使被许可人可以行使某种权利。这是行政许可在内容上的特点。

二、行政许可的原则

1. 合法原则。《行政许可法》第4条规定:"设定和实施行政许可,应当依照法定的权限、范围、条件和程序。"

2. 公开、公平、公正的原则。《行政许可法》第5条规定:"设定和实施行政许可,应当遵循公开、公平、公正的原则。有关行政许可的规定应当公布;未经公布的,不得作为实施行政许可的依据。行政许可的实施和结果,除涉及国家秘密、商业秘密或者个人隐私的外,应当公开。符合法定条件、标准的,申请人有依法取得行政许可的平等权利,行政机关不得歧视。"

3. 便民原则。《行政许可法》第6条规定:"实施行政许可,应当遵循便民的原则,提高办事效率,提供优质服务。"

4. 救济原则。《行政许可法》第7条规定:"公民、法人或者其他组织对行政机关实施行政许可,享有陈述权、申辩权;有权依法申请行政复议或者提起行政诉讼;其合法权益因行政机关违法实施行政许可受到损害的,有权依法要求赔偿。"

5. 信赖保护原则。《行政许可法》第8条规定:"公民、法人或者其他组织依法取得的行政许可受法律保护,行政机关不得擅自改变已经生效的行政许可。行政许可所依据的法律、法规、规章修改或者废止,或者准予行政许可所依据的客观情况发生重大变化的,为了公共利益的需要,行政机关可以依法变更或者撤回已经生效的行政许可。由此给公民、法人或者其他组织造成财产损失的,行政机关应当依法给予补偿。"

6. 禁止转让原则。《行政许可法》第9条规定:"依法取得的行政许可,除法律、法规规定依照法定条件和程序可以转让的外,不得转让。"

7. 监督原则。《行政许可法》第10条规定:"县级以上人民政府应当建立健全对行政机关实施行政许可的监督制度,加强对行政机关实施行政许可的监督检查。

行政机关应当对公民、法人或者其他组织从事行政许可事项的活动实施有效监督"。

三、行政许可的设定

设定行政许可,应当遵循经济和社会发展规律,有利于发挥公民、法人或者其他组织的积极性、主动性,维护公共利益和社会秩序,促进经济、社会和生态环境协调发展。

根据《行政许可法》第12条的规定,下列事项可以设定行政许可:直接涉及国家安全、公共安全、经济宏观调控、生态环境保护以及直接关系人身健康、生命财产安全等特定活动,需要按照法定条件予以批准的事项;有限自然资源开发利用、公共资源配置以及直接关系公共利益的特定行业的市场准入等,需要赋予特定权利的事项;提供公众服务并且直接关系公共利益的职业、行业,需要确定具备特殊信誉、特殊条件或者特殊技能等资格、资质的事项;直接关系公共安全、人身健康、生命财产安全的重要设备、设施、产品、物品,需要按照技术标准、技术规范,通过检验、检测、检疫等方式进行审定的事项;企业或者其他组织的设立等,需要确定主体资格的事项;法律、行政法规规定可以设定行政许可的其他事项。

同时,《行政许可法》第13条规定了行政许可设定的优先原则,即通过下列方式能够予以规范的,可以不设行政许可:公民、法人或者其他组织能够自主决定的;市场竞争机制能够有效调节的;行业组织或者中介机构能够自律管理的;行政机关采用事后监督等其他行政管理方式能够解决的。

另外,就行政许可设定权的分配问题,《行政许可法》分别规定了法律、行政法规、地方性法规和规章的权限。

四、行政许可的实施机关

行政许可由具有行政许可权的行政机关在其法定职权范围内实施。法律、法规授权的具有管理公共事务职能的组织,在法定授权范围内,以自己的名义实施行政许可。被授权的组织适用《行政许可法》有关行政机关的规定。行政机关在其法定职权范围内,依照法律、法规、规章的规定,可以委托其他行政机关实施行政许可。

经国务院批准,省、自治区、直辖市人民政府根据精简、统一、效能的原则,可以决定一个行政机关行使有关行政机关的行政许可权。

行政许可需要行政机关内设的多个机构办理的,该行政机关应当确定一个机构统一受理行政许可申请,统一送达行政许可决定。行政许可依法由地方人民政府两个以上部门分别实施的,本级人民政府可以确定一个部门受理行政许可申请并转告有关部门分别提出意见后统一办理,或者组织有关部门联合办理、集中办理。

五、行政许可的实施程序

行政许可的实施程序包括申请与受理、审查与决定、期限、听证、变更与延续等。

1. 申请与受理。公民、法人或者其他组织从事特定活动,依法需要取得行政许可的,应当向行政机关提出申请。行政机关对申请人提出的行政许可申请,应当根据不同情况分别作出处理。行政机关受理或者不予受理行政许可申请,应当出具加盖本行政机关专用印章和注明日期的书面凭证。

2. 审查与决定。行政机关应当对申请人提交的申请材料进行审查。申请人提交的申请材料齐全、符合法定形式,行政机关能够当场作出决定的,应当当场作出书面的行政许可决定。根据法定条件和程序,需要对申请材料的实质内容进行核实的,行政机关应当指派两名以上工作人员进行核查。

行政机关对行政许可申请进行审查时,发现行政许可事项直接关系他人重大利益的,应当告知该利害关系人。申请人、利害关系人有权进行陈述和申辩。行政机关应当听取申请人、利害关系人的意见。

行政机关对行政许可申请进行审查后,除当场作出行政许可决定的外,应当在法定期限内按照规定程序作出行政许可决定。行政机关作出的准予行政许可决定,应当予以公开,公众有权查阅。

3. 期限。除可以当场作出行政许可决定的外,行政机关应当自受理行政许可申请之日起 20 日内作出行政许可决定。20 日内不能作出决定的,经本行政机关负责人批准,可以延长 10 日,并应当将延长期限的理由告知申请人。但是,法律、法规另有规定的,依照其规定。

行政许可采取统一办理或者联合办理、集中办理的,办理的时间不得超过 45 日;45 日内不能办结的,经本级人民政府负责人批准,可以延长 15 日,并应当将延长期限的理由告知申请人。

4. 听证。法律、法规、规章规定实施行政许可应当听证的事项,或者行政机关认为需要听证的其他涉及公共利益的重大行政许可事项,行政机关应当向社会公告,并举行听证。

行政许可直接涉及申请人与他人之间重大利益关系的,行政机关在作出行政许可决定前,应当告知申请人、利害关系人享有要求听证的权利;申请人、利害关系人在被告知听证权利之日起 5 日内提出听证申请的,行政机关应当在 20 日内组织听证。申请人、利害关系人不承担行政机关组织听证的费用。

听证要按照《行政许可法》规定的程序进行。听证应当制作笔录,行政机关应当根据听证笔录,作出行政许可决定。

5. 变更与延续。被许可人要求变更行政许可事项的,应当向作出行政许可决定的行政机关提出申请;符合法定条件、标准的,行政机关应当依法办理变更手续。

被许可人需要延续依法取得的行政许可的有效期的,应当在该行政许可有效期届满 30 日前向作出行政许可决定的行政机关提出申请。但是,法律、法规、规章另有规定的,依照其规定。行政机关应当根据被许可人的申请,在该行政许可有效期届满前作出是否准予延续的决定;逾期未作决定的,视为准予延续。

第五节　行政强制

一、行政强制概述

(一)行政强制的概念与特点

行政强制,包括行政强制措施和行政强制执行,是指行政主体为维护国家与社会的管理秩序,或者为迫使行政相对人履行特定行政法上的义务,而通过强制方法实施的具体行政行为。行政强制具有以下特点:

1. 行政强制具有强制性。行政强制是国家强制力在行政管理领域内的反映和具体化,它的存在是基于行政管理的需要。如果国家没有行政强制力作为最后的保障,那么国家、社会就难以持续、健康地发展,国家的行政就无从谈起。

2. 行政强制的主体是行政主体。实施行政强制的主体必须是法律、行政法规明确规定的。如果没有法律、行政法规的明确规定,行政主体必须向人民法院申请强制执行,但这并不影响行政主体作为行政强制主体的地位。

3. 行政强制的对象是行政相对人。行政强制是针对拒不履行行政法律规范规定的义务的行政相对人,或者为了维护社会秩序、保护他人的合法权益对行政相对人的人身、财产做出的强制性具体行政行为。

4. 行政强制的目的是实现一定的行政目的。保障行政管理的顺利进行,保障国家、社会和他人的合法权益免受侵害。

(二)行政强制设定与实施的基本原则

1. 行政强制法定原则。这一原则要求行政主体实行行政强制必须事先得到法律的授权,并严格在法律的范围内行使,凡法律没有规定的不得为之。因为,无论是行政强制措施还是行政强制执行,都是行政主体采取国家强制力直接影响行政相对人合法权益的行为,自然要严格遵守法定原则。行政强制法定原则的内容应当包括:设定权法定,实施主体法定,方式和手段法定,被强制的对象法定以及强制程序法定。

2. 期待当事人履行原则。这一原则是现代行政法所倡导的服务和合作精神在行政强制领域的具体要求和体现。作为行政管理的必要法律手段,行政强制也应当尽量期待相对人自觉履行行政法上的义务,不到万不得已的情况下,就不采用。期待当事人履行原则,要求实施行政强制时要做到:充分说明理由,充分告知程序,穷尽非强制手段。

3. 尽量减少损失原则(最小损失原则)。这一原则是行政法上比例原则在行政强制中的具体要求。出于保护行政相对人基本人权的需要,行政强制的实施更应受到比例原则的严格限制。要求行政强制的采取必须出于维护公共利益和公共秩序的需要,同时要选择对行政相对人权益侵害最小的强制手段,使行政相对人权益的侵害要明显小于所要维护的公共利益和公共秩序,尽量减少行政相对人的损失。

4. 间接强制优于直接强制原则。这一原则适用于行政强制执行,要求行政主体在进行强制执行时,必须选择对相对人造成损失较小的间接强制手段,只有在采取间接强制无效或无法被采取时,才能选择直接强制,这是期待履行原则和尽量减小损失原则在行政强制领域的延伸。

二、行政强制措施

(一)行政强制措施概述

1. 概念

行政强制措施,是指行政机关在行政管理过程中,为制止违法行为、防止证据损毁、避免危害发生、控制危险扩大等情形,依法对公民的人身自由实施暂时性限制,或者对公民、法人或者其他组织的财物实施暂时性控制的行为。

行政强制措施的目的,一般包括:(1)调查,即行政机关为了查明某种事实而采取强制措施;(2)预防,即行政机关为了预防出现某种违法行为或危险状态而采取强制措施;(3)征用,即行政机关在紧急情况下为征用物资、财产而采取强制措施。

2. 类型

行政强制措施非常常见,如交通管制、强制隔离、强制治疗、强制驱散、强制传唤、查封场所、扣押物品、冻结财产等。根据《行政强制法》,行政强制措施可分为以下类型:

(1)限制人身自由的行政强制措施。

(2)查封。包括对场所的查封、对设施的查封,以及对财物的查封。

(3)冻结存款、汇款。

(4)其他行政强制措施。

(二)行政强制措施的设定

行政强制措施的设定,必须依照法定的权限、范围、条件和程序进行。

1. 创设

行政强制措施的创设权限,由高到低依次分为以下层级:

(1)法律。法律可以创设各类行政强制措施。其中,限制人身自由和冻结存款、汇款的行政强制措施,只能由法律设定。

(2)行政法规。尚未制定法律的,且属于国务院行政管理职权事项,行政法规可以创设除限制人身自由、冻结存款、汇款以及法律保留事项以外的各类行政强制措施。

(3)地方性法规。尚未制定法律、行政法规的,且属于地方性事务的,地方性法规可以创设查封、扣押两种行政强制措施。这里应注意,此处两个条件均为必要。如果不属于地方性事务,或者已经制定上位法,则地方性法规均无权创设行政强制措施。

(4)其他规范性文件。如国务院部门规章、地方政府规章,以及规范层次更低的规范性文件,一律不得创设行政强制措施。

2. 具体规定

法律已经规定行政强制措施的,行政法规、地方性法规不得对其对象、条件、种类做出扩大规定。法律、法规以外的各类规范性文件,均不得对行政强制措施予以具体规定。

3. 设定程序

行政强制措施的设定程序,与行政许可的设定程序,并无差异。可细分为:

(1)听取意见程序。起草法律草案、法规草案,拟设定行政强制措施的,起草单位应当采取听证会、论证会等形式听取意见,并向制定机关说明设定该行政强制措施的必要性、可能产生的影响以及听取和采纳意见的情况。

(2)评价机制。包括设定机关的定期评价程序、实施机关的评价程序、公众的参与程序等。

设定机关的定期评价程序:行政强制措施的设定机关应当定期对其设定的行政强制措施进行评价,并对不适当的行政强制措施及时予以修改或者废止。

实施机关的评价程序:行政强制措施的实施机关可以对已设定的行政强制措施的实施情况及存在的必要性适时进行评价,并将意见报告该行政强制措施的设定机关。

需注意的是,设定机关的定期评价机制,是强制性的规则;而实施机关的评价机制,并非定期评价,也不是强制性的。

公众的参与程序:对行政强制措施的设定和实施,公民、法人或者其他组织可以向行政强制措施的设定机关和实施机关提出意见和建议。有关机关应当认真研究论证,并以适当方式予以反馈。

(三)行政强制措施的实施主体

包括实施机关和实施人员,两者均有法定要求。

1. 机关法定

法律、法规规定的行政机关在法定职权范围内实施。行政强制不得委托实施。但是,集中行政处罚权的行政机关,可以实施法律、法规规定的相关行政强制措施。

2. 人员法定

由行政机关具备资格的行政执法人员实施。

(四)行政强制措施的一般程序

1. 一般规则

行政强制措施的一般程序是:报请行政机关负责人批准→两人以上表明身份→通知当事人到场→告知权利→听取陈述申辩→制作现场笔录→各方签名盖章。

2. 特殊规则

(1)紧急情况下当场实施行政强制措施的特殊规则,批准程序从事前变为事后。情况紧急需要当场实施行政强制措施的,可不经事先批准,24 小时内向行政机关负责人报告,补办批准程序;负责人认为不应当采取的,应立即解除。

(2)限制人身自由的特殊规则,应立即通知家属。实施限制公民人身自由的行政强制措施,应当场(或实施后立即)通知家属,实施行政强制措施的机关、地点和期限。

(五)查封、扣押的程序

查封、扣押的实施,应当遵循行政强制措施的一般程序,同时应遵循《行政强制法》等法律规定的特殊规定。

1. 实施主体

查封、扣押应当由法律、法规规定的行政机关实施。相应的,其他任何行政机关或组织均不得实施。

2. 适用对象

(1)一般情形。查封、扣押限于涉案的场所、设施或者财物。不能查封、扣押与违法行为无关的场所、设施或者财物。

(2)生存权保障。不得查封和扣押公民个人及其所扶养家属的生活必需品。

(3)不得重复查封。当事人的场所、设施或者财物已被其他国家机关依法查封的,不得重复查封。

3. 实施程序

实施查封、扣押时,应当履行行政强制措施的一般程序,制作并当场交付查封、扣押决定书及清单。查封、扣押清单一式二份,由当事人和行政机关分别保存。

查封、扣押决定书应当载明:当事人的姓名或者名称、地址;查封、扣押的理由、依据和期限;查封、扣押场所、设施或者财物的名称、数量等;申请行政复议或者提起行政诉讼的途径和期限;行政机关的名称、印章和日期。

4. 实施期限

查封、扣押的期限不得超过 30 日,情况复杂的经行政机关负责人批准可以延长,延长期限不得超过 30 日,但法律、行政法规另有规定的除外。

5. 后续措施

查封、扣押作为行政强制措施,具有暂时性,不能长期延续下去。根据不同情况,行政机关应当在法定期限之内,对查封、扣押的对象做出如下两种处理:

(1)没收或销毁。对违法事实清楚,依法应当没收的非法财物予以没收,依法应当销毁的予以销毁。

(2)及时解除。当事人没有违法行为;查封、扣押的对象与违法行为无关;对违法行为已经作出处理,无须继续采取强制措施;查封、扣押期限已经届满的,以及其他不再需要采取查封、扣押措施的情形,均应及时解除查封、扣押决定。

解除查封、扣押后应当立即退还财物,已将鲜活物品或其他不易保管的财物拍卖或变卖的应退还所得款项,变卖价格明显低于市场价格的应给予补偿。

(六)冻结的程序

冻结在各类行政强制措施中,因其对财产权的直接影响,具有一些特殊性:

1. 实施主体

冻结只能由法律设定,相应的,只有法律规定的行政机关才能实施冻结,其他任何行政机关或组织不得实施冻结。法律规定以外的行政机关或者组织要求冻结当事人存款、汇款的,金融机构应当拒绝。冻结不能委托其他行政机关或组织实施。

2. 针对对象

冻结的对象是与违法行为涉及的金额相当的存款、汇款。已被其他国家机关依法冻结的不得重复冻结。

3. 实施程序

(1)依法实施冻结的,应向行政机关负责人报告并经批准,由两名以上行政执法人员实施,出示执法身份证件,制作笔录,并向金融机构交付冻结通知书。

(2)金融机构接到行政机关的冻结通知书后,应当立即予以冻结不得拖延,不得在冻结前向当事人泄露信息。

(3)送达冻结决定。作出冻结决定的行政机关应当在 3 日内向当事人交付冻结决定书。

冻结决定书应当载明:当事人的姓名或者名称、地址;冻结的理由、依据和期限;冻结的账号和数额;申请行政复议或者提起行政诉讼的途径和期限;行政机关的名称、印章和日期。

4. 冻结期限

冻结的时间不得超过 30 日,情况复杂的经行政机关负责人批准可以再延长不超过 30 日的时间,但法律另有规定的除外。延长冻结的决定应当及时书面告知当事人,并说明理由。在该期限内行政机关应作出处理决定或作出解除冻结决定。

5. 后续措施

冻结作为行政强制措施之一,具有暂时性。根据不同情况,行政机关应当在法定期限之内,对冻结的款项做出如下两种处理:

(1)划拨。对违法事实清楚,且被冻结款项依法应当收缴的,予以划拨。

(2)解除。当事人没有违法行为;或者冻结的款项与违法行为无关;或者对违法行为已经作出处理决定,不再需要冻结;或者冻结期限届满,以及其他不再需要采取冻结措施的,行政机关均应当及时解除冻结。

行政机关逾期未作出处理决定或解除冻结的,金融机构应当自冻结期满之日起直接解除冻结。

三、行政强制执行

行政强制执行,包括行政机关自己强制执行,以及行政机关申请法院强制执行(非诉执行)。此处以行政机关自己强制行为主要内容。

(一)行政强制执行概述

1. 概念

行政强制执行是使用强制手段实现另一具体行政行为(一般称为先在行为)所确定的权利义务的国家执行制度。行政机关依法作出行政决定后,当事人在行政机关决定的期限内不履行义务的,具有行政强制执行权的行政机关依法强制执行,迫使其履行义务或达到义务履行的同一状态。

2. 类型

行政强制执行分为间接强制执行和直接强制执行。

(1)间接强制执行。间接强制包括代履行和执行罚。

代履行是指当事人对行政决定逾期不履行,经催告后仍不履行,其后果已经或即将危害到交通安全、造成环境污染或破坏自然资源的,由他人代为履行可以达到相同目的的,行政机关可以自己代为履行或者委托第三人代为履行,并向义务人征收代履行费用的强制执行制度。代履行主要适用于该行政法义务属于可以由他人代替履行的作为义务,例如拆除违章建筑。对于不能够由他人替代的义务和不作为义务,特别是与人身有关的义务,则不能适用代履行。

执行罚是指当事人逾期不履行行政决定,由行政机关对当事人加处罚款或者滞纳金,以促使其履行义务的强制行政制度。执行罚的种类包括加处罚款、滞纳金。

(2)直接强制执行。

直接强制是行政机关直接对当事人的人身或财产采取强制措施,以实现行政决定的制度。其种类有:①划拨存款、汇款;②拍卖或依法处理查封、扣押的财产、场所、设施;③排除妨碍、恢复原状;④其他直接强制执行方式。

(二)行政强制执行的设定

行政强制执行只能由法律设定。根据《行政强制法》的规定,法律以外的行政法规、地方性法规、部门规章和地方政府规章以及其他各类规范性文件,均无权创设行政强制执行。

(三)行政强制执行的实施主体

具有直接强制执行权的机关,应当自行实施强制执行;没有直接强制执行权的机关,只能申请法院非诉执行。但是,依法拥有查封、扣押权的行政机关,对财产实施查封、扣押后,此后又需要拍卖该财产用于实现当事人金钱缴纳义务的,在当事人不复议也不诉讼的情况下,经催告后可以进行拍卖。事实上,这些机关就等于间接地拥有了一部分直接强制执行的权力,即拍卖权。

(四)行政强制执行的一般原则

1. 一般程序

行政机关的强制执行,一般按照如下程序展开:

(1)启动。

行政机关作出行政决定后,当事人在行政决定的期限内不履行义务的,具有行政强制执行权的行政机关可以依法实施强制执行。

(2)催告。

行政机关做出强制执行决定之前,应当事先书面催告当事人履行义务。催告应载明履行义务的期限、方式,以及当事人的陈述、申辩权利。如果涉及金钱给付的,催告应有明确的金额和给付方式。

(3)陈述申辩。

当事人收到催告书后可进行陈述申辩,行政机关应当充分听取当事人意见并进行记录、复核。当事人提出的事实、理由、证据成立的,行政机关应当采纳。

(4)强制执行决定。

经催告当事人逾期无正当理由仍不履行的,行政机关可以作出强制执行决定。

(5)中止与终结。

有下列情形之一的,应当中止执行:当事人履行确有困难或暂时无履行能力的;第三人对执行标的主张权利确有理由的;执行可能造成难以弥补的损失,且中止执行不损害公共利益的;以及行政机关认为需要中止执行的其他情形。中止执行的情形消失后,行政机关应当恢复执行。对没有明显社会危害,当事人确无能力履行,中止执行满3年未恢复执行的,不再执行。

有下列情形之一的,终结执行:①公民死亡,无遗产可供执行又无义务承受人的;②法人或其他组织终止,无财产可供执行又无义务承受人的;③执行标的灭失的;④据以执行的行政决定被撤销的;⑤行政机关认为需要终结执行的其他情形。

(6)改正错误。

在执行中或执行完毕后,据以执行的行政决定被撤销、变更或执行错误的,应当恢复原状或返还财物,不能恢复或返还的给予赔偿。

2. 行政强制执行的特殊规则

(1)执行协议。

实施行政强制执行,行政机关可以在不损害公共利益和他人合法权益的情况下,与当事人达成执行协议。执行协议可以约定分阶段履行;当事人采取补救措施的,可以减免加处的罚款或者滞纳金。执行协议应当履行。如当事人不履行执行协议,行政机关应当恢复强制执行。

(2)人性化执行。

除情况紧急外,行政机关不得在夜间或者法定节假日实施行政强制执行;行政机关不得对居民生活采取停止供水、供电、供热、供燃气等方式迫使当事人履行相关行政决定。

(五)金钱给付义务的执行程序

金钱给付义务如纳税、收费、缴纳罚款等,均按照先间接、后直接的方式强制执行,即先处以执行罚,仍不履行的对财产予以划拨或拍卖。

1. 执行罚

行政机关依法作出金钱给付义务的决定,当事人逾期不履行的,行政机关可以依法加处罚款或滞纳金。加处罚款或滞纳金的标准应当告知当事人。加处罚款或滞纳金的数额不得超出金钱给付义务的数额。

2. 划拨或拍卖

加处罚款或滞纳金超过 30 日,经催告当事人仍不履行的具有行政强制执行权的机关可以直接划拨款项或拍卖财产用于抵缴。划拨的款项和拍卖所得的款项,应当上缴国库或划入财政专户,行政机关或个人不得以任何形式截留、私分或变相私分。

划拨存款、汇款应当由法律规定的行政机关决定,并书面通知金融机构。金融机构接到行政机关依法作出划拨存款、汇款的决定后,应当立即划拨。法律规定以外的行政机关或者组织要求划拨当事人存款、汇款的,金融机构应当拒绝。

依法拍卖财物,由行政机关委托拍卖机构依照《中华人民共和国拍卖法》的规定办理。

(六)代履行的程序

代履行适用于排除妨碍、恢复原状义务的强制执行,如拆除违章建筑、清除障碍物等。

1. 适用情形

行政机关作出要求当事人排除妨碍、恢复原状的行政决定,当事人逾期不履行,经催告仍不履行,其后果已经或将危害交通安全、造成环境污染或破坏自然资源的,行政机关可以代履行,或委托没有利害关系的第三人代履行。

2. 一般程序

代履行一般遵守下列程序:

(1)送达。代履行前应先送达代履行决定书。

(2)催告。代履行3日前再催告当事人履行,当事人履行的即停止代履行。

(3)派员监督。代履行时行政机关应当派员到场监督。

(4)签章确认。代履行完毕,行政机关到场监督的工作人员、代履行人和当事人或见证人应当在执行文书上签名或盖章。

(5)收费。代履行的费用按照成本合理确定,由当事人承担,法律另有规定的除外。

3. 特殊规则

有些情形,需要立即实施代履行的,其适用对象和程序如下:

(1)适用对象。需要立即清除道路、河道、航道或公共场所的遗失物、障碍物或污染物,而当事人不能清除。

(2)程序。行政机关可不经过一般程序,立即决定实施代履行。当事人不在场的,行政机关应事后立即通知当事人。

 思考与练习

一、单项选择题

1. 在行政法律关系双方当事人中,(　　)。

A. 行政相对方是公民　　　　　　B. 必有一方是行政主体

C. 必有一方是国家行政机关　　　D. 权利义务关系是平等的

2. 以下法律规范不可以设定行政许可的是(　　)。

A. 法律　　　　　　　　　　　　B. 国务院部门规章

C. 行政法规　　　　　　　　　　D. 省政府规章

3. 行政机关委托某建筑队拆除违章建筑,并向违章者征收拆除费用的行为是(　　)。

A. 直接强制　　　B. 代执行　　　C. 即时强制　　　D. 执行罚

4. 我国由政府设立的派出机关有(　　)。

A. 公安派出所　　　　　　　　　B. 税务所,由税务局派出

C. 工商所 D. 行政公署

5. 行政立法行为属于( )。

A. 依申请的行为 B. 具体行政行为

C. 内部行政行为 D. 抽象行政行为

6. 行政规章有权设定警告和( )。

A. 吊销执照 B. 拘留

C. 一定数额的罚款 D. 没收财物

7. 以下主体有权制定行政法规的是( )。

A. 全国人大 B. 国务院

C. 公安部 D. 合肥市人民政府

8. 以下不属于我国公务员范围的机关工作人员是( )。

A. 中国共产党机关的工作人员 B. 人大机关的工作人员

C. 行政机关的工作人员 D. 高等学校机关的工作人员

9. 间接强制包括( )。

A. 划拨存款、汇款

B. 拍卖或依法处理查封、扣押的财产、场所、设施

C. 排除妨碍、恢复原状

D. 代履行

10. 限制人身自由的行政处罚,只能由( )设定。

A. 法律 B. 法律和行政法规

C. 法律、行政法规和规章 D. 法律、行政法规和地方性法规

二、多项选择题

1. 行政法律关系的变更是指行政法律关系要素的变更,包括( )。

A. 主体变更 B. 客体变更 C. 关系变更 D. 内容变更

2. 下列属于行政处罚形式的有( )。

A. 罚金 B. 警告 C. 行政拘留 D. 罚款

3. 关于行政主体,以下说法正确的是( )。

A. 享有国家行政权力,实施行政活动

B. 以自己的名义行使行政权

C. 能够独立对外承担其行为产生的法律后果

D. 行政机关一定是行政主体

4. 行政强制设定与实施的基本原则( )。

A. 行政强制法定原则

B. 期待当事人履行原则

C. 尽量减少损失原则(最小损失原则)

D. 间接强制优于直接强制原则。

5. 行政行为作为行政主体行使行政职权的一种活动形式,其主要内容包括
（   ）。

A. 赋予或剥夺权利、权能　　　　B. 设定或免除义务

C. 确认法律事实　　　　　　　　D. 确认法律地位

三、案例分析题

1. 2013 年 11 月 11 日晚,王志在饭店就餐时与店主发生纠纷。饭店所在警区的执勤人员、某市公安局的工作人员杨某上前制止,并带王志到值班室处理,王志不听劝阻,杨某遂对王志拳打脚踢,并用手铐击中王志的头部导致其死亡。

请分析:

（1）按照有关法律规定,公务人员有几种身份?

（2）本案杨某实施的致害行为属于个人行为还是公务行为? 理由何在?

（3）本案应由谁对王志的死亡承担赔偿责任,为什么?

2. 2013 年 12 月 7 日,某区政府工作人员以违反计划生育法律政策为由,在孙某任教的学校将其带走,次日放回。孙某将区政府告上了区法院。

请分析:

（1）本案中行政法律关系的行政主体是谁?

（2）区政府行为是否违法? 为什么?

导 语

经济法是一个新兴的法律部门。虽然经济法的许多基本理论在学术界还存在较大分歧,但经济法现象已经得到普遍认可。现代意义上的经济法,是市场经济从自由竞争发展到垄断阶段的产物,是国家干预社会经济生活的具体表现。依此而言,经济法是调整国家在干预经济发展过程中形成的社会经济关系的法律规范的总称。任何国家的现代市场经济都离不开宏观调控和市场规制,在财政、税收、金融、市场竞争等方面都有着相应的经济法规范。

通过对本章的学习,我们应该掌握经济法基础知识,如经济法的含义、经济法律关系;了解一些重要的经济法律规范的具体内容,如公司法、税法、竞争法、消费者权益保护法、劳动法等,对其中主要的法律规定加以理解与适用。

第一节　经济法概述

一、经济法的概念与调整对象

(一)经济法概念

经济法是调整国家在调控社会经济运行、管理社会经济活动中形成的社会经济关系的法律规范的总称。它是国家干预或者管理社会经济活动的法律表现,是我国法律体系中的一个重要的独立的法律门类。德国《煤炭经济法》是世界上第一部以经济法命名的法律。

(二)经济法的调整对象

经济法的调整对象是指国家在调控社会经济运行、管理社会经济活动中产生的经济关系。可以概括为企业组织管理关系、经济管理关系和维护公平竞争关系。

二、经济法的特征

经济法在符合一般法律基本特征的基础上,还具有以下重要特征:

(一)经济性

经济法直接作用于经济领域,在调整对象、调整目的、调整手段等方面具有突出的经济性。作为经济性的重要表现,经济法还往往将经济制度、经济活动的内容和要求直接定为法律。当然,经济法作为上层建筑的构成必须反映基本经济规律,服务经济基础,并受经济基础的决定和制约。

(二)政策性

经济法根源于国家对经济的调控和参与,其任务是实现一定经济体制和经济政策的要求,这就使得经济法具有了显著的政策性特征。这使得法律与政策的混合在经济法领域表现得非常明显,例如国家在循环经济、产业结构调整等方面的政策是我国经济法相关法律规范的重要组成部分。

(三)行政主导性

经济法是国家管理、干预、从事经济活动,参与经济关系的产物,与政府管理和参与经济有着密切关系。作为国家意志的特殊反映,经济法在强制性、授权性和指导性等方面体现出浓重的行政主导性特征。对于瞬息万变的市场,法律无法对各种情况巨细靡遗地加以规定,对市场经济活动中暴露出的许多问题,也需要政府及时出台政策加以应对。

(四)综合性

经济法在调整手段、调整范围、规范构成上具有综合性。在调整手段上经济法运用民事、行政和刑事等各种法律手段进行综合调整。在调整范围上,经济法调整的内容既包括宏观经济领域的管理关系,也包括微观经济领域的协作关系。在规范构成上,经济法包括了法律、法令、条例、细则、办法等多种规范形式;涵盖了实体法规范与程序法规范、强制性规范与任意性规范。

三、经济法律关系

(一)经济法律关系的含义

经济法律关系是指由经济法律规范调整的、在特定当事人之间形成的、以特定权利义务为内容的社会经济关系。

(二)经济法律关系的构成要素

主体、内容和客体是构成法律关系必不可少的三大要素,经济法律关系作为法律关系的一种,其构成要素三者缺一不可。

1. 经济法律关系主体

经济法律关系主体能够以自己的名义独立地参加经济法律关系,享有权利、承担义务,并独立承担经济法律责任。其主体大致可以分为经济管理主体和经济活动主体两类。前者主要是指依法承担组织、管理、协调经济职能的各类组织和机构,如国务院、证监会等。后者是指依法从事经济活动的各类组织和个人,包括:(1)各类企业;(2)各类事业单位;(3)社会团体;(4)农村承包经营户、个体工商户;(5)公民个人。国家机关和国家在一定条件下也是经济活动的主体,如对内对外发行政府债券、政府出让土地等。

2. 经济法律关系内容

经济法律关系内容是经济法律关系的实质和核心,是指经济法律关系主体享有的权利和承担的义务,一旦确定,即受国家强制力保护。没有权利和义务的经济法律关系是不存在的。权利是指经济法律关系主体依法具有的自己为一定行为或者不为一定行为和要求他人为一定行为或者不为一定行为的资格。例如税务机关有权要求纳税人依法纳税;消费者有权要求商户提供符合产品质量要求的产品等等。经济法律关系主体在合法权利受到侵害或不能实现时,有权依法请求国家机关给予保护。而义务是经济法律关系主体为了满足特定的权利主体的权利,在法律规定的范围内必须实施或者不实施某种经济行为,一旦违反,就应承担相应的法律责任。

3. 经济法律关系客体

经济法律关系的客体是法律关系主体权利义务所指向的对象。经济法律关系客体的类型可以概括为以下三类:(1)物。作为经济法律关系客体的物,既包括有形财产,也包括无形财产。国有资产、环境资源、公共设施等公共财产为国家所有,由各级政府依法进行占有、使用、收益和处分。(2)行为。它是经济法律关系主体为了达到一定经济目的而进行的行为,包括了经济管理行为、给付行为、劳务行为等。(3)智力成果。随着科学技术发展与社会生活的进步,专利权、专有技术、著作权等在社会财富中的作用日渐突出,成为经济法律关系的客体。

第二节　企业法（含公司法、合伙企业法）

引入问题和思考

张三、李四共同出资开办了一家运输公司。其中张三出资人民币 5 万元,李四以 3 辆货车出资,作价 20 万元。公司运营良好,王五见状也想加入公司,但苦于资金不足想用自己的驾驶技术作价出资加入公司。

【思考】

1. 王五的愿望是否可以满足?

2. 假如王五希望加入的是一家合伙企业,本案应如何处理?

【提示】企业是商品、服务的提供者和劳动力、原材料、资金等生产要素的需求者,是最主要的市场主体。以组织形式和财产责任方式的不同,可以将企业分为独资企业、合伙企业和公司企业。不同的企业形态,法律规定了不同的设立条件和运行条件。王五加入企业的愿望能否实现要依据公司法、合伙企业法及企业章程的相关规定具体确定。

一、公司法

(一)公司与公司法

公司是一种企业组织形态,是依法设立、以营利为目的的企业法人。根据我国公司法的规定,公司包括有限责任公司和股份有限公司两种类型。一般而言,公司具有以下基本法律特征:

1. 公司是具有法人资格的经济组织。公司拥有来源于股东出资的独立财产,但公司财产独立于股东个人财产,这是公司能够以自己名义独立承担责任的经济基础。法人性是公司区别于独资企业和合伙企业的显著特征。

2. 公司是以营利为目的的企业法人。公司设立的目的及公司的运作都是为了谋求经济利益。为此,经营活动要具有连续性,经营范围要固定。公司的营利性特征使公司区别于国家行政机关或从事社会公益活动的事业单位和其他非营利性的社会团体。

3. 公司是具有社团性的社团组织。公司是股权式的集合体,这是公司社团性的体现。股份有限公司具有完全的社团性,其股东为 2 人以上;有限责任公司同样体现了公司的社团性,只是法律允许例外情形——一人有限责任公司和国有独资公司存在。

4. 依法登记成立的企业法人。公司必须依据公司法或其他相关法律规定的程序和条件设立,才能取得主体资格。公司依法成立后,其合法权益受法律保护,不得侵犯。

公司法是调整公司的设立、组织、运营、变更、解散、股东权利与义务和其他公司内部、外部法律规范的总称。我国 1993 年 12 月制定并通过了《中华人民共和国公司法》(以下简称“《公司法》”),后经多次修正。2013 年 12 月 28 日《公司法》进行了第三次修正,并于 2014 年 3 月 1 日起施行。2018 年 10 月 26 日第四次修正,2023 年 12 月 29 日第五次修正,2024 年 7 月 1 日起施行。

(二)公司的设立

1. 设立的方式

公司设立的基本方式为发起设立和募集设立。发起设立是指公司的全部股份或首期发行的股份由发起人自行认购而设立公司的方式。有限责任公司只能采取发起设立的方式,由全体股东出资设立。股份有限公司可以采用发起设立的方式,也可以采取募集设立的方式。募集设立是指发起人只认购公司股份或首期发行股份的一部分,其余部分对外募集而设立公司的方式。我国《公司法》规定,以募集设立方式设立股份有限公司的,发起人认购的股份数不得少于公司股份总数的35%。

2. 设立的条件

(1)组织条件。它包括公司名称、种类、组织机构、经营范围及经营场所等。我国《公司法》规定,有限责任公司和股份有限公司必须有符合法律要求的公司名称、组织机构、必要的生产经营条件或公司住所。

(2)发起人条件。依照《公司法》规定,发起人须具有民事权利能力和民事行为能力。在我国,设立有限责任公司,股东最多不能超过50个,最少为1个,即一人有限责任公司。除国有独资公司外,有限责任公司的股东可以是自然人,也可以是法人。设立股份有限公司,发起人应当为1人以上200人以下。为了保证设立活动顺利进行,加强对发起人的监管,防止其利用公司设立损害社会公众利益,法律要求股份有限公司发起人半数以上在中国境内有住所。

(3)资本要件。公司的资本或股本是公司赖以生存和运作的物质基础,也是公司对外承担责任的担保。我国修订后的《公司法》取消了以往对有限责任公司、股份有限公司最低注册资本额的限制,放宽了注册资本登记条件,体现出降低市场准入门槛,刺激市场活力的立法意图。

(4)行为要件。包括签订发起人协议、订立公司章程、认缴出资、申请注册登记等等,上述行为必须符合法律规定,否则公司无法成立。其中,公司章程的制定非常重要。章程是公司必备的,规定其名称、宗旨、资本、组织机构等对内对外事务的基本法律文件,对公司、股东、董事、监事和高级管理人员均具有约束力。

(三)公司的资本

依据2024年7月1日实施的新《公司法》,有限责任公司股东出资期限不得超过五年,未按期缴纳出资,经催缴仍未履行出资义务,将丧失股权。

公司资本也称为公司股本,是指由公司章程确定并载明的,全体股东的出资总额。我国现行公司法实行认缴登记制,公司股东(发起人)自主约定认缴出资额、出资方式、出资期限等,并记载于公司章程。公司的注册资本等于公司成立时全体股东的认缴资本总额,但公司成立时的实缴资本可能小于注册资本。

股东有权通过法定方式转让其全部出资或者部分出资。股份转让应当在依法设立的证券交易场所进行或者按照国务院规定的其他方式进行。同时法律对股份转让主要做出了如下限制性规定:(1)发起人持有的本公司股份,自公司成立之日起一年内不得转让。(2)董事、监事、经理可以转让持有的股份,但是任职期间每年转让的数额不得超过所持公司股份的 25%,所持本公司股份自公司股票上市交易之日起一年内不得转让。离职后本年内,不得转让其所持有的本公司股份,公司章程可作出其他限制性规定。(3)国家授权投资的机构可以依法转让其持有的股份,也可以购买其他股东持有的股份。转让或者购买股份的审批权限、管理办法,由法律、行政法规另行规定。(4)公司原则上不得收购本公司股份。但有下列情形之一的除外:减少公司注册资本;与持有本公司股份的其他公司合并;将股份奖励给本公司职工;股东因对股东大会作出的公司合并、分立决议持异议,要求公司收购其股份的。同时公司不得接受本公司的股票作为抵押权的标的。

有限责任公司的股东之间可以相互转让其全部或者部分股权。股东向股东以外的人转让股权,应当经其他股东过半数同意。股份有限公司中对于记名股票,由股东以背书方式或者法律、行政法规规定的其他方式转让;转让后由公司将受让人的姓名或者名称及住所记载于股东名册。无记名股票的转让,由股东将该股票交付给受让人后即发生转让的效力。

(四)公司法人治理结构

1. 股东会(股东大会)

股东会(股东大会)是由公司股东组成的公司的意思形成机构或最高权力机构。它是公司的法定但非常设机构。股东会(股东大会)分定期会议和特别会议两种。有限公司定期会议的召开时间由公司章程规定,一般每年召开一次。依据我国《公司法》规定,股东会临时会议可以经代表 1/10 以上表决权的股东或 1/3 以上的董事或监事会或不设监事会的公司监事提议而召开。而股份有限公司股东大会年会应当每年召开一次,通常在每个会计年度终了后 6 个月内召开;特定情形下,应当召开临时股东会议。股东会(股东大会)原则上由董事会负责召集,董事长主持。

股东会(股东大会)决议分为普通决议和特别决议。一般而言,有限公司股东会会议由股东按照出资比例行使表决权,但公司章程作出另行规定的,依其规定。股东会的议事方式和表决程序,除了法律另有规定的外,由公司章程规定。但修改公司章程;公司增加或者减少注册资本;公司分立、合并、解散或者变更公司形式必须经代表 2/3 以上表决权的股东通过。依照我国法律规定,股东出席股东大会会议,所持每一股份有一表决权,类别股股东除外。但公司持有的本公司的股份没有表决权。股东大会作出决议,必须经出席会议的股东所持表决权过半数通过,但是股东大会作出特殊事项必须经出席会议的股东所持表决权的 2/3 以上通过。

2. 董事会与经理

董事会是由股东会选举产生的董事组成,行使经营决策管理权的业务执行机构。它是公司的业务执行机关、经营决策和领导机关、法定的常设机关。

董事会由全体董事组成,但不限于股东,国有独资公司应有职工董事。有限责任公司董事会成员为 3—13 人,公司规模较小或股东人数较少时可不设董事会,设立一名执行董事。股份有限公司董事会成员 5—19 人。董事任期不得超过 3 年,期满可以连选连任。董事长为法定代表人。

经理是对公司日常经营管理负有全责的高级管理人员,由董事会聘任或解聘,对董事会负责。

3. 监事会

监事会是公司依法或章程设立的,对公司经营管理实施监督的公司内部监督机构。监事会对股东负责,并向其报告工作。监事会由监事组成,其成员不得少于 3 人。监事会应当包括股东代表和适当比例的公司职工代表,其中职工代表比例不得低于 1/3,具体比例由公司章程规定。公司董事、高级管理人员不得兼任监事。监事有权列席董事会会议,并对董事会决议事项提出质询或者建议。股份有限公司可依章程规定在董事会中设置由董事组成的审计委员会。

二、合伙企业法

(一)合伙企业概述

合伙企业是指依法设立,由各合伙人订立合伙协议,并按合伙协议的规定,共同出资、合伙经营、共享收益、共担风险的营利性组织。我国在 1997 年 2 月颁布了《合伙企业法》,规定了合伙企业设立的条件、程序、运行管理等内容。为适应经济社会发展变化的新情况,全国人大常委会于 2006 年 8 月对该法进行了修订,扩大了适用范围,明确合伙人权责,保护债权人利益,并自 2007 年 6 月 1 日起施行。

现行合伙企业法包括普通合伙企业和有限合伙企业两种企业类型。合伙企业具有以下特征:(1)合伙协议是合伙企业成立的法律基础。(2)合伙企业必须由全体合伙人共同出资、共同经营。(3)合伙人共负盈亏,共担风险。企业的债务归根结底是合伙人的债务。当合伙企业财产不足以抵偿企业债务时,普通合伙人对其债务承担无限连带责任,有限合伙人以其认缴的出资额为限承担有限责任。

(二)普通合伙企业

普通合伙企业,是指由普通合伙人组成,合伙人对合伙企业债务依法承担无限连带责任的一种合伙企业。

1. 普通合伙企业的设立条件

依法设立合伙企业应当具备下列条件:(1)有 2 个以上合伙人。所有的市场主体都可以参与设立合伙企业,但是自然人应当具有完全民事行为能力,同时国家公务员、法官、检察官等法律法规禁止从事营利性活动的人不得成为合伙企业的合伙人。需要注意的是国有独资公司、国有企业、上市公司以及公益性的事业单位、社会团体不得成为普通合伙人。(2)有书面合伙协议。合伙协议经全体合伙人签章后生效,依照协议享有权利、承担义务。合伙协议应当载明以下事项:合伙企业的名称和主要经营场所的地点;合伙目的和合伙企业的经营范围;合伙人的姓名及其住所;合伙人出资的方式、数额和缴付出资的期限;利润分配和亏损分担办法;合伙企业事务的执行;入伙与退伙;合伙企业的解散与清算;违约责任。(3)有合伙人认缴或者实际缴付的出资。合伙人的出资可以是货币、实物、土地使用权、知识产权或者其他财产权利,经过全体合伙人一致同意,也可以用劳务出资。(4)有合伙企业的名称和生产经营场所,合伙企业名称中应当标明"普通合伙"字样。(5)法律、行政法规规定的其他条件。

申请设立合伙企业,应当向企业登记机关提交登记申请书、合伙协议、合伙人身份证明等相关文件。企业登记机关依法核发营业执照。

2. 普通合伙企业的财产

合伙企业的财产由合伙人的出资、以合伙企业名义取得的收益和依法取得的其他财产构成。后者主要包括以合伙企业名义受赠的财产,合伙企业的利润、债权,合伙企业取得的工业产权、商号、商誉等。

合伙人在合伙企业清算前,不得请求分割合伙企业的财产,但合伙企业法另有规定的除外。合伙人之间转让在合伙企业中的全部或者部分财产份额时,应当通知其他合伙人。除合伙协议另有约定的外,合伙人向合伙人以外的人转让,须经其他合伙人一致同意。在同等条件下,其他合伙人有优先购买权。合伙人以其在合伙企业中的财产份额出质的,须经其他合伙人一致同意;未经其他合伙人一致同意,其行为无效,由此给善意第三人造成损失的,由行为人依法承担赔偿责任。

3. 普通合伙企业事务的执行

合伙人执行合伙企业事务,可以由全体合伙人共同执行合伙事务,也可以由各合伙人分别执行合伙事务,还可以委托一个或数个合伙人执行合伙事务。委托执行合伙企业事务的,应当经全体合伙人决定,且其他合伙人不再执行合伙事务。作为合伙人的法人、其他组织执行合伙事务的,由其委派的代表执行。

除合伙协议另有约定外,合伙企业的下列事务应当经全体合伙人一致同意:改变合伙企业的名称;改变合伙企业的经营范围、主要经营场所的地点;处分合伙企业的不动产;转让或者处分合伙企业的知识产权和其他财产权利;以合伙企业名义为他人提供担保;聘任合伙人以外的人担任合伙企业的经营管理人员。

依法合伙人在执行合伙事务中的权利主要包括有平等权、知情权、监督权和表决权。同时,合伙人不得自营或者同他人合作经营与本合伙企业相竞争的业务;除合伙协议另有约定或者经全体合伙人一致同意外,合伙人不得同本合伙企业进行交易;合伙人不得从事损害本合伙企业利益的活动。如果由一个或者数个合伙人执行合伙事务的,执行事务合伙人应当定期向其他合伙人报告事务执行情况以及合伙企业的经营和财务状况。

合伙人对合伙企业有关事项作出决议,按照合伙协议约定的表决办法办理。合伙协议未约定或者约定不明确的,实行合伙人一人一票并经全体合伙人过半数通过的表决办法。《合伙企业法》对合伙企业的表决办法另有规定的,从其规定。

4. 普通合伙企业的利润分配和亏损分担

合伙企业的利润分配、亏损分担,按照合伙协议的约定办理;合伙协议未约定或者约定不明确的,由合伙人协商决定;协商不成的,由合伙人按照实缴出资比例分配、分担;无法确定出资比例的,由合伙人平均分配、分担。合伙协议不得约定将全部利润分配给部分合伙人或者由部分合伙人承担全部亏损。

5. 普通合伙企业的债务清偿

合伙企业的债务应以其全部财产进行清偿,不能清偿到期债务的,合伙人承担无限连带责任。合伙人承担清偿数额超过其亏损分担比例的,有权向其他合伙人追偿。合伙人之间约定的债务分担比例对于债权人没有约束力,例如,合伙人甲乙丙约定平均承担亏损,甲在对外支付了全部债款后,可以依照约定比例向乙丙追索,但不能依据约定对抗债权人。

6. 普通合伙企业的入伙、退伙

除合伙协议已有约定外,新合伙人入伙必须取得全体合伙人的一致同意,并依法订立书面入伙协议。订立入伙协议时,原合伙人应当向新合伙人如实告知原合伙企业的经营状况和财务状况,新合伙人与原合伙人享有同等权利,承担同等责任。新合伙人对入伙前合伙企业的债务承担无限连带责任。

退伙一般包括自愿退伙和法定退伙两种情况。自愿退伙,是指合伙人基于自愿的意思表示而主动退出合伙,分为协议退伙和通知退伙两种。法定退伙,是指合伙人因出现法定事由而被动地退出合伙,包括当然退伙和除名。合伙人有下列情形之一的,当然退伙:作为合伙人的自然人死亡或者被依法宣告死亡;个人丧失偿债能力;作为合伙人的法人或者其他组织依法被吊销营业执照、责令关闭、撤销,或者被宣告破产;法律规定或者合伙协议约定合伙人必须具有相关资格而丧失该资格;合伙人在合伙企业中的全部财产份额被人民法院强制执行。合伙人有下列情形之一的,经其他合伙人一致同意,可以决议将其除名:未履行出资义务;因故意或者重大过失给合伙企业造成损失;执行合伙企业事务有不正当行为;合伙协议约定的其他事由。

合伙人退伙的,应当进行结算,退还退伙人的财产份额。退伙人在合伙企业中财产份额的退还方式,由合伙协议约定或者全体合伙人决定,可以退还货币,也可以退还实物。退伙人对退伙前发生的债务,承担无限连带责任。

7. 特殊的普通合伙企业

特殊的普通合伙企业是普通合伙企业的一种特殊类型,适用于会计师事务所、律师事务所等以专业知识和专门技能为客户提供有偿服务的机构。在特殊的普通合伙企业中,一个合伙人或者数个合伙人在执业活动中因故意或者重大过失造成合伙企业债务的,应当承担无限责任或者无限连带责任,其他合伙人以其在合伙企业中的财产份额为限承担责任。合伙人在执业活动中非因故意或者重大过失造成的合伙企业债务以及合伙企业的其他债务,由全体合伙人承担无限连带责任。可见,其本质仍属于普通合伙企业,只是在特定情况下,有过错的合伙人对企业债务承担无限责任,无过错的合伙人承担有限责任。

(三)有限合伙企业

有限合伙企业是对合伙企业债务承担无限责任的普通合伙人与承担有限责任的有限合伙人共同组成的合伙企业。

1. 有限合伙企业设立条件

设立有限合伙企业除需满足普通合伙企业的一般条件外,还应符合以下特殊条件:(1)有限合伙企业由 2—50 个合伙人设立;但是,法律另有规定的除外。其中,合伙人中至少有一个普通合伙人。(2)有限合伙企业名称中需要标明"有限合伙"字样。(3)有限合伙人不得以劳务出资。

2. 有限合伙企业事务执行

有限合伙企业由普通合伙人执行合伙事务。有限合伙人不执行合伙事务,不得对外代表有限合伙企业。但如果第三人有理由相信有限合伙人为普通合伙人并与其交易的,该有限合伙人对该笔交易承担与普通合伙人同样的责任。有限合伙人未经授权以有限合伙企业名义与他人进行交易,给有限合伙企业或者其他合伙人造成损失的,该有限合伙人应当承担赔偿责任。

除合伙协议另有约定外,有限合伙人可以同本有限合伙企业进行交易,可以自营或者同他人合作经营与本有限合伙企业相竞争的业务,可以将其在有限合伙企业中的财产份额出质。这些规定与普通合伙人明显不同。

3. 有限合伙企业利润分配和风险负担

有限合伙企业不得将全部利润分配给部分合伙人,但合伙协议另有约定的除外。当有限合伙人的自有财产不足清偿其与合伙企业无关的债务时,该合伙人可以以其从有限合伙企业中分取的收益用于清偿;债权人也可以依法请求人民法院强制执行该合伙人在有限合伙企业中的财产份额用于清偿。人民法院强制执行有限合伙人的财产份额时,应当通知全体合伙人。在同等条件下,其他合伙人有优先购买权。

4. 有限合伙人与普通合伙人的资格转换

除合伙协议另有约定外,普通合伙人转变为有限合伙人,或者有限合伙人转变为普通合伙人,应当经全体合伙人一致同意。有限合伙人转变为普通合伙人的,对其作为有限合伙人期间有限合伙企业发生的债务承担无限连带责任。普通合伙人转变为有限合伙人的,对其作为普通合伙人期间合伙企业发生的债务承担无限连带责任。

(四)合伙企业的解散

合伙企业出现下列情形之一的,应当解散:(1)合伙期限届满,合伙人决定不再经营;(2)合伙协议约定的解散事由出现;(3)全体合伙人决定解散;(4)合伙人已不具备法定人数满 30 天;(5)合伙协议约定的合伙目的已经实现或者无法实现;(6)依法被吊销营业执照、责令关闭或者被撤销;(7)法律、行政法规规定的其他原因。合伙企业解散时,由清算人进行清算。清算期间,合伙企业存续,但不得开展与清算无关的经营活动。

合伙企业不能清偿到期债务的,债权人可以依法向人民法院提出破产清算申请,也可以要求普通合伙人清偿。合伙企业依法被宣告破产的,普通合伙人对合伙企业债务仍应承担无限连带责任。

第三节　劳动法

一、劳动法概述

(一)劳动法的概念

劳动法是调整劳动关系以及与劳动关系密切联系的其他社会关系的法律规范的总称。

劳动法调整的社会关系有两大类:一是劳动关系;二是与劳动关系有密切联系的社会关系。所谓劳动关系是指劳动者和用人单位在劳动过程中发生的社会关系,也就是劳动者在运用劳动能力、实现劳动过程时与用人单位产生的社会关系,诸如劳动报酬、工作与休息、劳动安全、劳动纪律等方面的社会关系。所谓与劳动关系有密切联系的社会关系是指为实现劳动关系而产生的社会关系。

(二)劳动法的适用范围

2007 年《中华人民共和国劳动合同法》(以下简称《劳动合同法》)通过之后,《中华人民共和国劳动法》(以下简称《劳动法》)的适用范围有所扩大。《劳动合同法》第 2 条规定:"中华人民共和国境内的企业、个体经济组织、民办非企业单位等组织(以下称用人单位)与劳动者建立劳动关系,订立、履行、变更、解除或者终止劳动合同,适用本法。国家机关、事业单位、社会团体和与其建立劳动关系的劳动者,订立、履行、变更、解除或者终止劳动合同,依照本法执行。"根据上述规定,适用劳动法调整的劳动者包括:(1)与企业、个体经济组织、民办非企业单位等组织建立劳动关系的劳动者。(2)国家机关、事业单位、社会团体和与其建立劳动关系的劳动者。

但是,《劳动合同法》第 96 条规定:"事业单位与实行聘用制的工作人员订立、履行、变更、解除或者终止劳动合同,法律、行政法规或者国务院另有规定的,依照其规定;未作规定的,依照本法有关规定执行。"因此,事业单位与实行聘用制的工作人员,法律、行政法规或者国务院另有规定的,不适用劳动合同法。如《公务员法》第 106 条规定:"法律、法规授权的具有公共事务管理职能的事业单位中除工勤人员以外的工作人员,经批准参照本法进行管理。"

(三)劳动者的权利和义务

劳动者的基本权利包括以下几个方面:

1. 平等就业和选择职业的权利。平等就业权是指劳动者在就业方面一律平等、机会均等,不因民族、性别、宗教信仰、家庭出身、生活经历不同而受歧视。

2. 取得劳动报酬的权利,是指劳动者有权要求用人单位按自己提供劳动的数量和质量支付报酬。主要包括:劳动者有依法获得合法收入的权利;等量劳动获得等量报酬的权利;同工同酬的权利。

3. 休息休假的权利,是指劳动者按照法律的规定享有休息、休养和休假的权利,这是保证劳动者恢复体力的必要条件。

《劳动法》第 36 条规定:国家实行劳动者每日工作时间不超过 8 小时、平均每周工作不超过 44 小时的工时制度。1995 年国务院所设工作时间为职工每周工作 40 小时。劳动者的休息时间包括劳动者每日休息时间和每周休息时间。用人单位应当保证劳动者每周至少休息 1 日。

4. 获得劳动安全卫生保护的权利。获得劳动安全卫生保护的权利是指劳动者在劳动过程中依法要求用人单位提供安全卫生的劳动条件,保护其生命和身体健康的权利。

《宪法》规定:国家通过各种途径加强劳动保护、改善劳动条件。为了贯彻落实劳动安全卫生保护的规定,用人单位应当建立劳动安全卫生管理制度,以及职工伤亡事故和职业病统计报告和处理制度。

5. 接受职业技能培训的权利。接受职业技能培训的权利是指劳动者有参加培养和提高其职业技能的教育和训练的权利。这对于生产发展和社会进步都有重要意义。

6. 享受社会保险的权利。享受社会保险的权利是指劳动者在丧失劳动能力或者劳动机会时有从国家和社会获得必要的物质帮助的权利。社会保险是国家对劳动者物质帮助权的具体表现,《宪法》和《劳动法》都有具体规定。

7. 享受社会福利的权利。享受社会福利的权利是指劳动者有享受福利设施和福利补贴的权利。社会福利是指国家和社会为满足劳动者物质文化需求而举办的各项事业。《劳动法》第 76 条规定:国家发展社会福利事业,兴建公共福利设施,为劳动者休息、休养和疗养提供条件。用人单位应当创造条件,改善集体福利,提高劳动者的福利待遇。

8. 提请劳动争议处理的权利。劳动争议是劳动者与用人单位之间有关劳动权利和义务发生的纠纷。劳动争议一旦发生,劳动者有权提请劳动争议的调解、仲裁和诉讼。

9. 法律规定的其他劳动权利。劳动者除享有上述八项权利以外,依照《劳动法》第 7 条、第 8 条规定:劳动者依法享有参加和组织工会的权利,参加职工民主管理的权利。

法律权利和法律义务是相辅相成、不可分离的,《劳动法》在赋予劳动者享有以上劳动权利的同时,也规定了劳动者基本的劳动义务:

1. 完成劳动任务。完成劳动任务是劳动者应当履行的首要劳动义务。劳动者只有完成劳动任务,才能实现建立劳动关系的目的。劳动者也只有完成一定的劳动任务,才能获得相应的劳动报酬。

2. 提高职业技能。劳动者一方面享有接受职业技能培训的权利,另一方面接受职业技能培训、提高职业技能又是劳动者应当履行的法律义务。劳动者也只有通过自觉地学习、研究业务知识,提高职业技能,才能获得用人单位的认可,巩固已建立的劳动关系,增加自身的就业机会。

3. 执行劳动安全卫生规程。劳动者执行劳动安全卫生规程,直接关系到劳动者本人的生命安全和身体健康。劳动者认真履行劳动安全卫生规程的义务,能够预防、减少工伤事故和职业病的发生,同样保护了用人单位的合法权益,保障生产顺利进行,维护良好生产秩序,促进社会经济发展。

4. 遵守劳动纪律和职业道德。劳动纪律是人们在共同劳动过程中必须遵守的行为规范。劳动纪律通常是用人单位为了建立良好的劳动秩序而制定的内部劳动规则。劳动者遵守劳动纪律是社会化大生产的必然要求,是用人单位生产秩序的必然要求。同样,劳动者遵守劳动纪律是在劳动过程中建立友好合作关系的前提,是劳动者的基本义务。职业道德是从事一定职业的劳动者应当遵守的特定的道德规范。职业道德建设是社会主义精神文明建设的重要内容,也是劳动者综合素质的重要体现。劳动者只有在劳动中遵守职业道德规范,才能为用人单位和社会创造高质量物质财富和精神财富,从而实现自我价值。

二、劳动合同

劳动合同是劳动者与用人单位确立劳动关系、明确双方权利义务的协议。劳动合同是确立劳动关系的法律依据。根据《劳动法》以及《劳动合同法》的规定,凡是建立劳动关系应当订立劳动合同。订立劳动合同的目的是确立劳动者与用人单位的劳动关系,劳动合同能够更明确地确立劳动者和用人单位的权利义务,更好地维护劳动者和用人单位的合法权益,有利于发挥劳动者的积极性和创造性。

(一)劳动合同订立、变更的基本原则

订立劳动合同是指劳动者和用人单位就劳动合同各项条款相互协商、相互选择并达成一致意见的法律行为。

劳动合同订立后,劳动者和用人单位可以就合同的条款协商变更或者协商终止劳动合同。不论是订立劳动合同,还是变更劳动合同,劳动者和用人单位都应遵守以下基本原则:

1. 合法原则

合法原则是指劳动合同的订立不得违反法律、法规的规定。双方当事人订立的合同的内容不得违法或违反社会公共利益,其形式也必须符合法律要求。

2. 公平原则

公平是指劳动合同的内容、即当事人双方的权利义务的配置合理。具体表现为当事人双方的权利义务具有对等性,一方享有权利,他方负有义务;一方享有权利,则就必须对他方承担相应的义务。需要明确的是劳动合同法倾斜保护劳动者,其目的就是平衡实践中劳动者和用人单位的不平等,从而实现实质公平。

3. 平等自愿原则

平等是指劳动者和用人单位双方在法律上地位平等,双方都有权选择对方,都有权决定是否订立劳动合同。自愿是指劳动合同的订立是完全出于双方当事人的意愿,任何一方不得强迫对方接受其决定,也不允许第三人进行非法干涉。

4. 协商一致原则

协商一致原则是指劳动者和用人单位在平等自愿基础上,充分表达自己的意愿,经协商就合同条款达成一致意见,劳动合同才成立。

5. 诚实信用原则

诚实信用原则是道德原则的法律化,是指双方当事人在缔约过程中应该守诺践信,按照诚信原则履行自己基于缔约或者法律规定而对对方所承担的保护照顾义务,如《劳动合同法》第 8 条规定了用人单位和劳动者的信息披露义务,即用人单位招用劳动者时,应当如实告知劳动者工作内容、工作条件、工作地点、职业危害、安全生产状况、劳动报酬以及劳动者要求了解的其他情况;用人单位有权了解劳动者与劳动合同直接相关的基本情况,劳动者应当如实说明。

劳动合同订立后,劳动者和用人单位都应该全面履行劳动合同的内容,当然,劳动者和用人单位协商一致也可以变更劳动合同内容,可以解除劳动合同的内容。只有具备法律规定条件时,用人单位或劳动者才可以单方面地解除劳动合同。劳动合同解除后,用人单位应依法给予劳动者适当的经济补偿。

(二)劳动合同的条款

根据《劳动合同法》的规定,劳动合同的条款分为两大类,即必备条款和可备条款。

劳动合同的必备条款包括以下几个方面:

1. 用人单位的名称、住所和法定代表人或者主要负责人。由于《劳动合同法》的适用范围扩大到部分事业单位,因此增加规定了用人单位的"主要负责人"。

2. 劳动者的姓名、住址和居民身份证或者其他有效身份证件号码。有效身份证件指居民身份证、军官证、士兵证、户口簿、护照等符合法律、行政法规以及国家有关规定的身份证件。

3. 劳动合同期限。劳动合同分为固定期限的劳动合同、无固定期限的劳动合同以及以完成一定工作任务为期限的劳动合同。固定期限劳动合同,是指用人单位与劳动者约定合同终止时间的劳动合同。合同期限届满劳动合同终止。无固定期限劳动合同,是指用人单位与劳动者约定无确定终止时间的劳动合同。以完成一定工作任务为期限的劳动合同,是指用人单位与劳动者约定以某项工作的完成为合同期限的劳动合同。根据《劳动合同法》的规定,在下列情形,除劳动者提出订立固定期限劳动合同外,劳动者提出或者同意续订、订立劳动合同的,应当订立无固定期限劳动合同:第一,劳动者在该用人单位连续工作满十年的;第二,用人单位初次实行劳动合同制度或者国有企业改制重新订立劳动合同时,劳动者在该用人单位连续工作满十年且距法定退休年龄不足十年的;第三,连续订立二次固定期限劳动合同,且劳动者没有本法第 39 条和第 40 条第 1 项、第 2 项规定的情形,续订劳动合同的。此外,用人单位自用工之日起满一年不与劳动者订立书面劳动合同的,视为用人单位与劳动者已订立无固定期限劳动合同。

4. 工作内容和工作地点。工作内容包括劳动者的工种、岗位、所从事工作的内容或劳动任务。

5. 工作时间和休息休假。工作时间要按照国家规定执行,法定节假日应安排休息。如需安排加班或延长工作时间的,必须按规定支付加班工资。

6. 劳动报酬。即关于劳动报酬的形式、构成、标准等条款。在劳动合同中要明确工资以货币形式按月支付,并约定支付的时间、标准和支付方式。用人单位根据行业特点,经过民主程序确定具体工资支付办法的,应在劳动合同中予以明确,但按月支付的工资不得低于当地政府规定的最低工资标准。已建立集体合同制度的单位,工资标准不得低于集体合同规定的工资标准。

7. 社会保险。在我国,社会保险主要指工伤保险、医疗保险、养老保险、生育保险、失业保险五种法定保险。

8. 劳动保护、劳动条件和职业危害防护。即关于用人单位应当为劳动者提供劳动安全卫生条件和劳动条件的条款。用人单位应当按照安全生产等有关规定,为劳动者提供必要的劳动保护、劳动条件和职业危害防护。

劳动保护主要指的是劳动安全卫生保护,如《中华人民共和国安全生产法》(以下简称《安全生产法》)第6条规定:"生产经营单位的从业人员有依法获得安全生产保障的权利,并应当依法履行安全生产方面的义务。"

职业危害防护主要是指职业病的防护。根据《中华人民共和国职业病防治法》(以下简称《职业病防治法》)第2条的规定,职业病是指企业、事业单位和个体经济组织(统称用人单位)的劳动者在职业活动中,因接触粉尘、放射性物质和其他有毒、有害物质等因素而引起的疾病。劳动者依法享有职业卫生保护的权利。用人单位应当为劳动者创造符合国家职业卫生标准和卫生要求的工作环境和条件,并采取措施保障劳动者获得职业卫生保护。

9. 法律、法规规定应当纳入劳动合同的其他事项。

如《职业病防治法》第30条规定:用人单位与劳动者订立劳动合同时,应当将工作过程中可能产生的职业病危害及其后果、职业病防护措施和待遇等如实告知劳动者,并在劳动合同中写明,不得隐瞒或者欺骗。《安全生产法》第44条规定:劳动合同应当载明有关保障从业人员劳动安全、防止职业危害的事项,以及依法为劳动者办理工伤社会保险的事项。这两部法律的规定比较具体。

根据《劳动合同法》的规定,除了上述九项必备条款之外,当事人还可以在劳动合同中约定其他的条款,包括试用期条款、保守商业秘密条款、竞业限制条款、培训期条款、服务期条款等。

(三)劳动合同的订立和无效

《劳动合同法》第10条规定:建立劳动关系,应当订立书面劳动合同。已建立劳动关系,未同时订立书面劳动合同的,应当自用工之日起一个月内订立书面劳动合同。用人单位与劳动者在用工前订立劳动合同的,劳动关系自用工之日起建立。

《劳动合同法》第42条规定:劳动者有下列情形之一的,用人单位不得依照本法第40条、第41条的规定解除劳动合同:(1)从事接触职业病危害作业的劳动者未进行离岗前职业健康检查,或者疑似职业病病人在诊断或者医学观察期间的;(2)在本单位患职业病或者因工负伤并被确认丧失或者部分丧失劳动能力的;(3)患病或者非因工负伤,在规定的医疗期内的;(4)女职工在孕期、产期、哺乳期的;(5)在本单位连续工作满15年,且距法定退休年龄不足5年的;(6)法律、行政法规规定的其他情形。

无效劳动合同是指违反法律、行政法规的劳动合同。无效劳动合同不能确立劳动关系,不会产生当事人预期的法律后果。但是,由于用人单位的原因订立的无效合同,对劳动者造成损害的,用人单位应当承担赔偿责任。根据《劳动合同法》的规定,无效劳动合同主要有三种情形:

1. 以欺诈、胁迫的手段或者乘人之危,使对方在违背其真实意思的情况下订立劳动合同的。

2. 用人单位免除自己的法定责任、排除劳动者权利的。

3. 违反法律、行政法规强制性规定的劳动合同。该类劳动合同其主体、内容、形式及订立程序上违反了法律、法规中的强行性法律规范。例如,与未满 16 岁的未成年人签订的劳动合同、内容上侵犯了劳动者休息的权利、以格式合同违反法律逃避责任等合同形式。

对劳动合同的无效或者部分无效有争议的,由劳动争议仲裁机构或者人民法院确认。劳动合同部分无效,不影响其他部分效力的,其他部分仍然有效。劳动合同被确认无效,劳动者已付出劳动的,用人单位应当向劳动者支付劳动报酬。劳动报酬的数额,参照本单位相同或者相近岗位劳动者的劳动报酬确定。

三、劳动争议

(一)劳动争议的概念和范围

劳动争议又称劳动纠纷,是指劳动关系双方当事人因执行劳动法律、法规或履行劳动合同、集体合同发生的纠纷。劳动争议发生在劳动者与用人单位之间,劳动争议的主体与《劳动法》《劳动合同法》规定的劳动关系的主体相同。

1. 劳动争议的范围

(1)因确认劳动关系发生的争议。

(2)因订立、履行、变更、解除和终止劳动合同发生的争议。

(3)因除名、辞退和辞职、离职发生的争议。

(4)因工作时间、休息休假、社会保险、福利、培训以及劳动保护发生的争议。

(5)因劳动报酬、工伤医疗费、经济补偿或者赔偿金等发生的争议。

(6)法律、法规规定的其他劳动争议。

2. 不属于劳动争议的纠纷

(1)劳动者请求社会保险经办机构发放社会保险金的纠纷。

(2)劳动者与用人单位因住房制度改革产生的公有住房转让纠纷。

(3)劳动者对劳动能力鉴定委员会的伤残等级鉴定结论或者对职业病诊断鉴定委员会的职业病诊断鉴定结论的异议纠纷。

(4)家庭或者个人与家政服务人员之间的纠纷。

(5)个体工匠与帮工、学徒之间的纠纷。

(6)农村承包经营户与受雇人之间的纠纷。

(二)劳动争议的处理机构

1. 劳动争议调解机构

劳动争议调解委员会(以下简称"调解委员会")是依法成立的调解本单位发生的劳动争议的群众性组织。我国的劳动争议调解委员会主要有:企业劳动争议调解委员会;依法设立的基层人民调解组织;在乡镇、街道设立的具有劳动争议调解职能的组织。企业劳动争议调解委员会由职工代表和企业代表组成。职工代表由工会成员担任或者由全体职工推举产生,企业代表由企业负责人指定。企业劳动争议调解委员会主任由工会成员或者双方推举的人员担任。

2. 劳动争议仲裁机构

劳动争议仲裁委员会是国家授权、依法独立地对劳动争议案件进行仲裁的专门机构。劳动争议仲裁委员会按照统筹规划、合理布局和适应实际需要的原则设立。省、自治区人民政府可以决定在市、县设立;直辖市人民政府可以决定在区、县设立。直辖市、设区的市也可以设立一个或者若干个劳动争议仲裁委员会。劳动争议仲裁委员会不按行政区划层层设立。

劳动争议仲裁委员会由劳动行政部门代表、工会代表和企业方面代表组成。劳动争议仲裁委员会组成人员应当是单数。

3. 人民法院

人民法院是审理劳动争议案件的司法机构。我国由各级人民法院的民事审判庭审理劳动争议案件。

(三)劳动争议的解决方式及处理程序

用人单位与劳动者发生劳动争议,当事人可以依法申请调解、仲裁、提起诉讼,也可以协商解决。发生劳动争议,当事人不愿协商、协商不成或者达成和解协议后不履行的,可以向调解组织申请调解;不愿调解、调解不成或者达成调解协议后不履行的,可以向劳动争议仲裁委员会申请仲裁;对仲裁裁决不服的,除法律另有规定的外,可以向人民法院提起诉讼。

1. 协商

发生劳动争议,劳动者可以与用人单位协商,也可以请工会或者第三方共同与用人单位协商,达成和解协议。劳动争议发生后,当事人可以协商解决,协商一致后,双方可达成和解协议,但和解协议无必须履行的法律效力,而是由双方当事人自觉履行。协商不是处理劳动争议的必经程序,当事人不愿协商或协商不成,可以向本单位劳动争议调解委员会申请调解或向劳动争议仲裁委员会申请仲裁。

2. 调解

发生劳动争议,当事人不愿协商、协商不成或者达成和解协议后不履行的,可以向调解组织申请调解。当事人双方愿意调解的,可以书面或口头形式向调解委员会申请调解。调解委员会接到调解申请后,可依据合法、公正、及时、着重调解原则进行调解。调解委员会调解劳动争议,应当自当事人申请调解之日起 15 日内结束;到期未结束的,视为调解不成,当事人可以向当地劳动争议仲裁委员会申请仲裁。经调解达成协议的,制作调解协议书。调解协议书由双方当事人签名或者盖章,经调解员签名并加盖调解组织印章后生效,对双方当事人具有约束力,当事人自觉履行。达成调解协议后,一方当事人在协议约定期限内不履行调解协议的,另一方当事人可以依法申请仲裁。

对因支付拖欠劳动报酬、工伤医疗费、经济补偿或者赔偿金事项达成调解协议,用人单位在协议约定期限内不履行的,劳动者可以持调解协议书依法向人民法院申请支付令。人民法院应当依法发出支付令。

调解不是劳动争议解决的必经程序,不愿调解、调解不成或者达成调解协议后不履行的,可以向劳动争议仲裁委员会申请仲裁。

3. 仲裁

仲裁是劳动争议案件处理必经的法律程序:发生劳动争议,当事人不愿调解、调解不成或者达成调解协议后不履行的,可以向劳动争议仲裁委员会申请仲裁。劳动争议发生后,当事人任何一方都可直接向劳动争议仲裁委员会申请仲裁。

劳动争议申请仲裁的时效期间为 1 年。仲裁时效期间从当事人知道或者应当知道其权利被侵害之日起计算。劳动关系存续期间因拖欠劳动报酬发生争议的,劳动者申请仲裁不受 1 年仲裁时效期间的限制;但是,劳动关系终止的,应当自劳动关系终止之日起 1 年内提出。

提出仲裁要求的一方应当自劳动争议发生之日起 1 年内向劳动争议仲裁委员会提出书面申请。劳动争议仲裁委员会接到仲裁申请后,应当在 5 日内作出是否受理的决定。受理后,应当在收到仲裁申请的 45 日内作出仲裁裁决。案情复杂需要延期的,经劳动争议仲裁委员会主任批准,可以延期并书面通知当事人,但是延长期限不得超过 15 日。逾期未作出仲裁裁决的,当事人可以就该劳动争议事项向人民法院提起诉讼。

仲裁委员会可依法进行调解,经调解达成协议的,制作仲裁调解书。仲裁调解书具有法律效力,自送达之日起具有法律约束力,当事人须自觉履行,一方当事人不履行的,另一方当事人可向人民法院申请强制执行。

仲裁委员会对部分案件有先予执行的裁决权:仲裁庭对追索劳动报酬、工伤医疗费、经济补偿或者赔偿金的案件,根据当事人的申请,可以裁决先予执行,移送人民法院执行。

为使劳动者的权益得到快捷的保护,加快劳动争议案件的处理时间,防止用人单位恶意拖延,劳动争议仲裁委员会对下列案件实行一裁终局:追索劳动报酬、工伤医疗费、经济补偿或者赔偿金,不超过当地月最低工资标准 12 个月金额的争议;因执行国家的劳动标准在工作时间、休息休假、社会保险等方面发生的争议。上述案件的仲裁裁决为终局裁决,裁决书自作出之日起发生法律效力。劳动者对一裁终局的仲裁裁决不服的,可以自收到仲裁裁决书之日起 15 日向人民法院起诉。而用人单位对一裁终局的仲裁裁决,不能再向法院起诉,也不能申请再次仲裁,但在具备仲裁机构枉法裁决的法定情形时,用人单位可以自收到仲裁裁决书之日起 30

日内向劳动争议仲裁委员会所在地的中级人民法院申请撤销裁决。

除一裁终局的仲裁裁决以外的其他劳动争议案件的仲裁裁决,当事人不服的,可以自收到仲裁裁决书之日起 15 日内向人民法院提起诉讼;期满不起诉的,裁决书发生法律效力。一方当事人逾期不履行,另一方当事人可以向人民法院申请强制执行。受理申请的人民法院应当依法执行。

4. 诉讼

当事人对可诉的仲裁裁决不服的,可自收到仲裁裁决书之日起 15 日内向人民法院提起诉讼。对经过仲裁裁决,当事人向法院起诉的劳动争议案件,人民法院应当受理。人民法院审理劳动争议案件实行两审终审制。人民法院一审审理终结后,对一审判决不服的,当事人可在 15 日内向上一级人民法院提起上诉;对一审裁定不服的,当事人可在 10 日内向上一级人民法院提起上诉。经二审审理所作出的裁决是终审裁决,自送达之日起发生法律效力,当事人必须履行。

【本章典型案例】

案例 1

案情摘要

某商业公司(甲)与另外 6 家企业达成协议共同成立公司。之后,甲草拟了章程,新企业暂定名为"光明家具有限公司(乙)",此章程经 7 家企业审核后认可。章程中确定公司资本为 200 万元,其中甲出资 60 万,其余资金由另外 6 家企业承担,交足出资后,光明家具有限公司筹备处委托某会计师事务所进行验资并出具了验资证明。同年 11 月,乙的筹备处向市工商行政管理局申请设立登记,并向其提交了必要的文件。工商行政管理局经审查后认为,乙的条件是合格的,但是本地已有四家家具厂,再设立一家家具公司对本地经济无大的促进作用,因此不予以登记。当乙的筹备处把工商行政管理局不予登记的通知传达给甲等企业后,这些单位不服,以工商行政管理局为被告,向人民法院提起行政诉讼,要求工商行政管理局对其设立新企业的申请予以登记。

点评:

公司的设立是指具备法律规定的实质要件,完成申请程序,由主管机关发给营业执照并取得法人资格的行为。公司的设立从有关企业或个人为设立新企业做准备工作起直到主管机关发给营业执照为止。我国《公司法》对于有限责任公司的成立,原则上采取准则主义,即除某些特定行业外,法律预先规定公司成立的条件,申请人以此为准则,符合条件即可申请注册。本案中甲等企业申请设立的企业并不属于特殊行业,应当适用准则主义。市工商局对明光家具有限公司的设立申请进行了实质性审查,以《公司法》规定之外的理由对设立申请予以驳回,其做法违背了《公司法》关于有限责任公司登记的准则主义的立法原则。

本案中要设立的乙已经具备成立条件,而且不属于政府进行市场准入控制的领域,因此工商局应该予以登记。依照公司法履行审批职责的有关主管部门对符合法定条件的申请不予批准的或公司登记机关对符合法定条件的申请不予登记的,当事人可依法申请行政复议或提起行政诉讼。据此,甲等提起行政诉讼的做法是恰当和正确的。

案例 2

案情摘要

2002 年 7 月初,某县国税局在税收专项检查中发现,甲企业在 2002 年 1 至 5 月间有隐瞒销售收入的行为,核实后应补税款 6 万元。县国税局同时下发了《税务行政处罚事项告知书》《税务处理决定书》《税务行政处罚决定书》,作出了税务处理决定和处罚决定:责令该企业于 2002 年 7 月 28 日前,缴纳所偷税款及滞纳金 63750 元;对该企业的偷税行为处以所偷税款 2 倍的罚款。县国税局接到了该企业职工的署名举报信和署名举报电话,举报该企业有明显的不正常转移货物的迹象。经查实,在报经县国税局局长批准后,县国税局于 7 月 23 日责成该企业在 7 月 24 日提供纳税担保。但该企业直至 7 月 25 日仍未能提供纳税担保。为此,县国税局对该企业采取了税收保全措施,查封了该企业 10 件总价值 6 万元的高级皮衣,并向该企业开具了查封商品、货物、财产清单。双方人员均在清单上签了字,并加盖了各自单位的公章。该企业缴清了税款后,县国税局解除了对该企业的税收保全措施。7 月 28 日,该企业向县人民法院提起了行政诉讼,要求撤销县国税局的《税务处理决定书》和《税务行政处罚决定书》;对县国税局超时解除税收保全措施,致使该企业无法正常营业所造成的经济损失 50 万元人民币,予以赔偿;要求县国税局在县有线电视台对其公开道歉。

点评:

本案是一起典型的关于税款征收及税务争议处理程序的案例。本案的处理过程涉及《税收征收管理法》三个核心的问题:

第一,原告对《税务行政处理决定书》不服能否直接申请法院撤销。可见,税务争议可分为纳税上的争议和处罚争议两种,法律规定的处理程序并不相同。故该企业在接到某县国税局下达的《税务处理决定书》后,虽有不同意见,但没有提出复议申请就直接向人民法院起诉是不合法的。但对行政处罚决定不服可直接向人民法院起诉,本案中之所以撤销《税务行政处罚决定书》,是因为它违反了《行政处罚法》中有关行政处罚程序的规定。

第二,县国税局是否应赔偿企业的损失。按《税收征管法》第 38 条,税务机关可以依法采取税收保全措施,但《税收征管法》第 39 条也规定了:"纳税人在期限内已缴纳税款,税务机关未立即解除税收保全措施,使纳税人的合法利益遭受损失的,税务机关应当承担赔偿责任。"按《税收征收管理法实施细则》第 68 条:"纳税人在税务机关采取税收保全措施后,按照税务机关规定的期限缴纳税款的,税务机关应当自收到税款或者银行转回的完税凭证之日起 1 日内解除税收保全。"在超出的这一段时间里,该企业由于受到税收保全措施的影响而遭受损失,县国税局应当承担该企业提出的合理赔偿请求。

第三,根据《税收征管法》第 63 条的规定,该企业隐瞒销售收入的行为应认定为偷税。

案例 3

案情摘要:

1992 年美国鸿利公司来华投资,经营餐饮业,并将其经营的餐厅冠以"美国加州牛肉面大王"名称,至今在北京已先后设有 20 余家"美国加州牛肉面大王"连锁店。美国鸿利公司的"红蓝白"装饰牌匾,于 1999 年 11 月 3 日在我国获得外观设计专利。1999 年 9 月 30 日,美国鸿利公司向我国国家工商行政管理局申请将自用的"美国加州牛肉面大王"注册为服务商标,至 2001 年 5 月仍未获批准。1999 年 4 月 1 日,北京馨燕快餐厅开业。开业伊始,该餐厅的横幅牌匾即打出"美国加州牛肉面大王"名称,牌匾的颜色依次为红白蓝三色,霓虹灯招牌上亦标有"美国加州牛肉面大王"字样。1999 年 6 月 7 日,经美国鸿利公司请求,北京市西城区展览路工商所责令北京馨燕快餐厅将其横幅牌匾上的"美国加州牛肉面大王"以及霓虹灯上的"国""州"两字除去。北京馨燕快餐厅仅将横幅牌及霓虹灯上的"国""州"两字除去,将横幅牌匾及霓虹灯上的字样改为"美加牛肉面大王","国""州"两字在横幅牌匾及霓虹灯上的空缺处仍在。为此,美国鸿利公司遂于 2000 年 5 月 12 日向北京市第一中级人民法院起诉。

点评:

本案涉及侵犯知名商品特有的名称和外观设计专利权的侵权案件。

第一,被告的行为属于不正当竞争行为。本案中原告在北京设有 20 余家"美国加州牛肉面大王"连锁店,连锁店经营的牛肉面在消费者中,特别是在北京地区的消费者中享有一定的知名度,从而依法应认定原告经营的牛肉面为知名商品。本案被告使用的颜色为"红白蓝",原告的外观设计专利的颜色为"红蓝白",这对于普通消费者而言,二者的差别难以区别。依据《专利法》的有关规定,被告的行为侵犯了原告的外观设计专利权。加之原告的"红蓝白"外观设计专利是作为装饰使用的,且原告经营的牛肉面为知名商品,依据《反不正当竞争法》的规定,被告的行为又构成不正当竞争。

第二,被告应当承担的法律责任。我国《反不正当竞争法》第 20 条规定:"经营者违反本法规定,给被侵害的经营者造成损害的,应当承担损害赔偿责任,被侵害的经营者的损失难以计算的,赔偿额为侵权人在侵权期间因侵权所获得的利润,并应当承担侵害的经营者因调查该经营者侵害其合法权益的不正当竞争行为所支付的合理费用。"按照本条规定,由于本案被告的行为既侵犯原告的外观设计专利权,又构成不正当竞争,被告对原告应负赔偿责任。原告可以以被告获得的不当利益或以原告因侵权而受到的损失为依据,要求被告承担赔偿责任,被告还应当承担原告因调查该被告侵害其合法权益的不正当竞争行为所支付的合理费用和诉讼费用。

思考与练习

一、单项选择题

1. 资本主义经济法最早产生于(　　)。

A. 德国　　　　　　B. 英国　　　　　　C. 法国　　　　　　D. 美国

2. 经济法律关系发生、变更和消灭的直接原因是(　　)。

A. 法律关系主体　　　　　　　　B. 法律关系客体

C. 法律关系内容　　　　　　　　D. 法律事实

3. 甲、乙两人拟设立一有限责任公司,甲、乙、丙三人组成董事会,丙为董事长。应向工商行政管理机关提交的申请文件是(　　)。

A. 全体出资人就公司设立作出的决议

B. 由丙签发的出资证明书

C. 甲、乙、丙的身份证明

D. 甲、乙个人财产清单

4. 甲乙丙三人成立了一有限责任公司,现丙欲将其拥有的全部股份转让给丁,但甲乙均不同意。下列做法中不符合公司法规定的是(　　)。

A. 由甲购买丙打算转让的股份

B. 由乙购买丙打算转让的股份

C. 如果甲乙都不愿购买丙可以转让给丁

D. 即使甲乙都不愿购买丙也不可以转让给丁

5. 合伙企业存续期间,合伙企业的财产属于(　　)。

A. 投资者个人所有　　　　　　　B. 合伙企业所有

C. 合伙人共同所有　　　　　　　D. 国家所有

6. 下列关于有限责任公司股东用于出资的非货币财产的说法,哪项是错误的(　　)。

A. 应当是无形财产　　　　　　　B. 可以用货币估价

C. 可以依法转让　　　　　　　　D. 不违背法律禁止性规定

7. 某酒店向出租车司机承诺,凡成功为酒店介绍一位客人,酒店向其支付该客人消费额的 20% 作为奖励。接举报后,有关部门调查发现该酒店支付的奖励在公司的账面上皆有明确详细的记录。请问该酒店的行为属于(　　)。

A. 正当的竞争行为　　　　　　　B. 商业贿赂行为

C. 限制竞争行为　　　　　　　　D. 低价倾销行为

8. 消费者协会属于是(　　)。

A. 机关法人　　　　　　　　　　B. 事业单位法人

C. 企业法人　　　　　　　　　　D. 社会团体法人

9. 消费者享有的最重要的权利是(　　)。

A. 安全权　　　　　　　　　　　B. 公平交易权

C. 自主选择权　　　　　　　　　D. 人格尊严权

10. 王某在家做饭时突然高压锅爆炸,造成王某头部受伤。后经鉴定,爆炸的直接原因是产品设计不合理,导致排气孔堵塞而发生爆炸。请问生产者承担责任的依据是(　　)。

A. 产品存在缺陷　　　　　　　　B. 产品买卖合同的约定

C. 产品默示担保条件　　　　　　D. 产品明示担保条件

11. 下列哪一项不属于劳动合同订立、变更的基本原则(　　)。

A. 公平原则　　　　　　　　　　B. 平等自愿原则

C. 协商一致原则　　　　　　　　D. 合理原则。

12. 根据《劳动合同法》的规定,下列哪一项关于劳动合同无效的说法是错误的(　　)。

A. 劳动合同部分无效,则整个劳动合同无效

B. 劳动合同部分无效,不影响其他部分效力的,其他部分仍然有效

C. 劳动合同被确认无效,劳动者已付出劳动的,用人单位应当向劳动者支付劳动报酬

D. 对劳动合同的无效或者部分无效有争议的,由劳动争议仲裁机构或者人民法院确认

13. 根据《劳动合同法》的规定,用人单位自用工之日起满(　　)不与劳动者订立书面劳动合同的,视为用人单位与劳动者已订立无固定期限劳动合同。

A. 1个月　　　　B. 3个月　　　　C. 6个月　　　　D. 1年

14. 下列哪一项不属于《劳动合同法》规定的劳动合同类型(　　)。

A. 固定期限劳动合同

B. 无固定期限劳动合同

C. 以完成一定工作任务为期限的劳动合同

D. 临时劳动合同

15. 根据《劳动合同法》的规定,以下哪一项不是劳动合同的必备条款。

A. 试用期

B. 用人单位的法定代表人或者主要负责人

C. 劳动者的姓名

D. 劳动报酬

二、多项选择题

1. 依据《公司法》规定,公司董事应当履行的义务有( )。

A. 不得利用职权侵占公司财产

B. 不得泄露公司秘密

C. 不得担任其他企业的负责人

D. 不得将公司资产以其个人名义开立账户存储

2. 根据我国公司法规定,可以发行公司债券的主体有( )。

A. 股份有限公司　　　　B. 有限责任公司

C. 国有独资公司　　　　D. 两个以上的国有企业投资设立的有限责任公司

3. 合伙人甲因意外下落不明逾四年,被人民法院宣告死亡,对此,合伙人乙和丙提出下列主张,其中符合法律规定的是( )。

A. 甲于宣告死亡之日起视为退伙

B. 甲在下落不明期间不享受利润分配

C. 甲的出资额应退还给甲的继承人,但应扣除合伙企业债务中应由甲承担的份额

D. 对于甲宣告死亡前发生的合伙企业债务中应由乙和丙承担的部分,甲的继承人应承担连带责任

4. 下列不属于垄断协议的是( )。

A. 家乐福与大润发协议,前者占安徽市场,后者占江苏市场

B. 甲超市与某供货商约定,前者只按照最低价从该供货商处进货

C. 因为价格原因,甲乙两家供电企业口头约定都不再购买丙煤炭公司的原煤

D. 甲超市与某供货商约定,前者对供货商的某一商品最高按照某价格出售

5. 甲乙公司违反《反垄断法》的规定,达成垄断协议,对此( )。

A. 如果实施垄断协议的,由反垄断执法机构责令停止违法行为

B. 如果实施垄断协议的,由反垄断执法机构没收违法所得

C. 如果实施垄断协议的,由反垄断执法机构并处上一年度销售额 1% 以上 10% 以下的罚款

D. 如果尚未实施垄断协议的,反垄断执法机构可以处其 50 万元以下的罚款

6. 下列各项中,属于不正当竞争行为的有( )。

A. 因清偿债务降价销售商品

B. 最高奖金超过 5000 元的抽奖式的有奖销售

C. 季节性降价

D. 在商品上伪造认证标志

7. 下列行为中,违反消费者权益保护法的是( )。

A. 某个体摊贩在其出售的商品上没有明码标价

B. 某商场店内告示:请认真选购,离开柜台概不退换

C. 某干洗店在给顾客开具的取衣条上注明:衣服若有损坏,按照干洗费的 5 倍赔偿

D. 张某租赁某服装超市的柜台,但是没有作任何标记。

8. 经营者对部分产品实行"三包"义务,其具体内容是(　　)。

A. 包修　　　　　　B. 包退　　　　　　C. 包换　　　　　　D. 包服务

9. 下列所列产品属于重点抽查的对象的是(　　)。

A. 影响国计民生的重要工业产品

B. 可能危及人体健康和人身、财产安全的产品

C. 消费者协会反映有质量问题的产品

D. 建设工程

10. 税务机关可以对下列哪些主体依法采用税收强制执行措施(　　)?

A. 个人纳税人　　　　　　　　　B. 从事生产、经营的纳税人

C. 纳税担保人　　　　　　　　　D. 扣缴义务人

11. 下列属于劳动争议的范围有(　　)。

A. 因确认劳动关系发生的争议

B. 因订立、履行、变更、解除和终止劳动合同发生的争议

C. 因除名、辞退和辞职、离职发生的争议

D. 劳动者请求社会保险经办机构发放社会保险金的纠纷

12. 下列属于劳动争议的解决方式有(　　)。

A. 协商　　　　　　B. 调解　　　　　　C. 仲裁　　　　　　D. 诉讼

13. 下列属于劳动争议的处理机构有(　　)。

A. 劳动争议调解机构　　　　　　B. 劳动争议仲裁机构

C. 人民法院　　　　　　　　　　D. 司法局

14. 某公司欲解除与职工李某之间的劳动合同,其所提出的如下解约理由或做法中,哪些是有法律依据的(　　)?

A. 李某经过培训仍不能胜任现工作

B. 李某不满 25 周岁而结婚,违反了公司关于男职工满 25 周岁才能结婚的规定

C. 公司因严重亏损而决定裁员,因此解除与李某的劳动合同

D. 李某非因公出车祸受伤住院,公司向李某送去 3 个月工资并通知其解除劳动合同

15. 对于无固定期限的劳动合同的说法,下列哪些是错误的(　　)?

A. 无固定期限的劳动合同以某项工作或工程的时间长度为准,当某项工作或工程完成后,劳动合同自行终止

B. 无固定期限的劳动合同无论出现何种情况都不得解除、终止

C. 劳动者在同一用人单位连续工作满 10 年以上,当事人双方同意续延劳动合同的,如果劳动者提出订立无固定期限的劳动合同,应当订立

D. 若出现法律、法规规定或双方约定的可以解除、终止劳动合同的条件,该劳动合同就可以解除、终止

三、问答题

1. 简述有限责任公司设立的条件。

2. 简述合伙企业的法律特征。

3. 我国现行税率的种类有哪些。

4. 简述商业秘密的基本条件。

5. 简述消费者的权利。

6. 简述经营者的义务。

四、分析与讨论题

1. 某保温瓶厂通过媒体宣布研制出了一种新型保温瓶,该厂宣称"传统保温瓶均含有有毒砷化物,只有该厂研制的新型产品具有无毒、保健的作用。"同时,该厂还宣布消费者可用普通保温瓶去换该厂新产品。该消息一经传播,在同行业引起极大冲动,许多销售单位纷纷与原供货者终止了合同,致使多家保温瓶生产企业遭受重大损失。

问:该保温瓶厂的行为属于不正当竞争行为吗? 为什么?

2. 某县 100 户种植户在县种子站购买了由某农技研究所培植的高产抗病棉花种子,共种植了 1000 亩棉田。但是由于棉花种子内掺有劣质的种子,结棉铃少、不抗蚜虫,致使每亩棉花严重减产。受害的 100 户种植户要求赔偿经济损失,并联名到县消费者协会进行投诉。

问:种植户遇到的种子质量问题能否适用《消费者权益保护法》? 消费者协会能否受理此案?

3. 某公司董事会共有 9 名成员。一次董事会,由董事长召集讨论将公司闲置资金 1 亿元投资于期货问题。本次会议有 6 名董事出席,3 名董事缺席。其中董事张三书面委托个人助理王某(非董事)代理出席并表决。会上,董事长介绍了本次投资的巨大盈利性,并表示赞成投资。但董事李四对此表示了疑虑,认为此项投资不属于本公司章程规定的公司经营范围。董事赵五坚决反对。经记名书面表决,结果 4 名董事赞成,1 名董事和王某反对,董事李四弃权。董事长认为本议案已为多数通过,决议有效。后该公司因本次投资失败亏损 1000 万元,公司股东以董事会决议违法并造成损失为由,向法院提出起诉,请求损害赔偿。

问:本案中存在哪些违法事实,法院应如何处理?

第 七 章
国 际 法

导　语

国际法,主要是以国家之间的关系为调整对象的法律体系,它完全不同于国内法。当今世界上,没有任何一个国家可以独立于国际一体化格局之外单一地存在,因此国与国之间的交往随着全球化的步伐的加快而越加紧密。如何在纷繁复杂的国际形势中处理好各国之间关系,就需要通过以国家为主的主体之间达成一定的共识,形成有一定约束力的原则、规则和制度,这就是国际法。

通过对本章的学习,我们应该掌握的知识有:国际法的基础理论知识,如国际法上的主体和客体指的是什么? 国际法的渊源有哪些? 有哪些共同的原则? 国际法中外交与领事关系包含哪些内容? 发生国际争端应该如何解决?

 引入问题和思考

2001 年 4 月 1 日上午,美国军用侦察机抵达中国海南岛东南海域上空活动,中方两架军用飞机对其进行跟踪监视。当中方飞机正常飞行时,美机突然向中方转向,导致中方飞机坠毁及飞行员王伟罹难,后来又未经允许进入中国领空并降落海南岛陵水机场。随后中美两国在北京就美军侦察机撞毁中方军用飞机事件及相关问题举行谈判。

【思考】1. 美国侦察机和中国军用飞机的行为是否符合国际法原则?

2. 中方飞机坠毁和飞行员王伟罹难,责任在哪一方?

【提示】1. 根据海洋法规定,沿海国家对其领海及上空具有主权权利。中国对于海南岛东南海域具有主权权利。美侦察机未经允许进入中国海南岛海域上空活动,是违反海洋法的行为。中方军用飞机对其进行跟踪监视,是为了保护中国领海海域安全,是一种维护主权的行为。

2. 责任在美国一方,美侦察机在中方领海上空任意行为,以致中方飞行员遇难,既违反海洋法的规定,又违反空间法的规定。美政府应向中国政府赔礼道歉,并应承担由该事件引起的经济赔偿责任。

第一节 国际法概述

一、国际法概念和特征

(一)国际法的概念

国际法,是指调整国家间法律关系的过程中形成的具有一定法律拘束力的规则、原则和制度的总称。因为它主要是以国家之间关系为调整对象,在某种程度上属于“公”的关系,因此国际法又被称为“国际公法”。

(二)国际法的特征

国际法作为法律,它拥有一般法律的共性,即具有强制性和规范性。但是它又有与国内法截然不同的鲜明特征,属于完全不同的两个法律体系,国际法的特殊性主要表现在以下几个方面:

1. 调整的主体。国际法的主体包括国家、政府之间国际组织、争取民族独立的民族等,个人不能成为国际法上的主体。而国内法的主体主要是自然人和法人。

2. 调整的对象。国际法调整的客体为国际法主体之间的关系,是调整国际法主体之间的权利和义务。而国内法主要调整的是国家内部主体之间的权利义务关系。

3. 制定方式。国际法的制定主要是国家主体之间为了在彼此之间形成一定的权利义务关系而通过协议制定,当然国际习惯例外。而国内法则是通过国内的立法机关按照法定的程序制定的。

4. 法律渊源。国际法的渊源主要是国际习惯和国际条约。国内法的法律渊源则主要是国内法。

5. 强制实施的方式。由于国际法不存在一个超越国家的立法机关存在,因此主要由国际法主体依靠自身的行为来实现,当发生分歧,以国家之间的单独或集体制裁来实现。国内法的实施方式可以通过国内的强制机关保证实施。

二、国际法与国内法的关系

如前所述,国际法和国内法属于法律的两个不同体系,在主体、调整对象、制定方式、法律渊源和强制实施方式方面有诸多不同,但是二者之间有密切的联系,相互补充,相互渗透。国际法的制定主体是国家,而国内法的制定主体也是国家,方式不同,但牵扯的利益是一样的,为的是一个共同的目的,即国家利益。因此在此前提下,国家在制定国内法时应考虑国际法的原则、规则和制度,而在参与制定国际法时也应从国内法的立场出发,维护本国利益。

国际法与国内法的关系集中在二者发生冲突时怎么处理。由于实践中法律关系复杂,各国的处理原则无外乎两种:一是国际法优先适用原则,中国和多数国家都采取此种方式,认为国际法既然为国家自愿协议签订的,就有必要遵守其规定,承担自己的国际义务,或采取措施将国际法在国内付诸实施,此乃主流观点。二是国内法优先使用原则,这种情况在当代世界已比较少见,也不太可取。

三、国际法的渊源

国际法的渊源指国际法的作为有效的法律规范的形成方式和表现形式。根据《国际法院规约》第 38 条的规定,法院对于陈述各项争端,应依国际法裁判之,裁判时应使用:(1)不论普通或特别国际协约,确立诉讼当事国明白承认之规则;(2)国际习惯,作为通例之证明而经接受为法律者;(3)一般法律原则为文明各国所承认者;(4)在第 59 条规定之下,司法判例及各国权威之最高之公法学家学说,作为确定法律原则之补助资料者。从这些规定,我们可以看出,国际法的渊源一般有以下几个方面:

（一）国际条约

国际条约是指国际法主体之间依据国际法确定的其相互权利和义务的国际协议,是国家交往中常用的法律形式,在国际法渊源中处于首要地位。由此衍生出来的一条国际法的重要原则就是"条约必须遵守"。根据这一原则,国际法主体之间缔结条约后,不能随便违背其承诺的条约义务。如有缔约方违反其义务,则要承担相应的国际责任。

（二）国际习惯

国际习惯是指各国重复类似的行为而产生的具有法律拘束力的行为准则。要成为国际惯例,通常要具备两个条件:一是必须要有国际的实践或者通例,即国家间长期的、反复的、广泛的、一直的作为或者不作为。这称为物质因素。二是这样的通例被国家接受为法律,才具有约束力。国际习惯多为国际实践中逐步形成的,而多数能成为国际法渊源的国际习惯往往经历过长期的历史考验,是最古老的法律渊源。

（三）一般法律原则

法律原则是指各国法律体系中共有的原则,它补充条约与习惯法的空白,在国际法案件中也能发挥一定作用。

（四）国际法院的司法判例

有关国际审判机构的判决结果和审判中的原则也能作为国际法渊源而进行参考。

（五）权威法学家的学说

世界上公认的权威的法学家的学说，也能对国际法规范的形成和使用有重要影响。

四、国际法的基本原则

（一）国际法基本原则的含义

国际法的基本原则，是指各国公认的、具有普遍意义的并构成国际法基础的法律原则，它是在国际关系中形成和发展起来的。

（二）各项基本原则

1. 国家主权平等原则

国家主权平等原则是指各国一律享有平等的主权。主权是国家最重要的、固有的属性，没有主权就不能成为国家，它体现在对内最高权和对外的独立权。每一个国家的主权都神圣不可侵犯，也不能分割与让与。不论各国在政治、经济、文化和地域情况等方面有多少的差异，也均有平等的权利和责任，都是国际社会中平等的一员。主权平等原则一般体现在以下几个方面：（1）各国法律地位平等；（2）每一国均享有充分主权之固有权利；（3）每一国均有义务尊重他国之人格；（4）国家之领土完整及政治不得侵犯；（5）每一国均有权利自由选择并发展其政治、社会、经济及文化制度；（6）每一国均有责任并充分履行其国际义务，与别国和平相处。

2. 互不侵犯原则

互不侵犯原则是指各国在其相互关系中，不得以任何借口使用武力或武力威胁侵犯他国的政治独立或领土完整，不得以威胁或使用武力作为解决国际争端的方法。

3. 不干涉内政原则

不干涉内政原则是指对他国的内政无管辖和支配的权力。内政是属于国家主权内的管辖事项，一般纯属一国主权管辖，不涉及任何国际义务，例如决定本国的社会、政治、经济、文化、立法、司法等各方面的制度，政权的选择，正当的地位，民族特征的保持、采取的行政措施，本国自然资源的管理和利用，对外政策和国际关系的决定等问题。而这些事项，任何一个国家都无权对其进行干涉。

4. 和平解决国际争端

和平解决国际争端原则是指国家对在交往中发生的任何争端均应以和平的方法解决，而不得诉诸武力威胁或使用武力以外及其他非和平的方法，从而避免危及国际和平与安全。

和平解决国际争端的方式一般有以下几种：一是政治途径,如协商谈判、斡旋调解、调查和解等;二是法律途径,如国际仲裁和国际诉讼;三是国际组织途径,如联合国、区域或专门的国际组织对有关争端的特殊解决方式。

5. 民族自决原则

民族自决原则是指在帝国主义殖民统治和奴役下的被压迫民族有权自主决定自己的命运,摆脱殖民统治建立民族独立国家的权利。

6. 善意履行国际义务

善意履行国际义务原则是由"条约必须遵守"这一古老国际习惯规则发展而来,该原则指的是每个国家必须善意、忠实地履行国际法上的各项义务。这也是《联合国宪章》确定的一项各国都必须遵守的国际法原则。

【知识拓展】

1987 年,美国国会的少数议员,策动参、众两院通过欢迎达赖访美的决议,并且让达赖利用国会的讲坛发表鼓吹"西藏独立",分裂祖国,破坏民族团结的言论。同年 10 月 6 日,美国参议院通过了一项关于所谓"西藏问题"的修正案,颠倒是非,污蔑中国在西藏侵犯人权。就美国参议院通过的所谓"西藏问题"修正案涉及国际法的问题有以下几点:

(一)所谓修正案违反互不干涉内政原则

互不干涉内政原则是从国家主权原则引申出来的一项国际法的基本原则。它是指一国不准以任何借口干涉他国的内外事务,不准以任何手段强迫他国接受另一国的意志、社会政治制度和意识形态。西藏是我国领土不可分割的一部分,西藏人民是中华民族大家庭的成员之一。因此,有关西藏的任何问题都是中国的内部事务,别国是无权干涉的。而美国国会的少数人围绕所谓"西藏问题"所进行的一系列活动,都是对中国内政的粗暴干涉。

(二)所谓修正案侵犯我国领土主权

领土主权是国家主权原则的重要内容和表现。西藏是我国领土不可分割的一部分,当然处于中国主权管辖之下,这早已为世界各国所承认。现在,美国国会的所谓"西藏问题"的修正案,妄图把西藏从我国领土分裂出去,这就是破坏和分裂领土完整,侵犯我国领土主权。

(三)所谓修正案违背美国承认的国际义务

1972 年 2 月 28 日,中美在上海签署的《联合公报》中庄严宣布:"中美双方同意,各国不论社会制度如何,都应按尊重各国主权和领土完整、不侵犯别国、不干涉别国内政、平等互利、和平共处的原则来处理国与国之间的关系"。中美之间签署的公报中所确定的权利和义务,对中美双方都具有法律拘束力。而美国国会关于"西藏问题"的修正案,严重地违背了美国在中美的联合公报中承担的义务。西藏问题是中国的内政,对西藏问题以何种方式来解决也是由中国决定的内部事务,绝不允许任何外国的干涉。

五、国际法上的主体和客体

(一)国际法的主体

国际法的主体,是指能够独立参加国际法律关系,具有直接承受国际法上权利和义务的能力的集合体。要成为国际法的主体,应该满足最基本的两个条件:一是具有独立参加国际关系的能力。这是作为国际法主体的前提。二是有直接承受国际法的权利义务的能力。如享有外交权、缔约权,承担国际责任等。传统国际法认为只有国家才具备国际法主体的资格,但随着一战后国际关系的变化,国际法的主体逐渐扩展到国际组织和争取独立的民族。一般认为,个人不是国际法主体。

1. 国家

(1)国家要素。

国家是国际法上最重要的主体。而要成为主权国家,必须具备四个要素:一是定居的居民,二是有确定的领土,三是有一定政权组织,四是有完整的主权。

一定数量定居的居民是一个国家的基本构成要素,而领土又是居民赖以生存的基础,有了居民和领土,国家还需要一个能代表国家对内实施统治,对外进行交往的政权组织。而国家最根本的属性是国家主权,是国家独立地处理对内、对外事务的最高权力,也是国家区别于其他社会实体的标志。

(2)国家的基本权利和义务。

国家的基本权利和义务是由国家的主权衍生而来的,一个国家在国际关系中享有基本的权利,同时也必须遵守基本义务。二者相互联系,不可分割。

国家的基本权利主要包括以下几种:

①独立权:国家能够按照自己的意志处理本国内外事务,不受任何国家控制和干涉的一项权利。这种权利既包括政治事务上不受别国的干涉,也包括经济事务上的独立自主。

②平等权:国家参与国际关系的地位是平等的,平等地享受国际法上的权利和承担国际法上的义务。不论国家在大小、强弱、经济发展状况和发展水平等方面有多大的差异,都一律以平等的资格和身份参与,不受任何的歧视和干涉。

③自卫权:也称自保权,是国家为保卫自己的生存与独立而具有的主要的权利。包括两方面的内容,一是国家有权使用自己的一切力量进行国防建设,以防备可能来自外国的侵略;二是当国家遭受外国武力攻击的时候,有权依国际法进行单独或集体自卫。

④管辖权:国家对其领域内的一切人和物行使国家主权的表现。管辖权可分为四种类型:一是属地管辖权,是指国家对其领土范围内的一切人和物(享有外交

特权和豁免权的除外),进行管辖的权利;二是属人管辖权,是指国家对在一切具有本国国籍的人(包括在领土范围内外)进行管辖的权利;三是保护管辖权,是指国家对在该国领土范围以外犯有侵害该国国家和公民重大利益的罪行的外国人进行管辖的权利;四是普遍性管辖权,针对某些特定的国际罪行,由于普遍的危害国际和平与安全以及全人类的利益,不论犯罪行为发生于何地或罪犯的国籍如何,各国均有权对其罪行实行管辖。此类罪行主要有:海盗罪、战争罪、反人类罪。

国家主权豁免,泛指一国的行为和财产不受另一国的立法、司法和行政方面的管辖。但通常是指一国的国家行为和财产不受另一国的司法管辖,即非经一国同意,该国的行为不受所在国法院的管辖,其财产不受所在国法院的扣押和强制执行。国家豁免的范围有不同的主张。即绝对豁免主义与相对豁免主义。

绝对豁免主义从国家主权平等原则出发,强调国家的主权、独立、平等和尊严绝对不可侵犯,主张国家的一切行为和财产不论性质如何均享有豁免。

相对豁免主义强调维护有关个人的利益,主张将国家财产依其用途分为用于政府事务的财产和用于商业目的的财产,认为只有国家的主权行为和用于政府事业的财产才能享有豁免。

我国对国家豁免的立场,是在坚持国家主权豁免原则下,对国家豁免做出某些例外规定。如外国军舰和政府的非商业船舶可在我国享有管辖权豁免,而其他船舶不享有;从事商业活动的外国政府船舶在我国不享有豁免。

(3)国际法上的承认。

新的国家和新的政府随着世界历史发展规律,时有产生。这就涉及一个国际法上的承认问题。承认分为国家承认和政府承认。

国家承认是指对新的国家的承认,是指既存国家以某种形式对新国家产生的事实的确认,并表示愿意与其进行交往的国家行为。实践中新的国家的产生有独立、合并、分离、分裂四种情况。新的国家产生之后,既存国家是否对其承认,主要是基于政治上的考虑和对外政策的需要。而新的国家要得到承认也必须具备两个基本的法律条件:一是必须具备国际法意义上国家的四个要素;二是必须符合公认的国际法原则。承认一经作出,既意味着既存国家接受新国家作为国际社会成员的事实,承认它作为一个国家所具有的法律权利能力和行为能力。

政府承认,是指一国确认他国的新政府具有代表其本国的正式资格并表示愿意与之交往的行为。政府承认也有两个法律条件:一是新政府必须在本国全部或绝大部分领土上实现有效统治,二是新政府的建立必须符合公认的国际原则。政府承认也会在承认国与被承认国之间产生政治效果和法律效果。

就国家承认和政府承认而言,法律上的承认的法律后果主要有:

①实现承认国与被承认国或政府间关系的正常化,双方结束敌对状态,可以建立外交关系或领事关系;

②使承认国和被承认国能够缔结政治、经济、文化等各方面的条约、协定；

③承认被承认国或政府的立法、司法和行政权力的效力；

④承认被承认国国家财产和行为享受行政和司法豁免权及处理在国外财产的权力。

事实上的承认的法律后果主要有：

①互派领事或商务代表；

②缔结非政治性条约；

③承认被承认国或政府的立法、司法和行政权力的效力；

④承认被承认国国家财产和行为享受行政和司法豁免权以及处理在国外财产的权力。

（4）国际法上的继承。

继承也分为国家继承和政府继承。国家继承是指一国对某一领土的国际关系所负的责任被别国取代的事实以及由此引起的有关国际权利义务在这些国家之间的转移。政府继承是指某一政府代表国家的资格被新政府取代的事实以及由此引起的有关国际权利义务在新旧政府之间的转移。国家继承和政府继承主要涉及条约、国家财产、国家债务和国家档案等方面的问题，具有重要的理论和实践意义。

我国对旧政府接受外国侵略和奴役中国之债和旧政府镇压中国人民革命或从事违反中国人民利益的活动所举之债，中华人民共和国一律不予继承。因为，这类债务属于"恶意债务"，恶债不予继承。

【知识拓展】

湖广铁路债券案

1979年11月，由美国公民杰克逊等九名持券人向美国阿拉巴马州地方法院对中华人民共和国提起诉讼，要求偿还他们所持有的中国清朝政府于1911年发行的"湖广铁路债券"本息。美国地方法院受理了此案，即以中华人民共和国作为被告，通过地方法院邮寄将传票和起诉书副本送达给我国外交部长，要求中华人民共和国政府在传票送达后20天内对原告起诉书作出答辩，否则将进行"缺席审判"。对此，中国政府根据国际法原则曾多次向美国政府申明中国立场，但美国阿拉巴马州地方法院仍于1982年9月1日无理作出"缺席审判"，要求中国政府向原告偿还4130余万元。

"湖广铁路债券"案涉及以下两个国际法问题：

一是国际法上的继承问题

国际法上的继承是一个重要的法律问题。它是一个国家或新政府如何处理旧国家或旧政府在国际法上的权利义务问题。在这里，只涉及新政府的债务继承问题。中华人民共和国政府是推翻国民党政府而建立的新政府并且是中国唯一合法的政府。我国政府在处理旧政府的债务时，坚决适用"恶意债务不予继承"，这是久已公认的国际法原则。"湖广铁路债券"实属恶债。因为这次借债是1911年,清朝政府为了维护其反动统治和镇压中国人民的辛亥革命,勾结在华划分势力范围的帝国主义列强决定加快修建铁路,由于财政危机只能向帝国主义借债,因此,我国政府理所当然地不予承认这一债务,这完全符合国际法原则,而且也为国际法实践所证明的。

二是国家主权豁免问题

国家主权豁免是国际法的一项重要原则,其根据是联合国宪章所确认的国家主权平等原则。国家与国家之间是完全独立和平等的,任何一个国家不能对另一个国家行使管辖的权利,一个国家的法院没有经过国家同意,不能受理以外国国家作为诉讼对象的案件。中国作为一个主权国家无可非议地享有司法豁免权。美国地方法院以一个主权国家作为被告诉讼,行使管辖权,作出缺席判决甚至以强制执行其判决相威胁,这是完全违反国家主权平等的国际法原则,违反联合国宪章。对于这种将美国国内法和美国法院的管辖强加于中国,损害了中国主权,损害中国民族尊严的行为,中国政府理应坚决拒绝。

现在,本案由于中国坚决站在维护国家主权的立场上,坚持国际法的原则,最后并没有有按照美国法院的"缺席判决"执行。1987年3月9日,美国最高法院作出裁定,驳回了美国债券持有人的复审要求,撤销了不利于中国的判决。

2. 国际组织

(1)国际组织概述。

国际法上另一个重要的主体,就是国际组织。国际组织分广义和狭义,通常国际法上的国际组织从狭义角度出发,仅指国家或政府间以特定目的,通过缔结国际条约而建立的常设机构,因此又称为政府间国际组织。

国际组织的权利能力和行为能力主要表现为,有缔约能力;派遣与接受常驻或临时的外交使团(节);作出国际承认或作为国际承认的对象;构成国际法中继承或被继承的主体;提出国际索赔和承担国际责任等。

之所以承认政府间国际组织的主体资格,是因为国际组织是基于特定目的和宗旨建立,成员通过缔结条约的方式赋予了国际组织若干职权和法律行为能力,使其成立之后能以独立的人格参与国家法律关系中,并具有享有国际法上的权利和承担国际法上义务的能力。

国际组织根据不同的标准可以分为不同的类型,按宗旨与职能可分为一般性国际组织和专门性国际组织。一般性国际组织涉及的领域广泛,如联合国、欧盟等,包括政治、经济、文化和军事等各方面的活动。而专门性组织涉及的领域单一,例如世界贸易组织、世界气象组织等,仅涉及某项活动领域。按地域特点可分为普遍性国际组织和区域性国际组织。普遍性组织则对一切国家开放,例如联合国、世界卫生组织,区域性组织一般只允许在某一地区有着共同利益或相似利益的政治经济体的国家参与,活动也以地区为限,如东南亚国家联盟,非洲国家组织。

国际组织是由成员构成,通过确定组织机构来运行国际组织的整个活动,主要包括决策机关、执行机关和行政机关。三个主要机关各司其职,在具体参与国际法律关系时以表决的方式来形成决议,最终构成了国际组织在国际法上具有法律效力的法律行为。

国际组织的表决制度。

全体一致同意	也称一国一票一致同意制,要求议案经过所有成员国一致同意方可通过。
多数同意制	采用一国一票,要求议案经过成员中多数同意票即可通过。多数通过制又分为简单多数通过、特定多数通过、多数加特定成员通过等三种。
加权表决制	也称一国多票制,它具有某些股份制表决的特点,多用于金融等经济组织。各成员国由其对组织的贡献或责任的不同,根据组织章程规定的分配标准,享有不同的投票权,在此基础上进行表决。
协商一致通过	在成员国间进行广泛协商后,不采用投票表决方式而采取对议案达成一致或不持异议则通过。

(2)联合国。

联合国(United Nations,UN)是国际组织中规模最大,职能最为广泛,对国际关系影响最深远的全球性组织。1945年根据《联合国宪章》成立,总部在美国纽约,中国也是联合国的创始成员国之一。它是继国际联盟之后,又一个以集体安全、和平解决争端原则为基础的维持国际和平、发展国际合作的普遍性国际组织。

《联合国宪章》是联合国组织的根本法,由序言和19章组成,正文111条,《国际法院规约》是其组成部分。《联合国宪章》规定了联合国的宗旨:维持国际和平及安全;发展国际间以尊重人民平等权利及自决原则为根据之友好关系;促成国际合作,以解决国际间属于经济、社会、文化及人类性质之国际问题,且不分种族、性别、语言或宗教,增进并激励对全体人类之人权及基本自由之尊重;构成、协调各国行动之中心,以达成上述共同目的。同时还规定了联合国的主要原则:会员国主权平等原则;善意履行《宪章原则》;和平解决国际争端;不得使用威胁或武力;会员国对联合国以《宪章》的规定而采取的行动应尽力予以协助;保证非会员国遵守上述原则;不得授权联合国干涉属于国内管辖事务。

联合国为实现宪章所规定的宗旨,设有六个主要机构,分别是:联合国大会、安全理事会、经济及社会理事会、托管理事会、国际法院和秘书处。联合国安全理事会(简称安理会、联合国安会)是联合国中最有权力的机构,负责维持国际间的和平与安全。根据《联合国宪章》,安理会与其他联合国机构不同,它做出的决定必须被相关成员国遵守与执行。此外,还设有执行其职能所必需的各种辅助机关。联合国在当今国际社会中的重要地位不可忽视,因为它是目前最大的政府间国际组织,而且在国际关系上发挥不可替代的作用。《联合国宪章》所确立的新型国际关系准则、维和行动、调停斡旋和强制措施对遏制冲突的爆发以及结束和缓解已经爆发的冲突确实发挥了重要作用。

安理会的表决制度:根据《宪章》规定,安理会表决采取每一理事国一票。对于程序事项决议的表决采取 9 个同意票即可通过。对于非程序事项或称实质性事项的决议表决,要求包括全体常任理事国在内的 9 个同意票,此又称为"大国一致原则",即任何一个常任理事国都享有否决权。对于一个事项是否为程序性事项发生争议,同样按照上述"大国一致"表决方式决定。常任理事国在安理会表决中的上述权利也被称为"双重否决权",它确保了大国之间的一致。否决权制度是安理会表决制度的核心。安理会在向大会推荐接纳新会员国或秘书长人选、建议中止会员国权利和开除会员国等问题上,也适用非程序性事项表决程序。安理会为制止和平的破坏、和平的威胁和侵略行为而作出的决定,以及依《宪章》规定在其他职能上作出的决定,对于当事国和所有的成员国都具有拘束力。

3. 区域性国际组织

区域性国际组织,是指在相同的地域内的国家或者虽不在相同的地域但以维护区域性利益为目的的国家组成的国际组织与集团。最著名的有欧洲联盟、阿拉伯国家联盟、东南亚国家联盟、非洲统一组织、美洲国家组织等。这些组织之间往往基于民族、历史、文化等原因有某种共同意识,或在政治、经济、军事或社会方面相互依赖,形成特定区域内的国家在解决争端、维持区域和平与安全、保障共同利益、发展经济文化关系等方面的组织。

(二)国家责任

国家责任指国家实施了不法行为,违反其依照国际法所承担的国际义务,而应承担国际法上的法律责任。构成国家责任的原因是国家实施了不法行为,而这种不法行为是违反了其该承担的国际法义务而造成了对另一国或国际社会的伤害。国家责任同时也是一种法律责任,这种责任不同于国际关系中一国对他国的不礼貌、不友好行为引起的国际道义责任或政治责任,也不同于某些国际法未加禁止的行为所产生的损害性后果应负的赔偿责任,而是有可能被他国单独或集体追求而强加的法律责任。

国家责任的构成包括主观要素和客观要素。国家责任的主观要素指国际不法行为是归因于国家作为或不作为的国家行为。客观要素指该行为违背了国际义务,而这个义务是国际公认的合法的国际义务,对该国有约束力。

下列行为可归于国家行为:(1)国家机关的行为;(2)一国地方政府政治实体

的机关行使职权的行为;(3)经一国国内法授权行使政府权力要素的其他实体的机关行使职权的行为;(4)超越权限行事的机关的行为;(5)实际上代表国家行事的一个人或一群人的行为;(6)别国或者国际组织交由一国支配的机关行使该支配国的政府权力要素的行为;(7)成为一国新政府或导致组成一个新国家的叛乱运动的行为。

国家责任在某些特定情况下可以免除,在实践中,有下几种方式可以免除国家因不法行为引起的国家责任。一是同意,一国以有效方式表示同意他国实行某项与其所负义务不符的特定行为时,行为国在对该国的关系上,便免除责任。但不得逾越范围和违背国际法强制归责。二是对抗措施或自卫行为,针对他国所犯国际不法行为,受害国相应地采取行动方式进行非武力的对抗或武力反击的自卫。三是不可抗力和偶然事故,国家不符合其应负国际义务的行为,是由于不可抗力和偶然事件,以致该国不能履行国际义务,或者不可能知道其行为不符合该项义务时,应排除其行为的不法性。最后是危难与紧急状态,危难是指代表国家行事的机关或个人,在遭遇极端危难的情况下,为了挽救其生命或受其监护人的生命,除此以外别无办法,因而作出的不符合该国所负国际义务的行为。紧急状态是指一国本身遭遇严重危及该国的国家生存和根本利益的紧急情况时,为了应付或消除这种严重紧急状况而采取紧急措施所作出的不符合该国所负国际义务的行为。

国家责任最后承担的方式一般有四种:限制主权、恢复原状、赔偿和道歉。

国际刑事责任。传统国际法中对国家刑事责任基本持否定态度。二战以后进行的纽伦堡审判和东京审判,对于从事严重违反国际法的国际罪行的国家,在国家承担国家责任的同时,也追究了负有责任国家的领导人的个人刑事责任,即创立了"双罚原则"。但国家刑事责任制度仅是国际法上的一个新发展,在理论和实践中都存在较大争议。

【案例分析】没有授权的行为导致的国家责任

凯恩是一个法国人,在墨西哥的一场革命中被墨西哥士兵所杀,原因是他拒绝给墨西哥士兵钱。法国政府要求墨西哥政府对凯恩的死负责,并进行赔偿,而墨西哥政府认为,致凯恩死亡的行为是杀死凯恩的墨西哥士兵个人的行为,不应由墨西哥政府负责。两国为解决此争议,同意成立法国—墨西哥求偿委员会,该求偿委员会要解决的问题就是:墨西哥士兵没有上级命令,或者违反上级意愿,且与革命的目标和需要无关的个人行为,是否应由墨西哥政府负责?

求偿委员会认为:上述问题应该按照关于国家为其官员的行为负国际责任的条件的国际法规则来解决,但应该注意下面两点:

(1)军官和文官的区别对他们的行为所引起的责任范围和责任成立条件的影响;

(2)墨西哥既然已经为非政府的革命武装所导致的损害承担了责任,也应该为它自己的合法政府所控制下的军队所作行为导致的损害承担责任。

求偿委员会认为,国家的客观责任是指国家要为它的机关或官员的行为负责,即使国家并没有过错。国际法规则的发展倾向于使国家为其官员或机关按照国际法构成犯罪的所有行为负责,而不论官员或机关的行为是否超过了他们的授权。国家官员和代表的行为可以导致国家的国际责任,即使他们没有国家的授权。这样承担责任根据国内法是不合适的。因为依照国内法,只有官员或机关在他们职权范围内的行为才是国家行为,职权范围以外的行为不是国家行为,因此不应由国家负责。但是,国际法对国家责任的立场与此不同。从国际层面来看,如果要求一个国家考虑外国管理国内事项的复杂的权力分配或安排,将使国际关系变得太困难、太复杂和太无保障。所以,国家的责任必须是客观责任,国家在主观上是否有过错对于确定国家责任没有影响。

为了使国家为其官员或机关的职权以外的行为承担所谓的客观责任,还有一个条件,即官员或机关的行为必须至少表面上表现为符合其职权,或者使用了与他们的官方身份相适合的权力或方法。

如果将上述原则适用于本案,考虑到凯恩是被有“少校”军衔的军人和上尉在一个士兵的参与下杀害的,就可以发现上述的国家为其官员承担国际责任的条件都满足了。在这种情况下,毫无疑问,即使这些军人的行为没有得到授权(这一点并不确定),即使他们的上司发布了相反的命令,这两个军官的行为仍然引起了国家责任,因为他们是以军官的身份行事的,并且使用了他们的身份可以支配的方法。

(三)国际法的客体

1. 国家领土

国家领土是指国家主权管辖和支配下的地球的特定部分。领土是国家必备的四大要素之一,是其行使主权的载体。国家在确定的领土范围内,对一切人、事、物进行管辖和享有对领土内资源的永久所有权,才能构成国家领土主权。历史上由于发展的进程和条件不一样,各个国家的领土不尽相同,但没有领土的国家是不存在的。

2. 领土包括四个组成部分

(1)领陆。领陆是国家疆界以内的全部领地,包括大陆和岛屿。是国家最基本的组成部分。每一个国家都必须要有领陆,或者全部是大陆,或者全部是岛屿,或者二者结合,不存在无领陆的国家。

(2)领水。领水是国家陆地疆界以内的水域和与陆地疆界邻接的一定宽度的水域。领水包括内水和领海。有些内陆国就不存在领海这部分的领土。

(3)领陆及领水的底土。指陆地以下的底土和领水的水床及底土,包括地下水和资源等。

(4)领空。指处于国家主权管辖之下的领陆和领水上面一定高度的空气空间。

这四个部分共同构成了国家领土的整体,属于国家领土主权支配的范围。国家对本国领土享有完全和排他的主权。包括所有权和管辖权两个方面。

3. 对领土主权的特殊限制的种类

(1)共管。在国际法上,共管是指两个或两个以上国家依条约对某块土地共同行使主权。在共管的情况下,共管地的主权虽然对他国仍然具有排他性,但共同行使主权的国家相互之间却存在权力的限制。

(2)租借。是一国根据条约将领土的一部分借与他国用于条约规定的目的。在租借的情况下,出租国仍保有租借地的主权,承租国则依条约取得某些管理权和使用权,但不得任意处理领土本身。租借往往是有期限的限制,如九龙租给英国的年限为99年。

(3)势力范围。是指列强国家通过相互协议,或者强迫弱小国家签订不平等条约,在弱小国家领土上划定的特殊利益范围。在该范围内,列强国家享有种种政治特权和经济利益,领土国却不能充分行使主权。势力范围有违领土主权原则,目前已为国际社会所抛弃。

(4)国际地役。是指依据国际条约,一国有关领土在一定范围内满足他国需要或为他国利益服务。国际地役可分为积极地役和消极地役。积极地役是国家依条约允许他国在其领土上从事某项行为而设立的地役。在国家关系中,允许他国在本国领土经营铁路、部分过境、在领海内捕鱼、设立军事基地均属此类。消极地役是国家依条约为他国利益不在其领土从事特定行为的地役。如国家在某些区域不设防、在特定地区实行非军事化、不将某一港口供特定国家舰队使用等即是。

4. 领土的取得方式

国家的领土会增加也会减少,在不同的历史时期,领土的取得和变更的方式不同。一般来说传统国际法领土的取得和变更方式分为以下几种:

(1)先占,指国家通过对无主土地的占有而取得对该土地的主权行为。但在现代,基本上不属于任何国家领土的无人居住的地区几乎已经不存在。

(2)时效,指国家占有他国的部分领土,经过长期和平地行使管辖权而取得对该领土的主权。

(3)添附,指国家领土由于新的形成而增加。如依靠自然或人力使其领土增加或扩大。荷兰就曾经用填海造地的方式为其领土扩大了范围。

(4)割让,指一国根据条约将本国的部分领土转移给他国。分为强制性割让和自愿性割让。

(5)征服,指国家以武力对他国领土的全部或一部分进行兼并从而取得该领土的方式。以上五种是传统国际上领土取得和变更的方式,现代国际法所承认的方式仅为添附和自愿性割让两种方式。除此之外,全民投票和恢复领土主权是领土变更的新方式,也是为现代国际法所认可的。

现代国际法实践中的新方式:

(1)民族自决。指殖民地的被压迫民族从宗主国或殖民国家分离出来成立独立国家或加入其他国家而发生的领土变更。民族自决可通过当地居民的投票和平实现,也可通过武装斗争等形式实现。

(2)公民投票。公民投票是指领土主权争议地区的居民以投票方式表达意愿,确立领土归属的方式。公民投票源于 18 世纪,最初主要是适用于领土割让。在现代往往成为一种新的领土变更方式。

(3)恢复权利和收复失地。是指原领土国收回被别国非法侵占的领土而恢复其对该领土的历史性权利的领土变更方式。一国以和平的方式收回被别国非法侵占的领土一般称为恢复权利,一国以武力方法收回被别国非法占有的领土一般称为收复失地。

【案例分析】关于钓鱼岛归属问题的国际法分析:

众所周知,钓鱼岛自古以来就是中国的固有领土,在 20 世纪以前日本政府和民间一直承认中国对钓鱼岛拥有主权。1895 年甲午战争中中国战败,清政府割让台湾、澎湖群岛,钓鱼岛与上述岛屿一起被割让给日本。二战中日本战败,1945 年的《开罗宣言》《波茨坦公告》以及日本签订的投降书中均明确规定,钓鱼岛等日本于 1914 年后窃取的中国领土归还中国。从 20 世纪 60 年代起,中日两国围绕钓鱼岛的主权发生了一系列争执,两国均称对此岛拥有主权。

日本主张钓鱼岛主权的依据主要是"先占、有效治理、时效",但依据不足。

首先,根据 18 世纪以后的国际法,先占必须具备:第一,先占的主体是国家;第二,先占的客体是"无主地",即未经他国占领的无人荒岛和地区或虽经占领但已被放弃的土地;第三,主观上要有占有的意思表示;第四,客观上要实行有效占有,即适当地行使和表现主权。单单根据第二点,日本就不能构成先占。

其次,日本怂恿和放任民间人士登上岛屿,竖立日本太阳旗,修建直升机场、自动气象站,设置金属标志物、灯塔;对钓鱼岛列岛及其周围海域进行大规模地质和资源调查;将该海域纳入日本军事控制区,等等,目的只有一个,在国际上制造"有效治理"的假象,但是钓鱼岛并未被中国人放弃,中国的任何官方文件从来都不承认任何他国对钓鱼岛拥有主权,而且日本在钓鱼岛上所谓的有效治理一直遭到中国政府和全世界中国人的抗议,日本主张"有效治理"根本就是无稽之谈。

再次,国际法上的时效须具备两个条件:第一,侵占国能够长时期不受干扰地对占有地行使主权;第二,这种状况得到领土被占国和其他国家的默认,以至于造成一种一般信念,认为事物现状是符合国际秩序的。如果其他国家持续不断地提出抗议和主张,侵占国的主权行使就不是不受干扰的。日本对钓鱼岛提出主权主张也不符合国际法的"时效原则"。

综上,钓鱼岛的主权归属中国是无可非议的。

2. 海洋法

(1)内海。

内海是指一国领海基线以内的海域。它包括一国的内陆海、内海湾、内海峡、海港以及其他直线基线与海岸之间的海域。《海洋法公约》称为内水,依通常理解内海应为内水的一部分。

内海与国家的陆地领土具有相同的法律地位,国家对其行使完全的、排他的主权,有关内海的法律地位均由各国国内法确定。由于内海的这种地位,外国船舶未经许可不得驶入一国内海。当然,外国非军用船舶可遵照沿海国的法律、规章驶入其开放的内海海域。外国军用船舶要进入内海必须通过外交途径办理必需的手续。对于遇难船舶,各国一般允许进入,但其应严格遵守沿海国的规章、制度。

(2)领海。

领海是指沿海国主权管辖下一定范围的海域。根据 1982 年《联合国海洋法公约》,规定:"沿海国主权及于其陆地领土及其内水以外邻接的一带海域",并规定了群岛国"在群岛国的情形下则及于群岛水域以外邻接的一带海域"。确定了沿海国的领海主权。该公约还规定每一国有权确定其领海的宽度,直至从领海基线量起不超过 12 海里的界限为止。

领海是沿海国领土的组成部分,受沿海国主权的管辖和控制。主权国家在领海内的一切人和事物享有排他的管辖权,其他任何国家和个人不得侵犯。此项主权主要包括领空主权、领海立法权、开发和利用领海内资源的专属权利、沿海航运及贸易权和属地优越权等。但在特殊情况下,国际法又根据长期实践形成了"无害通过权",在不损害沿海国和平、良好的秩序或安全的前提下,外国船舶享有无害快速通过他国领海的权利。

我国的领海法主要是 1992 年 2 月 25 日通过的《中华人民共和国领海及毗连区法》,该法规定了中国的领海及毗连区制度。

(3)毗连区。

毗连区是领海以外邻接领海,沿海国在其中对特定事项行使必要管辖的一带海域。毗连区的宽度,从领海基线量起,不得超过 24 海里。

按照《联合国海洋法公约》的规定,沿海国可在其毗连区内对海关、财政、移民和卫生等事项行使必要的管制,以防止并惩罚外国船舶在其领土或领海内违反有关这些事项的法律和规章的行为。

(4)专属经济区。

专属经济区是指领海以外并邻接领海的一个海域,其宽度从领海基线量起,不超过 200 海里。它不是公海,也不是领海,沿海国对该区域内的资源开发、利用、管理、养护享有主权权利,对区域内的人工岛屿、设施和结构的建造和使用、海洋科学研究、海洋环境保护研究享有专属管辖权。而其他国家在遵守沿海国的有关法律规章的前提下享有在区域内航行、飞越和铺设海底电缆和管道的自由。

我国的规定主要体现在1998年6月26日公布的《中华人民共和国专属经济区和大陆架法》中。

(5)大陆架。

大陆架指邻接一国海岸但在领海以外的一定区域的海床和底土,是沿海国陆地领土在海底的自然延伸部分。沿海国对大陆架具有排他的主权权利,任何国家和人未经沿海国明示同意,不得从事开发其大陆架的活动。各国用来确定其大陆架的范围标准多种多样,《联合国海洋法公约》第76条规定:"沿海国的大陆架包括其领海以外依其陆地领土的全部自然延伸,扩展到大陆边外缘的海底区域的海床和底土。""如果从测算领海宽度的基线量起到大陆边的外缘的距离不到200海里,则扩展到200海里的距离。"

沿海国对大陆架享有主权权利,是专为勘探大陆架和开发自然资源的目的而行使的。包括在大陆架上进行钻探的专属权;建造和使用人工岛屿、设施和结构的专属权;开凿隧道以及开发底土的权利。沿海国对大陆架的权利,不影响大陆架上覆水域或水域上空作为专属经济区或公海或公空的法律地位。

(6)海峡。

海峡主要是属于两块陆地之间、两端连接海洋的天然狭窄水道。《海洋法公约》规定在用于国际航行的海峡实行过境通行制。

过境通行是指专为在公海或专属经济区一个部分与公海或专属经济区另一部分之间的海峡继续不停和迅速过境的目的而行使航行和飞越自由。所有船舶和飞机均享有过境通行的权利。海峡沿岸国不应妨碍和停止过境通行。

(7)公海。

公海是指不包括国家的专属经济区、领海、内水或群岛国群岛水域在内的全部海域。对于公海奉行"公海自由"的古老国际法原则,公海对所有国家开放,包括沿海国和内陆国。

《联合国海洋法公约》规定的公海自由包括:航行自由、飞越自由、铺设海底电缆和管道自由、建造国际法所容许的人工岛屿和其他设施的自由、捕鱼自由和科学研究自由。

公海上主要实行船旗国管辖。

登临权,指军舰在公海上对享有完全豁免权的船舶以外的外国船舶,有合理根据认为该船从事海盗行为、奴隶贩卖、未经许可的广播、没有国籍或虽悬挂外国旗帜却拒不展示其旗帜,而实际上与该军舰属同一国籍,可以登临该船或在必要时进行检查。

紧追权,是国际法为保护沿海国的权益,赋予沿海国在公海上行驶的一项特殊权利。沿海国主管当局有充分理由认为外国船舶在其内水、群岛水域、领海、毗连区、专属经济区或大陆架上设施周围的安全地带,违反该国法律和规则时,可对该船进行紧追,只要追逐未曾中断,可在公海中继续进行。当被追逐的船舶进入其本国或第三国领海时,紧追应立即停止。

(8)国际海底区域。

国际海底区域指国家管辖以外的海床、洋底及其底土。其为全人类的共同财产,一切资源属于全人类。

3. 国际航空法

空间在 20 世纪以后逐渐地受到了人们的重视,国家领土上空的法律地位也越来越显现它的重要性。空间最开始限制在飞机可以飞行的高度,现代随着人造地球卫星和宇宙飞船相继出现,扩大了范围,使空间拓展到了外空的范围。至此,地球表面的空间就被分为空气空间和外层空间。空气空间实行的法律制度为国际航空法,外层空间实行的法律制度为外层空间法。国际航空法中的重要制度包括领空主权原则、国际民用航空安全制度。外层空间法主要包括五大外空公约和三项重要制度。

(1)领空主权原则。

国家的领空主权是 1919 年在巴黎签订的第一个国际航空公约——《空中航行管理公约》中确认的一个重要原则。主要体现在国家对其领空行使完全的管辖和控制。外国航空器进入一个国家的领空必须经过该国许可并遵守领空国的有关法律。对于非法入境的外国民用航空器,国家可以行使主权,采取符合国际法规则的任何适当手段,包括要求其终止此类侵犯立即离境或要求其在指定地点降落等,但不得危及航空器内人员的生命和航空器的安全,避免使用武器。

(2)国际民用航空安全制度。

国家虽然对领空行使主权,但是并不排斥国际航空事业的发展和国际航空法律制度的建立。为了共同维护航空事业的安全,促进其发展,各国先后共同缔结了三个有关的国际公约:《东京公约》《海牙公约》《蒙特利尔公约》以及该公约的1988、1991 年议定书。这些公约规定了对非法劫持民用航空器和其他危害国际民用航空安全的犯罪行为给予严厉惩罚。

关于"空中劫持"罪犯的"或起诉或引渡"原则:在其境内发现被指称的罪犯的缔约国,如不将此人引渡,则不论罪行是否在其境内发生,应无例外地将此案件提交其主管当局以便起诉,该当局应按照本国法律以对待任何严重性质的普通罪行案件的同样方式作出决定。

(3)外层空间法。

外层空间如何界定,各国的学者还未对此有一致的标准。在物理学上,一般指大气层即空气空间以外的整个空间。各国对外层空间缔结了一些国际公约和协定,主要有《外空公约》《营救协定》《责任公约》《登记公约》和《月球协定》,我国未加入《月球协定》。

根据外层空间条约的规定,主要的原则有以下几点:一是不得据为己有原则。任何国家不得通过主权要求,使用或以占领的方法或采取其他任何措施,将外空据为己有。二是自由探索利用原则。三是和平利用原则。如禁止在外层空间进行军事活动,禁止将载有核武器或其他大规模毁灭性武器的人造卫星或航天器放置在地球卫星轨道和外层空间。四是自由探索和利用原则。五是救援宇航员原则。六是外空物体登记和管辖原则。七是国际责任原则。八是保护空间环境原则。九是国际合作原则。

各国无论在何地发现航天器及其人员发生意外,都应立即通知发射国和联合国秘书长,对宇航员尽力营救,并立即安全交还发射国。发射国对发射物体所造成的损害承担赔偿责任。

(四)国际法上的居民

1. 国籍

国籍是表示自然人具有某个国家的公民或者国民资格或身份,与该国保持着永久法律关系,处于该国的属人有越权之下。国家的存在必然包含着固定的居民、确定的领土和行使权力的政府,决定固定居民这个特征的,就是国籍。

国籍的取得方式主要有:因出生取得国籍,以入籍取得国籍。

国籍的丧失方式主要有:志愿解除国籍,由于取得外国国籍而丧失国籍,剥夺国籍。

国籍的冲突,指一个人同时具有两个或两个以上国家的国籍,或者不具有任何国家的国籍的无国籍的法律状态。这种法律状态与"一人一国籍"原则相冲突,双重或多重国籍的状态,称为国籍的积极冲突;无国籍状态,称为国籍的消极冲突。中国不承认双重国籍并避免国籍冲突。

在国际实践中,一般采取的防止和消除国籍冲突的方式有两种:

(1)通过国内立法。各国在制定国籍法时,应充分注意防止和解决可能产生的国籍冲突问题。这是目前解决国籍冲突问题中最基本的方法。

(2)通过双边或多边条约方式。

2. 外国人的法律地位

外国人,是指就一个国家而言,凡不具有该国国籍,而具有外国国籍的人。

(1)外国人的待遇制度。

①国民待遇:指给外国人与本国人相同的待遇,即在同样条件下,外国人所享受的权利和承担的义务与本国人相同;同时,外国人也不能要求比本国人更多的权利。

根据国际实践国民待遇仅限于民事权利和诉讼权利方面,并不包括政治方面的权利。国民待遇通常是国家之间在互惠原则的基础上相互给予的。

②最惠国待遇:指一国给予另一国的公民或法人的待遇,在现在或将来不低于给予任何第三国公民或法人在该国享有的待遇。

最惠国待遇的目的在于防止本国公民或法人在与外国的经济交往中处于不利的地位,即低于第三国国民在该外国的地位。现代各国多在平等互惠的基础上相互给予最惠国待遇。其主要适用于经济和贸易方面,但不适用于以下情形:给予邻国的利益和特惠;关税同盟内的优惠;自由贸易区和优惠贸易区内部的优惠;经济共同体内的优惠。

③差别待遇:指在外国人与本国人之间或在不同国籍的外国人之间给予不同的待遇。它包括两个方面:指给予外国公民或法人的权利在某些方面少于本国公民或法人;指对不同国籍的外国公民或法人给予不同的待遇。如果所采取的差别待遇不含任何歧视,则为国际法所许可;相反如果采取歧视性的不合理的差别待遇则是违反国际法的歧视待遇。

④普遍优惠待遇:简称普惠制,是一种单向优惠。其含义为:由于国际经济地位的不平衡,因此,在发达国家与发展中国家的经济交往中,发达国家应给予发展中国家优惠,但发展中国家并不给予发达国家同样的优惠。普惠制成为发展中国家为建立新的国际经济秩序的正当合理的要求。

(2)外交保护。

外交保护是指国家对于本国国民在外国的合法权益遭受到所在国的违反国际法的侵害时通过外交途径所采取的保护措施。

行使外交保护的条件:①国民权利受到侵害是由于所在国的国家不当行为所致,也就是说,该侵害行为可以引起国家责任。如果损害仅仅涉及外国私人的行为,所在国家不存在任何直接或间接责任,则不必行使外交保护。②受害人自受害行为发生起到外交保护结束的期间内必须持续拥有保护国国籍,这称为"国籍继续原则"。此外在国际实践中,还提出了"国籍实际联系原则",要求受害人和其国籍国之间具有实际的真正联系。③在提出外交保护之前,受害人必须用尽当地法律规定的一切可以利用的救济办法,包括行政和司法救济手段。在这些手段用尽仍未得到合理救济时才可以提出外交保护即为"用尽当地救济原则"。该原则适用于国民或法人权益被侵害的一般情况,不适用于国家本身权益受侵害或国家之间有另外协议的情况。

(3)引渡与庇护

引渡是指国家根据条约或基于其他理由把在其境内而被别国指控或判定犯罪的人,应该国的请求,移交该国审判或处罚的行为。引渡是国家间刑事司法协助的一种形式。

引渡的一般原则:

①无条约无义务原则,国家一般没有引渡义务,因此引渡需要根据有关的引渡条约进行。

②政治犯罪不引渡原则,国际法规定了一些不应视为政治犯罪的行为,包括:战争罪、反和平罪和反人类罪、种族灭绝或种族隔离罪行、非法劫持航空器、侵害包括外交代表在内的受国际保护人员罪行等。

③双重犯罪原则,是指被请求引渡人的行为必须是请求国和被请求国的法律都认定的犯罪。

④罪名特定原则,指请求国只能就其请求引渡的特定犯罪行为对被引渡人进行审判或处罚,如果以其他罪名进行审判则一般应经原引出国的同意。

⑤转引渡需经原引出国同意原则,如果引渡国打算将被引渡人转引给第三国则一般应经原引出国的同意。

拒绝引渡的理由主要有以下原则性规定:①政治犯不引渡;②本国国民不引渡;③死刑犯不引渡;④不符合人道主义不引渡。

《中华人民共和国引渡法》对准予向外国引渡的条件、应当拒绝引渡的理由、可以拒绝引渡的理由进行了规定。

庇护是指国家对于因政治或科学研究原因被追诉或受迫害而请求避难的外国人,准其入境、居留,给予保护的行为。国际法不承认国家在其领域外庇护外国人的权利,如不得在一国驻在外国的使馆、领馆庇护政治避难者。

第二节 外交与领事关系

外交关系和领事关系是国家为实现其对外政策,参与国际事务,处理国际关系的重要部分。1961年制定的《维也纳外交关系公约》是目前最重要的确定外交关系法律原则、规则和制度的法律文件。

一、外交关系和领事关系

(一)外交关系的概念

外交关系是指国家为实现其对外政策而进行的一系列活动中所形成的国际关系。国家的对外关系包括各个方面,例如政治、经济、文化、外交等;而外交关系仅指其中一个特殊方面的关系,一般是指,由国家外交机关进行的访问、谈判、缔结条约、设立常驻外交代表机构、参加国际会议和国际组织等方式,在国际交往中形成的一种关系。

外交关系根据形式不同,可分为正式的外交关系、不完全的外交关系、非正式的外交关系和国民外交关系。

外交机关是外交关系中必不可少的重要部分,国家通过设立外交机关,来进行外交活动。外交机关可以分为两种:(1)国内外交机关。国内外交机关包括国家元首、政府和外交部。国家元首是国家在其对外关系上的最高代表。一国的元首在对外关系中所作出的行为和决定,都是代表国家,因此具有法律约束力;政府是国家的最高行政机关,一国的对外事务由政府领导。外交部是对外关系的中心,是执行国家对外政策,处理日常外交事务的专门机构。(2)驻外外交机关。驻外外交机关分为常驻和临时两类。常驻的外交机关是指派驻某一国家或国际组织行使日常外交职务并保持外交关系的机构。临时的外交机关临时出国执行特别任务的外交代表和代表团。

(二)领事关系的概念

领事关系是指国家之间通过签订协议而彼此在对方国家一定区域执行领事职务所形成的关系。

绝大多数国家在别国都设立专门的领事馆办理领事事务。其中一国为实现对外政策而经另一国同意派驻在其某一城市或地区执行领事职务的人员称为领事。

二、使馆和领馆的职务

(一)使馆的职务

1. 使馆的设置

使馆是一国派驻到另一国的常驻外交机关。使馆通常有以下人员组成:(1)使馆馆长;(2)外交支援,包括参赞、武官、秘书及随员;(3)行政技术职员,如会计、翻译、打字员等;(4)服务人员,如司机、厨师、维修工、清洁工等。

其中,使馆馆长又分为三个等级,分别是大使、公使和代办,相应的使馆也分为大使馆、公使馆和代办处。国家间交换哪一级的使馆馆长由国家协商确定。

2. 使馆的职务

使馆的职务范围很广,一般有以下几个方面:

(1)代表权。使馆在接受国代表派遣国,以派遣国的名义从事外交活动。

(2)保护权。使馆有权在国际法许可的限度内保护派遣国及其公民在接受国的利益。

(3)交涉权。使馆代表派遣国与接受国政府办理交涉。

(4)调查权。使馆有权通过一切合法手段调查接受国之状况及发展情形,向派遣国政府报告。

(5)促进。促进派遣国与接受国之间的友好关系,以及发展两国之间的经济、文化及科学关系。

(二)领馆的职务

1. 领馆的设置

领馆是一国派驻到另一国特定地区的机关,在领馆辖区内代表派遣国。领馆人员分为领事官员、领事雇员和服务人员。领事官员是指包括领馆馆长在内的承办领事职务的人员。

2. 领事的职务

领事的职务主要是在领事区代表派遣国办理各种领事事务,主要包括:

(1)在国际法许可的限度内,在接受国保护派遣国及其国民包括个人与法人的利益。

(2)增进接受国与派遣国间商业、经济、文化及科技关系的发展,并在其他方面促进两国间的友好关系。

(3)办理护照、公证、签证、认证以及派遣国侨民的出生、死亡和婚姻的登记等项的法律手续。

(4)以一切合法手段了解接受国国内商业、经济、文化及科技活动的状况及发展情形,并向派遣国政府报告。

(5)依照双边条约或接受国法律,转送司法文书和其他文书。

三、外交特权豁免与领事特权豁免

特权和豁免是外交关系和领事关系中的重要制度。特权是指接受国给予外交、领事机关及其人员以超过一半外国人的特殊权利和优惠待遇。豁免是指接受国根据国家主权原则,对外交代表和领事放弃行使属地管辖权(包括刑事、民事、行政税务等方面)。特权和豁免一般分为使馆、领馆的特权和豁免,外交代表和领事的特权和豁免。

(一)外交特权豁免

1. 使馆的特权和豁免

第一,使馆馆舍不得侵犯。接受国官员非经馆长许可,不得进入馆舍;除非有特殊责任采取一切适当步骤保护使馆馆舍免受入侵或损害,并防止一切扰乱使馆安宁或有损使馆尊严的事情发生;使馆馆舍及设备以及馆舍内其他财产与使馆交通工具免受搜查、征用、扣押和强制执行。

第二,使馆档案及文件不得侵犯。无论档案和文件何时位于何地,均属不得侵犯。

第三,行动和旅行自由。

第四,通信自由,但装置和使用无线电发报机需接受国同意。

第五,使馆馆舍和公务用品免纳捐税、关税。

第六,可使用本国国旗和国徽。

2. 外交代表的特权和豁免

第一,外交代表人身不得侵犯。外交代表不受任何方式的逮捕或拘禁,接受国对外交代表应予尊重,并采取一切适当步骤以防止其人身自由或尊严受到任何形式的侵犯。

第二,寓所、信件和财产不得侵犯。外交代表的私人寓所跟使馆馆舍一样,应享有不被侵犯权。外交代表的文书和信件享有不受侵犯权。财产主要指外交代表私人寓所中的财产,包括汽车及供外交代表个人使用的物品。

第三,管辖豁免。外交代表的管辖豁免主要包括三个方面:①刑事管辖豁免。外交代表触及接受国刑法时免受接受国司法管辖,接受国不得对其起诉或加以审判,而应通过外交途径解决。②民事管辖豁免。外交代表对接受国的民事管辖一般也享有豁免权,接受国不得因债务问题对外交代表提起诉讼或进行判决。但也存在例外,如外交代表在接受国境内自有不动产的诉讼、以私人身份参与继承事件的诉讼等。③行政管辖豁免。外交代表对接受国的行政管辖享有豁免权。如外交代表不须作户籍登记,免负军事义务和劳务,没有以证人身份作证的义务。

第四,免纳捐税、关税和行李免受检查。外交代表免纳一切对人或对物征收的国家、区域或地方性捐税,但间接税,不动产税及为供给特定服务所收费用不在免除之列。

第五,其他特权与豁免。

此外,外交代表以外的其他使馆人也享有一定的特权和豁免,但不同类别的人员享有的范围不一样。如与外交代表构成同一户口的家属,如果不是接受国国民,应享有各项外交特权与豁免。而行政和技术人员及其家属,还有服务人员、私人仆役等在各项特权和豁免方面有一定的限制。

(二)领事特权豁免

1. 领馆的特权与豁免

第一,领馆馆舍在一定限度内不可侵犯。包括:领馆专供工作用部分,除火灾等特殊情况,未经馆长同意不得进入;接受国负有特殊责任采取一切适当步骤保护领馆馆舍免受侵入或损害,并防止任何扰乱领馆安宁或有损领馆尊严之事情;领馆馆舍、设备、财产及交通工具不得以任何方式征用。如确有征用的必要,应不妨碍领馆执行职务,并给予补偿。

第二,领馆档案及文件不可侵犯。

第三,通信自由。

第四,与派遣国国民通信和联系。

第五,免纳捐税、关税。

第六,使用国旗、国徽。

2. 领事的特权与豁免

第一,人身自由受一定的保护。接受国对于领事官员应当采取一切适当方式保护其人身自由或尊严。

第二,一定限度内的管辖豁免和某些作证义务的免除。

第三,免纳捐税、关税和免受检查。

第四,行动自由。

第五,其他特权和豁免。

四、使领馆及其人员的义务

使领馆及其人员虽然享有特权和豁免,但是并非不承担任何义务,他们对接受国和派遣国都承担相应的义务。

对接受国的义务:①尊重接受国的法律和风俗,不得干涉接受国的内部事务;②使馆与接受国洽商业务只应与外交部或另经指定的部门办理;领馆只应与地方当局接洽业务;③使领馆不得充作与其职务不相符合的用途;④外交和领事人员不得从事其他职业。

对派遣国的义务:①享有外交和领事特权与豁免是有关人员对派遣国的一种责任,无权放弃;②外交领事人员的违法违纪行为受派遣国管辖,派遣国得随时召回有关人员。

【案例分析】三名欧洲国家外交官被俄罗斯驱逐出境案

2021 年 2 月 5 日,俄罗斯外交部宣布瑞典和波兰驻圣彼得堡总领事馆、德国驻俄罗斯大使馆相关人员为"不受欢迎的人"并被要求限期离境。俄外交部网站当天发表声明说,就瑞典和波兰驻圣彼得堡总领事馆、德国驻俄罗斯大使馆相关人员于 1 月 23 日参加非法活动,俄于 2 月 5 日向瑞典、波兰和德国提出抗议。他们的这类行为"不可接受",不符合其外交官身份。声明说,依据《维也纳外交关系公约》相关规定,俄方宣布相关人员为"不受欢迎的人"并要求他们限期离境。

本案涉及国际法的问题有:

(一)外交人员享有特权与豁免

根据 1961 年《维也纳外交关系公约》的规定,外交人员享有特权与豁免,这是为了保证外交代表的正常外交活动而给予的一种特殊的权利和待遇。由于外交人员职务上的需要,给予使馆人员以外交特权与豁免,才能使他们在履行职务时不受任何干扰和压力。正如该公约的序言指出的:"确认此等特权与豁免之目的不在于给个人以利益而在于确保代表国家之使馆能有效执行职务。"

(二)外交人员的活动是在国际法允许范围内,并遵守驻在国的法律

外交人员虽然享有外交特权与豁免,受到驻在国的尊敬和享有优厚的礼遇,根据国际惯例,使馆及其外交人员在享受外交特权与豁免的同时,其行为和活动必须

是在国际法允许的范围内,必须遵守驻在国的法律,对驻在国负有一系列的义务,如果外交人员的行为严重地危害当地的社会秩序或驻在国的安全,如行凶打人或进行政治阴谋和间谍活动等,驻在国可以在现场采取必要的措施。如监视现场,临时拘捕等予以制止。瑞典和波兰驻圣彼得堡总领事馆、德国驻俄罗斯大使馆相关人员于 1 月 23 日参加非法活动,这类行为"不可接受",不符合其外交官身份。

五、我国现行规定

我国加入了《维也纳外交关系公约》和《维也纳领事关系公约》,但我国于 1986 年和 1990 年又分别颁布了《中华人民共和国外交特权豁免条例》和《中华人民共和国领事特权豁免条例》,基本内容和公约一致,但有些规定宽于公约。

(一)关于外交特权与豁免

在使馆外交人员派遣的国籍上,原则应当是具有派遣国国籍的人。如果委派中国或者第三国国籍的人为使馆外交人员,必须征得中国主管机关的同意,主管机关可以随时撤销此项同意。

关于享受特权豁免的人员范围,比公约增加了"持有我国外交签证或者与中国互免签证国家的外交护照的人"。同时享受特权与豁免的人员的家属限于"共同生活的配偶及未成年子女"。

中国缔结或者参加的国际条约另有规定的,按照国际条约的规定办理,但中国声明保留的条款除外。

(二)关于领事特权与豁免

《条例》规定领事馆对于未经允许不得进入领馆的任何区域,不限于公约中的"工作区域"。领事官员的寓所、文书、信件、财产不受侵犯,对此领事公约规定不明。领事非职务行为的管辖豁免,依条约或对等原则办理。使领馆及其人员携带自用枪支、子弹出境,必须经中国政府批准。

六、外交关系和领事关系的联系与比较

领事关系和外交关系既有联系又有区别。

1. 二者的联系体现在以下几点:

(1)领事机关和外交机关都是根据两国协议而建立的执行派遣国对外政策的常驻外交机关,均由派遣国外交部领导,在国外领事还需接受本国使馆的领导。

(2)同意建立外交关系即包括同意建立领事关系,但断绝外交关系并不当然断绝领事关系。

(3)外交代表可以同时执行领事职务,在没有正式外交关系时,领事也可兼办外交事务。

2. 二者的主要区别体现在:

(1)外交关系的范围全面而广泛,外交机构全面代表派遣国,与接受国政府进

行外交往来;而领事关系就职务范围内的事项同接受地方当局进行交涉。

（2）外交代表所保护的是派遣国的全局性的重大利益,可以及于接受国全境;而领事所保护的一般是局部性的具体利益,如商业、护侨和航务等事务,并且一般以其辖区为限。

（3）享受的特权和豁免不同。领事享受的特权与豁免的程度低于外交代表。

第三节　国际争端的和平解决

一、概述

国家在国际交往中,不可避免地会因为各种原因而在某些问题上发生争端。国际争端主要指国际法主体之间,主要是国家之间由于利益或者法律观点等不同而造成在政治利益、法律权利和事实确定等方面存在的矛盾和冲突。而为了正常地进行国际交往,这些争端总需要采取适当的方法予以疏导解决。当今世界以和平为主题,在解决争端的方式上,多数国际法主体达成共识,认为应以和平的方式来解决才符合国际发展趋势,有利于世界的和平稳定发展。

国际争端的和平解决原则有一个形成过程,19 世纪末,在国际关系中国家通过战争和武力来解决争端还是合法的。直到 1899 年和 1907 年《和平解决国际争端公约》和 1907 年《限制使用武力索偿契约债务公约》,开始对国家的所谓战争"权利"有所限制,并提出斡旋、调停、国际调查与仲裁等和平解决争端的方法。而在第一次世界大战之后,许多国家更进一步试图从国际法上禁止侵略战争和确立和平解决国际争端的原则和制度。如 1919 年《国际联盟盟约》等。第二次世界大战之后,《联合国宪章》规定:"各会员国应以和平方法解决其国际争端,避免危及国际和平、安全及正义";"各会员国在其国际关系上不得使用威胁或武力,或以与联合国宗旨不符之任何其他方法,侵害任何会员国或国家之领土完整或政治独立",这样,宪章就使各会员国——在这点上也使非会员国——负有义务,只以和平方法解决其国际争端。宪章为"争端之和平解决"单列一章,规定各国间的争端"应尽先以谈判、调查、调停、和解、公断、司法解决、区域机关或区域办法之利用,或各该国自行选择之其他和平方法,求得解决"。此外,如果争端不能通过上述方法获得解决,争端当事国还应将争端提交安全理事会处理。

（一）国际争端的种类

国际争端主要是国家之间的争端,而涉的领域广泛,按照传统的分类方法,分为法律性质的争端和政治性质的争端。

法律性质的争端是当事国以国际法承认的原则和规则为依据,就彼此法律上的权利和义务而产生的争端。《国际法院规约》第 36 条将法律性质的争端概括为 4 种情形:条约之解释;国际法之任何问题;任何事实之存在,如经确定即属违反国际义务者;违反国际义务而应予以赔偿之性质及其范围。法律性质的争端是有关法律上的权利之争端,因此此类争端,可以通过仲裁或司法程序加以解决的可裁判争端。

政治性质的争端是指由于当事国政治利益的冲突而发生,但不涉及或不直接涉及法律问题的争端。一般来说,除了法律性质争端以外的国际争端都是政治性质的争端。政治争端属于不可裁判的争端,一般按照现行的法律无法解决,因此多采用政治的方法或外交的方法解决。

对国际争端进行分类,是为了更好地找到合适的解决方式,但是在实践中,由于争端发生的原因、内容、性质十分复杂,往往一个国际争端中既包含法律性的权利义务之纠纷也包含因政治利益而发生的冲突,而造成了区分二者的并不十分容易。这种争端往往出现在边界纠纷中,一方面是由于条约的分歧,另一方面源于历史原因,涉及国家政治的诸多因素,所以在具体解决方式上,不能单纯地只采取一种方式。比如英国和法国关于大陆架划界的争端,最终就采取一部分通过外交谈判的政治争端解决方式,另一部分采取提交仲裁裁决的法律解决方式综合进行的。综上所述,对争端的区分不能绝对化,争端当事国有权按照自己的意愿,通过协议选择适当的和平解决方式。

(二)解决国际争端的方法

传统的国际法把解决国际争端的方式分为强制的方法和非强制的方法。

1. 强制的方法

强制的方法是指一国为使另一国同意其所要求的对争端的解决和处理而单方采取的带有某些强制性的方法,主要有反报、报复、平时封锁和干涉。在过去西方学者还把战争和非战争的武力方法也列为强制方法。

平时封锁、干涉、战争和非战争的武力方法都是违反国际法基本原则的。而反报和报复在严格遵守国际法的基础上,可以在严格的范围内适用。

反报,是指一国以相同或类似的行为回报另一国的不礼貌、不友好、不公平的行为。引起反报的原因通常是国家之间有关商品进出口贸易关税问题,或有关移民和外侨政策等经济、法律问题,或在航运方面禁止外国船舶进入海港等。引起反报的行为不构成国际不法行为,但这种行为往往损害了对方,所以对方也可以反报。采取反报的手段也很多,例如相应的采取收回财政和关税特权、断绝外交关系、禁止入境或驱逐入境等。在反报达到目的时,应即刻停止。

报复是指一国针对另一国的国际不法行为而采取相应强制措施,以迫使对方国家同意接受由其国际不法行为所引起的国际争端的解决。传统的报复手段包括非武力的方式也包括武力的方式,如炮轰或军事占领对方部分领土,扣押对方财产等。而依照现在国际法的原则,除自卫外,涉及使用武力或武力威胁的报复手段都是被禁止的。报复要遵守以下原则:必须是针对某一国的不法行为;目的应是使争端得到解决,只有在要求对方赔偿或补救不力的情况下,才能采取;报复不应过度;并不得侵害应该加以保护的客体和权益。最后,报复同样要在达到目的后立即停止。

2. 非强制的方法

非强制的方法是由当事国双方自愿选择的和平解决争端的方法。《联合国宪章》明确规定,禁止违反宪章使用武力或武力威胁等一切非和平的方法。同时还规定了和平解决国际争端的方法包括:谈判、调查、调停、和解、仲裁、司法解决、区域机关或区域办法,或各当事国自行选择的其他方法。这些方法可归纳为政治方法和法律方法。政治方法适用于任何性质和种类的国际争端,法律方法只适用于可裁判的法律性质的国际争端。

二、解决国际争端的法律方法

(一)仲裁

1. 国际仲裁概述

国际仲裁是一项古老的制度,远在古希腊和罗马等奴隶制国家就已经出现。仲裁又称公断,是指争端当事国愿把争端提交它所选任的仲裁者裁决并相约服从其裁决的一种解决国际争端的法律方法。

当事国对于仲裁的解决方式,有自愿将自己置于仲裁约束之下的意思表示,将争端交付仲裁时,就相互达成服从仲裁协议,从而使仲裁裁决对当事国具有法律拘束力。这是仲裁区别于斡旋、调停、和解等政治方法的最重要特征。因为无论是斡旋或是调停,还是调查,对于争端当事国都不具有约束力,当事国接受第三方的调停建议或调查报告与否,完全取决于自己的意志。而仲裁完全不同,当事国一旦选择把争端付诸仲裁,就意味着愿意服从仲裁裁决。

仲裁裁决一般是终局的,不得上诉,除非有仲裁者越权、恶意等情况出现。但是仲裁本身没有法律制裁的性质,争端当事国是基于道义的责任和自觉承担道义的责任而执行仲裁裁决。

2. 现代国际仲裁制度

现行国际仲裁制度主要体现在《和平解决国际争端公约》《和平解决国际争端总议定书》以及《联合国这才程序示范规则(草案)》。主要内容有以下几个部分:

(1)仲裁条约、协定和仲裁条款。

仲裁成立的前提是争端当事国订立仲裁条约或协定,或者共同接受多边条约中的仲裁条款,表明争端双方同意将争端提交仲裁并承担服从仲裁裁决的义务。

仲裁条约就是国家间就仲裁所订立的事先或事后的永久性条约。

仲裁协议是争端当事国就现存争端订立的特别协定。仲裁条款则是各国在制定国际条约时所规定的用仲裁方法解决争端的条款。仲裁条约和协定一般都有以下内容:交付仲裁的争端和争端的主要内容;仲裁庭的组成方式和适用的法律;仲裁庭的设立规则和仲裁员人数。在永久性仲裁条约中,最重要的是缔约国的保留问题。一般凡属国内管辖事项、缔约前的争端、有关第三国利益、领土或政治利益的争端均可以保留。条约中的仲裁条款一般都规定,遇有对该条约解释或适用方面的争端,经争端方一方提出,可以交付仲裁。

(2)仲裁的目的和范围。

1907年《和平解决国际争端公约》第37条规定:"国际仲裁之目的在于由各国自行选择法官并在尊重法律的基础上解决各国间的争端。提交仲裁就意味着诚心遵从裁决的义务。"这个规定很明确地提出了仲裁的目的。

关于仲裁的范围,第38条又接着规定:"关于法律性质的问题,特别是关于国际公约的解释或适用问题,各缔约国承认仲裁时解决外交手段未能解决的争端的最有效也是最公平的方法。因此,遇有关上述问题的争端发生时,各缔约国最好在情况许可的范围内将争端提交仲裁。"这是仲裁自愿原则的又一体现,完全依照当事国的意思自治决定。

(3)仲裁庭的组成。

争端提交仲裁之后,即采取步骤立即组成仲裁庭。仲裁庭成员原则上由争端各方选派,由1名或数名仲裁员组成,一般是3~5人。一人仲裁庭或多人仲裁庭中的首席仲裁员由争端方协议指派,其余由争端各方指派。仲裁庭的组成应在整个仲裁过程中保持稳定性,不可随意变动。程序开始后,除非取得当事国的同意,一方不得更换其所指定的仲裁员。这在1928年日内瓦《和平解决国际争端总议定书》有体现。

(4)仲裁适用法律和程序。

当事国一般事先就应该达成仲裁使用协议的法律规则达成协议,如果当事国之间未达成协议,仲裁庭可以使用国际法院适用的法律,也可以按照"公允及善良"的原则作出裁决。

而仲裁的程序一般当事国也会事先达成协议,如果事先没有协议或所定规则不够具体,仲裁法庭有权确定或完善程序规则。各当事国应委派代理人出席法庭,也可以聘请律师或辅助人在仲裁庭上维护其利益。

关于程序,一般分为两个步骤,书面程序和口头辩论。书面程序是指各方代理人将案件或反诉案件的书状以及必要的答辩状送达仲裁庭和当事国他方,各当事国应将案件所依据的一切文件和公文书赋予各该书状内,以便法庭进行书面审理;口头辩论则是当事国在法庭上辩论,一般不公开进行。另外,《和平解决国际争端公约》还规定了简易程序的仲裁,在各个方面都得到简化,不仅方便而且灵活。

(5)仲裁裁决。

在书面程序和口头辩论结束后,法庭进行评议并进行裁决。法庭评议应秘密进行,全体仲裁员都应当参加。裁决时仲裁员不得弃权,由仲裁员多数做出。除协议有规定,仲裁员有权对裁决附上反对意见。裁决书公开宣读,并立即通知各当事国。裁决一经公布,就对各国产生法律效力,各当事国应当善意执行。在必要情况下当事国可以申请法庭对裁决作出必要的解释和复核。

仲裁裁决对当事国有法律拘束力,但是以下几种情况,当事国可以拒绝承认裁决的效力:仲裁协议无效;仲裁法庭逾越其权限;某一仲裁员犯有欺诈行为;仲裁理由不足或严重违反基本程序规则。在这种情况下,当事国可以将争端提交新的仲裁庭裁决或提交司法解决。

(二)司法解决

1. 概述

司法解决是指争端当事国将争端提交给一个已经事先成立的、由独立法官组成的国际法院或国际法庭,根据国际法对争端当事国作出具有法律拘束力的判决。

仲裁与司法解决是两种完全不同的解决方法。二者的区别体现在:(1)仲裁时争端双方在完全自愿的基础上由仲裁庭作出裁决。这种自愿体现在是否选择仲裁这种方式,自愿选择仲裁员,自愿确定争议问题和所适用的法律,自行接受裁决。而司法解决没有这么大的自愿度。在解决争端的机构、选择法律规则和人员等各方面无自由选择权。(2)仲裁裁决是终局性的,当事方必须遵守,没有上诉的问题。而司法解决的上诉裁决才是终局性的。

1900 年在海牙成立国际常设仲裁法院后,各国学者就渴望能成立一种不同于仲裁法院的常设国际法院。但直至第一次世界大战后随着国际联盟的创立才得以实现。1920 年 12 月,根据《国际联盟盟约》的规定,国际联盟通过了《国际常设法院规约》,随后选出了法官 11 名和候补法官 4 名(1921 年,法官增至 15 名,取消候补法官名额)组成法院。1922 年,常设法院在海牙正式成立。常设国际法院在二战期间被迫停止审判活动。直至 1946 年 2 月 6 日,联合国国际法院才宣告成立,同年还制定了《国际法院规则》。1978 年修订成为现行的《国际法院规约》。

2. 国际法院的组成

国际法院由 15 名法官组成,任期为 9 年,可连选连任。法官应具备的条件是"品格高尚并在各本国具有最高司法职位之任命资格或公认的国际法之法学家"。法官不论属于哪一国的国籍,均可以当选,但是其中不得有 2 人是同一个国籍。国际法院设正、副院长各 1 人,由法官从法院法官中选任,任期为 3 年,可连选连任。法官除其他法官"一致认为不复适合必要条件外",不得免职。同时为了保证法官的独立性,法官在执行法院职务时,享有特权与豁免。法官由联合国大会和安理会在"各国团体"所提出的名单内选举,每一团体所提人数不得超过 4 人。联合国秘书长根据这些提名编就法官候选人名单,交大会和安理会分别选举。候选人只有同时在大会和安理会中获得绝对多数票时才能当选。

国际法院的法官都是专职的,不允许有兼职法官的出现,也不得兼任任何案件的代理人、律师或辅助人。法官对本国为当事一方的案件有权参加审理,不适用回避制度,只有法官以前曾经参与过的案件才不得参加审理。

法院为采取简易程序迅速处理案件,可以设立分庭,分庭作出的裁判视为法院的裁判。法院另外还设立书记处,由书记官长、副书记官长和其他工作人员组成。书记官长和副书记官长从法院成员提议的候选人中选出。

1966 年以前,国际法院先后有 2 名中国人,分别是徐谟和顾维钧。1984 年,我国著名法学家倪征燠当选国际法院法官;1993 年我国法学家史久镛当选为国际法院法官。

3. 国际法院的职权

(1)诉讼管辖权。

国际法院的诉讼管辖权是指国际法院审理争端当事国提交诉讼案件的权利。

国际法院的诉讼当事者只限于国家,任何组织、团体和个人均不得成为诉讼当事者。当事国一般包括联合国会员国;非会员国的《国际法院规约》的当事人;其他国家。

案件管辖的范围主要包括:各当事国提交的一切案件;《联合国宪章》或现行条约和协定中所特定的一切案件;依《国际法院规约》规定提交的案件。

(2)咨询管辖权。

根据《联合国宪章》的规定,联大、安理会和经大会授权的联合国其他专门机构,对于任何法律问题可以请求国际法院发表咨询意见。国家不能请求或组织法院发表咨询意见。但是咨询意见原则上也不具有约束力而只具有咨询的性质。

4. 国际法院适用的法律和诉讼程序

(1)适用的法律。

国际法院适用的法律主要包括:国际公约或条约;国际习惯;文明各国所承认的一般法律原则;作为确定法律原则补充资料的司法判例及权威最高之公法学家的学说。另外,如果当事人同意,法院也可以使用"公允及善良"的原则裁决。

《国际法院规约》第 59 条还规定:"法院之裁判除对当事国及本案外,无拘束力。"但尽管如此,国际法院作为联合国的主要司法机关,对国际法的一般适用是有一定影响的。

(2)诉讼程序。

诉讼程序一般包括起诉、书面程序和口头程序,附带程序三部分组成。

起诉包括两种方式:一是以请求书起诉,二是以特别协定起诉。无论何种起诉,书记官都应将向法院提交的任何请求书或特别协定通知书的副本转送联合国的秘书长、联合国各委员会和有权出席法庭的其他国家。

书面程序和口头程序跟仲裁程序有一定的相似性。而附带程序包括临时保全办法、初步反对主张、反诉、第三国参加、停止等。

5. 国际法院判决及其解释与复核

国际法院的法官在辩论终结后会做出评议和讨论,最终判决。评议应该秘密进行,由出席的法官的过半数决定。票数相等时由院长或代理院长投决定票。法官无论表示赞同与否必说明理由。任何法官,无论是否属于多数,对判词的一部或全部有不同意见,有权发表其意见并附于判决之后。判决应在法院的公开庭上宣读,并自宣读之日起对各当事国具有拘束力。

国际法院的判决属于确定性的终局判决,不得上诉。当事国对判决词的意义或范围发生争议,任何一方均可以请求法院作出解释。此外,如果当事国发现在判决宣告时为其与法院所不知而又具有决定性的新事实时,可以申请法院复核裁决。

根据《联合国宪章》第94条的规定,对于国际法院的判决,作为当事国的联合国会员国必须承诺履行。遇有一方不履行以法院判决应负义务时,他方得向安全理事会申诉。安理会认为必要时,可以提出建议或者决定采取的办法以执行。

 重要知识介绍

国际法又称国际公法,是指调整国家间法律关系的过程中形成的具有一定法律拘束力的规则、原则和制度的总称。它在调整的主体、调整的对象、制定方式、法律渊源、强制实施的方式上跟国内法有着本质的区别。

国际法的主体,是指能够独立参加国际法律关系,具有直接承受国际法上权利和义务的能力的集合体。它包括国家和国际组织。国际法的客体包括领土、海洋、空间等要素。

国际法的渊源指国际法的作为有效的法律规范的形成方式和表现形式。它包括国际条约、国际习惯、一般法律原则、国际法院的司法判例、权威法学家的学说。

国际法的基本原则有:国家主权平等原则、互不侵犯原则、互不干涉内政原则、和平解决国际争端、善意履行国际义务。

国际法意义上的外交关系是指国家为实现其对外政策而进行的一系列活动中所形成的国际关系,领事关系是指国家之间通过签订协议而彼此在对方国家一定区域执行领事职务所形成的关系。

国际争端主要是国家之间的争端,而涉及的领域广泛,按照传统的分类方法,是把国际法分为法律性质的争端和政治性质的争端。解决争端的方法包括政治方法和法律方法。政治方法包括谈判与协商、斡旋与调停、调查与和解;法律方法包括仲裁和司法解决。

 思考与练习

一、名词解释

1. 国际法

2. 民族自决原则

3. "条约必须遵守"

4. 国家承认

二、多项选择题

1. 甲国是一个君主立宪制的国家,其下列行为中,哪些属于国际法上的国家内政范围,外国不得进行干涉?(   )

A. 甲国决定废除君主立宪制,改用共和制作为其基本政治制度

B. 为解决该国存在的种族间的冲突,甲国通过立法决定建立种族隔离区

C. 甲国决定邀请某个外国领导人来访

D. 甲国决定申请参加某个政府间的国际组织

2. 联合国安理会表决非程序性事项时,五个常任理事国均享有否决权。据此并依据其他有关规定及联合国实践,指出下列诸项中哪些是正确的:(   )

A. 五国中任何一国投反对票,决议便不得通过

B. 五国中任何国家投弃权票,决议也可能通过

C. 五国中无投反对票者,决议就肯定通过

D. 五国中无投反对票者,决议可能通过

3. 要成为主权国家,必须具备四个要素:(   )

A. 定居的居民   B. 有确定的领土

C. 有一定政权组织   D. 有完整的主权

4. 国家争端解决的办法中强制的办法包括:(   )

A. 反报   B. 报复   C. 平时封锁   D. 战争

5. 使馆的职权有哪些:(   )

A. 代表权   B. 保护权   C. 调查权   D. 交涉权

三、问答题

调查与和解的区别?

四、案例分析题

光华寮案

光华寮是坐落在日本京都市左京区北白川西町,面积约为 1000 平方米的五层楼。该寮建于 1931 年。第二次世界大战后期,京都大学受托于日本政府"大东亚

省"将该寮租用作为当时中国留学生的宿舍。日本投降后,"大东亚省"被撤销,从此由中国留学一组织自治委员会对该寮实行自主管理,并将该寮取名为"光华寮"。此后,旧中国政府驻日代表团用变卖侵华日军在大陆掠夺的财产所获得的公款将该寮买下,专用于中国留学生宿舍。1961 年"台湾当局"以"中华民国"的名义在日本登记为中国国家财产。1967 年,"台湾当局"以"驻日本大使"陈之迈的名义就光华寮问题向京都地方法院起诉,要求中国留日学生王炳寰等 8 人搬出光华寮。1977 年 9 月 16 日,京都地方法院作出判决,确认该寮为中华人民共和国的国家财产,"台湾当局"的原诉被驳回。1977 年 10 月,原告不服而上诉大阪高等法院。1982 年 4 月 14 日,大阪高等法院撤销原判决,并将此案发回京都地方法院重审。1986 年 2 月 4 日,京都地方法院推翻其于 1977 年 9 月 16 日所作出的判决,将光华寮判归台湾省所有。中国留学生王炳寰等人不服此判决,遂向大阪高等法院提出上诉,1987 年 2 月 26 日,该法院维持京都地方法院的再审判决。同年 5 月 30 日,王炳寰等人委托其辩护律师团通过大阪高等法院向日本最高法院提交了上诉书,要求该法院将大阪高等法院作出的错误判决撤销,重新作出公正的判决。

光华寮案至今未完结。该案涉及多方面的国际法问题,主要涉及国际法上面的哪些问题?

导　语

　　在法制发达国家,程序法优于实体法,程序正义是实体正义的前提和保障。司法实践中,"诉讼"常和"司法""程序"联系在一起,是指诉讼当事人一方或双方将发生纠纷和争议的事项提交国家法定司法机关请求裁判的行为和过程。诉讼法律制度是由民事诉讼法律制度、刑事诉讼法律制度、行政诉讼法律制度组成,是法院行使审判权应当遵守的原则、制度和程序的规定。诉讼法作为程序法的一个主要组成部分,程序公正是诉讼法的本质要求,是实体公正的前提和保障。

　　本章共分为四个部分,前三部分分别介绍刑事诉讼、民事诉讼、行政诉讼这三大诉讼的概念、原则、法律管辖及相应的程序规定,最后一部分介绍了伴随诉讼而产生的刑事辩护、民事和行政代理以及我国的法律援助制度问题。

　　通过本章的学习,我们要重点掌握诉讼的定义、诉讼的原则、诉讼的制度、管辖、一审、二审和审判监督程序,区分三种不同的诉讼之间的不同点和相同点;了解诉讼的体系和我国诉讼的基本模式和立法等。

第一节　诉讼法概述

 引入问题和思考

改革开放以来,随着法治化的进程,诉讼在解决纠纷过程中所起的作用越来越大。中国的诉讼数量发生了明显的变化,人民法院一审案件的收案数量 1978 年为 44 万件,1996 年超过 500 万件,总量增长了 10 倍以上。但自 1997 年以后,一审案件的收案数量再没有以每几年就增加 100 万件的速度迅速增长,而是在 500 多万件的水平上徘徊。许多国家的经验表明,随着社会和经济的发展,诉讼数量会相应增加,尤其是在社会转型时期,社会矛盾增加,会有愈来愈多的争端涌向法院。但是随着社会结构趋于稳定,社会本身由失范转向规范,诉讼的增长率趋于平缓,甚至有下降的趋势。中国也不例外,随着改革的深入,在一些领域确实出现了规范化的趋势,从而促使这些领域的诉讼增长率下降。但现在中国所面临的总的情况是:社会转型没有结束,改革开放以来积累的社会矛盾,如东西部之间、城乡之间、贫富之间的差别进一步扩大,原有的市场经济、产权制度、分配制度等经济体制改革的任务远远没有结束,教育改革、住房改革、医疗卫生改革、社会保障改革等所暴露的问题进一步表面化。在这种情况下,如何才能使中国法治和执法环境更规范、健全,让法律能真正成为解决社会矛盾和纠纷的利剑,从而促进社会的健康转型,是值得我们思考的问题。

一、诉讼的概念、范围与特征

诉讼,从字面上看,诉就是告诉、控告,暗含了当事人向司法机关提请裁判的意思;讼,我国《周礼·秋官·司寇》的解释是“讼谓以财货相告者”,因此可以把“讼”视为民事诉讼。我国古代还有一概念为“狱”,“狱谓相告以罪名者”,即可视为刑事诉讼。诉讼是诉讼当事人一方或双方将发生纠纷和争议的事项提交国家法定司法机关请求裁判的行为和过程。在奴隶社会和封建社会相当长的一段时期内,世界各国的诉讼都只有民事诉讼和刑事诉讼。伴随近代民主和人权思想的发展,行政诉讼逐步成为与其他诉讼法律制度并列的三大诉讼法律制度之一。

诉讼活动具有以下主要特点:

首先,诉讼活动的发起要以当事人的申请为前提。司法机关行使裁判权的前提是有纠纷存在,并且当事人已经将该纠纷提交给法院请求予以裁判,因此法院对于纠纷的处理不应当采取主动的方式,这就是所谓的司法权的被动性或消极性。

其次,司法机关对于纠纷的依法裁判是诉讼的核心。司法活动是一种裁判活动,是对当事人提交的纠纷或争议,按照事先颁布的法律规则和原则,作出具有法律约束力的裁判行为。

再次,诉讼活动必须依法进行。它是现代法治国家的一项基本要求,也是一项具有公理性的司法原则,是指诉讼当事人、司法机关和诉讼参与人的活动必须按法律规定的内容、程序、期限进行,司法机关的裁判必须依照国家的法律来作出,而不是依照某个领导人的讲话、指示或其他机关的指示、命令来作出,也不应当依据具有易变性的政策作出。

最后,诉讼是个人、法人或其他组织请求社会保护和公力救济的最后手段。在司法审判中,由于法院是以中立的第三方的立场对他人之间的纠纷或争议作出裁判,而且,还有一系列的法定程序予以保障,在解决纠纷的各种机制中,司法审判一般被认为是最为公正的一种。因此,司法裁判被赋予终局性的效力。

二、诉讼法的概念

诉讼法指的是规定诉讼程序的法律的总称,是打官司时所应遵循的行为规范。诉讼法是典型的法律程序法。在中国有三大诉讼法,分别是民事诉讼法、刑事诉讼法、行政诉讼法。在法治比较发达的国家,除了以上三大诉讼法外,一般还有宪法诉讼。中国目前还没有宪法诉讼,因此没有规范违宪案件审理的程序法。

三、诉讼的基本原则

诉讼的基本原则是指在诉讼的整个阶段起着指导作用的准则。它集中体现诉讼的精神和实质,是诉讼法具体规定的根据和基础,具有抽象性和宏观指导性。这里介绍的是诉讼的共有原则,特有的原则在具体的章节予以介绍。

(一)审判权由人民法院行使原则

法院是国家唯一的审判机关,刑事案件非经法院的判决,不能认定某人有罪,对其量刑;民事和行政案件,法院对纠纷的解决结果具有权威性。

(二)人民法院依法对案件独立审判的原则

即法院的独立审判的原则,指法官在审理案件的过程中,不受任何行政机关、社会团体、舆论媒体和个人的干涉。独立审判是诉讼程序公正的保证,独立审判不仅要求法官保持中立,即要求法官不得与案件的结果或各方当事人有任何利益或其他方面的关系,也要求法官不应存有支持一方,反对另一方的预断和偏见;更要求行政机关不要利用自己的职权介入或干扰审判活动,媒体不能进行"新闻审判"

或"舆论审判"。①

（三）以事实为依据，以法律为准绳原则

必须以查证属实的证据和凭借这些证据认定的案件事实为根据，处理案件，定罪量刑。

（四）当事人在适用法律上一律平等原则

公、检、法进行刑事诉讼，对于一切公民，在适用法律上一律平等，在法律面前，不允许有任何特权，对公民的合法权益应依法给予保护，对公民的违法犯罪行为都应依法予以追究。对于民事和行政案件，法院平等地对待当事人，在审判过程中应给予双方当事人平等的机会、便利和手段，对各方的证据和意见予以平等的关注，在进行裁判时对合法合理的观点均予以考虑。

（五）使用本民族语言文字进行诉讼的原则

其内容是：（1）各民族公民不管是当事人还是其他诉讼参与人，都有权使用本民族语言文字进行诉讼，回答问题，发表意见，书写诉讼，证词等；（2）对不通晓当地通用语言文字的诉讼参与人，法院应为他们指定或聘请翻译；（3）在少数民族聚居或多民族共同居住地区，应当用当地的语言进行审理，起诉书、判决书、公告或其他文书应当根据需要使用当地通用的一种或几种文字。

（六）人民检察院有权对审判活动实行法律监督的原则

人民检察院是国家专门的法律监督机关，在刑事诉讼中，它依法对侦查活动、审判活动以及判决、裁定的执行是否合法及诉讼参与人的诉讼活动是否合法实行法律监督，以维护社会主义法律的统一和尊严。人民检察院可以以法律建议书或抗诉的方式行使法律监督权。

四、诉讼的基本制度

诉讼的基本制度是人民法院审判案件所必须遵循的一系列规范体系，它比较具体，对人民法院审判活动具有规范作用。

（一）合议制度

合议制度，是指由三人以上审判人员组成合议庭对案件进行审理的制度。它是相对于独任制度而言的。独任制度是指由审判员一人对案件进行审理的制度。

司法机关裁判案件是通过对当事人提供的证据进行质证、认证的基础上来认定案件事实，并根据认定的事实来考虑如何适用法律。但是，法官对于案件事实的判断和对法律规范的理解或多或少带有主观的成分，又由于要防止和避免法官滥用自由裁量权，达到维护法制的统一，所以我国三大诉讼法均明文规定：人民法院

---

① "新闻审判"或"舆论审判"，原先是西方新闻传播法中的一个概念，意指新闻媒介报道正在审理的案件时超越法律规定，影响案件审判的独立和公正，侵犯人权的现象，这种现象多数发生在刑事案件的报道中。一些国家通过新闻立法和行业规范来制止和防范此类行为。

审理各类案件,除了依法可以采取独任审判方式外,必须由合议庭方式审理并作出判决;人民法院审理第二审案件,或者原审人民法院审理发回重审的案件,不得适用独任制,而应当采用合议庭审理的形式。最高人民法院颁布的《关于人民法院合议庭工作的若干规定》第一条规定:人民法院实行合议制审判第一审案件,由法官和人民陪审员组成合议庭进行;人民法院实行合议制审判第二审案件和其他应当组成合议庭审判的案件,由法官组成合议庭进行。人民陪审员在法院执行职务期间,除不能担任审判长外,同法官具有同等的权利和义务。

合议制具有以下基本特征:

1. 合议制的组织形式是合议庭,合议庭的组成人员必须为多人,而且是单数。实践中,合议庭的组成人员一般是三人,对于疑难复杂案件,则往往为五至七人组成。

2. 合议庭的审判工作由审判长负责主持,合议庭的审判长由院长或庭长指定审判员一人担任;院长或庭长参加审理的,由院长或庭长担任。

3. 合议庭评议案件,实行少数服从多数的原则。合议庭评议案件,审判人员的权利是平等的,每人均有表决权,然后按少数服从多数的原则进行,评议应当制作笔录,由合议庭成员签名。评议中的不同意见,必须如实记入笔录。

(二)回避制度

回避制度,是指同案件有某种利害关系或其他关系的审判人员及其他人员,不得参加本案件审理等活动的诉讼制度。回避制度是为了实现司法公正,保证案件得到不偏不倚的裁决而制定的。回避制度主要包含如下内容:

1. 回避的主体。是审判人员(人民陪审员)或其他人员包括书记员、翻译人员、鉴定人、勘验人。

2. 回避的事由。即是指法律规定应当回避的情形。(1)是本案当事人或当事人、诉讼代理人近亲属;(2)与本案有利害关系;(3)与本案当事人、诉讼代理人有其他关系,可能影响案件对案件公正审理。另外,刑事案件中担任过本案的证人、鉴定人、辩护人、诉讼代理人的也应当回避。

【案例评析】某法院审理王某诉赵某一案中,审判员李某、张某和陪审员苏某组成合议庭,李某任审判长,韩某任书记员。案件审理过程中,原告女婿陈某出庭作证,另有勘验人顾某、翻译人叶某出庭。本案中回避制度适用于哪些人?原告王某以本案陪审员系赵某中学同学为由申请苏某回避,合议庭应当如何做?

根据民事诉讼法的规定,回避的人员为审判人员(人民陪审员)或其他人员包括书记员、翻译人员、鉴定人、勘验人,但是证人不在回避之列。原告王某以本案陪审员系赵某中学同学为由申请苏某回避,合议庭应当宣布休庭,报请该院院长决定是否回避。陪审员在陪审时和审判员有同等的权利和义务,而依据民事诉讼法第四十六条规定,审判人员的回避由院长决定。

(三)公开审判制度

公开审判制度是社会主义民主在诉讼中的体现,主要内容包括:第一,人民法院应当在开庭前公告案由、开庭的时间、地点,以方便群众旁听;第二,除法律不公开的以外,审判的过程向社会公开,允许群众旁听,允许新闻记者采访报道;第三,无论是公开审判还是不公开审判的案件,宣判时一律公开。人民法院审判案件,除法律另有规定的以外,一律公开进行。所谓另有规定的,刑事诉讼法第一百八十八条规定、第二百八十五条中应当不公开审理的有:(1)有关国家秘密的案件;(2)有关个人隐私的案件;(3)未成年人犯罪的案件中审判的时候被告人不满十八周岁的,不公开审理,但是,经未成年被告人及其法定代理人同意,未成年被告人所在学校或未成年人保护组织可以派代表到场。涉及商业秘密的刑事案件,当事人申请不公开的,可以不公开审理。民事诉讼法第一百三十四条规定,不公开审理的情形有:(1)涉及国家秘密的案件;(2)有关个人隐私的案件;(3)离婚案件,涉及商业秘密的案件,当事人申请不公开审理的,可以不公开审理。

【案例评析】某小区的物业管理单位广州市某房地产公司将其与业主马某、温某有关物业管理收费的案件一、二审判决书张贴在该小区的公告栏里。马某、温某认为房地产公司在未征得他们同意的情况下擅自张贴判决书,使他们的姓名、年龄、工作单位等基本情况公告于大庭广众之下,侵犯了姓名权和隐私权。人民法院审理认为,判决书中姓名、年龄、工作单位等基本情况的内容不属明显的个人隐私,公开该文书也不会降低社会公众对两原告的总体评价,遂判决驳回原告的诉请。

该案件的判决就裁判文书的公布与隐私权的关系做出了明确的结论,判决书所涉及的姓名、年龄、工作单位等基本情况等并不构成个人隐私。

(四)两审终审制度

两审终审制度即人民法院审理案件,经过两级人民法院审理即告终结的制度。《人民法院组织法》的规定,我国的法院分为四级,即基层人民法院、中级人民法院、高级人民法院和最高人民法院,根据两审终审制度的要求,一个案件经过第一审人民法院审判后,当事人如果不服,有权依法向上一级人民法院提起上诉,进行第二审,二审法院作出的判决、裁定为终审判决、裁定,当事人不得再行上诉。两审终审制度也有例外,如最高人民法院审理的案件,判处死刑的刑事案件以及采用特别程序审理的民事案件等。民事案件中设定的一种小额诉讼程序①,如民事诉讼法第一百六十二条规定:基层人民法院和它的派出法庭适用简易程序审理的简单的民事案件,标的额为各省、自治区、直辖市上年度就业人员年平均工资百分之三十以下的,也实行一审终审。

———————

① 所谓小额诉讼程序,是指为了案件审理的简便、迅速和经济,针对请求小额金钱或者其他替代物或者有价证券的诉讼所规定的一种审理程序。

（五）证据制度

证据是指能够证明案件真实情况的客观材料。证据对于诉讼来说有很重要的意义:第一,证据是当事人进行诉讼的前提条件;第二,证据是人民法院查明事实,分清是非,正确适用法律,及时审理案件的基础;第三,证据是保护当事人合法权益的工具。

证据依据其内涵具有三个基本的特征:

1. 客观性。是指一切证据都必须是客观存在的真实情况,它是不以人的意志为转移的,任何人为的想象、揣测和臆造都不能成为证据。要求司法人员在审理案件时,实事求是,一切从实际出发,严格忠于事实真相。

2. 关联性。证据必须与所证明的案件事实有联系,它们或是案件事实形成的条件,或者是案件事实发生的原因,或是案件事实所导致的结果。

3. 合法性。证据的来源、内容、形式、种类和取得、收集的方式和程序必须合法。我国诉讼法规定的证据的种类有:书证;物证;证人证言;当事人陈述(被害人陈述、被告人或犯罪嫌疑人供述和辩解);鉴定意见;勘验、检查、辨认、侦查实验等笔录;视听资料、电子数据。

法律理论和司法实践中,作为裁判依据的证据必须经过法庭质证这一环节,质证是从证据的三性着手,没有经过质证的证据不能作为定案的依据。诉讼中裁判的原则是"事实清楚,证据确实、充分",尤其是刑事案件。《中华人民共和国刑事诉讼法》列举了"证据确实、充分"的具体条件:(一)定罪量刑的事实都有证据证明;(二)据以定案的证据均经法定程序查证属实;(三)综合全案证据,对所认定事实已排除合理怀疑。此处的合理怀疑是指有理性的人的合理、诚实的怀疑,是具体的、有一定根据的,而抽象的、纯理论的或缺乏一定事实根据的怀疑不能成为合理怀疑。[①]

非法证据应当排除。非法证据是指侵犯了犯罪嫌疑人的宪法权利、一般诉讼权利以及取证主体、手段、程序不合法所产生的瑕疵证据或形式不合法的证据。非法证据中的"非法",并非证据本身自有的属性,而是侦查人员在获取证据过程中的手段、程序,或者说证据呈现出来的表现形式是违反法律的。对于何种类型的证据进行排除,取决于各国的立法规定和司法判例。我国关于非法证据的排除早期来源于《最高人民法院关于执行刑事诉讼法若干问题的解释》(1998年)第六十一条和1999年最高人民检察院《人民检察院刑事诉讼规则》第二百六十五条,该两条规定强调非法证据既不能作为定案的根据,也不能作为指控犯罪的证据。随后,《死刑案件证据规定》和《非法证据排除规定》首次以司法解释的形式确立了非法证据排除规则并明确规定了非法证据排除的范围和操作程序,奠定了证据立法的

---

① 李学灯:《证据法比较研究》,台湾省五南图书出版公司1992年版,第665页。

基本走向。我国现行刑事诉讼法仍在此基础上,做出了继承和调整,规定以刑讯逼供和以威胁、引诱、欺骗和其他非法方法收集的证据都是非法证据,并依据证据的表现形式将非法证据划分为非法的言词证据和非法的实物证据。[①] 非法的言词证据包括采用刑讯逼供等非法方法收集的犯罪嫌疑人、被告人的供述和采用暴力、威胁等非法方法收集的证人证言、被害人陈述;非法的实物证据包括不符合法定程序收集的物证、书证。对于非法的言词证据实行绝对排除的规则;而对于非法的实物证据,可能严重影响司法公正的,应当予以补正或做出合理解释,不能补正或做出合理解释的,对该证据应当予以排除。

五、三大诉讼法律制度的区别和联系

三大诉讼法律制度是依据诉讼的性质来划分的,除此之外,各诉讼法律制度还有一些具体的区别。

（一）诉讼的前提不同

刑事诉讼的提起是因为要揭露犯罪、证实犯罪和惩罚犯罪,民事诉讼的提起是因为一方当事人的民事实体权利受到侵害或与另一方当事人就实体权利义务发生纷争,而行政诉讼的提起是因为行政相对人认为行政机关作出的行政行为侵害了其合法权益。

（二）诉讼的主体不同

刑事诉讼中,除自诉案件外,一律由检察院代表国家提起公诉,被害人不能直接向法院起诉。民事诉讼中的诉讼主体是与案件有直接利害关系的人或组织;而行政诉讼中的原被告是恒定的,即原告只能是认为具体行政行为侵害其合法权益的行政相对人(包括个人、法人和其他组织),被告也只能是实施该具体行政行为的行政机关、法律法规授权的组织。

（三）遵循的某些原则不同

公、检、法三机关分工负责,互相配合,互相制约原则,被告人有权获得辩护的原则是刑事诉讼法特有的;民事诉讼中可以适用调解原则,当事人可以适用处分原则处分自己的权益;行政诉讼中除国家赔偿诉讼外,一般不适用调解原则。

（四）举证责任的规则不同

刑事诉讼中,公诉案件的举证的责任由公诉机关承担,自诉案件的举证责任由自诉人承担,被告人没有义务举证证明自己没有实施犯罪;民事诉讼举证的一般规则是遵循"谁主张,谁举证",当然实行举证责任倒置的除外;行政诉讼的举证责任由被告即作出行政行为的行政机关或法律法规授权的组织来承担。

（五）审判的程序有不同之处

刑事诉讼中的第一审程序分为公诉程序和自诉程序,民事诉讼中的第一审程

---

① 此法称为"二分法",是我国理论界和实务界在探讨非法证据排除问题时约定俗成的分类方法。

序分为普通程序和简易程序。民事诉讼中的特殊的程序,刑事诉讼的死刑复核程序,为两种诉讼法律制度各自所特有。

(六)执行的程序不同

刑事诉讼的裁判由法院和相关机关执行,最重的可以剥夺被告人的生命;民事案件裁判结果要求当事人自觉履行财产的义务,即使申请法院执行,也不轻易限制公民的人身权利;行政诉讼中执行的对象除财产外,还有人身权利,如强制隔离。民事诉讼中当事人只有申请法院执行,而行政诉讼中,具有强制权的机关可以直接执行本机关作出的具体行政行为,刑事诉讼直接交付执行。

当然,三大诉讼法不是孤立的,而是彼此有联系的,如刑事诉讼中可能附带民事诉讼,共同形成诉讼法体系,作为解决纷争和争议的最终手段,实现对社会的公平、正义,维护社会秩序具有不可替代的作用。

第二节　刑事诉讼法

 引入问题和思考

赵某系国家工作人员,在家经常虐待其妻刘某。一次刘某忍无可忍,决心与赵离婚,于是到法院起诉离婚,并检举赵某利用职权贪污公款的事实。赵得知后,急忙向刘某赔礼道歉,刘某被感动表示原谅赵某以前的行为,向法院申请撤回离婚的诉求,并向法院表示赵某的贪污事实不属实。法院对此案件如何处理,来源于民事纠纷和刑事案件的不同性质,以及我国对民事诉讼和刑事诉讼不同的立法精神和需要。

一、刑事诉讼法的概念与基本原则

(一)刑事诉讼、刑事诉讼法的概念

刑事诉讼是人民法院、人民检察院和公安机关(含国家安全机关、军队保卫部门)在当事人和其他诉讼参与人的参加下,依法揭露犯罪、证实犯罪和惩罚犯罪的活动。

刑事诉讼法是规定刑事诉讼活动应如何进行,司法机关、当事人及其他诉讼参与人的诉讼权利和义务等内容的法律。1996 年 3 月,八届全国人大四次会议通过了修改后的《中华人民共和国刑事诉讼法》,并于 1997 年 1 月 1 日实施。2012 年 3

月 14 日十一届全国人大五次会议通过了修改后的《中华人民共和国刑事诉讼法》,于 2013 年 1 月 1 日起施行。根据 2018 年 10 月 26 日第十三届全国人民代表大会常务委员会第六次会议《关于修改〈中华人民共和国刑事诉讼法〉的决定》第三次修正。修正案坚持从我国的基本国情出发,落实"国家尊重和保障人权"的宪法原则,正确处理"惩罚犯罪和保障人权"的平衡关系,使刑事诉讼制度进一步法治化、民主化和科学化。这是我国深化司法体制和工作机制改革的重大成果,是完善中国特色社会主义法律体系的重大进步。

(二)刑事诉讼特有的原则

1. 侦查权、检察权、审判权由专门机关依法行使的原则。其含义与要求是:(1)侦查权、检察权、审判权分别由专门机关行使。即对刑事案件的侦查、拘留、执行逮捕、预审,由公安机关负责;检察、批准逮捕、检察机关直接受理案件的侦查、提起公诉,由人民检察院负责;审判由人民法院负责。(2)除法律特别规定的以外,其他任何机关、团体和个人都无权行使这些权力。(3)公检法机关必须严格依照刑事诉讼法和其他法律规定行使侦查权、检察权、审判权,不得违反法律,滥用权力。

2. 独立行使审判权、检察权的原则。其基本内容是人民法院依法律规定独立行使审判权,人民检察院依法规定独立行使检察权,不受行政机关、社会团体和个人的干涉。

3. 依靠群众原则。它要求司法机关在诉讼过程中,应深入群众,向群众做调查,听取群众意见,接受群众监督,取得群众支持,坚持专门机关与群众相结合。

4. 分工负责,互相配合,互相制约原则。分工负责,是公、检、法应依法定职权,各负其责,各尽其职;互相配合,是公、检、法要相互协作,互通情报,互相支持;互相制约,是公、检、法之间应相互监督,对违法的做法和决定提出异议,防止可能出现的错误。

5. 犯罪嫌疑人、被告人有权获得辩护的原则。其内容包括:(1)犯罪嫌疑人、被告人享有辩护权,包括自己辩护和聘请律师及其他辩护人为自己辩护,有的因经济困难或特殊的刑事案件,被告人没有聘请辩护人的,法院应当为其指定辩护人。在刑事诉讼整个过程,被告人均有权为自己辩护。(2)人民法院有义务保证被告人获得辩护权。

6. 人民法院统一定罪的原则。其含义是:(1)对被告人确定有罪的权限是国家审判权的组成部分,专属于人民法院,只有法院有权确定一个人在法律上是否有罪,不论被告人事实上是否有罪,即使事实上表明他有罪,不经人民法院依法判决,在法律上也不应确定他有罪。(2)其他任何机关都无权确定有罪。(3)除非人民法院经过合法程序,根据被充分确实的证据证明的事实作出了某公民有罪的生效判决,任何人都不得被当作罪犯对待。

7. 保障诉讼参与人诉讼权利的原则。其含义要求：(1)人民法院、人民检察院和公安机关应保障诉讼参与人依法享有的诉讼权利。(2)对于不满18周岁的未成年人犯罪的案件，在询问和审理的时候，可以通知其法定代理人到场。(3)诉讼参与人对审判人员、检察人员和侦查人员侵犯其诉讼权利和人身侮辱的行为，有权提出控告。

8. 不能追究刑事责任的不追究刑事责任的原则。在具有法定情形下，不追究刑事责任，已经追究的应当撤销案件，或不起诉，或终止审理或宣告无罪。依据《刑事诉讼法》第十六条规定，不应追究刑事责任的情形有：(1)情节显著轻微、危害不大，不认为是犯罪的；(2)犯罪已过追诉时效限制的；(3)经特赦令免除刑罚的；(4)依照刑法告诉才处理，没有告诉或撤回告诉的；(5)犯罪嫌疑人、被告人死亡的；(6)其他法律规定免予追究刑事责任的，主要有两种：一种是虽然造成了危害后果，但刑法规定不负刑事责任的，一种是按照刑法应当追究刑事责任但其他生效的法律规定免予追究刑事责任的时候，则根据特别法优于普通法的原则不予追究。

9. 追究外国人刑事责任适用我国刑事诉讼法原则。体现了刑事诉讼中的国家主权原则，对于外国人在我国领域内犯罪和在我国领域外对我国国家和公民犯罪应当追究刑事责任的，国家享有管辖权，按我国法定的程序，由我国公安机关追究刑事责任，以保护国家和公民的利益。此项原则同时明确了对于享有外交特权和豁免权的外国人犯罪应当追究刑事责任的，应通过外交途径解决，这里的外国人包括具有外国国籍的人和无国籍的人以及国籍不明的人。

二、刑事案件的管辖

刑事诉讼中的管辖，是指公检法机关在刑事案件受案范围上以及人民法院系统内部在审判第一审刑事案件上的权限划分。管辖是进行刑事诉讼首先必须解决的问题，它所要解决的问题有两个：一是解决公检法机关在直接受理刑事案件上的分工；二是要解决人民法院系统内部在审判第一审案件上的分工问题，由此将刑事案件的管辖划分为立案管辖和审判管辖。

(一)刑事诉讼中的立案管辖

刑事诉讼中的立案管辖又称为职能管辖或部门管辖，是指公安机关、人民检察院和人民法院之间在直接受理刑事案件上的权限划分。依据《刑事诉讼法》第十九条的规定，刑事案件的立案管辖包含以下方面：

1. 人民法院直接受理自诉案件。自诉案件是指被害人及其法定代理人或近亲属，为追究被告人的刑事责任，而直接向人民法院提起诉讼的案件。依据《刑事诉讼法》第二百一十条的规定，自诉案件包括：(1)告诉才处理的案件，这类案件有侮辱、诽谤案，暴力干涉婚姻自由案，虐待案，侵占案；(2)被害人有证据证明的轻微刑事案件，包括：故意伤害案(轻伤)，重婚案，遗弃案，妨害通信自由案，非法侵入他人住宅案,生产、销售伪劣商品案件(严重危害社会秩序和国家利益的除外),侵犯知识产权案件(严重危害社会秩序和国家利益的除外),属于刑法分则第四章、第五章规定的,对被告人可以判处3年有期徒刑以下刑罚的其他轻微刑事案件;(3)被害人有证据证明对被告人侵犯自己人身、财产权利的行为应当依法追究刑事责任,而公安机关或人民检察院不予追究被告人刑事责任的案件。

2. 人民检察院直接受理的案件。人民检察院是国家法律监督机关,依法独立行使检察权。在刑事诉讼中,对公安机关的侦查,人民法院的审判等诉讼活动是否合法进行承担着监督职责。因此,人民检察院立案侦查的刑事案件主要是:人民检察院在对诉讼活动实行法律监督中发现的司法工作人员利用职权实施的非法拘禁、刑讯逼供、非法搜查等侵犯公民权利、损害司法公正的犯罪,可以由人民检察院立案侦查。对涉嫌贪污贿赂、滥用职权、玩忽职守、权力寻租、利益输送、徇私舞弊以及浪费国家资财等职务违法和职务犯罪,由国家监察机关进行调查。

3. 公安机关直接受理的刑事案件。我国《刑事诉讼法》规定:"刑事案件的侦查由公安机关进行,法律另有规定的除外。"公安机关在我国刑事案件的侦查体系中是主要的侦查机关,法律没有特别规定的其他刑事案件,都由公安机关负责立案侦查。

(二)刑事诉讼中的审判管辖

刑事诉讼中的审判管辖,是指普通人民法院之间、普通人民法院与专门人民法院之间及专门人民法院之间在审判第一审刑事案件权限范围上的分工。它是人民法院系统内审判第一审刑事案件的分工,所要解决的问题是刑事案件应由哪种、哪级、哪个人民法院进行第一审审判。在审判管辖中,一般只规定刑事案件的第一审管辖,这是因为同属普通审判程序的第二审审判只能由第一审人民法院的上一级人民法院进行,所以确定了刑事案件的一审管辖,也就确定了刑事案件的人民法院的第二审管辖。

依据《刑事诉讼法》第二十条至第二十八条规定,我国的刑事审判管辖分为普通管辖和专门管辖,而普通管辖又可分为级别管辖、地区管辖和指定管辖。

1. 普通管辖

(1)级别管辖。指各级人民法院之间在审判第一审案件上的职责分工。根据我国《刑事诉讼法》第二十条至第二十三条的规定,最高人民法院管辖全国性的第一审重大刑事案件;高级人民法院管辖全省(自治区、直辖市)性的重大刑事案件;中级人民法院管辖:危害国家安全、恐怖活动刑事案件,可能判处无期徒刑、死刑的普通刑事案件;除此之外的普通刑事案件的第一审由基层人民法院来管辖。

在司法实践中,人民检察院或基层人民法院认为可能判处有期徒刑、死刑的普通刑事案件向中级人民法院提起公诉或移交的,中级人民法院认为不够判处有期徒刑、死刑,也应依法审理。

（2）地区管辖。是指同级人民之间在审判第一审刑事案件权限上的划分。级别管辖是确定上下级之间对第一审刑事案件的管辖范围,地域管辖则是确定同一级别不同地区的人民法院之间对第一审刑事案件的管辖范围。地区管辖实行以犯罪地人民法院管辖为主,以被告人居住地人民法院管辖为辅的原则。犯罪地包括犯罪行为实施地、结果发生地、犯罪预备地和销赃地。地区管辖之所以要以犯罪地人民法院管辖为主,主要是因为犯罪地是进行犯罪活动的地方,便于人民法院调查核实证据,查明案情;便于传唤和通知诉讼参与人参与诉讼;便于平息矛盾,扩大法治宣传。在司法实践中,一个案件出现几个同级人民法院都有管辖权的情况,例如:犯罪行为预备地和犯罪行为实施地不在同一法院辖区内,犯罪行为实施地与犯罪结果发生地不在同一法院辖区内,为此《刑事诉讼法》规定:几个同级人民法院都有权管辖的案件,由最初受理的人民法院审判。在必要的时候,可以移送主要犯罪地的人民法院审判。这是在地区管辖第一原则的基础上确立的第二个地区管辖原则,该原则只适用于同级人民法院之间,而对于不同级别的人民法院都有管辖权的案件,则不适用。所谓的主要犯罪地,一般是指犯罪行为实施地或数罪中最为严重的犯罪行为实施地。如果被告人居住地法院管辖更为适宜的,也可以由被告人居住地人民法院管辖。所谓"更为适宜",一般是指:被告人流窜作案,主要犯罪地难以确定,而居住地群众更为了解其犯罪情况的;被告人在居住地民愤很大,当地群众强烈要求在居住地进行审判的;可能对被告人适用缓刑或判处管制,而应在被告人居住地进行监督改造和考察的。其目的是审判更方便、作用更广泛、执行更有力。"被告人居住地",是指审判时被告人的住处所在地,实践中可以是被告人的户籍所在地,也可以是被告人工作或学习的地方。

在级别管辖和地区管辖同时都要考虑的情况下,应优先考虑级别管辖。

【案例评析】甲县和乙县临界,共辖于某市。2008 年年底,两县公安机关协同作战,侦破一起危害国家安全的刑事案件。被告张某、王某,是甲县人,属本案主犯;被告李某、赵某乙县人,是本案的从犯。案件侦破以后,张、王犯押于甲县,李、赵犯押于乙县。被告危害国家安全活动主要是在乙县进行的,但在甲县也有犯罪和活动。甲乙两县法院,从方便诉讼出发,经过协商,分别对押在本县的被告人进行了审判。问:此案在审判管辖上存在什么问题?

本案在级别管辖和地区管辖同时都要考虑的情况下,应优先考虑级别管辖。根据我国《刑事诉讼法》第十九条至第二十二条的规定,最高人民法院管辖全国性的第一审重大刑事案件;高级人民法院管辖全省(自治区、直辖市)性的重大刑事案件;中级人民法院管辖:危害国家安全、恐怖活动的刑事案件,可能判处无期徒刑、死刑的普通刑事案件;除此之外的普通刑事案件的第一审由基层人民法院来管辖。所以本案应由某市中级人民法院行使管辖权。

（3）指定管辖。是指对管辖不明或有争议的案件,上级法院可以指定下级法院审判,也可以指定下级法院将案件移送其他人民法院审判。

2. 专门管辖

专门管辖,是指专门人民法院和普通人民法院之间,各专门人民法院之间以及各专门人民法院系统内就第一审刑事案件受理范围的分工,所要解决的是哪些案件应由专门人民法院审判的问题。根据人民法院组织法第二条的规定,目前我国建立的专门人民法院有军事法院、铁路法院等。这两类专门法院分别管辖各自系统范围内涉及部门专业领域内的犯罪案件。

军事法院管辖的刑事案件,主要是违反军人职责罪,同时也管辖现役军人的犯罪,在军队编制内服务的无军职人员的犯罪,普通公民危害与破坏国防军事的犯罪等。

铁路运输法院管辖的刑事案件是铁路公安机关和检察机关负责侦破的刑事案件,主要有危害和破坏铁路运输和生产的案件、破坏交通设施的案件以及列车上发生的犯罪案件等。对国际列车上发生的刑事案件的管辖,按照我国与相关国家订立的有关管辖协定来执行,没有协定的,由犯罪后列车最初停靠的中国车站所在地或目的地的铁路运输法院管辖。

三、刑事诉讼中的强制措施

(一)强制措施的概念、性质和特点

刑事诉讼中的强制措施,是指公安机关、国家安全机关、人民检察院和人民法院为保证刑事诉讼活动的顺利进行,依法对犯罪嫌疑人、被告人或现行犯、这种大嫌疑分子所采取的强制性限制其人身自由或剥夺其人身自由的各种法定强制方法。刑事诉讼中的强制措施的性质表现为诉讼性和保证性,依法只能在刑事诉讼过程中适用,适用的目的是保障刑事诉讼活动的顺利进行,保证刑事诉讼的目的得以实现。其特点为:

1. 刑事诉讼中的强制措施只适用特定对象。刑事诉讼中的强制措施适用的对象是犯罪嫌疑人、被告人,对于诉讼参与人和案外人不能适用。因此,相关机关在适用强制措施的过程中,要严格控制强制措施的适用对象,不得扩大其适用范围。

2. 刑事诉讼中的强制措施具有诉讼性。强制措施的性质是预防性和临时性措施,不是惩罚性措施,适用它是为了保证刑事诉讼的顺利进行,防止犯罪嫌疑人、被告人逃避侦查、起诉和审判,进行毁灭、伪造证据、继续犯罪等妨害刑事诉讼的行为。

3. 刑事诉讼中的强制措施具有强制性。强制措施的内容是限制和剥夺犯罪嫌疑人和被告人的人身自由,而不是对物的强制处分。

(二)强制措施的种类

1. 拘传

拘传,是人民法院、人民检察院和公安机关强制没有被羁押的犯罪嫌疑人、被告人到指定地点接受讯问的一种方法。拘传的目的是强制就讯。实践中,拘传是在传唤以后,犯罪嫌疑人、被告人无正当理由而不到案时,才使用拘传。采用拘传必须有拘传票,并应向被拘传人出示。如果被拘传人抗拒或企图逃跑,执行人员有权依法采取适当的强制措施迫使其就范,并带到指定地点接受讯问。拘传持续的时间不超过十二小时;案情特别重大、复杂,需要采取拘留、逮捕措施的,拘传持续的时间不超过二十四小时。对被拘传的人不能以连续传唤、拘传的形式变相拘禁,拘传期间应当保证被拘传人的饮食和必要的休息时间。

2. 取保候审

取保候审,是人民法院、人民检察院和公安机关责令犯罪嫌疑人、被告人提出保证人或交纳保证金,保证犯罪嫌疑人、被告人不逃避或妨碍侦查、起诉和审判,并随传随到的一种强制方法。

在我国,取保候审、拘传和监视居住共同构成了我国非羁押性的强制措施基本体系。然而,由于拘传的临时性较强,监视居住在实践中的适用率较低,基本已经名存实亡,因此取保候审的适用情况直接决定了我国非羁押性强制措施的基本状况。根据法律的规定,采取取保候审的条件是:①可能判处管制、拘役或独立适用附加刑的;②可能判处有期徒刑以上刑罚,采取取保候审不致发生社会危险性的;③患有严重疾病、生活不能自理,怀孕或者正在哺乳自己婴儿的妇女,采取取保候审不致发生社会危险性的;④羁押期限届满,案件尚未办结,需要采取取保候审的。

采取取保候审的,由犯罪嫌疑人、被告人及其法定代理人、近亲属或律师提出申请,有权决定的机关作出是否同意的答复。同意取保候审的,要由保证人出具保证书或交纳保证金,依法办理取保候审手续;不同意办理的,应当告知申请人,并说明不同意的理由。

被取保候审的犯罪嫌疑人、被告人在取保候审期间应当遵守以下规定:未经执行机关批准,不得离开所居住的市、县;住址、工作单位和联系方式发生变动的,在二十四小时以内向执行机关报告;在传讯的时候及时到案;不得以任何形式干扰证人作证;不得毁灭、伪造证据或者串供。公安机关、检察院和法院也可根据案件情况选择责令被取保候审的犯罪嫌疑人、被告人遵守特别规定:不得进入特定的场所;不得与特定的人员会面或通信;不得从事特定的活动;将护照等出入境证件、驾照证件交执行机关保存,以此增进取保候审的执行效果。取保候审最长不超过十二个月。

取保候审期间,提供的保证人不仅要监督被保证人遵守取保候审的相关规定,还要在被保证人违反取保候审的相关规定后及时向执行机关报告。对于违反规定并已交纳保证金的,依据被取保候审的犯罪嫌疑人、被告人在取保候审期间违反应当遵守的规定的程度,没收部分或全部保证金,对于需要逮捕的,可以犯罪嫌疑人、被告人先行拘留。

3. 监视居住

监视居住,是人民法院、人民检察院和公安机关在刑事诉讼的过程中采用的,命令犯罪嫌疑人、被告人不得擅自离开住所或者居所并对其活动予以监视和控制的一种强制方法。

监视居住在刑事诉讼法强制措施的体系中处在"准羁押措施"的地位。根据法律的规定,符合逮捕条件的犯罪嫌疑人、被告人,有下列情形之一的,可以采取监视居住的:①患有严重疾病、生活不能自理;②怀孕或者正在哺乳自己婴儿的妇女;③系生活不能自理人的唯一扶养人;④因为案件的情况或办理案件的需要,采取监视居住措施更为适宜的;⑤羁押期限届满,案件尚未办结,需要采取监视居住的。另外,对符合取保候审条件,但犯罪嫌疑人、被告人不能提供保证人,也不能交纳保证金的,可以监视居住。监视居住由公安机关执行。监视居住的场所可以是犯罪嫌疑人、被告人的住处,无固定住处的,可以在指定的居所执行。对于涉嫌危害国家安全犯罪、恐怖活动犯罪、特别重大贿赂犯罪,在住所执行可能有碍侦查的,经上一级人民检察院或者公安机关批准,也可以在指定的居所执行。但是,不得在羁押场所、专门的办案场所执行。监视居住的期限可以折抵刑期。监视居住最长不超过六个月。

监视居住期间,违反规定情节严重的,可以予以逮捕;需要予以逮捕的,可以对犯罪嫌疑人、被告人先行拘留。

4. 拘留

拘留是指公安机关、人民检察院在紧急情况下,对现行犯或重大嫌疑分子所采取的临时限制其人身自由的一种强制措施。

拘留适用的条件是:①正在预备犯罪、实行犯罪或犯罪后即时被发觉的;②被害人或在场亲眼看见的人指认他犯罪的;③在身边或住处发现有犯罪证据的;④犯罪后企图自杀、逃跑或在逃的;⑤有毁灭、伪造证据或串供可能的;⑥不讲真实姓名、住址、身份不明的;⑦有流窜作案、多次作案、结伙作案重大嫌疑的。

拘留适用的对象为现行犯或重大嫌疑分子,由公安机关或人民检察院负责人批准后,由公安机关执行。执行拘留时,应当出示《拘留证》。拘留后,应当将被拘留的人送看守所羁押,至迟不得超过二十四小时;除有碍侦查或无法通知的情形以外,应当把拘留的原因和羁押的处所,在二十四小时以内,通知被拘留人的家属或所在单位。对被拘留的人,经过侦查认为需要逮捕的,应当在拘留后三日内,提请人民检察院审查批准,特殊情况下,可以延长一日至四日,对于流窜作案、多次作案、结伙作案的重大嫌疑分子,提请人民检察院审查批准的时间可以延长至三十日。

5. 逮捕

逮捕,是指公安机关、人民检察院和人民法院,为防止犯罪嫌疑人或被告人逃避侦查、起诉和审判,进行妨碍刑事诉讼的行为,或者发生社会危险性,而依法剥夺其人身自由,将其羁押起来的一种强制措施。逮捕是刑事诉讼强制措施中最严厉的一种,它不仅剥夺了犯罪嫌疑人、被告人的人身自由,而且逮捕后除发现不应当追究刑事责任和符合变更强制措施的条件以外,对被逮捕的羁押期间一般要到人民法院判决生效为止。正确、及时地使用逮捕措施,可以发挥其打击犯罪、维护社会秩序的重要作用,但如果用得不好,错捕滥捕,就会伤害无辜,侵犯公民的人身和民主权利,破坏社会主义法制的尊严和权威,损害公安司法机关的威信。因此,必须坚持"少捕"和"慎捕"的刑事政策,切实做到不枉不纵。

逮捕适用的条件是:①证据条件,是有证据证明有犯罪事实。有证据证明有犯罪事实,按照六机关《决定》第二十六条的解释是指同时具备:有证据证明发生了犯罪事实;有证据证明犯罪事实是由犯罪嫌疑人实施的;证明犯罪嫌疑人实施犯罪行为的证据已有查证属实的;②罪责条件,是可能判处有期徒刑以上刑罚。如果只可能判处管制、拘役、独立适用附加刑,不可能判处徒刑以上刑罚的,就不能采用逮捕;③社会危险性条件,是采取取保候审、监视居住等方法,不足以防止发生社会危险性,而有逮捕必要。《刑事诉讼法》第八十一条将"社会危险性"这一条件具体化:可能实施新的犯罪;有危害国家安全、公共安全或者社会秩序的现实危险的;可能毁灭、伪造证据,干扰证人作证或者串供的;可能对被害人、举报人、控告人实施打击报复的;企图自杀或者逃跑的。三个条件互相联系、缺一不可。只有同时具备这三个条件,才能对其实施逮捕。但对有证据证明有犯罪事实,可能判处十年有期徒刑以上刑罚的,或者有证据证明有犯罪事实,可能判处徒刑以上刑罚,曾经故意犯罪或身份不明的,应当予以逮捕。

逮捕的程序。逮捕后,应当立即将被逮捕的人送看守所羁押。逮捕犯罪嫌疑人、被告人,必须经过人民检察院的批准或者人民法院的决定,并由公安机关执行。公安机关认为需要逮捕犯罪嫌疑人时,由立案侦查的单位制作《提请批准逮捕书》,经县级以上公安机关负责人签署后,连同案卷材料和证据,一并移送同级人民检察院,提请批准。检察机关应当自接到公安机关提请批准逮捕书后对逮捕的必要性进行审查,且在审查批准逮捕期间,可以讯问犯罪嫌疑人、询问证人、听取辩护律师的意见,七日以内,分别作出批准逮捕或不批准逮捕决定书,对于不批准逮捕的被拘留人应当立即释放。

【案例评析】某人民法院受理了一起由人民检察院公诉的被告人林某受贿案。被告人林某在人民检察院侦查、起诉阶段已被依法监视居住,但该法院在审理过程中发现被告人林某逃避监视居住,跑到行贿人家中活动,唆使行贿人推翻证词。对此,该法院为了防止被告人的串供活动,保证刑事诉讼的正常进行,决定对林某直接作出逮捕决定。人民法院的做法是否正确?

《刑事诉讼法》第九十四条规定:如果发现对犯罪嫌疑人强制措施不当的,应当及时撤销或变更,两个强制措施不能同时适用,只要情况发生了变化,司法机关就应随时变更强制措施,并且变更强制措施不必先由原先的机关把原适用的强制措施撤销后再作出新的强制措施的决定,所以,法院的做法是正确的。

四、刑事诉讼程序

(一)立案

1. 立案的概念、特点

立案是公安司法机关对于报案、控告、举报、自首及自诉人起诉等材料,按照各自的职能管辖范围进行审查后,认为有犯罪事实发生并需要追究刑事责任时,决定将其作为刑事案件进行侦查或审判的一种诉讼活动。立案具有以下特点:

(1)立案是法律赋予公安机关、人民检察院、人民法院特有的权力和职责,其他任何机关和个人都无立案权。《刑事诉讼法》规定:"公安机关或人民检察院发现犯罪事实或者犯罪嫌疑人,应当按照管辖范围,立案侦查。""对于自诉案件,被害人有权向人民法院直接起诉。被害人死亡或丧失行为能力的,被害人的法定代理人、近亲属有权向人民法院起诉,人民法院应当依法受理。"这些规定表明,在我国,刑事案件的立法权统一由公安司法机关行使。

(2)立案是我国刑事诉讼中一个完整、独立、必经的诉讼阶段,是刑事诉讼活动开始的标志。立案不仅包括对报案、控告、举报和自首材料的接受,而且包括对材料的审查和作出立案与否的决定,它不隶属刑事诉讼阶段中任何诉讼程序,而是与其他诉讼如侦查、起诉、审判等程序相并列,具有独立性。立案还是刑事诉讼程序的开端,只有经过立案才能进行侦查或审判程序。

2. 立案的条件和程序

刑事立案必须具有两个条件:第一,确认有犯罪事实。这是立案的事实条件,刑事诉讼是追究犯罪者刑事责任的诉讼活动,因而刑事立案应以确有犯罪事实发生为前提。当公、检、法三机关收到检举、控告或自首材料后,应当先进行初步的审查或调查,以判明是否确有犯罪事实发生。第二,需要追究刑事责任。这是立案的法律条件,指行为人的行为已经构成犯罪,行为人达到刑事责任年龄、具有责任能力,并且不具有依法免除处罚的情节。

刑事立案的程序大致可分为以下三个步骤:①对立案材料的接受。立案的材料来源于四个方面:公安机关或人民检察院发现的犯罪事实或犯罪嫌疑人;有关单位或个人的报案或举报;被害人的报案或控告;犯罪人的自首。公安机关、人民检察院或者人民法院对于报案、控告、举报、犯罪人的自首都应当接受,对于不属于自己管辖的应当移送主管机关处理,并且通知报案人、控告人、举报人;对于不属于自己管辖而又必须采取紧急措施的,应当先采取紧急措施,然后移送主管机关。②对控告、举报、自首材料进行审查。公安机关、人民检察院或者人民法院对于控告、举报、自首材料,应当依照管辖范围,迅速进行审查。如审查材料所反映的事件是否属于犯罪行为;是否需要追究犯罪人的刑事责任。③对控告、举报、自首材料予以决定。公安机关、人民检察院或者人民法院对于报案、控告、举报、犯罪人的自首材料进行审查后,认为有犯罪事实存在,需要追究刑事责任的时候,即应决定立案,否则不应立案。人民检察院认为公安机关应当立案侦查而公安机关不立案侦查的,或者被害人认为公安机关对应当立案侦查的案件而不立案侦查,向人民检察院提出的,人民检察院应当要求公安机关说明不立案的理由。人民检察院认为公安机关不立案的理由不能成立的,应当通知公安机关立案.公安机关接到通知后应当立案。

(二)侦查

侦查是指公安机关、人民检察院在办理案件过程中,依照法律进行的专门调查工作和有关的强制性措施。侦查阶段也是一个独立阶段,有专门的工作内容和有关的强制性措施,但侦查活动必须严格依法进行。

【案例评析】赵某因盗窃公款潜逃,侦查人员张某对其讯问的笔录如下:

张:①你老实交代你的罪行?

赵:我没罪。

张:②我们党的政策是"坦白从宽,抗拒从严"。不许抵赖。

赵:我要请律师。

张:③现在你不能请律师。律师不能介入侦查活动。

赵:我抗议,你拘留我时没有出示拘留证。

张:④对你这种在逃犯,可以不出示拘留证。

赵:(沉默)

张:⑤你必须自己拿出充分的证据,我们才能说你无罪。

赵:(沉默)

张:⑥你要老实交代你的罪行,老实交代了,我们可以放你出去,如果你顽抗到底,我们公安机关将对你加重处罚。

问:张某的讯问是否合法?

①错误。侦查人员讯问被告,应当首先讯问被告人是否有犯罪行为。

②错误。被告人有权做无罪辩解。

③错误。律师在侦查阶段可以为犯罪嫌疑人提供法律帮助。

④错误。公安机关拘留人的时候,必须出示拘留证。

⑤错误。犯罪嫌疑人不负举证责任。

⑥错误。侦查人员不能以威胁、利诱的方法收集证据。公安机关是侦查机关，对犯罪嫌疑人在实体上无权作出司法决定。

(三)起诉

1. 起诉的概念和类型

刑事诉讼中的起诉,是指人民检察院或自诉人向人民法院控诉被告人犯罪,要求对被告人进行审判并予以制裁的诉讼活动或程序。以起诉的主体为标准,它可以划分为公诉和自诉两种。公诉是由国家设立的专门机关和官员向法院提出诉讼请求,要求法院通过审判确定被告人刑事责任并给予相应制裁的一种诉讼活动。自诉是指被害人或法定代理人以及其他法律规定享有起诉权的个人或团体直接向有管辖权的法院提出追究被告人刑事责任的诉讼活动。在这两种刑事起诉中,我国实行的是以公诉为主、自诉为辅的起诉制度。

2. 提起公诉的程序

(1)审查起诉。主要是指人民检察院对公安机关侦查终结或者国家监察机关调查终结、移送起诉的案件,进行全面审查以决定是否起诉,即是否将犯罪嫌疑人提交人民法院审判的一项诉讼活动。依据我国《刑事诉讼法》:凡需要提起公诉的案件,一律由人民检察院审查决定。这一规定表明提起公诉是人民检察院的一项专门权力。

审查起诉的内容。依据《刑事诉讼法》规定,人民检察院审查起诉的内容主要包括:查明犯罪事实、情节是否清楚,证据是否确实、充分,犯罪的性质和罪名的认定是否正确;审查有无遗漏罪行和其他应当追究刑事责任的人;查明起诉的案件是否属于《刑事诉讼法》第十六条规定的依法不应当追究刑事责任的情况;审查有无附带民事诉讼;审查侦查活动是否合法。

(2)提起公诉。是指人民检察院代表国家将犯罪嫌疑人提交人民法院,要求人民法院通过审判追究刑事责任的一种诉讼活动。依据《刑事诉讼法》规定:人民检察院认为犯罪嫌疑人的犯罪事实已经查清,证据确实、充分,依法应当追究刑事责任的,应当作出起诉决定,按照审判管辖的规定,向人民法院提起公诉。据此,提起公诉的条件是:犯罪嫌疑人的犯罪事实已经查清,证据确实、充分;依法应当追究刑事责任;人民检察院提起公诉应当符合审判管辖的规定。

(3)不起诉。是指人民检察院对公安机关侦查终结移送起诉的案件和自行侦查终结的案件进行审查后,认为犯罪嫌疑人的行为不符合起诉条件或没有必要起诉的,依法作出不将犯罪嫌疑人提交人民法院进行审判、追究刑事责任的一种处理决定。不起诉主要有法定不起诉、酌定(相对)不起诉和存疑不起诉三种情形。

3. 提起自诉的程序

自诉人提起自诉时,应当直接向人民法院提交刑事自诉状;如果提起附带民事诉讼的,还应当提交刑事附带民事自诉状。自诉状中须有明确的被告人、具体的诉讼请求和能证明被告人犯罪事实的证据。法院经审查后认为符合刑事自诉立案条件的,决定立案受理;不符合立案条件的,裁定不予受理。

（四）第一审程序

1. 公诉案件的第一审程序。是指人民法院对人民检察院提起公诉的案件进行第一次审判时所必须遵循的程序。其主要内容包括庭前审查、庭前准备、法庭审判、延期和中止审理、评议和宣判等诉讼环节。

（1）庭前审查。《刑事诉讼法》规定:人民法院对提起公诉的案件进行审查后,对于起诉书中有明确的指控犯罪事实的,应当决定开庭审判。由于诉讼结构采用或借鉴当事人主义,代表了当今诉讼文化的发展方向,[①]新刑事诉讼法在庭前审查程序中继续贯彻形式审查的原则,该规定表明,对公诉案件的审查是公诉案件正式进入第一审程序的必经环节。审查后,无论公诉机关在提起公诉时是否移送全部证据和案件材料,也无论移送的证据是否达到确实、充分的起诉标准,只要起诉书记载的犯罪事实是明确的,人民法院必须开庭审理。

（2）庭前准备。开庭审判前要做好的工作:确定合议庭的组成人员;送达起诉状副本,告知可委托辩护人;通知相关人员出庭;公布案由、开庭的时间、地点等。为了保障集中审理和公正、迅速审判,节约诉讼成本,对于重大、复杂的案件,可以实行庭前会议制度。庭前会议制度,是指对于重大、复杂的案件,准备法官依职权或依控辩双方的申请,认为有必要时,可以召集公诉人、当事人和辩护人、诉讼代理人到庭对庭审中的相关问题进行必要的准备程序。会议的内容可以是对回避、出庭证人名单、非法证据排除等与审判相关的问题,了解情况,听取意见。

（3）法庭审判。是人民法院的审判组织通过开庭的方式,在公诉人、当事人和其他诉讼参与人的参加下,在控辩双方对证据、案件事实和运用法律开展辩论的情况下,依法确定被告人是否有罪、应否处刑,给予何种刑事处罚的诉讼活动。我国的庭审模式属于纠问式,不像英美法系完全实行当事人主义,但刑事诉讼法修改之后,强化了控辩双方的举证和辩论,同时仍重视和保留了审判职能的主导作用,法院不仅居中裁判,而且对案件的事实、证据积极地调查核实。法庭审判的具体环节如下:

开庭。审判长宣布开庭后,应当由审判长查明当事人是否到庭,宣布案由和是否公开审理。对于依法不公开审理的案件,应当说明不公开审理的理由。宣布合议庭的组成人员、书记员、公诉人、辩护人、鉴定人和翻译人员的名单;告知当事人及代理人的权利和义务等。

法庭调查。法庭调查是通过讯问被告人、询问证人和出示物证等方式,查明案

---

① 龙宗智:《徘徊于传统和现代之间——论中国刑事诉讼法的再修改》,载《政法论坛》(中国政法大学学报),2004 年第九期。

情,核实证据的活动。法庭调查的顺序:宣读起诉书;被告人、被害人陈述起诉书指控的犯罪事实;证人作证,对证人、鉴定人发问;出示物证、宣读勘验笔录等证据。庭审中,对与定罪、量刑有关的事实、证据都应当进行调查、辩论。

法庭辩论。经审判长许可,公诉人、当事人和辩护人、诉讼代理人可以对证据和案件互相辩论。

被告人最后陈述。审判长在宣布辩论终结后,被告人有最后陈述的权利。

评议宣判。根据已经查明的事实、证据和相关的法律规定,分别作出如下判决:案件事实清楚,证据确实充分,依法认定被告人有罪的,罪名成立的,应当作出有罪判决;案件事实清楚,证据确实充分,依法认定被告人无罪的,应当作出无罪判决;证据不足,不能认定被告人有罪的,应当作出证据不足、指控的犯罪不能成立的无罪判决;案件事实部分清楚,证据确实、充分的,应当依法作出有罪或无罪的判决,事实不清,证据不足的部分,依法不应认定;犯罪已过追诉时效的,被告人死亡的,应当裁定终止审理。

2. 自诉案件的第一审程序。是指刑事诉讼法规定的人民法院对自诉人起诉的案件进行第一次审判的程序。自诉案件的第一审程序,总体上与公诉案件的第一审程序基本相同,但由于自诉案件本身性质上主要是侵害公民个人合法权益的轻微刑事案件,因而其程序也有一些特殊的地方。

自诉案件的范围:告诉才处理的案件;被害人有证据证明的轻微刑事案件;被害人有证据证明对被告人侵犯自己人身、财产权利的行为应当追究刑事责任,而公安机关或人民检察院不予追究被告人刑事责任的案件。

自诉案件的受理条件:属于自诉案件的范围;属于本院管辖;刑事案件的被害人告诉的;有明确的被告人、具体的诉讼请求和能证明被告人犯罪事实的证据。

对自诉案件的审理,人民法院对自诉案件进行审查后,如果犯罪事实清楚,有足够证据证明的案件,应当开庭审判。对于不符合起诉条件,证据不充分、犯罪已过追诉时效、被告人死亡或下落不明等情况的,应当说服自诉人撤回自诉或裁定驳回起诉。

3. 简易程序。简易程序是在"为更好地配置司法资源,提高诉讼效率,有必要在保证司法公正的前提下,区别案件的不同情况,进一步完善审判程序"的背景下开展的①,它与普通程序相对称,是指基层人民法院审理某些事实清楚、证据确实充分的刑事案件时所适用的相对简单的审判程序。

根据《刑事诉讼法》规定,人民法院适用简易程序审理案件时,必须满足四个方面的条件:其一是案件属于基层人民法院管辖的范围,即案件属于可能判处有期徒刑以下刑罚的案件;其二案件事实清楚、证据确实充分;其三被告人认罪;其四,

---

① 杨宇冠:《我国刑事简易程序改革思考》,载《杭州师范大学学报》,2011年第三期。

被告人对适用简易程序没有异议。

适用简易程序,既可审理公诉案件,也可审理自诉案件。对可能判处三年有期徒刑以下刑罚的,可以组成合议庭进行审判,也可由审判员一人独任审判;对可能判处超过三年有期徒刑刑罚的,应当组成合议庭进行审判。适用简易程序审理的公诉案件,人民检察院应派员出席法庭支持公诉。庭审可以不受第一审普通程序中关于讯问被告人、询问证人、鉴定人、出示证据、法庭辩论程序规则的限制,但判决宣告前应当听取被告人的最后陈述意见。审理的期限较短,人民法院应当在受理后二十日以内审结。

【案例评析】某高校同宿舍的两学生张某和王某,因琐事发生争吵继而殴打,王某情急之下抓起一玻璃杯打向张某,致使张某眼球破裂,失明,脑功能遭到严重损伤。后经鉴定,张某成为限制行为能力人。

张某的父亲向该校所在地的公安机关控告,要求立案追究王某的刑事责任。公安机关认为本案事实清楚,不需要特殊的侦查手段,遂让张某的父亲直接向法院起诉。而张某的父亲认为这是一起故意伤害致人重伤的案件,不属于人民法院直接受理的范畴,法院不会受理,就向人民检察院申诉。检察院要求公安机关说明理由后,认为其理由不能成立,通知公安机关立案,但公安机关仍不立案。本案应由哪个机关管辖?张父能否向人民法院起诉?张父在追究王某刑事责任的同时,能否请求法院判决王某赔偿张家的经济损失和精神损害?人民法院受理此案能否进行调解?法院能否采用简易程序审理本案?

根据刑事诉讼法的有关司法解释,故意伤害案(轻伤)由人民法院直接受理,但本案中张某某眼球破裂,失明,脑功能遭到严重损伤,属重伤害案件,应当由公安机关管辖。"被害人有证据证明对被告人侵犯自己人身、财产权利的行为,应当追究刑事责任,而公安机关或检察院不予追究被告人刑事责任的案件,被害人可以直接向法院起诉","对于自诉案件,被害人有权向人民法院直接起诉,被害人死亡或丧失行为能力的,被害人的法定代理人、近亲属有权向人民法院起诉,人民法院应当受理",本案中,公安机关接到人民检察院的立案通知后仍不予立案是错误的,被害人的父亲作为法定代理人可以直接向法院起诉。"被害人由于被告人的犯罪行为而遭受的物质损失,在刑事诉讼的过程中,有权提起附带民事诉讼",本案中张父有权提起附带民事诉讼,请求法院判决王某赔偿张某受伤而造成的经济损失,但无权就精神损害而提起附带民事诉讼。"人民法院对自诉案件,可以进行调解","但被害人有证据证明对被告人侵犯自己的人身、财产权利的行为应当依法追究刑事责任,而公安机关或者人民检察院不予追究被告人刑事责任的案件"不适用调解,本案不可以调解。本案若满足适用简易程序的四个要件的可适用简易程序审理。

(五)第二审程序

第二审程序又称上诉审程序,是第二审人民法院根据上诉人的上诉或人民检察院的抗诉,就第一审人民法院尚未发生法律效力的判决或裁定认定的事实和适用的法律进行审理时所应当遵循的步骤和方式、方法。它是刑事诉讼中一个独立,非必经的诉讼阶段。

1. 第二审程序的提起

(1)上诉。指法定的诉讼参与人不服地方各级人民法院第一审的判决或裁定时,依照法定的程序要求上级法院重新审判的而诉讼行为。依据《刑事诉讼法》的规定,有权提出上诉的人为:被告人、自诉人和他们的法定代理人;被告人的辩护人和近亲属,经被告人同意,可以提出上诉;附带民事诉讼的当事人和他们的法定代理人。

(2)抗诉。是指人民检察院认为(或发现)判决或裁定确有错误的时候,在法定的期限内提请上级法院重新审判并予以纠正的审判监督行为,是行使检察权的一种方式,属于法律监督的性质。

2. 对上诉、抗诉案件的审理原则

(1)全面审理原则。第二审人民法院应当就第一审判决认定的事实和适用的法律进行全面审查,不受上诉或抗诉的范围限制。共同犯罪的案件只有部分被告人上诉的,应当对全案进行审查,一并处理。

(2)上诉不加刑原则。是指第二审人民法院审判只有被告人一方提出上诉的案件,不得以任何理由加重被告人刑罚的一项审判原则。《刑事诉讼法》规定:第二审人民法院审判被告人或者他的法定代理人、辩护人、近亲属上诉的案件,不得加重被告人的刑罚。

【案例评析】某中级人民法院对钱某、任某和孙某共同抢劫一案进行了审理,判处被告钱某死刑,判处被告任某有期徒刑 15 年,判处被告孙某有期徒刑 7 年。判决书已经送达三被告人,后被告人孙某在法律规定的上诉期限内向该地区高级人民法院提出上诉。高级人民法院经过审理,认为一审法院认定事实清楚,但对孙某的量刑偏轻,便直接改判孙某有期徒刑 10 年。问:二审法院的做法是否正确?

二审法院在没有抗诉的情况下,将上诉人刑期由 7 年改为 10 年违背了被告人上诉不加刑原则,二审法院的做法是不合法的。

3. 对上诉、抗诉案件的处理

依据《刑事诉讼法》的规定,处理的结果有以下几种:

①原判决认定事实和适用法律正确、量刑适当的,用裁定驳回上诉或抗诉,维持原判;

②原判决认定事实没有错误,但适用法律错误,或者量刑不当的,用判决改判,不得发回重审,改判时应当遵守上诉不加刑原则;

③原判决事实不清或证据不足的,可以在查清事实后直接用判决改判;也可以用裁定撤销原判,发回重审;

④对于违反法定程序的,应当用裁定撤销原判,发回原审法院重新审判。

对于原判决事实不清或证据不足的发回重新审判的案件作出判决后,被告人提出上诉或人民检察院提出抗诉的,第二审人民法院应当依法作出判决或裁定,不得再发回原审人民法院重新审判。

【案例评析】某中级人民法院受理了被告人于某就一审法院对其挪用公款案的上诉后,经过审理认为,原判事实清楚,但适用法律错误,并作出了裁定撤销原判,发回原审法院审理的裁定。原审人民法院接到该裁定后,对合议庭人员进行了批评教育,要求他们认真总结,对案件重新审理。合议庭重新审理并再次对案件作出判决后,于某仍提出上诉。办案人员认为,本案已经审理两次,不能再上诉,遂将该上诉驳回。本案在程序上有哪些问题?

二审法院裁定发回重审是错误的,《刑事诉讼法》第二百二十五条规定,原判决认定事实没有错误,但适用法律有错误的,或量刑不当的,应当改判;原审法院在合议庭的组成上有错误,原审对于发回重审的案件,应当另行组成合议庭,依照第一审程序进行审理;原审法院以此案经过二次审判为由,不允许被告人上诉是错误的。对于上诉、抗诉后经二审发回重审的案件,原审法院重新审理属于第一审判决、裁定,上诉人有权上诉,检察机关也可以抗诉。

(六)死刑复核程序

是指人民法院对判处死刑的案件进行复审核准所遵循的特别审判程序。死刑复核程序对于保证死刑适用的正确性,正确贯彻少杀方针,防止死刑的滥用以及统一我国的死刑规格,统一执法尺度有着现实的意义。

死刑核准的权限和程序。判处死刑的案件的核准权由最高人民法院核准,判处死刑缓期两年的案件的核准权由高级人民法院核准。

第三节　民事诉讼法

 引入问题和思考

2009年9月,法院判决某被告"于本判决生效之日起十日内"赔偿余某30万元。10月,判决生效后余某向法院申请强制执行,但一直执行不下来。无奈之下,余某在网上发布"20万低价贱卖生效判决书"。判决书无法执行,究其原因无外乎债务人有意回避,找不到人;被执行人有意转移财产,无执行标的;各种各样的行政干扰,地方保护主义或部门保护主义等,当事人也表示对这样的执行力度失去信心,所以才出现这样的出卖判决书的现象。

近些年来也出现了类似情况,此现象不仅涉及法学,也涉及社会学。

法律的生命在于实施,不能实施的法律犹如不燃烧的火,不发光的灯。法律实施的程度既取决于法律本身的可实施性和可操作性,也取决于执法者和司法者的素质、能力和水平,还取决于是否具有良好的实施土壤、环境和气候。而要具备这些条件,让执法者、司法者精通法律,让所有利害关系人知晓法律,让法律得到善意的理解和解读,让人们相信信仰法律、相信司法机关的公信力,让法律成为人们手中的武器,还仅仅是起点和开端。

一、民事诉讼、民事诉讼法概述

(一)民事诉讼

民事诉讼是指人民法院、当事人和其他诉讼参与人,在审理民事案件的过程中,所进行的各种诉讼活动,以及由这些活动所产生的各种诉讼法律关系的总和。诉讼活动既包括人民法院的审判活动,如人民法院对案件的受理、判决等;又包括诉讼参与人的诉讼活动,如原告起诉,被告应诉、答辩或反诉,证人出庭作证等。

(二)民事诉讼法

民事诉讼法有广义和狭义之分。狭义的民事诉讼法是指由国家最高权力机关全国人民代表大会制定的《中华人民共和国民事诉讼法》,是国家重要的基本法之一。广义的民事诉讼法是指规范民事诉讼主体的诉讼活动及调整他们之间法律关系的原则、制度和程序的总和。中华人民共和国第一部民事诉讼法是 1991 年 4 月 9 日第七届全国人民代表大会第四次会议通过的。2007 年 10 月 28 日,第十届全国人大常委会第三十次会议作出《关于修改〈中华人民共和国民事诉讼法〉的决定》,对民事诉讼法审判监督程序和执行程序的部分规定作了修改。2012 年 8 月 31 日,第十一届全国人大常委会第二十八次会议通过了《关于修改〈中华人民共和国民事诉讼法〉的决定》,于 2013 年 1 月 1 日起施行,这是促进民事诉讼领域良法为治、进一步保障人民群众合法权益的实际行动。[①] 2023 年 9 月 1 日,第十四届全国人大常委会第五次会议通过了《关于修改〈中华人民共和国民事诉讼法〉的决定》,于 2024 年 1 月 1 日起施行,着重完善涉外民事诉讼程序制度。

民事程序法是国家权力机关制定的预防和解决民事纠纷适用的方法性法律,是由诸多法律组成的法律体系,其中民事诉讼法是民事程序法的核心,除此,还包括公证法、调解法、仲裁法等。

二、民事诉讼法的基本原则

是指在民事诉讼的过程中起指导作用的准则,也是人民法院、当事人和其他诉

---

① 江必新:《〈中华人民共和国民事诉讼法〉修改条文解读与应用》,法律出版社 2012 年版,第 2 页。

讼参与人进行民事诉讼活动所必须遵循的准则,分为共有原则和特有原则。民事诉讼法的特有原则为以下几条。

(一)当事人诉讼权利平等原则

这一原则是指民事诉讼中双方当事人的诉讼权利完全平等,原告和被告享有对等的诉讼权利,不允许任何一方拥有比另一方更多的权利;对于法律赋予当事人的平等的诉讼权利,人民法院必须切实保障当事人平等行使。

(二)调解原则

人民法院审理民事案件,对于能够调解的案件,应根据自愿与合法的原则进行调解,采用调解的方式结案,无论在审理前、审理时还是审理后判决之前,法院都可以进行调解,即调解贯穿在审判程序的各个阶段,当然,对于不愿调解或调解不成的,法院应及时作出判决。离婚等案件,法院必须依法先进行调解。

(三)辩论原则

是指当事人在人民法院主持下就案件的事实和适用的法律等有争议的问题,各自陈述主张和根据,互相进行反驳和答辩,以维护自己的合法权益。通过当事人双方的辩驳,帮助人民法院查明事实,分清是非,正确适用法律,及时解决纠纷,当事人也可以通过行使辩论权,积极参与到诉讼程序中去,真正成为诉讼的主体。

(四)诚实信用原则

是指民事诉讼程序的参与者,无论是案件的当事人,包括法定代理人、诉讼代理人、证人、鉴定人、翻译人员必须恪守诚实信用原则,本着遵循真实义务的宗旨,在实施诉讼行为时必须善意诚实,否则法院有权干预,甚至予以诉讼中的制裁;而且作为诉讼活动的主导者法院也必须恪守诚实信用原则,在对程序性问题进行裁量时应当公正合理,否则当事人有权运用诉讼权利和法定的诉讼程序加以对抗。

(五)处分原则

是指当事人在法律规定的范围内自由支配自己依法享有的民事权利和诉讼权利的准则。① 当事人处分的内容不仅是对实体权利的处分,还包括对诉讼权利的处分,但处分权也受到相应的制约,当事人的处分行为应在法律规定的范围内行使,不得危害国家、集体和他人的合法权益,处分权的行使不得对法院的审判权构成妨碍等。

(六)人民检察院对民事审判活动实行法律监督原则

人民检察院对人民法院的民事审判活动实行法律监督,对审判人员在民事诉讼中的违法犯罪行为、对法院审理民事案件的过程和审判结果等都可实行监督。根据我国民事诉讼法的规定,我国检察机关行使监督以检察建议和抗诉方式进行。

---

① 常怡主编:《民事诉讼法学》,中国政法大学出版社 1996 年版,第 72 页。

（七）支持起诉的原则

又称为社会干预原则，是指机关、社会团体、企业、事业单位对损害国家、集体或个人民事权益的行为，可以支持受损害的单位或个人向人民法院起诉。该原则适用于侵权行为而产生的民事纠纷，加害人的行为侵害了国家、集体或个人民事权益，在受害人没有起诉的情况下，某些机关、社会团体、企业、事业单位才支持受损害的单位或个人向人民法院起诉。

三、民事诉讼中的管辖

（一）管辖概述

民事诉讼中的管辖，是指在法院系统内部，确定各级法院之间以及同级法院之间受理第一审民事案件的分工和权限。法院依法对某一民事案件进行审判的权限称为审判权。确定管辖只要便于当事人进行诉讼，便于法院行使审判权，还要考虑各级法院的职能和工作负担的均衡、案件的公正审理等。基于此，我国实行管辖恒定原则。

所谓管辖恒定，是指法院对某个案件是否享有管辖权，以起诉时为准，起诉时对案件享有管辖权的法院，不因确定管辖的因素在诉讼过程中发生变化而受影响。在诉讼的过程中，据以确定管辖的某些因素可能发生变化，从而造成同一案件、依据同一标准而管辖法院发生前后不一致现象，而管辖恒定原则则有助于在复杂多变的诉讼中保持管辖的相对稳定。管辖恒定包括级别管辖恒定和地域管辖恒定。

民事诉讼中管辖的种类，根据管辖是由法律直接规定还是由法院通过裁定加以确定为标准，管辖可分为法定管辖和裁定管辖。法定管辖又可分为级别管辖和地域管辖。

（二）级别管辖

是指上下级人民法院之间受理第一审民事案件的分工和权限。在我国，各级人民法院都有一审案件的管辖权，但由于各级人民法院的具体的职能不同，所以受理一审案件的权限范围也不相同。确定级别管辖的标准主要来源于案件的性质、繁简程度和案件影响的范围，性质越特殊、越复杂、影响越大的案件，就应由较高级别的法院管辖，反之则由低级别的法院管辖。

1. 基层人民法院管辖的第一审民事案件

《民事诉讼法》第十八条规定："基层人民法院管辖第一审民事案件，但本法另有规定的除外。"绝大多数第一审民事案件均由基层人民法院管辖，但是民事诉讼法明确规定由中级人民法院、高级人民法院和最高人民法院管辖的第一审民事案件，基层人民法院无权管辖。

2. 中级人民法院管辖的第一审民事案件

依据《民事诉讼法》第十九条规定，中级人民法院的案件范围有下列三种情况：重大的涉外案件。重大的涉外案件，是指争议标的额大，或者案情复杂，或者居住在国外的当事人人数众多的涉外案件,现行法规定重大的涉外案件由中级人民法院管辖,最高人民法院2002年发布的《关于涉外民商事案件诉讼管辖若干问题的规定》对涉外民商事案件采用集中管辖规定,即其第一审一般由省会、自治区首府、直辖市所在地、经济特区、计划单列市或最高人民法院指定的其他中级人民法院管辖,其他中级人民法院无权管辖。

在本辖区有重大影响的案件。是指案件自身复杂,涉及面广,其影响已经超出了基层人民法院辖区范围,主要从案情的繁简程度、诉讼标的额的大小及在当地的影响等来判断。

最高人民法院确定由中级人民法院管辖的案件。根据相关的司法解释,该类案件包括:专利纠纷案件;商标与著作权纠纷案件;植物新品种纠纷案件;涉及域名的纠纷案件;期货和证券纠纷案件;海事、商事案件;涉及港、澳、台同胞及其企业、组织的经济纠纷案件;诉讼标的额大,或相关的单位属于省、自治区、直辖市以上的经济纠纷案件。

3. 高级人民法院管辖的第一审民事案件

《民事诉讼法》第二十条规定:"高级人民法院管辖在本辖区内有重大影响的第一审民事案件。"由于高级人民法院的职能主要是对基层人民法院和中级人民法院的业务进行指导和监督,自己审理的第一审案件不宜太多,所以法律规定只有在省、自治区、直辖市有重大影响的民事案件才由高级人民法院管辖。

4. 最高人民法院管辖的第一审民事案件

最高人民法院的职能是对各级人民法院的审判进行指导和监督,以及对法律的适用出台具体的司法解释,所以我国《民事诉讼法》第二十一条规定,最高人民法院的只管辖两类案件:在全国有重大影响的案件和认为应当由自己审理的案件。

(三)地域管辖

地域管辖,就是指确定同级人民法院之间在各自的辖区内受理第一审民事案件的分工和权限。如果说级别管辖解决的是纵向的分工,即解决哪些案件由哪一级法院的管辖问题,那么地域管辖则是横向的分工,它要解决的是案件由同级法院中的哪个具体法院管辖的问题,级别管辖是前提,地域管辖是落实。我国的地域管辖又划分为一般地域管辖、特殊地域管辖、专属管辖等。

1. 一般地域管辖

一般地域管辖又称普通管辖,是指按照当事人的住所与其所在法院的隶属关系确定的管辖。当事人包括原告和被告。

一般地域管辖的原则。我国《民事诉讼法》第二十二条确定了一般地域管辖的原则,即"原告就被告"原则。对公民提起的民事诉讼,由被告住所地人民法院管辖,被告住所地与经常居住地不一致的,由经常居住地人民法院管辖。住所地是指公民的户籍所在地,经常居住地是指公民离开住所地至起诉时已连续居住满一年以上的地方,公民外出住院就医的除外。被告是法人的,住所地是法人的主要营业地或主要办事机构所在地。对没有办事机构的公民合伙或合伙型联营提起的诉讼,由被告注册登记地人民法院管辖。

一般地域管辖的例外。根据《民事诉讼法》第二十三条规定,下列诉讼由原告住所地或经常居住地人民法院管辖:对不在中华人民共和国领域内居住的人提起的有关身份关系的诉讼;对下落不明或宣告失踪的人提起的有关身份关系的诉讼;对被采取强制性教育措施的人提起的诉讼;对被监禁的人提起的诉讼。

2. 特殊地域管辖

特殊地域管辖,又称特别管辖,是指以诉讼标的所在地、法律事实所在地为标准所确定的管辖。在司法实践中,某些案件不宜通过普通管辖确定案件的管辖法院,为此,《民事诉讼法》第二十四条至第三十三条具体规定了特殊地域管辖的几种情形:

因合同纠纷提起的诉讼,由被告住所地或合同履行地法院管辖。合同履行地,一般是按照合同的规定,双方或一方实现权利,履行义务的具体地点。最高人民法院的司法解释对合同履行地的问题作了具体规定:合同没有实际履行,当事人双方住所地又不在合同约定的履行地的,应由被告住所地人民法院管辖;购销合同当事人在合同中约定履行地点的,从其约定,未约定的以交货地为履行地,约定的交货地与实际交货地不一致的,以实际交货地为合同履行地;加工承揽合同以加工行为地为合同履行地;租赁合同以租赁物使用地为合同履行地等。

因保险合同纠纷提起的诉讼,由被告住所地或保险标的物所在地人民法院管辖。保险标的物是指当事人权利义务所指向的对象,如财产、人身以及其他形式表现出来的财产利益等,如果保险标的物是运输工具或运输中的货物,由被告住所地或运输工具登记注册地、运输目的地、保险事故发生地人民法院管辖。

因票据纠纷提起的诉讼,由票据支付地或被告住所地人民法院管辖。票据支付地,是指票据上载明的付款地;票据上未载明付款地的,票据付款人的住所地或主营业地为票据付款地。

因公司设立、确认股东资格、分配利润、解散等纠纷提起的诉讼,由公司住所地人民法院管辖。

因运输合同提起的诉讼,由运输始发地、目的地或被告住所地人民法院管辖。如果运输合同纠纷发生在我国海事法院辖区的,由海事法院管辖;与铁路运输有关的合同纠纷,由铁路运输法院管辖。

因侵权行为提起的诉讼,由侵权行为地或被告住所地人民法院管辖。侵权行为地,包括侵权行为实施地、侵权结果发生地。因产品质量不合格造成他人人身、财产损害提起的诉讼,产品制造地、销售地、侵权行为地或被告住所地人民法院均有权管辖。

因铁路、公路、水上和航空事故请求损害赔偿提起的诉讼,由事故发生地或车辆、船舶最先到达地或航空器最先降落地或被告住所地人民法院管辖。

因船舶碰撞或因其他海损请求赔偿提起诉讼,由碰撞发生地、碰撞船舶最先到达地、加害船舶被扣留地或被告住所地法院管辖。

因海难救助费用提起的诉讼,由救助地或被救助船舶最先到达地法院管辖。

因共同海损提起的诉讼,由船舶最先到达地、共同海损理算地或者航程终止地人民法院管辖。

3. 专属管辖

专属管辖,是指法律强制规定某些案件专属特定法院管辖,其他法院无管辖权,当事人也不得协议变更的管辖。与其他法定管辖相比,专属管辖具有极大的排他性。依据《民事诉讼法》第三十四条规定,下列案件为专属管辖:因不动产纠纷提起的诉讼,由不动产所在地人民法院管辖;因港口作业中发生的纠纷提起的诉讼,由港口所在地人民法院管辖;因继承遗产纠纷提起的诉讼,由被继承人死亡时住所地或主要遗产所在地人民法院管辖。

4. 协议管辖

协议管辖,又称为约定管辖或合意管辖,是指当事人双方依照法定条件,在纠纷发生前后通过书面方式自主合意约定管辖法院的制度。依据《民事诉讼法》第三十四条规定,合同当事人可以在书面合同中协议选择被告住所地、合同履行地、合同签订地、原告住所地,标的物所在地等与争议有实际联系的地点的人民法院管辖第一审案件,但不得违反本法对级别管辖和专属管辖的规定。

【案例评析】甲公司和乙公司在房屋买卖合同中约定:日后若因此合同及与此合同有关的事项发生争议,应向本市中级人民法院提起诉讼。在日后的合同履行中甲乙双方果然发生争议,那么本案有管辖权的法院是哪个法院?

协议管辖不能违背级别管辖和专属管辖的规定。本案中虽然当事人之间有管辖协议,但因为标的物房屋属于不动产,依据专属管辖规定,所以应由不动产房屋所在地法院管辖。

(四)裁定管辖和管辖权异议

裁定管辖,是法院基于一定的事实和理由,以裁定的方式确定案件的管辖法院。依据我国民事诉讼法的规定,裁定管辖包括移送管辖、指定管辖和管辖权转移。其中,移送管辖是指法院受理案件后,发现该案不属于本院管辖,而依法将案件移送有管辖权的法院审理。指定管辖,是上级人民法院以裁定方式指定其辖区内的下级法院对某具体案件行使管辖权。而管辖权移送是指上级法院决定或同意,将案件的管辖权由上级人民法院转移给下级法院,或由下级法院转移给上级法院。

管辖权异议,是指当事人认为受诉法院或受诉法院移送后的法院对案件无管辖权时,向受诉法院提出不服管辖的意见或主张。《民事诉讼法》第一百三十条规定,人民法院受理案件后,当事人对管辖权有异议的,应当在提交答辩状期间提出。法院对于当事人提出的管辖权异议应当进行审查,异议成立的,裁定将案件移送有管辖权的法院;异议不成立的,裁定驳回。

【案例评析】甲某居住在 A 县,乙某居住在 B 县。甲某以乙某侵权为由向 B 县人民法院提起诉讼。在案件审理期间,裁判未作出之前,行政区划发生了调整,根据新的行政区划,乙某的住所地划归为 C 县。B 县人民法院如何处理本案?

B 县人民法院应当继续审理本案,根据民事诉讼管辖恒定的原则要求,有管辖权的人民法院受理案件后,不得以行政区域变更为由,将案件移送给变更后有管辖权的人民法院,而应当继续审理本案。以起诉时为准,起诉时对案件享有管辖权的法院,不因确定管辖的因素在诉讼过程中发生变化而受影响。

四、民事诉讼程序

(一)通常程序

通常程序是民事诉讼最通常的诉讼程序,是民事诉讼程序的主体程序,它适用于一般的民事案件,通常程序包括第一审程序、第二审程序及审判监督程序。

1. 第一审程序

我国民事诉讼第一审程序包括普通程序和简易程序。普通程序是第一审程序中最基本的程序,是整个民事审判程序的基础。它既是一个完整的程序,又是一个广泛适用的程序,包含如下内容:

起诉与受理。起诉是指公民、法人或其他组织,认为自己所享有的或由自己管理、支配的民事权益受到侵害或与他人发生争议,以自己的名义请求法院通过审判给予司法保护的诉讼行为。民事诉讼的提起必须满足四个条件:一是原告是与本案有直接利害关系的公民、法人或其他组织,即原告是在其本人或受其保护的民事权益受到侵害或与他人发生了争议,才能够提起诉讼请求保护,当然公益诉讼案件除外,在起诉状中要明确写明原告的姓名、性别、年龄、民族、职业、工作单位、住所、联系方式,法人或其他组织的名称、住所和法定代表人或主要负责人的姓名、职务和联系方式。二是有明确的被告,即指在起诉状中要记明:被告的姓名、性别、工作单位、住所等信息,法人或者其他组织的名称、住所等信息,被告要真实存在。三是有具体的诉讼请求和所根据的事实理由,即起诉时应附有符合起诉条件的相应的证据材料。四是属于人民法院受理的范围和受诉人民法院管辖。人民法院接到起诉后,必须在 7 日内决定立案受理或裁定不予受理,对于符合起诉条件的案件应当立案受理,对不符合起诉条件的案件裁定不予受理,立案后发现不符合受理条件的,裁定驳回起诉。

【案例评析】2006 年 1 月,吴雯雯因故未能参加学校的考试而自杀,其父母遂将温州市第七中学告上法院。4 月 17 日开庭审理的过程中,当温州市第七中学委托代理人发表完第一轮辩护意见后,庭下突然爆发了掌声。为此,吴雯雯的父亲吴立俊向人民法院提起诉讼,认为这次鼓掌是有预谋、有组织、有领导的侵权行为,是对死者的不尊重,请求判令温州市教育局和温州市第七中学在全国范围内公开赔礼道歉,赔偿吴雯雯家庭精神损害赔偿金 1 元,但没有提交任何证据材料。①

该案一审法院驳回吴立俊的诉讼请求,其理由是原告向人民法院起诉,应当附有起诉条件的相应的证据材料,本案原告没有提交作为其诉讼请求的基础事实的证据材料,就以两单位为被告诉至人民法院,不符合人民法院受理民事案件的基本条件,应当予以驳回。

审理前的准备。人民法院在立案之日起 5 日内将起诉状副本送达被告,被告在收到之日起 15 日内提出答辩。人民法院对决定立案受理的案件,应在受理案件通知书和应诉通知书中向当事人告知有关的诉讼权利和义务,或者口头告知。协商或指定举证期限,组织证据交换。普通程序必须采用合议制,合议庭组成人员确定后,应当在 3 日内告知当事人,以便当事人及时决定是否提出回避申请。

开庭审理。是指法院在当事人及其他诉讼参加人的参加下,依照法定的形式和程序,在法庭上对民事案件进行实体审理的诉讼活动过程。开庭审理应依照法定形式进行,要采取公开审理、言词审理、直接审理的形式。开庭审理包括几个阶段:一是开庭准备阶段,查明当事人及其他诉讼参与人是否到庭,宣布法庭纪律,由审判长核对当事人,宣布案由,宣布审判员、书记员名单,告知当事人有关的权利义务,询问当事人是否提出申请回避;二是进行法庭调查,由原告陈述事实或宣读起诉状,讲明具体的诉讼请求和理由,被告进行答辩,审判长归纳本案争议的焦点或法庭调查的重点,原告、被告出示证据、质证、发问;三是法庭辩论,通过当事人及其诉讼代理人对案件争议焦点进行辩论,来进一步查明案件事实,核实相关证据,分清是非责任,法庭辩论依原告、被告、第三人的顺序依次发言;四是法庭辩论后的调解,经过法庭辩论,如果案件事实清楚,审判长应询问双方当事人是否愿意调解,经调解达成协议的即终结诉讼程序,调解未达成协议的应及时判决;五是评议和宣判,经过开庭审理当事人不愿意或达不成调解协议的,合议庭应当宣布休庭进行评议,就案件的性质、案件的事实和适用的法律及处理的结果做出结论,进行当庭宣判或择日宣判。适用普通程序审理的案件的审理期限是 6 个月,有特殊情况需要延长的,经本院院长批准,可以延长六个月,还需要延长的,报请上级人民法院批准。

【案例评析】某基层人民法院受理了陈某诉何某的损害赔偿案件,8 月 21 日向何某发送了起诉状副本并告知何某 10 日内提交答辩状。何某因工作忙,向人民法

① 郭纪元:《民事诉讼法学案例教程》,厦门大学出版社 2008 年版,第 278 页。

院申请顺延,经人民法院申请延长 10 日。法院决定 9 月 11 日开庭审理此案,书记员委托人民法院勤杂工李某在其回家时顺便将开庭传票交给何某。恰巧何某不在家,李某便将开庭传票交给何某 15 岁的儿子签收。人民法院审理本案后决定不当庭宣判,通知双方于 9 月 14 日到庭宣判。9 月 16 日某基层人民法院将判决书送达双方当事人并告知双方务必于 9 月 29 日前上诉,否则原判决生效。本案程序上有哪些错误?

本案有以下地方违反了民事诉讼法的规定:(1)人民法院向被告送达起诉状副本时应依法告知其在 15 日内提交答辩状,而非 10 日;(2)答辩期间是法定期间,非有法定的特殊原因不得随意变更;(3)送达应是人民法院的专职工作人员,而不能委派勤杂工去送达;(4)开庭传票送达给不满 18 周岁的孩子签收是不符合法律规定的,依据法律规定,应当送给本人,本人不在的,送达给其同住的成年家属签收;(5)本案在宣判后 2 日才将判决书送达给双方当事人是违反法律规定的,民事诉讼法规定,定期宣判的,应在宣判后立即发给判决书。

简易程序,是指基层人民法院和它的派出法庭审理事实清楚、权利义务关系明确、争议不大的简单的民事案件所适用的程序。采用简易程序审理,起诉的方式、受理的程序、传唤当事人的方式、开庭审理的程序及审理的期限都较普通程序简化。人民法院在审理过程中,发现案件不宜适用简易程序的,裁定转为普通程序。

2. 第二审程序

第二审程序,是指第一审当事人不服地方各级人民法院的判决、裁定而依法向上一级人民法院提起上诉,要求撤销或变更原判决或裁定,上一级人民法院据此对案件进行审判所适用的程序。二审程序又称上诉审程序、终审程序。

(1)上诉。是指第一审当事人不服地方各级人民法院尚未生效的判决、裁定,依法请求上一级人民法院予以审理,以求撤销或变更该判决或裁定,保护其合法民事权益的诉讼行为。提起上诉必须符合以下条件:一是主体必须适格,即上诉人必须是第一审程序中的原告、被告、诉讼代表人、有独立请求权的第三人和判决其承担民事责任的无独立请求权的第三人;二是当事人提起上诉必须在法定的上诉期限内,其中不服判决的上诉期限为 15 日,不服裁定的上诉期限为 10 日;三是必须提交书面的上诉状。

(2)上诉案件的审理。对上诉案件,可以在二审法院进行,也可以到案件发生地或原审人民法院所在地进行,并适用第一审普通程序。第二审人民法院对于上诉案件,应当组成合议庭开庭审理,可以进行调解。经过阅卷、调查和询问当事人,对没有提出新的事实、证据和理由,合议庭认为不需要开庭的,可以不开庭审理。司法实践中下列案件可以径行判决:一是一审不予受理、驳回起诉和管辖权异议作出裁定的案件;二是当事人提出的上诉请求明显不能成立的案件;三是原审裁判事实清楚,但适用法律错误的案件;四是原判违反法定程序,可能影响案件正确判决,需要发回重审的案件;五是认为不应由人民法院受理,裁定撤销原判决,驳回上诉的案件。审理不服判决的上诉案件应当在立案之日起三个月内审结,有特殊情况需要延长的,由本院院长批准。对不服裁定的案件,应当在立案之日起三十日内审结。

(3)上诉案件的裁判。第二审人民法院对上诉案件经过审理,按下列情形分别处理:

原判决、裁定认定事实清楚,适用法律正确的,判决驳回上诉,维持原判决、裁定;原判决、裁定认定事实和适用法律错误的,依法改判、撤销或者变更;原判决认定事实不清,裁定撤销原判决,发回原审人民法院重审,或查清事实后依法改判;原判决严重违反法定程序的,裁定撤销原判决,发回原审人民法院重审;第二审人民法院查明第一审人民法院作出的不予受理或驳回起诉的裁定、管辖权异议裁定确有错误的,撤销原裁定,发回原审人民法院受理、审理。

二审裁判是终审裁判,一经送达即发生法律效力,当事人不得就此再行上诉。原审人民法院对发回重审的案件作出判决后,当事人提起上诉的,第二审人民法院不得再次发回重审。公众可以查阅生效的判决书、裁定书,但涉及国家秘密、商业秘密和个人隐私的除外。①

【案例评析】某晚报记者张某在该晚报上发表一篇评论性文章,文章中谈到"江城文坛中有的作家剽窃别人的作品当作自己的作品,有的作家昧着良心沦为有钱人的枪手,文化素质和道德水平都有待大幅度提高"。该报在江城所辖的四个区甲、乙、丙、丁发行。该市的作家陈某和李某认为该文有损全市作家的声誉,二人共同向江城甲区人民法院起诉,要求该报社和记者张某共同对其二人赔礼道歉、赔偿损失。甲区人民法院受理后,得知该报社所在地为位于乙区,遂将该案移送到乙区法院审理。乙区人民法院将陈某和李某列为原告,将该报社和张某列为被告,对本案进行了审理。诉讼过程中,报社和张某指出陈某和李某在起诉前召开过新闻发布会,谩骂报社和张某,已经构成侵权,故反诉陈某和李某要求赔礼道歉、赔偿损失。乙区人民法院受理反诉,并与本诉合并审理后认定本诉请求不成立,而反诉请求成立,判决陈某和李某向报社和张某赔礼道歉、赔偿损失若干。陈某对反诉部分的判决无异议,但认为自己的本诉请求同样成立,遂就该本诉部分提起上诉。李某未上诉。本案中人民法院在诉讼程序上可有错误?二审法院对一审法院的审查范围如何?李某未提起上诉,对他而言能否不等二审判决结果而单独执行一审判决?

本案中人民法院在诉讼程序上错误有:甲区人民法院对本案有管辖权,不应当将案件移送。根据法律规定,侵权案件由侵权行为地和被告住所地人民法院管辖,

① 公正的前提是公开,"没有公开则无所谓公正",英国上议院休尼特大法官曾说过:"公正的实现本身是不够的,公正必须公开,在毫无疑问地被人们看见的情况下实现。"

而侵权行为地包括侵权行为实施地和侵权结果损害地。因此,江城的所辖的四个区甲、乙、丙、丁区对本案都有管辖权;陈某和李某应当以诉讼代表人的身份参加诉讼;张某的文章属于职务作品,依据相关规定,张某不应当为被告,而由其所在的法院为被告。二审人民法院应当仅对上诉状中载明的请求事项进行审查,即只审查陈某的上诉请求,二审法院对一审法院关于本诉部分的判决认定不当,可以依法改判。李某不能不等二审判决结果而直接执行一审判决,因为一审法院的判决是一个整体,由于一审原告陈某提出上诉,而使得一审法院判决并未生效,不能作为对当事人进行执行的根据。

3. 审判监督程序

审判监督程序,又称再审程序,是指对人民法院已经生效的裁判、调解书,发现确有错误,依照法定程序予以纠正的审判程序。审判监督程序有利于保护,当事人的合法权益,实现程序公正和实体公正,树立司法的权威。

引起审判监督程序主要通过三种方式:

人民法院依职权提取审判监督程序。根据《民事诉讼法》第二百零九条规定:"各级人民法院院长对本院已经发生法律效力的判决、裁定、调解书,发现确有错误,认为需要再审的,应当提交审判委员会讨论决定;最高人民法院对地方各级人民法院已经发生法律效力的判决、裁定、调解书,上级人民法院对下级人民法院已经发生法律效力的判决、裁定、调解书,发现确有错误的,有权提审或指令下级人民法院再审。"

人民检察院根据监督权抗诉提起的再审。最高人民检察院对各级人民法院,上级人民检察院对下级人民法院已经生效的判决、裁定的事实、证据有问题、程序有违法情形的或发现调解书损害国家利益、社会公共利益的,应当依照审判监督程序提出抗诉。

当事人申请提起的再审。《民事诉讼法》第二百一十一条、二百一十二条、二百一十三条规定,当事人对已经生效的判决、裁定,认为确有错误的;对于已经发生法律效力的调解书,提出证据证明调解违反自愿原则或者调解协议的内容违反法律,可以向原审法院或上一级法院申请再审。当事人对发生法律效力的解除婚姻关系的判决、调解书,不得申请再审。当事人申请再审,应当在判决、裁定生效后六个月内提出。

人民法院审理再审案件,应当另行组成合议庭,原生效裁判是一审生效裁判,按一审程序进行审理;原生效裁判是二审生效裁判或提审的,按二审程序进行审理。

(二)特殊民事诉讼程序

1. 特别程序。是人民法院审理某些非民事权益争议案件所适用的特殊的审判程序。特别程序仅由基层人民法院仅限于审理选民资格的案件、宣告公民失踪或死亡案件、认定公民无或限制民事行为能力案件、认定财产无主案件、确认调解协议案件和实现担保物权案件的非讼案件,实行一审终审,一般在立案之日或公告期满之日起三十日内审结。

2. 督促程序。是指人民法院根据债权人要求债务人给付金钱和有价证券的申请,以支付令的形式,限令债务人在特定期限内履行义务的特殊程序。

3. 公示催告程序。是指人民法院根据当事人的申请,以公示的方式,催告不明利害关系人在一定期间向人民法院申报权利;如果逾期无人申报权利,则根据申请人的申请,作出除权判决的程序。

六、执行程序

执行程序,是指保证具有执行力的法律文书得以实施的程序。它是调整人民法院的执行组织与申请执行人、被执行人及有关协助执行的单位和个人在实施法律文书中的各种活动,以及由此产生的各种关系的行为规范的总和。执行程序是审判程序完成后的一个独立的程序,是审判程序的继续。

第四节 行政诉讼法

 引入问题和思考

2003 年 12 月 13 日上午 10 时许,被告五河县公安局接到报警,反映五河县物资局门前有人打架,即派员调查。经传唤,讯问原告陆某,询问第三人,调查相关证人,认定原告陆某带领陈某、荣某等人在县物资局门前殴打第三人致使其轻微伤的事实。2004 年 2 月 16 时,被告向原告告知拟对其做出治安拘留 7 日处罚的事实理由和依据,并告知原告依法享有的权利。原告没有打人,也没有指使他人打人进行申辩。同日 12 时,被告对原告宣布了五公(治)行决字(2004)第 152 号行政处罚决定书,决定对原告处以 10 日治安行政拘留的处罚。原告以对其加重处罚为由向五河县人民政府申请复议,五河县人民政府维持五公(治)行决字(2004)第 152 号行政处罚决定书。原告向五河县人民法院提起行政诉讼。①

"告知"是否是行政处罚决定前的必经程序。是否"告知"对于当事人来说是其法定权利,对于行政机关来说,是法定义务。当事人在受到某种行政处罚前,有权了解自己的哪些受罚事实及其依据,并享有什么权利,行政机关能否因当事人的

---

① 安徽省高级人民法院编:《安徽 2004 法院案例选》,安徽人民出版社 2005 年版,第 747 页。

申辩而加重处罚。

一、行政诉讼与行政诉讼法概述

行政诉讼,是指公民、法人或其他组织认为行政机关和法律法规授权的组织作出的具体行政行为侵犯其合法权益,依法定程序向人民法院起诉,人民法院在当事人及其他诉讼参与人的参加下,对具体行政行为的合法性进行审查并作出裁判的行为。由此可见,行政诉讼是人民法院通过审判的方式解决特定范围内行政争议的活动,法院对具体行政行为的合法性进行审查。

行政诉讼法是有关行政诉讼法律规范的总和。它是规范人民法院、诉讼当事人和其他诉讼参与人的诉讼活动程序,规范各种行政诉讼行为,调整行政诉讼关系的法律规范。行政诉讼法与民事诉讼法虽是两种性质不同的法律制度,但行政诉讼法并未面面俱到地对行政诉讼程序作出规定,二是侧重于不同民事诉讼程序的规则。人民法院在审理行政案件时,对行政诉讼法和有关的司法解释没有规定的,可以参照民事诉讼法的有关规定。所以,本节中就行政诉讼的特殊的理论及规则进行论述。

二、行政诉讼法的特有原则

(一)具体行政行为合法性审查原则

《行政诉讼法》第六条规定:"人民法院审理行政案件,对具体行政行为是否合法进行审查。"从客体来看,人民法院只审查行政机关的具体行政行为,不审查行政机关的抽象行政行为。从内容来看,人民法院以审查具体行政行为的合法性为原则,以审查具体行政行为的合理性为例外,合法性审查主要是对行政机关是否享有作出该具体行政行为的权限、依据的证据是否符合三性、适用法律是否正确、程序是否合法;合理性审查主要针对行政处罚显失公正的,法院可以判决变更。

(二)被告负举证责任的原则

《行政诉讼法》第三十四条规定:"被告对具体的行政行为负有举证责任,应当提供作出该具体行政行为的证据和所依据的规范性文件。"第三十五条规定:"在诉讼的过程中,被告不得自行向原告、第三人和证人收集证据。"在行政诉讼中,举证责任由被告一方承担,被告不仅负有举证的责任,还应当提供作出具体行政行为所依据的规范性文件,在诉讼的过程,限制其收集证据,如果被告未能履行举证义务,人民法院应判决撤销被诉的具体行政行为或限令被告限期作出新的具体行政行为。

(三)诉讼不停止执行原则

诉讼不停止执行原则是指诉讼期间不停止被诉具体行政行为的执行。具体行政行为具有效力先定的特权,在没有被国家有权机关撤销之前,任何人都无权否定,必须执行。该原则也有例外情况:被告认为需要停止执行的;原告申请停止执行,人民法院认为该具体行政行为会造成难以弥补的损失,并且停止执行不损害社会公共利益,可裁定停止执行;法律、法规规定停止执行的。

（四）不适用调解原则

人民法院在审理行政案件中,不适用调解作为审理程序和结案方式,而应该在查明事实、分清是非的基础上以判决的方式解决行政纠纷,结束行政案件。当然,该原则也有例外情况:一是赔偿诉讼可适用调解,二是涉及民事争议的部分可适用调解。

三、行政案件的受案范围

行政案件的受案范围,又称法院的主管范围,是指法院受理并审理行政争议的范围。我国现行行政诉讼法关于受案范围的采用基本标准的概括性规定、正面肯定和反面否定的具体性规定相结合的立法规定。

《行政诉讼法》第二条规定:"公民、法人或者其他组织认为行政机关和行政机关工作人员的行政行为侵害其合法权益,有权依照本法向人民法院提起诉讼。"我国行政案件受案范围的基本标准采用的是违法侵权标准。所谓违法是指具体行政行为违反了法律的规定和法律的要求。所谓违法侵权是指人民法院只受理公民、法人或其他组织认为具体行政行为违法的行政案件。

《行政诉讼法》第十二条列举了行政案件可以受理的肯定性情况:

（1）对行政拘留、暂扣或者吊销许可证和执照、责令停产停业、没收违法所得、没收非法财物、罚款、警告等行政处罚不服的;（2）对限制人身自由或者对财产的查封、扣押、冻结等行政强制措施和行政强制执行不服的;（3）申请行政许可,行政机关拒绝或者在法定期限内不予答复,或者对行政机关作出的有关行政许可的其他决定不服的;（4）对行政机关作出的关于确认土地、矿藏、水流、森林、山岭、草原、荒地、滩涂、海域等自然资源的所有权或者使用权的决定不服的;（5）对征收、征用决定及其补偿决定不服的;（6）申请行政机关履行保护人身权、财产权等合法权益的法定职责,行政机关拒绝履行或者不予答复的;（7）认为行政机关侵犯其经营自主权或者农村土地承包经营权、农村土地经营权的;（8）认为行政机关滥用行政权力排除或者限制竞争的;（9）认为行政机关违法集资、摊派费用或者违法要求履行其他义务的;（10）认为行政机关没有依法支付抚恤金、最低生活保障待遇或者社会保险待遇的;（11）认为行政机关不依法履行、未按照约定履行或者违法变更、解除政府特许经营协议、土地房屋征收补偿协议等协议的;（12）认为行政机关侵犯其他人身权、财产权等合法权益的。

除前款规定外,人民法院受理法律、法规规定可以提起诉讼的其他行政案件。

《行政诉讼法》第十三条和最高人民法院的《解释》第一条第二款列举了不属于人民法院受理的否定性情况:（1）国防、外交等国家行为;（2）行政法规、规章或行政机关制定的具有普遍约束力的决定、命令,即抽象行政行为;（3）行政机关对行政机关工作人员的奖惩、任免等决定;(4)法律规定由行政机关最终裁决的具体行政行为。

四、行政案件的管辖

行政案件的管辖是指人民法院之间受理第一审行政案件的分工与权限。行政案件的管辖和其他两大诉讼法一样,也分为级别管辖和地域管辖。

(一)级别管辖

行政案件的级别管辖解决的是各级人民法院在审理第一审行政案件时的分工和权限。

依据《行政诉讼法》第十四条规定:基层人民法院管辖第一审行政案件。该规定意味着基层人民法院除对上级人民法院管辖的行政案件外,对其他的所有的行政案件有普遍的管辖权。但基层人民法院的派出法庭不审理行政案件,也不审查和执行行政机关申请执行其具体行政行为的案件。

中级人民法院管辖的第一审行政案件为:对国务院部门或者县级以上地方人民政府所作的行政行为提起诉讼的案件;海关处理的案件;本辖区内重大、复杂的案件;其他法律规定由中级人民法院管辖的案件。

高级人民法院管辖的第一审行政案件为:本辖区内重大、复杂的第一审行政案件。

最高人民法院管辖的第一审行政案件为:全国范围内重大、复杂的第一审行政案件。

(二)地域管辖

地域管辖解决的是同级人民法院之间在审理第一审行政案件时的分工和权限。地域管辖可分为一般地域管辖和特殊地域管辖。

一般地域管辖遵循的原则是依据当事人住所地与人民法院辖区的关系来确定管辖法院。依照《行政诉讼法》第十八条规定,行政案件由最初作出具体行政行为的行政机关所在地人民法院管辖。凡是未经复议而直接向人民法院起诉都由最初作出具体行政行为的行政机关所在地人民法院管辖;经复议的案件,也可以由复议机关所在地人民法院管辖。

特殊地域管辖依据具体行政行为的特殊性或标的物所在地确定管辖的人民法院。对因不动产提起的行政诉讼,由不动产所在地人民法院管辖;对限制人身自由的行政强制措施不服而提起诉讼的,由被告所在地或原告所在地人民法院管辖。

五、行政诉讼程序

(一)起诉与受理

1. 起诉的概念与条件

起诉,是指公民、法人或者其他组织依其在行政诉讼中单方享有的诉讼权利,在认为行政机关侵犯其合法权益时,依法请求人民法院通过行使国家审判权给予

司法救济的诉讼行为。为防止公民、法人或其他组织滥用起诉权,《行政诉讼法》对起诉设定了条件:

(1)原告必须是认为具体行政行为侵犯其合法权益的公民、法人或其他组织。这里的原告是行政管理相对一方的行政相对人,而且承担该具体行政行为法律后果,认为自己的合法权益受其影响或直接受到侵害,方能以原告身份起诉。当然,这里的"认为"是原告的一种主观认识。

(2)有明确的被告。被告,是指原告认为其作出的具体行政行为违法并侵犯了其合法权益而向人民法院起诉,人民法院受理后通知参加应诉,并受人民法院终局裁判拘束的行政机关或法律、法规授权的组织。

行政诉讼被告确定的原则:

直接起诉的案件,作出具体行政行为的行政机关是被告;

经复议的案件,复议机关决定维持原具体行政行为的或在法定的期限内不作复议决定的,作出原具体行政行为的行政机关是被告;复议机关改变原具体行政行为的,复议机关是被告;

两个以上的行政机关共同作出同一具体行政行为,共同作出同一具体行政行为的行政机关为被告;

由法律法规授权的组织所作的具体行政行为,该组织是被告;由行政机关委托的组织所作的具体行政行为,委托的行政机关是被告;

行政机关被撤销的,继续行使其职权的行政机关是被告;

行政机关的派出机构作出的具体行政行为,该行政机关为被告。

(3)有具体的诉讼请求和事实理由。要求原告的起诉要有针对性,即必须针对特定的被告、就特定的具体行政行为,提出明确的诉讼请求及具体的事实经过或理由。

(4)属于人民法院的受案范围和管辖。对于原告起诉的案件,人民法院必须依法享有审判权和管辖权,否则将不予受理。

2. 受理

经过审查后,对于符合起诉条件的行政案件,人民法院应当在七日内受理或作出裁定不予受理,原告对裁定不服的,可以上诉。

(二)审理

行政诉讼案件审理的程序,和民事案件的审理程序一样,由第一审程序、第二审程序和审判监督程序组成,这里不再赘述。就行政诉讼案件的审理程序的特殊性作出阐述。

1. 组成合议庭审理。行政诉讼不适用简易程序,不能适用独任制,必须组成合议庭进行审理。

2. 不适用调解。行政诉讼一般不适用调解,但行政赔偿案件除外。

3. 行政诉讼中法律适用规则。行政诉讼中法律适用即行政审判的依据。《行政诉讼法》第六十三条规定：人民法院审理行政案件，以法律和行政法规、地方性法规为依据，第六十三条第三款规定：人民法院审理行政案件，参照规章。"依据"是指人民法院审理行政案件时必须适用该规范，而不能拒绝适用；"参照"则是指人民法院审理行政案件时，对规章进行斟酌和鉴定后，对符合法律、行政法规的规章予以适用，对不符合的可以不予适用。

(三)行政案件的判决与执行

1. 行政案件的判决。行政案件的判决是人民法院行使国家审判权，对行政机关的行政行为进行监督的集中表现。由于具体行政行为的类型及合法性的状态不同，行政诉讼的判决也呈现出不同的类型。行政诉讼的判决按照审级标准可以分为一审判决、二审判决和再审判决。

第一审行政诉讼的判决根据不同的情况，可分为五种类型：

维持判决。人民法院经过审理，确认被告的具体行政行为合法，并否定原告的指控，对相应的具体行政行为的效力予以肯定的判决。人民法院在具体行政行为"证据确凿，适用法律正确，符合法定程序"三个条件时，才能判决维持具体行政行为。

撤销判决。人民法院通过审理，认为具体行政行为有其中之一的：主要证据不足；适用法律法规错误；违反法定程序；超越职权或滥用职权的，可以判决全部撤销或部分撤销。

履行判决。人民法院针对被告不履行或拖延履行自己的法定职责，而且无正当理由的情况下所作的责令其在一定的期限内履行。

变更判决。人民对于行政机关所作的显失公正的行政处罚决定可以通过司法裁判直接予以改变的判决。

二审判决，包括在再审程序中适用二审程序对案件重新审理作出的判决，又是终审的判决。可分为：

维持判决。二审法院通过审理，确认一审法院认定事实清楚，适用法律法规正确的情况下，作出维持一审判决的判决。

依法改判或撤销原判，发回重审。对一审判决认定事实清楚，但适用法律、法规有错误的，可以改判；对一审判决认定事实不清，证据不足，或违反法定程序可能影响案件正确审判的，可以查清事实后改判，也可以裁定发回重审。

2. 行政案件的执行。对于生效的判决、裁定，当事人必须履行，否则可以向第一审人民法院申请强制执行。行政机关拒绝履行判决、裁定的，第一审人民法院可以采取以下措施：对应当归还的罚款或者应当给付的赔偿金，通知银行从该行政机关的账户内划拨；在规定期限内不执行的，从期满之日起，对该行政机关负责人按日处五十元至一百元的罚款；向该行政机关的上一级行政机关或者监察、人事机关提出司法建议。接受司法建议的机关,根据有关规定进行处理,并将处理情况告知人民法院;拒不执行判决、裁定,情节严重构成犯罪的,依法追究主管人员和直接责任人员的刑事责任。公民、法人或者其他组织对具体行政行为在法定期间不提起诉讼又不履行的,行政机关可以申请人民法院强制执行,或者依法强制执行。

 思考与练习

一、单项选择题

1. 某市工商局和物价局联合作出决定,对该市农资公司作出罚款 2 万元。市农资公司不服,诉至法院则应当以( )为被告。

   A. 市工商局　　　　　　　　　B. 市物价局

   C. A 和 B 二者之一　　　　　　D. A 和 B 二者共同

2. 根据刑事诉讼法的规定,在公诉案件中,律师在( )以后可以接受犯罪嫌疑人的委托担任辩护人。

   A. 人民法院决定开庭审判　　　B. 犯罪嫌疑人被立案侦查

   C. 案件移送审查起诉　　　　　D. 犯罪嫌疑人被侦查终结

3. 律师会见未在押的犯罪嫌疑人时,( )。

   A. 犯罪嫌疑人的近亲属可以在场　B. 公安机关的侦查人员可以在场

   C. 其他人不应在场　　　　　　　D. 其他人可以在场

4. 人民法院在审理行使案件的时候,必须靠证据才能做出处理决定。人民法院所采纳的证据本身具有一些基本的特征和属性,下列各项中不属于证据的基本属性的是( )。

   A. 客观性　　　　B. 相关性　　　　C. 合法性　　　　D. 排他性

5. 最高人民法院接到一起被告人提起上诉的案件。最高人民法院决定开庭审理,在审判组织的组成上下列做法正确的是( )。

   A. 由审判员和人民陪审员 7 人组成

   B. 由审判员和人民陪审员 5 人组成

   C. 由审判员 7 人组成

   D. 由审判员 5 人组成

6. 长期受儿子虐待的马大娘为争得自己的权利,向区人民法院提交自己的自诉状,起诉儿子的虐待行为。区人民法院审查后予以立案,对于本案,下述正确的是( )。

   A. 应当开庭审理　　　　　　　B. 应当使用简易程序

   C. 应当当庭宣判　　　　　　　D. 自诉人在庭审中不能退庭

7. 下列行为中不属于行政行为的是(　　)。

A. 制定规章　　　　　　　　　　B. 征税

C. 整顿金融秩序　　　　　　　　D. 发布统计数字

8. 司法机关在接到报案、举报和控告后,对于不属于自己管辖的案件,应当(　　)。

A. 告知举报人向有管辖权的单位举报

B. 决定不予受理

C. 先接案后再按管辖分工移送到有管辖权的机关

D. 先立案后移送到有管辖权的单位处理

9. 下列案件第一审属于中级人民法院审理的是(　　)。

A. 全国性的重大案件　　　　　　B. 危害国家安全罪案件

C. 侮辱性案件　　　　　　　　　D. 被害人是外国人案件

二、多项选择题

1. 法庭审判阶段是律师辩护作用发挥的重要阶段,其中属于法庭调查阶段的是(　　)。

A. 宣读辩护词

B. 向法庭宣读律师自己的调查材料

C. 对被控方出示的证据进行质证

D. 接受委托正确行使回避的权利

2. 某学校挖设电缆沟,未设安全装置,甲乙两儿童打闹没注意,甲推乙,致使乙跌入沟中受伤,花掉医药费 3000 元,乙的损失由谁负责? (　　)

A. 甲　　　　　　　　　　　　　B. 乙和乙的监护人

C. 某学校　　　　　　　　　　　D. 甲的监护人

3. 根据法律的规定,诉讼中,无独立请求权的第三人有当事人的诉讼权利义务,但该第三人在一审中无权进行下列哪些民事行为(　　)。

A. 对案件的管辖权提出异议　　　B. 放弃、变更诉讼请求

C. 申请撤诉　　　　　　　　　　D. 提出回避申请

4. 当事人可以用书面协议选择管辖法院的纠纷是(　　)。

A. 涉外合同纠纷　　　　　　　　B. 涉外财产权益纠纷

C. 涉外婚姻纠纷　　　　　　　　D. 涉外人身关系纠纷

5. 人民法院审理哪些民事案件,不应当公开进行(　　).

A. 涉及国家秘密的案件　　　　　B. 涉及个人隐私的案件

C. 离婚案件　　　　　　　　　　D. 涉及商业秘密的案件

6. 按照《刑事诉讼法》规定,人民法院依法适用简易程序审理公诉案件时,移送起诉的人民检察院,(　　)。

　　A. 可以不派员出庭　　　　　　　　B. 仍派员出庭

　　C. 不应派员出庭　　　　　　　　　D. 可以派员出庭

7. 在一起诬告陷害案中,如果人民检察院对犯罪嫌疑人陶某作出不起诉决定后,陶某并无不服,但是被害人王某表示不服,则王某可以(　　)。

　　A. 向作出不起诉决定的人民检察院申请复议

　　B. 向上一级人民检察院申请复议

　　C. 直接向人民法院起诉

　　D. 向人民检察院申诉后,再向人民法院起诉

8. 刑事案件具备什么条件应当进行立案?(　　)

　　A. 有犯罪事实　　　　　　　　　　B. 需要追究刑事责任

　　C. 犯罪事实清楚　　　　　　　　　D. 有确实充分证据证明有犯罪事实

9. 凡经查证属实确属采用刑讯逼供或威胁、引诱、欺骗等非法的方法取得的证据,不能作为定案的根据?(　　)

　　A. 证人证言　　　　　　　　　　　B. 被害人陈述

　　C. 被告人供述　　　　　　　　　　D. 被告人辩解

10. 郭某因受人侮辱而向法院提起诉讼,要求追究行为人许某的刑事责任。在人民法院受理案件时,郭某委托了一位律师代理自己诉讼,对于该律师接受委托参与诉讼的问题,下述正确的是(　　)。

　　A. 该律师必须向人民法院递交由郭某签名或盖章的委托书

　　B. 可代郭某出庭参加法庭审理

　　C. 可在法庭上与被告人许某及其辩护人展开辩论

　　D. 可在一审判决后,提起上诉

11. 在行政诉讼中,说法正确的是(　　)。

　　A. 被告不得自行向原告收集证据

　　B. 被告不得自行向证人收集证据

　　C. 被告可以向法院申请证据保全

　　D. 人民法院有权要求当事人提供或补充证据

12. 属于行政法律关系主体的是(　　)

　　A. 当事人　　　　　B. 证人　　　　　C. 原告　　　　　D. 法定代表人

13. 下列案件,根据行政诉讼法的规定向法院起诉,人民法院应当受理的是(　　)。

　　A. 张某对某县公安局的行政拘留不服

　　B. 某村民王某对该村委会执行镇政府决定的行为不满

C. 某市居民陈某对市计划生育委员会发布不得节制生育若干规定不服

D. 李某对县工商局扣押其财产的行为不服

14. 民事诉讼当事人应当履行的义务有(　　)。

A. 按时到庭　　　　　　　　B. 据实陈述

C. 遵守诉讼秩序　　　　　　D. 依法行使诉讼权利

三、问答题

1. 诉讼及特点是什么？

2. 诉讼原则的内容？

3. 诉讼制度的内容？

4. 刑事立案管辖和审判管辖？

5. 逮捕的条件？

6. 上诉不加刑原则？

7. 民事案件的地域管辖？

8. 民事一审程序及其内容？

9. 抗诉的条件？

10. 三大诉讼程序的区别？

四、案例分析题

宋某,男,39岁,汽车驾驶员。2008年7月12日,在从甲至乙县的路上,由于逆行且超速,将行人李某的大腿压断,使得李某顿时昏死过去,宋某见四周无人,便飞速驾驶,企图逃跑,后被甲县公安交警抓获,并于7月13日立案侦查。后李某因流血过多,没有及时抢救而死亡。8月10日,公安机关将李某交县人民检察院提起公诉。甲县人民法院受理后,认为李某为乙县人,虽然压死人的行为发生在甲县境内,但是逃到乙县境内被公安机关抓获的,故将该案移到乙县人民法院。乙县人民法院于8月12日,按照简易程序了结该案,乙县人民检察院没有派员参加诉讼。2009年3月2日,乙县人民法院判决宋某有期徒刑10年。收到判决书后,宋某表示不上诉。但李某的妻子不服,于收到判决书后的第10天向乙县人民检察院申请抗诉。乙县人民检察院收到抗诉书后,立即作出抗诉的决定。乙县人民检察院向上一级人民检察院提交抗诉书,上级人民检察院接到同级人民法院通知后始知该案已抗诉,但认为乙县人民检察院抗诉不当,便要求乙县人民检察院撤诉,乙县人民检察院被迫撤诉。

请根据以上案情指出本案中哪些做法不符合刑事诉讼法的规定？

各章思考与练习参考答案

第 一 章

一、单项选择题(每题1分,共10分)

1. D 2. C 3. C 4. D 5. D 6. B 7. C 8. C 9. B 10. A

二、多项选择题(每题3分,共30分)

1. AB 2. ABCD 3. AD 4. BD 5. AD 6. ABCD 7. ABCD 8. ABC
9. ACD 10. ACD

三、简答题(每题9分,共45分)

略,参见教材

四、案例分析题(15分)

略,参见教材第一节中"法与道德"内容。

第 二 章

一、判断

1. 错误;2. 错误;3. 错误;4. 正确;5. 错误;6. 正确;7. 正确;8. 错误;9. 正确;10. 错误。

二、不定项选择题

1. ABD 2. B 3. ACD 4. B 5. AC 6. ABCD 7. ABC 8. D 9. CD

三、简答题

1. 简述我国公民权利和义务的平等性表现在哪些方面?

答:(1)公民有权利和应尽义务的平等,即我国公民不分民族、种族、性别、职业、家庭出身、宗教信仰、教育程度、财产状况、居住年限,都一律平等地享有宪法和法律规定的权利,也都平等地履行宪法和法律规定的义务。(2)国家机关在适用法律时对公民也一律平等,任何公民的合法权利,都平等地予以保护。(3)国家不允许任何组织和个人有超越宪法和法律之上的特权,人人都必须在宪法和法律的范围内活动。

2. 简述我国人民代表大会制的民主集中制原则表现在哪些方面?

答:(1)从人民代表大会同人民群众的关系上看,人民是国家的主人,我国各级人民代表大会是由人民通过直接选举或间接选举选出的代表所组成的。(2)从人民代表大会同其他国家权力机关的关系上看,全国人民代表大会和地方各级人民代表大会构成我国国家权力机关的统一体系。(3)从中央国家机关和地方国家机关的关系上看,中央和地方国家机关职权的划分,是遵循在中央的统一领导下,充分发挥地方主动性、积极性的原则。

3. 简述我国特别行政区享有哪些高度的自治权?

答:(1)原有的政治制度在一定时期内不变,不实行社会主义制度和政策,在政权组织形式上也不改变。(2)原有的经济制度和生活方式在一定时期内不变。"香港特别行政区依法保护私有财产权"实行私有制和市场经济。(3)拥有行政管理权立法权、独立的司法权和终审权、财政独立权。(4)特别行政区在中央人民政府授权范围内,依照基本法自行处理有关的对外事务。(5)除悬挂国旗、国徽外,可使用特别行政区的区旗、区徽。(6)全国人民代表大会及其常委会和中央人民政府授予的其他权力。

4. 简述我国选举制度的基本原则有?

答:(1)选举权的普遍性原则。(2)选举权的平等性原则。(3)直接选举和间接选举并用的原则。(4)无记名投票的原则。(5)选民对代表实行监督和罢免的原则。(6)选举的物质保障和法律保障原则。

第 三 章

一、单项选择题(每题 1 分,共 10 分)

1. C　2. C　3. B　4. B　5. A　6. C　7. D　8. C　9. B　10. C

二、多项选择题(每题 3 分,共 30 分)

1. BCD　2. BCD　3. ACD　4. ABCD　5. BC　6. BCD　7. BC　8. ABC　9. ABC 10. AC

三、简答题(每题 9 分,共 45 分)

略,参见教材

四、案例分析题(15 分)

答:1. 构成抢劫罪而非绑架罪,因为陈某是直接向赵某索取财物,而非向第三者索取财物。

2. 构成非法拘禁罪,因为高某并无绑架的故意,而以为是索要债务。

3. 构成共同犯罪。因为根据部分犯罪共同说,陈某的抢劫罪与高某的非法拘禁罪之间成立共同犯罪。

4. 不另外构成敲诈勒索罪,因为高某的行为属于拘禁他人之后,索取债务的行为,缺乏非法占有的目的。

5. 不另定故意杀人罪,因为陈某的故意杀人行为包含在抢劫罪当中。

6. 不负刑事责任,因为陈某的杀人行为超出了高某的故意范围。

7. 成立自首与重大立功,因为被检举人有可能被判处无期徒刑以上的刑罚。

第 四 章

一、1. B　2. C　3. A　4. B　5. C　6. B　7. C　8. D　9. D　10. A　11. C
12. A　13. D　14. A　15. C　16. C　17. D　18. B　19. A　20. D

二、1. ABC　2. AD　3. AD　4. BCD　5. AC　6. AC　7. BCD　8. CD　9. CD
10. AB

三、1. 法人：是指具有民事权利能力和民事行为能力，依法独立享有民事权利和承担民事义务的组织。成立条件：依法成立，有必要的财产或经费，有自己的名称、组织机构和场所，能独立承担民事责任。

2. 民事法律行为：是指民事主体旨在设立、变更、终止民事权利和民事义务的合法行为。

特征：民事法律行为以行为人的意思表示为要素；民事法律行为将产生行为人所预期的法律后果；民事法律行为必须是合法的行为。

3. 代理：是指代理人在代理权限内，以被代理人的名义与第三人实施民事法律行为，所产生的法律后果直接归属于被代理人的法律制度。

法律特征：代理的行为须是民事法律行为；代理须以被代理人的名义进行；代理人须在代理权限内独立进行意思表示；代理行为所产生的法律后果归于被代理人。

4. 物权：是指权利人依法直接支配标的物，并排除他人干涉的权利。

特征：在主体方面，物权的权利主体特定，义务主体不特定；在内容方面，物权表现为权利主体直接支配一定的物，并排斥他人干涉；在客体方面，物权的客体是物。

5. 合同是当事人之间设立、变更、终止民事法律关系的协议。

主要内容：(1)当事人的名称、姓名和住所；(2)标的；(3)数量；(4)品质；(5)价款或报酬　(6)履行地点、期限或方式　(7)违约责任　(8)解决争议的方法等。

6. 知识产权，是人们对自己创造性智力劳动成果所享有的专有权。

知识产权的特征：

(1)知识产权客体的无形性；

(2)知识产权的专有性；

(3)知识产权的地域性；

(4)知识产权的实践性；

(5)知识产权具有人身权和财产权的双重属性。

7. 民事责任是民事主体在民事活动中，因违反民事法律规范所应承担的民事法律后果。

民事责任的特征：

(1)民事责任是民事主体违反民事义务的法律后果;

(2)民事责任主要表现为财产责任;

(3)民事责任的范围与损失的范围相适应;

(4)民事责任是一方当事人向另一方当事人承担的责任。

四、案例分析

1. 答:(1)化妆品公司应当承担乔某的损失,因为它是该广告牌的所有者,对于悬挂物致人损害,应适用无过错责任原则,所以化妆品公司应承担责任,但是它在承担赔偿责任之后,可以向工程队进行追偿。

(2)对于乔某提出的损害赔偿范围,第三项不合法。《民法典》规定,因侵权致人死亡的,应依法赔偿受害人的住院医疗费、死亡补偿费、丧葬费、死者生前扶养的人必要的生活费等费用。一、二、四项符合规定。

2. 答:(1)某甲找乙商场和厂家都可以。

(2)某甲可以去法院起诉要求他们赔偿损失 10000 元。

(3)《民法典》第 122 条规定因产品质量不合格造成他人财产、人身损害的,产品制造者、销售者应当依法承担民事责任。《侵权责任法》第 43 条和《消费者权益保护法》《产品质量法》均有相同规定。

3. 答:(1)法院应当立案受理,乙是有因果关系的被告。

(2)甲方喝酒,观察路况不周不构成减轻免除乙方责任的过失,乙方的要求没有法律依据。

(3)乙方应赔偿甲方的损失 500 元,因为乙方在道路施工未设明显标志。

(4)《民法典》第 125 条规定:"在公共场所、道旁或者通道上挖坑、修缮、安装地下设施等,没有设置明显标志和采取安全措施造成他人损害的,施工人应当承担民事责任。"《侵权责任法》第 91 条,有相同规定。

第 五 章

一、单项选择题

1. B 2. B 3. B 4. D 5. D 6. C 7. B 8. D 9. D 10. A

二、多项选择题

1. ABD 2. BCD 3. ABC 4. ABCD 5. ABCD

三、案例分析题

第 1 题

(1)按照有关法律规定,公务人员有两种身份:个人身份和公务身份。

(2)杨某实施的致害行为属于公务行为。理由:一是该行为是杨某在执勤期间实施的;二是以某市公安局工作人员的身份实施的;三是行为与公安行政管理职权有内在联系

(3)应由市公安局承担行政赔偿责任。因为杨某是在执行公务中侵权的,根据有关法律规定应由杨某所在的行政机关承担赔偿责任。

第2题

(1)本案中行政法律关系主体是孙某和区政府

(2)本案中区政府行为违法。按照我国相关法律规定,区政府没有权力限制相对人人身自由

第 六 章

一、单项选择题

1. A　2. D　3. C　4. D　5. C　6. A　7. A　8. D　9. A　10. A　11. D　12. A　13. D　14. D　15. A

二、多项选择题

1. ABD　2. ACD　3. ACD　4. BD　5. ABCD　6. BD　7. BCD　8. ABC　9. ABC　10. BCD　11. ABC　12. ABCD　13. ABC　14. AC　15. AB

三、简答题

(略)

四、案例分析题

1. 参考答案:

该厂的行为属于虚假宣传的不正当竞争行为。因为我国反不正当竞争法规定,经营者不得利用广告或者其他方法,对商品的质量、制作成分、性能、用途、生产者、有效期限、产地等作引人误解的虚假宣传。本案中的保温瓶厂利用新闻媒体对其生产的所谓新型保温瓶性能做出了令人误解的虚假宣传,违反了公平竞争的原则,损害了本行业其他合法经营者的合法权益,所以是属于虚假宣传的不正当竞争行为。

2. 参考答案:

《消费者权益保护法》的适用范围是指:消费者为生活消费需要购买、使用商品或接受服务,其权益受《消费者权益保护法》保护;经营者为消费者提供其生产、销售的商品或者提供服务,应当遵守该法;对于上述具体情况该法未做规定的,应当适用其他有关法律法规的规定,如适用《反不正当竞争法》《产品质量法》;农民购买、使用直接用于农业生产的生产资料也应参照该法执行。

此案中村民所购买的棉花种子属于直接用于农业生产的生产资料,因此,可以由消费者协会受理此案,并由消费者协会行使调解处理的职能。

3. 参考答案:

(1)本案违法事实包括:王某代理出席董事会议,期货投资违反公司章程,议案未得到董事会成员法定多数(即5名以上)通过,董事违背《公司法》第59条的

法定义务。

（2）本案董事违反法定义务，给公司造成损失，依据《公司法》第 63 条规定，违反义务人应当对公司承担赔偿责任。承担共同连带赔偿责任的具体责任人包括：对议案投赞成票和弃权票的董事。

第 七 章

一、名词解释

1. 国际法，是指调整国家间法律关系的过程中形成的具有一定法律拘束力的规则、原则和制度的总称。因为它主要是以国家之间关系为调整对象，在某种程度上属于"公"的关系，因此国际法又被称为"国际公法"。

2. 是指在帝国主义殖民统治和奴役下的被压迫民族有权自主决定自己的命运，摆脱殖民统治建立民族独立国家的权利。

3. 根据这一原则，国际法主体之间缔结条约后，不能随便违背其承诺的条约义务。如有缔约方违反其义务，则要承担相应的国际责任。

4. 是指对新的国家的承认，是指既存国家以某种形式对新国家产生的事实的确认，并表示愿意与其进行交往的国家行为。

二、多项选择题

1. ACD 2. ABD 3. ABCD 4. ABC 5. ABCD

三、简答题

答：调查是指根据争端当事国的协议组成国际调查委员会，协助当事国解决因事实问题引起的争端的方法。国际争端的一部分在于纠纷的基本事实不清，双方无法达成统一的认识。在此情况下，可由争端国共同成立一个调查委员会，对发生争议的事实进行调查，提出调查报告，为双方解决争端提供一个事实基础。和解是指当事国将争端提交一个由双方同意的若干人组成的委员会，委员会在调查的基础上提出报告，传媒事实并提出解决争端的争议，以促使当事国各方就争议事项达成协议，但报告没有法律约束力，当事国没有接受的义务。和解制度在第一次世界大战之后起了重要作用，当时各国缔结了数百条的和解条约。

调查与和解的主要区别是：调查的主要目的是查清事实真相，提供给当事国，让它们自己寻找解决的方法。而和解的主要目的是通过和解委员会的积极帮助，使当事国在其提出解决争端方法的基础上达成协议以解决争端。

四、

答：（一）光华寮案违背国际法上的承认制度

根据国际法的承认制度，承认新政府的法律效果是，承认了新政府就不能再承认被推翻了的旧政府。一般来说，未被承认的国家或政府在不承认国的法院没有起诉权的，这一原则为国际社会普遍接受和确认。1972 年，日本是以条约的形式承认中华人民共和国政府为中国的唯一合法政府,从而使所承担的义务就更加明确。既然日本已经不再承认所谓的"中华民国",那么"台湾当局"就不能以"中华民国"的名义在日本法院就光华寮提起诉讼。因此,日本法院受理"台湾当局"以"中华民国"的名义提起的诉讼,完全违反了国际法的承认制度。

(二)光华寮案违背国际法上的继承制度

在光华寮案上,京都地方法院和大阪高等法院完全混淆了国际法上的国家继承和政府继承的两个不同的概念。国家继承是国际法主体发生变化的情况下,新国家如何继承前国家的财产问题。但政府继承则不同。它是国家本身没有变,国家的同一性没有变,只是代表这个国家的政府发生了更迭,新政府取代了旧政府,而不问其财产以什么形式出现(动产或不动产),也不管这些财产处于国内还是国外。中华人民共和国建立后,其国家本身没有发生任何变化,国际法主体依然如故,只是中华人民共和国政府取代了中华民国政府,所以,凡属于前政府的国家财产,完全由我国政府全部继承是符合国际法和国际实践的。现在,日本法院关于对光华寮案的判决理由之一,就是"中华人民共和国实际上不完全继承旧中国政府在外国的财产"。不符合中日之间签订的条约精神,也违反国际法上的继承制度。因为,无论从国际法上政府继承的理论,还是从对该寮的实际控制和管理情况看,光华寮都应该属于中华人民共和国政府所有。无疑,日本京都地方法院于1977年9月16日对光华寮案的判决是正确的,而1982年大阪高等法院的判决是错误的。

(三)光华寮案违背了日本承担的国际义务

1972年9月29日由中日两国政府领导人签署的联合声明中规定:"日本国政府承认中华人民共和国政府是中国的唯一合法政府"。"中华人民共和国政府重申:台湾是中华人民共和国领土不可分割的一部分。日本政府充分理解和尊重中国政府的这一立场。"1978年,中日两国政府签署的和平友好条约也进一步确认了上述原则。因此,这两个重要法律文件,它不仅规定了日本方面的承诺,也规定了中国方面的承诺。日本是以条约的形式承认中华人民共和国政府为中国的唯一合法政府,台湾是中国领土的一部分,从此日本取消了对"中华民国"的承认,"台湾当局"就不能再以所谓"中华民国"的名义在日本法院提起诉讼。这对日本不仅依据国际法一般原则产生法律义务,而且也是其所承担的特殊的条约义务。现在,"台湾当局"在光华寮案中居然在日本法院享有起诉权。这完全违背了日本政府承担的不得承认所谓"中华民国"政府的具体义务,势必在政治上造成"两个中国"或"一中一台"。所以,日本法院在处理光华寮案的问题上是违反国际法的。

第 八 章

一、单项选择题

1. D 2. B 3. C 4. D 5. D 6. A 7. A 8. D 9. B

二、多项选择题

1. BCD　2. CD　3. ABC　4. AB　5. AB　6. AD　7. BCD　8. AB　9. ABC
10. ABC　11. ABCD　12. ABCD　13. ABD　14. ABCD

三、问答题

（参见教材）

四、案例分析题

本案中如下做法违反了刑事诉讼法的规定：

1. 几个同级人民法院都有权管辖的案件,由最初受理的人民法院审理。必要时,可以移送到主要犯罪地的人民法院审理。本案甲县人民法院最先受理,且犯罪地又在甲县境内,故甲县人民法院移送管辖有误。2. 指定管辖权应由上级人民法院行使,不得自行移送。甲县人民法院将案件移送乙县人民法院是错误的。3. 简易程序适用于可能判处 3 年以下有期徒刑,且人民检察院建议或同意适用,才可适用。本案中,乙县将不宜适用简易程序的案件适用简易程序是错误的。4. 适用简易程序的案件应在受理后 20 日内结案,本案超过这个期限是错误的。5. 被害人不服而申请抗诉的,应当在收到判决书的 5 日内提起。本案李某的妻子是在地 10 日提出,而乙县人民检察院还是受理了,违反了刑事诉讼法的规定。6. 地方各级人民检察院对同级人民法院抗诉的,应当通过原审人民法院提出抗诉书,并抄送上一级人民检察院。本案乙县人民检察院直接向上一级人民法院抗诉,且不抄送上一级人民检察院,违反了刑诉法规定。7. 上一级人民检察院如果认为抗诉不当,可以向同级人民法院撤回抗诉,并通知下一级人民检察院,本案由上级人民检察院要求乙县人民检察院撤诉不妥。

参 考 书 目

1. 张文显主编:《法理学》,法律出版社 1997 年版。

2. 葛洪义主编:《法理学》,中国政法大学出版社 2008 年版。

3. 张俊杰著:《法理学案例教程》,人民出版社 2009 年版。

4. 朱力宇主编:《法理学案例教程》,知识产权出版社 2006 年版。

5. 孙国华主编:《法理学教程》,中国人民大学出版社 1994 年版。

6. 孙国华主编:《法理学》,中央广播电视大学出版社 1999 年版。

7. 周永坤著:《法理学》,法律出版社 2000 年版。

8. 姚建宗编著:《法理学——一般法律科学》,中国政法大学出版社 2006 年版。

9. 王玲、孟庆荣主编:《法律基础与实务》,清华大学出版社 2009 年版。

10. 范军主编:《法律基础与实务》,上海三联书店 2003 年版。

11. 全国法律硕士专业学位教育指导委员会编:《全国法律硕士专业学位研究生入学联考》,中国人民大学出版社 2010 年版。

12. 郭明瑞主编:《民法》(第二版),高等教育出版社 2007 年版。

13. 江平主编:《民法学》,中国政法大学出版社 2007 年版。

14. 高晋康、姜玉梅主编:《经济法》(第二版),西南财经大学出版社 2002 年版。

15. 范健主编:《商法学》(第四版),高等教育出版社 2011 年版。

16. 江平、李国光主编:《最新公司法条文释义》,人民法院出版社 2006 年版。

17. 张守文主编:《税法原理》(第五版),北京大学出版社 2009 年版。

18. 杨萍、魏敬森主编:《税法学原理》,中国政法大学出版社 2012 年版。

19. 王霁虹、陈一敏主编:《中华人民共和国合伙企业法释义》,中国法制出版社 2006 年版。

20. 李适时、蒲长城主编:《中华人民共和国产品质量法释义》,中国标准出版社 2000 年版。

21. 陈光中主编:《刑事诉讼法学》,北京大学出版社 2005 年版。

22. 樊崇义主编:《刑事诉讼法实施问题与对策研究》,中国人民公安大学出版社 2006 年版。

23. 陈卫东主编:《刑事诉讼法修改条文理解与适用》,中国法制出版社 2012 年版。

24. 杨荣馨主编:《民事诉讼法学》,中央广播电视大学出版社 2006 年版。

25. 江伟主编:《民事诉讼法学》,中国人民大学出版社 2004 年版。

26. 江必新主编:《〈中华人民共和国民事诉讼法〉修改条文解读与应用》,法律出版社 2012 年版。

27. 张保生主编:《证据法学》,中国政法大学出版社 2009 年版。

28. 方世荣主编:《行政法与行政诉讼法学》,中国政法大学出版社 2007 年版。

29. 赵秉志主编:《刑法学》,中央广播电视大学出版社 2003 年版。

30. 高铭暄、马克昌主编:《刑法学》,北京大学出版社、高等教育出版社 2010 年第四版。

31. 张明楷著:《刑法学》,法律出版社 2011 年第四版。

32. 赵秉志主编:《新刑法教程》,中国人民大学出版社 1997 年第一版。